w

Thomas Bauer

Die Gesichter Südamerikas

Eine Abenteuerreise
durch Argentinien, Chile, Bolivien,
Peru und Kolumbien

Wiesenburg Verlag

Aus literarischen Gründen wurden manche
in diesem Buch erwähnten Eigennamen und Gegebenheiten abgeändert.

Bibliographische Information der Deutschen Nationalbibliothek:

Die Deutsche Nationalbibliothek verzeichnet diese Publikation
in der Deutschen Nationalbibliographie;
detaillierte bibliographische Daten sind im Internet
über http://dnb.d-nb.de abrufbar.

6. Auflage 2013
Wiesenburg Verlag
Postfach 4410 · 97412 Schweinfurt
www.wiesenburgverlag.de

Umschlaggestaltung und Layout:
Media-Print-Service Luff · 97456 Dittelbrunn

Coverbild: Anne Rethmann, München

Lektorat: Dagmar von Keller

ISBN 978-3-940756-45-9

ARGENTINIEN

Eines Morgens im späten Dezember zog ich die Schlaufen meines Rucksacks zu, band mir eine Reisetasche um den Bauch und stieg in eine S-Bahn, deren Leuchtschrift »Flughafen München« leise zitterte. Unablässig seilten sich an jenem Tag Schneeflocken vom dunkelgrauen Himmel ab und drückten sich ans Zugfenster, als seien wir Fahrgäste eine Attraktion. Auf den eisbedeckten Bürgersteigen bewegten sich Spaziergänger wie auf einem Hochseil, und die knapp fünfzigjährige Frau in bayerischer Tracht, die mir gegenübersaß, fragte, ob ich »mit so fuui Gpäck« zum Skilaufen ginge. Weit gefehlt! Vielmehr war ich aufgebrochen, eine Region zu bereisen, die endlich die Abenteuer für mich bereithalten würde, nach denen ich schon so lange suchte.
Kurz nach Mitternacht flog unsere Boeing eine scharfe Linkskurve und entlockte den Passagieren eine Reihe unverhältnismäßig lauter »Aahs« und »Oohs«. Durch das vereiste Doppelglas des Flugzeugfensters sahen wir auf die argentinische Hauptstadt hinab: Ein Lichtermeer, akkurat zu Quadraten geordnet, erhellte die Nacht und zog sich wie ein gigantisches Willkommensspalier schachbrettförmig bis zum Horizont. Auf über einhundert Kilometern Länge schmiegt sich die Stadt an den Río de la Plata. Stellenweise ist sie bis zu vierzig Kilometer breit. Würde man sie nach Deutschland verlegen, nähme sie mehr Platz in Anspruch als das Saarland.
Buenos Aires. Allein der Name verspricht Exotik, entfacht Hunger auf Unbekanntes. Man muss ihn sich auf der Zunge zergehen lassen: B-u-e-n-o-s A-i-r-e-s. Das klingt einfach gut. Bedeutsamer als beispielsweise »Düsseldorf« oder »Bielefeld«.

Bienvenido en Argentina

Mit einem dezenten Quietschen öffnete sich die Schiebetür des Flughafens und entließ mich in eine Wartehalle, in der eine Armada braun gebrannter und leger gekleideter Argentinier mir zurief, ob mein Name Peter, Kurt oder Daniel sei. Zum Glück sah ich in diesem Moment über die Köpfe der Wartenden hinweg Ramón, der lässig an ein Werbeplakat lehnte, auf dem eine Badenixe vorgab, sich für Telefonkarten zu interessieren. Mit breitem Grinsen hob Ramón ein Pappschild in die Höhe, auf dem in krakeliger Schrift *Señor Tomás* stand. An seiner Seite hielt Josefina nach Blondschöpfen mit blauen Augen Ausschau.

Vor zwei Monaten hatte ich Josefina und Ramón im Internet kennengelernt. Zu dieser Zeit waren die beiden auf die Idee gekommen, ihre Wohnung im Zentrum von Buenos Aires zu einer kleinen Herberge umzugestalten.

Bienvenido en Argentina, lachte Josefina mir zu, während Ramón mir seine riesige Pranke entgegenstreckte, »Unser Auto steht gleich um die Ecke.«

Als sich die Tür des Flughafengebäudes öffnete, war es, als prallte ich gegen eine unsichtbare Wand. Die Luft stand so dicht über dem davorliegenden Parkplatzgelände, als hätte sie jemand zusammengepresst, alle zehn Meter erhellt vom honigfarbenen Licht einer Straßenlaterne, in dem sich Moskitos und Glühwürmchen um die besten Plätze stritten.

»Heute hatten wir hier fast vierzig Grad«, ließ Josefina verlauten, als müsse sie sich für dieses Wetterphänomen entschuldigen, »die Sonneneinstrahlung ist in Buenos Aires ähnlich intensiv wie in der Sahara.«

Während der einstündigen Autofahrt – »wir wohnen ganz in der Nähe des Flughafens« – konnte ich meine Gastgeber von der Rückbank aus genauer in Augenschein nehmen. Angesichts ihrer erst fünfundzwanzig Jahre verfügte Josefina über ein erstaunliches Ausmaß innerer Ruhe. Die Fahrmanöver ihres Freundes, dem es insbesondere gefiel, abrupt von der linken Spur auf die ganz rechte zu wechseln, dort zu überholen und sich anschließend haarscharf vor seinem Opfer auf die Mittelspur einzufädeln, quittierte sie mit einem gütigen Lächeln, als dächte sie, so sind die jungen Männer nun mal, in ein paar Jahren geht auch das vorbei.

Auch Ramón wirkte selbstsicher, war jedoch gleichzeitig mehr als Josefina darauf bedacht, Aufmerksamkeit zu erregen. Wenn mich Josefina ansah, erkannte ich in ihrem Blick eine freundliche Neugier. In Ramóns Augen loderte dagegen eine unbändige Kraft, eine Lust, Grenzen zu überschreiten, die von Zeit zu Zeit hell entflammte. Die Leidenschaft stand ihm gut, sie korrespondierte perfekt mit seinem scharf geschnittenen, braun gebrannten Gesicht und seinem ausgeprägten Oberkörper, der von der schmalen Hüfte aufwärts zu zwei ausladenden, kunstvoll tätowierten Schultern führte. Ramón spielte Rugby in der Profiliga. Er trug einen kleinen gezwirbelten Zopf und hatte jeden Tag von Neuem einen Bartansatz. Vermutlich verfügte er über einen Rasierer, der absichtlich immer einen Rest von Bart stehen ließ, weil das einfach besser aussah. Vor allem aber hatte es Ramón auf subtile Art geschafft, dass man ihm besonders gut zuhörte: Während Josefina auf der Fahrt den Hauptteil der Unterhaltung bestritt, warf er nur hie und da leise einen Satz ein, der dann allerdings unter Garantie verbindlich war, und den er grundsätzlich mit zwei hochgezogenen Augenbrauen ankündigte.

Josefina und Ramón ergänzten sich perfekt. Sie waren eines jener Paare, die so selbstverständlich zusammengehören, dass man sich kaum vorstellen konnte, dass es jemals anders gewesen sein könnte.

»Calle Serrano im Stadtteil Palermo, hier befindet sich unsere kleine Herberge«, verkündete mir Ramón kurz nach zwei Uhr nachts, was für ihn ein erstaunlich langer Satz war. Kurz darauf betrat ich ein geräumiges Zimmer, warf meinen Rucksack und meine Reisetasche in die Ecke und erkundete das Wandthermometer, das unerbittlich zweiunddreißig Grad Celsius anzeigte. Im Nachbarhaus probten Nachwuchsrocker, die verzweifelt versuchten, genau wie die Ramones zu klingen, Lieder in erstaunlicher Lautstärke ein. Erstaunlich vor allem, weil der Zeiger meiner Armbanduhr gerade lautlos auf halb drei vorgerückt war. Eine halbe Stunde später erkannte ich Nirvanas »Smells Like Teen Spirit« und um kurz nach vier wechselte die Band zu psychedelischen Pink-Floyd-Epen.

So sollte es von nun an jeden Abend sein. Was nicht weiter ins Gewicht fiel, da auf der Straße, die direkt unter meinem Fenster verlief, ohnehin das pralle Leben im Gang war: Rhythmische Sprechchöre wechselten sich mit den Böllern eines verfrühten Feuerwerks ab und alle paar Minuten ratterte ein uralter Bus die Straße Richtung Zentrum entlang. München erschien mir auf einmal als ein beschauliches Dorf. Jetzt war ich hingegen in eine echte Großstadt gekommen. So dachte ich, als ich gegen halb fünf Uhr in der Früh einschlief.

Land der Schmerzen und der Lebensfreude

Als ich wenige Stunden später aufstand, blieben die Umrisse meines Körpers, aus Schweiß gezeichnet, im Bett liegen. Die Temperatur war auf achtunddreißig Grad gestiegen. Buenos Aires hielt ein Gewitter aus Eindrücken für mich bereit, sobald ich zur Tür meiner Pension hinausging. Genau das hatte ich von dieser Stadt erwartet.

Seit meinem zweimonatigen Ecuador-Aufenthalt vor drei Jahren war mir klar gewesen, dass ich nach Südamerika zurückkehren würde. Vielleicht lag es an der besonderen Mischung aus Weltschmerz und Lebensfreude, die auf diesem Subkontinent zu Hause ist.
»*Saudate*« nennen Brasilianer diese Mischung, die zum Beispiel zum Ausdruck kommt, wenn Männer in heiterer Runde nach einigen Gläsern todtraurige Lieder über sich niemals erfüllende Liebessehnsüchte anstimmen. Der weit gereiste spanisch-französische Sänger Manu Chao bezeichnet diese Art des Galgenhumors, die er in den spanischsprachigen Ländern Lateinamerikas antraf, als *malegria* – ein Wortspiel, gebildet aus dem spanischen »alegria« (Freude), das durch das vorangestellte »m« das französische Wort »mal« (Unglück) umfasst. *malegria* ist das Unglück in der Freude, die Freude im Unglück. *malegria* ist nach Manu Chao »eine unerklärliche Trauer, die mit einem Lächeln bekämpft wird«. *malegria* setzt Temperament und Leidenschaft voraus, ein bisschen Unvernunft auch, zumindest aber die Fähigkeit zu großen Gefühlen. In vielen südamerikanischen Werken – sei es in den Büchern des chilenischen Bestsellerautors Antonio Skármeta oder im Erfolgsfilm »Amores Perros« des mexikanischen Regisseurs Alejandro Gonzáles Iñáritu – kommt das Zusammentreffen von Triumph und Trauer, von Überschwang und Überdruss zum Ausdruck. Schon immer zog mich diese Lebenseinstellung in ihren Bann.
Doch mehr noch: Südamerika ist noch immer zu entdecken. Was ich abseits ausgetretener Touristenpfade vorfinden sollte, sprengte die Dimensionen dessen, was ich bisher kannte. Endlose ockerfarbene Halbwüsten, über die der Wind Staubkörner jagt. Extreme Höhenunterschiede mit radikalen Klimawechseln innerhalb weniger Stunden. Megastädte, wie sie in Europa nicht existieren. Für mich kam das alles einer Verheißung gleich. Zum Leidwesen meiner Eltern hatte ich bereits in jungen Jahren eine starke Neigung entwickelt, Unbekanntes zu erforschen, Gegebenes zu hinterfragen und Lebensentwürfe zu vergleichen, indem ich durch immer neue Länder reiste. Auf diesem vom Massentourismus links liegen gelassenen und darum weitgehend unverfälschten Subkontinent, so ahnte ich, konnte sich meine Abenteuerlust zum ersten Mal satt essen.

Noch etwas anderes zog mich in diese Region, die sich so sanft an die westliche Flanke des Atlantiks schmiegt und die so abrupt zur östlichen Seite des Pazifiks hin abfällt. So angenehm es für mich war, in stabilen Verhältnissen zu leben, so reizvoll war es, durch Länder zu reisen, in denen es grundsätzliche politische Alternativen gab. Ich wurde das Gefühl nicht los, dass alle richtungsweisenden politischen und gesellschaftlichen Entscheidungen in Europa vor langer Zeit getroffen worden sind. Während ein beliebiges Land in Europa in fünf Jahren vermutlich noch immer demokratisch organisiert, wirtschaftlich erfolgreich und gesellschaftlich solide sein wird, weiß niemand, ob sich in einem beliebigen südamerikanischen Land nicht im selben Zeitraum irgendeine Militärjunta an die Macht putscht, ob nicht irgendwo nahezu unermessliche Bodenschätze gefunden werden, oder ob die *indígenas*, die Ureinwohner, nicht irgendwo einen Aufstand gegen die weiße Oberschicht planen.
Eine Mischung aus diesen Gründen hatte dafür gesorgt, dass ich mich nun durch die Straßen der argentinischen Hauptstadt treiben ließ, ohne Stadtplan, da es nirgendwo einen gab, um Ecken biegend, die mir aus unerfindlichen Gründen interessanter erschienen als andere, umgeben von einer afrikanisch anmutenden Glut, die manchmal von Windstößen aufgewirbelt wurde und in die Gesichter der Passanten fuhr, als bestünde die Luft aus unzähligen Funken. Wer einen solchen Funkenstoß abbekam, floh alsbald in die nächstgelegene klimatisierte Bar, bestellte ein kühlendes Getränk und begann, lautstark mit den anderen Gästen zu diskutieren.
Man kann sich Buenos Aires als riesiges Jugendzentrum vorstellen: lärmend, chaotisch, heißblütig und voller Kultur. Fast alles in dieser Stadt ist darauf ausgerichtet, laut zu sein. Die Untergrundbahn *subte* klingt beim Einfahren in eine Station wie ein Düsenjet. Fünfzehntausend schrottreife Stadtbusse scheppern täglich durch die Straßen und ziehen schwarze Abgaswolken hinter sich her. Gestenreich schreien sich Passanten über die Straße hinweg Satzfetzen zu und aus den Läden und Cafés dröhnt bis zum Anschlag aufgedrehte Musik.
Darum war ich erleichtert, als ich unvermittelt vor einem schmutzigen Schild mit der Aufschrift *Jardín Botanico*, »Botanischer Garten«, stand. Durch ein kleines Stahltor betrat ich die Grünfläche. Und dort traf ich Caroline.

Carolines Prophezeiung

Ihre strohblonden Haare und ihre schüchterne Art, sich zu bewegen, verrieten sie, noch bevor ich ihren Akzent hörte, das typisch englische »r«, das immer wie »au« klingt. Caroline saß im Schneidersitz unter einer symmetrischen Akazie und schmiegte sich an eine streunende Katze, wovon mein Reiseführer übrigens dringend abriet.
»They always alight on their feet, that's why I like them«, hauchte sie, als ich an ihr vorbeigehen wollte. Auch Caroline ist immer wieder auf die Füße gefallen: Sie hat Männer, Freunde, Berufe gefunden und wieder verloren, um neue zu finden. Vier Wochen war sie in Peru gewesen, um Spanisch zu lernen. Da ihr Rückflug erst einen Monat nach Beendigung ihres Sprachkurs stattfinden sollte, beschloss sie, einen Abstecher nach Argentinien zu machen. Ihr Flug wurde ausgerufen, als sie gerade auf einem Frachter vom Südzipfel Patagoniens in die Antarktis fuhr. Zurück in Buenos Aires kaufte sie ein neues Flugticket nach London, diesmal ab Ecuador, und machte sich auf den Weg. Sie kam bis Peru, wo sie drei Monate in einem Heim für Waisenkinder arbeitete und dafür Kost, Logis und Spanischkurse erhielt. Als ihr zweites Flugticket verfiel, ging sie zurück nach Buenos Aires.
»Ich bin jetzt vierzig Jahre alt«, sagte Caroline leise, als wundere sie sich ein bisschen darüber, »und es kommt mir vor, als sei ich in diesen vierzig Jahren vorwärtsgerannt, ohne auf irgendetwas links und rechts von mir zu achten, immer auf der Suche nach dem kommenden Erlebnis, dem nächsten Abenteuer. Doch seit ich in Argentinien bin, hat sich alles grundlegend geändert. Es ist der Umgang mit der Zeit, der mich hier so beeindruckt«, flüsterte sie.
Mittlerweile war mir klar geworden, dass sie nicht aus Schüchternheit so leise sprach, sondern aus Gewohnheit.
»Meine Freundinnen verstehen mich nicht. Immer wieder fragen sie, was denn mein Ziel sei. Dabei genieße ich es, zum ersten Mal in meinem Leben kein Ziel mehr zu haben und einfach zu nehmen, was mir der Augenblick gerade anbietet – zum Beispiel ein Gespräch mit einem jungen Mann aus Deutschland.« Sie zwinkerte mir zu. »Das habe ich von den Argentiniern gelernt.«
Bedächtig kraulte Caroline die Katze auf ihrem Schoß, die sich mit einem kehligen Schnurren bedankte. Caroline blinzelte in die Sonne, dann drehte sie mir das Gesicht zu und sagte abschließend:

»Aus dieser Gegenwartsbezogenheit schöpfen die Argentinier ihre Lebensfreude. So viel habe ich inzwischen verstanden. Sie hat ihnen auch über die Wirtschaftskrise hinweggeholfen, deren Auswirkungen noch immer spürbar sind. Die Argentinier haben sich niemals aufgegeben, auch in den größten Wirren nicht, als nach dem Bankenchaos 2002 ein Viertel der erwerbsfähigen Bevölkerung ohne Arbeit war. Und interessanter Weise sorgt gerade die wirtschaftliche Krise dafür, dass das Land von immer mehr Touristen entdeckt wird – plötzlich ist alles so schön günstig geworden. Vor allem aber haben sich die Argentinier eine sich meist spontan äußernde Freundlichkeit bewahrt. Du wirst schnell merken, wie gerne dir die Leute ihr Land zeigen werden!«
Noch am selben Tag sollte ich erfahren, wie recht Caroline mit Ihrer Prophezeiung haben sollte.

Bruna Montserrat erklärt mir ihre Stadt

Das Fellknäuel auf Carolines Schoß schloss die Augen und ringelte sich gemütlich zusammen. Offensichtlich hatte es beschlossen, bei dieser blassfarbenen Frau zu bleiben. Ich ließ die beiden zurück und machte mich auf den Weg zum größten Einkaufszentrum der Stadt. In der dortigen Touristeninformation arbeitete Bruna Montserrat, eine Freundin meiner Gastgeber.
Bisher hatte ich grundsätzlich einen Bogen um solche Informationseinrichtungen gemacht, weil ich dort in aller Regel an Orte geschickt wurde, an denen der Charakter eines Landes, einer Stadt, gerade nicht zum Ausdruck kam. Bruna war jedoch bei meinem Anruf ein Satz entfahren, der in meinen Gedanken widerhallte.
Voy a ayudarte a leer la ciudad, »Ich werde dir helfen, die Stadt zu lesen.« Ein Satz, so leichtfüßig, so beiläufig poetisch und voll schroffer Eleganz, wie er nur im Spanischen sein kann.
»Bist du etwa zu Fuß hierhergekommen?«, begrüßte sie mich und entblößte eine Zahnspange, die sie seltsam verjüngte. Vor Kurzem war sie neunundzwanzig geworden.
»Ja, aber das war kein Problem«, schmunzelte ich, »ich musste nur eine halbe Stunde lang die *Calle Serrano* entlanggehen bis zum Botanischen Garten und dann der *Avenida del Libertador* knapp anderthalb Stunden abwärts folgen, von der Hausnummer sieben-

tausend bis zur Nummer sechshundert, um das Einkaufszentrum zu erreichen.«

»Dabei hast du nur einen winzigen Ausschnitt unserer Stadt gesehen. Buenos Aires hat viele solcher sechsspuriger Alleen, die kilometerlang an einer Armada hochgeschossener Häuser und lang gezogener Parkanlagen vorbeiführen. Manche davon – wie die *9 de Julio* – sind bis zu einhundertvierzig Meter breit.«

Bruna verzog das Gesicht, als sei schon die Vorstellung, eine derartige Straße überqueren zu müssen, unzumutbar, geschweige denn, tatsächlich an einer solchen entlangzulaufen.

»Eure Hauptstadt ist schwer zu fassen«, gab ich zu. »Sie hat kein klar definiertes Zentrum. Doch was ich bisher gesehen habe, hat mir gefallen. Manche Städte drängen einem ihre Reize auf. Mit ihren Sehenswürdigkeiten, ihren touristischen Wegweisern und ihrer Flut an Infozetteln wirken sie so künstlich emporgehoben – als hätten sie zu viel Schminke aufgelegt. Aber Buenos Aires verbiegt sich nicht, es preist sich nicht an. Es ist einfach nur da und überlässt uns die Entscheidung, wie wir es entdecken wollen.«

»So habe ich das noch nicht gesehen«, erwiderte Bruna, »eigentlich schimpfe ich ziemlich viel über diese Stadt.«

Ich konnte förmlich hören, wie sie in Gedanken hinzufügte: »Diese Europäer! Das sind dort wohl alles Hobbyphilosophen.« Daher beschloss ich, genau auf diese Weise fortzufahren.

»Ich hoffe, dass ich die Unübersichtlichkeit von Buenos Aires in den Griff bekomme, wenn ich die Stadt erst erforscht habe. Denn ich glaube, dass Buenos Aires, wie andere Weltstädte auch, in Wahrheit ein Scheinriese ist, der kleiner und harmloser wird, je besser man ihn kennt.«

»Ja, Buenos Aires ist groß«, seufzte Bruna daraufhin und es klang, als spräche sie von einer Krankheit. »Seit Jahren wächst unsere Stadt unkontrolliert nach allen Seiten wie ein Luftballon, den ein grausamer Clown aufbläst. Buenos Aires saugt ganz Argentinien leer: Von überall strömen Menschen hierher, als sei ein Stöpsel gezogen worden. Die meisten bleiben in den Außenbezirken hängen. An den Rändern des Molochs sammeln sich alle, für die in der Stadt kein Platz ist. Die Verlierer und die Gestrandeten. Gestolpert über eine verlorene Liebe vielleicht, von einem Ladendiebstahl zu Fall gebracht oder von den Eltern zum Arbeiten auf die Straßen geschickt.«

Zwei Falten waren auf Brunas Stirn erschienen. Überhaupt verhielt sich meine Gastgeberin erstaunlich für jemanden, der einem gerade die eigene Stadt schmackhaft machen will. In diesem Augenblick beschloss ich, Bruna gernzuhaben.
»Weiß du, der Sohn meines Onkels ist so ein Fall«, fuhr sie fort, »er heißt Juán und wollte seit seiner Kindheit in einer Autofirma arbeiten. Stattdessen reist er jeden Morgen mit zigtausend anderen in die Stadt, um vor wartenden Autos an Ampeln zu jonglieren und Menschen in Anzügen die Schuhe zu putzen. Diese Stadt hat seltsame Berufe geschaffen. Den *paseador de perros* zum Beispiel, den »Hundespaziergänger«, der manchmal ein Dutzend Hunde gleichzeitig Gassi führt. Oder den Altpapiersammler, der seinen schweren flachen Wagen vor sich herschiebt. Im Laufe der Zeit hat sich ein schmutziger Ring aus Wellblechhütten und Adobehäusern um Buenos Aires gelegt. Wie gesagt, ich schimpfe viel über diese Stadt.« Wieder zeigte mir Bruna ihre verjüngende Zahnspange. »Doch eigentlich lebe ich gerne hier. Was ist dir auf dem Weg hierher noch aufgefallen?«
Bruna schob ihre Augenbrauen ein Stockwerk höher. Vielleicht gefiel ihr ja, was der junge Hobbyphilosoph da von sich gab.
»Ich war schon gestern, gleich nach meiner Ankunft, erstaunt, wie jung hier alles ist. Weißt du, viele Städte in Europa sind geprägt von einer erfahrungssatten Schwere. Sie tragen so viel Geschichte mit sich, dass sie sich kaum noch bewegen können. Buenos Aires aber zuckt und windet sich im Hier und Jetzt. Es bebt, flimmert und vibriert rund um die Uhr. Die Jugend gibt ganz selbstverständlich den Ton an: Die küssenden Pärchen auf den Straßen, die heißen Blicke der Männer, die Discos, die um drei Uhr nachts erst öffnen – das alles ist viel ausgeprägter als bei uns. Vielleicht verhält es sich mit den Charakteren ja wie mit den Polizeisirenen. Während sich die Einsatzwägen in Europa mit einem verlässlichen »tatü tata« nähern, rasen die Polizeibusse hier mit dieser typisch amerikanischen Sirene durch die Stadt, die immer gleich nach einem Großbrand klingt. Der Ton schwingt sich dabei immer höher, bis sich alle Umstehenden die Ohren zuhalten und dann zerfällt er in tausend Einzeltöne, die die Sirene stakkatoartig um sich spritzt.«
Ich hielt mir die Ohren zu und verzog das Gesicht zu einer Grimasse. Bruna kicherte hell auf und schüttelte gleichzeitig ungläubig den Kopf,

wodurch ihr die schwarzen Locken abwechselnd von links und rechts ins Gesicht fielen.

»Verstehe, dann ist unsere Stadt also etwas, das dir die Ohren vollheult, bis du es kaum noch erträgst und dich anschließend mit schrillen Tönen bekleckert. Klingt nach einer ziemlichen Schreckschraube, wenn du mich fragst! Aber ich kann schon verstehen, dass Buenos Aires beim ersten Blick auf euch Europäer wie das pure Chaos wirkt. Du wirst zwar nirgendwo in Südamerika so viel Europäisches finden wie hier – viele unserer Nachbarn behaupten sogar, Buenos Aires habe sich mit dem Rücken zum Subkontinent gestellt und habe nur noch Augen für Europa. Aber es ist eben trotzdem eine durch und durch südamerikanische Metropole: zweckmäßig angelegt, ohne viel touristischen Firlefanz, laut, stickig – und unglaublich aufregend.«

Plötzlich war Bruna leidenschaftlich geworden. Ihr Zeigefinger fuchtelte vor meinem Gesicht durch die Luft und auf einmal wurde mir klar, wie eng sie mit dieser Stadt verbunden war. Wie sie hier geliebt und gehasst, gekämpft und sich irgendwie durchgeschlagen haben musste.

»Wahrscheinlich kann man Buenos Aires als Ganzes ohnehin nicht beschreiben«, gab ich zu, »das liegt schon daran, dass es sich bei Sonnenuntergang schlafen legt und eine zweite, völlig andere Stadt erwacht. Nirgendwo sonst habe ich einen derart intensiven täglichen Stimmungswechsel miterlebt. Die Arbeiter fahren zurück in die Vororte, die Jugend strömt aus den Häusern wie anderswo auch, doch all das geschieht hier mit einer Radikalität, als hätte jemand kurzerhand die Bevölkerung ausgetauscht.«

»Richtig, und dann beginnen die Kinoreklamen zu funkeln und die Animierlokale zu leuchten und irgendwo auf deinem Heimweg wirst du in jedem Fall angesprochen«, bestätigte Bruna und auch ihr Gesicht begann zu leuchten. »*Buenos Aires es diversión, hombre!*, »Buenos Aires ist Vergnügen!«, lachte sie.

»*Así es, carajo!*«, »So ist es, verdammt noch mal!«, gab ich zum Besten. Wie die Spanier pflegen auch die Argentinier Dinge, die ihnen am Herzen liegen, durch solche Anhängsel zu betonen – besonders wenn sie gerade sehr glücklich oder sehr zornig sind. Schon immer hat mir diese gefühlsbetonte Art der Konversation gefallen, weil die Sätze auf diese Weise zusammen mit dem Inhalt immer auch gleich die Stimmungslage des Gegenübers transportieren. In der Regel finde ich das außerordentlich praktisch. Zudem machte mein Spanisch hier wirklich große Fortschritte. *Estoy perdido* (»Ich habe mich verirrt«), und *¿dónde estamos?* (»Wo sind wir hier?«) gingen mir schon nach wenigen Stunden akzentfrei von den Lippen.

»Buenos Aires ist darüber hinaus die ungekrönte Tattoo-Hauptstadt«, fuhr Bruna fort und deutete mit dem Finger auf meinen Nacken. »Du hast ja bereits die richtigen Maßnahmen ergriffen, um dich anzupassen. Überall in der Stadt wirst du auf Delfine, Schmetterlinge und spanische Schriftzüge auf Schultern und Armen stoßen. Die Frauen tragen außerdem gerne karibische Muster im Kreuz, die Männer haben gotische Zeichen und argentinische Parolen im Nacken. Wenn dir diese nach Abenteuern riechende Stimmung gefällt, empfehle ich dir außerdem, nach Mendoza zu fahren.«

Damit hatte Bruna zum ersten Mal ausgesprochen, was ich in den kommenden Tagen immer wieder zu hören bekommen sollte. »Dann fahr nach Mendoza«, von Argentiniern mit verheißungsvollem Unterton ausgesprochen, von Rucksackreisenden mit einem wissenden Lächeln weitergegeben, sollte auf meiner weiteren Reise zu einer Art Mantra werden, zu einem Glaubensbekenntnis, das ständig wiederholt wurde.

Bruna war jetzt endgültig in ihrem Element. Sie fütterte mich ununterbrochen mit Informationen und fügte nach jedem dritten Satz ihr *hombre!* ein. Ihr Minenspiel war fantastisch: Ihre Augenbrauen hüpften vor meinem Gesicht auf und ab wie zwei Trampolinspringer, ihre Stirn kräuselte sich von Zeit zu Zeit wie die Oberfläche eines Sees, ihre Augen blitzten immer häufiger durch den Vorhang aus Locken hindurch und manchmal war ihr Gesicht ein einziges Ausrufezeichen. Gerne hätte ich die Ausdrucksstärke dieses Energiebündels länger genossen, doch Bruna musste zum Zug; sie fuhr heute für zwei Wochen in Urlaub. Als ich mich zum Abschied bei ihr bedanken wollte, legte sie ihren Finger auf die Lippen und schüttelte energisch den Kopf.

»Weißt du, für uns liegt es auf der Hand, dass wir unseren Gästen helfen, sich bei uns zurechtzufinden«, betonte sie, während sie sich eine angsteinflößend große Reisetasche über die Schulter warf. »Das liegt nicht zuletzt daran, dass wir nicht an den Massentourismus gewöhnt sind wie ihr in Europa. Noch nicht!«

Zum letzten Mal schenkte mir Bruna ihre hochgezogenen Augenbrauen. Kurz darauf war sie hinter der nächsten Ecke verschwunden. Ihr »noch nicht!« hallte eine Weile in meinen Ohren nach. Noch war Buenos Aires ein Geheimtipp, doch bereits jetzt wurden die Flüge hierher immer günstiger, lockten Tango, Lebenskunst und die kulturelle Vielfalt immer mehr Gäste in die Stadt.
Wie wird die *Avenida del Libertador* wohl in zwanzig Jahren aussehen? Werden amerikanische Imbissketten und italienische Pizzalieferanten das Stadtbild übernommen haben und Touristen zehnmal höhere Preise für ein Eis bezahlen als heute – immer auf der Suche nach einer Authentizität, die sich dann ängstlich zurückgezogen haben wird?

Die erstaunliche Geschichte von Buenos Aires

Ich verließ das Einkaufszentrum und war wieder auf der *Avenida del Libertador*. Mittlerweile war es Abend geworden und Buenos Aires funkelte im Schein der Autolichter, die an den aufgereihten Häuserfronten entlangstrichen. Weder der Lärmpegel noch die Hitze hatten spürbar nachgelassen. Stattdessen führte ein Autokorso direkt vor dem Einkaufszentrum ein Hupkonzert auf, weil eine ältere Dame ihren »VW Gol« – die günstige Variante des Golfs, die in ganz Südamerika besten Anklang findet – aus unerfindlichen Gründen quer zur Fahrbahn gestellt hatte. Sie saß darin und schien in Gedanken versunken zu sein, machte zumindest wenig Anstalten, die Fahrbahn in eine der gedachten Richtungen zu benutzen.
Nach meiner ersten Bekanntschaft mit den Dimensionen dieser Stadt hatte ich dazugelernt und beschloss, per Stadtbus zurück zur Herberge zu fahren. Wie bei vielen weiteren Gelegenheiten sollte mir dabei zugutekommen, was mir Bruna über Buenos Aires erzählt hatte. Über der Eingangstür der *colectivos*, wie die Stadtbusse hier genannt werden, stand nämlich der Hinweis, man solle dem Fahrer sein Fahrtziel mitteilen. Das war für die Touristen oder die Bewohner umliegender Dörfer. Wer sich in Buenos Aires auskannte, tänzelte elegant in den Bus und warf dem Fahrer ein lässiges, im Optimalfall während eines kurzen Kopfnickens in Richtung Fahrerkabine nur angedeutetes *ochenta*, »achtzig«, entgegen. Achtzig Centavos kostete die Fahrt, wenn man

weiter als drei Haltestellen fuhr. Wie jedes Mal, wenn ich an einen Ort kam, den ich nicht kannte, sorgte die Herausforderung, die hiesigen Spielregeln möglichst rasch zu durchschauen, auch in Buenos Aires für einen wohligen Nervenkitzel.

Als der Stadtbus neben dem Botanischen Garten anhielt, drückte ich mich hinter einer jungen Jeansträgerin und einem schnaufenden Dicken hinaus ins Freie. Irgendetwas faszinierte mich an diesem Park, in den die abendliche Sonne immer länger werdende Schatten malte. Als ich das angerostete Eingangstor aufdrückte, sah ich in dem dichter werdenden Dunkel unzählige Schatten, die über den Boden huschten. Es mussten vierzig, vielleicht gar fünfzig Katzen sein, die ich auf den ersten Blick ausmachen konnte. Und es waren echte Katzen: Nicht die vollgefressenen Schmusekissen, die ich von zu Hause gewohnt war, sondern hagere, dehnbare Muskelstränge, fauchende Biester, die um den Abfall des heutigen Tages stritten. Zu Dutzenden strichen sie um die Mülleimer, drückten sich die Schattenflächen entlang, blickten mit phosphoreszierenden Augen von tief hängenden Ästen herab. Der Boden des Botanischen Gartens schien aus Katzenrücken zu bestehen. Unter Laternen blitzten Augenpaare auf. Um den japanischen Bonsai herum raschelte es. Auf den Parkbänken kauerten Dutzende kleiner Körper, reglos wie Denkmäler.

Der Park verströmte eine völlig andere Stimmung als heute Nachmittag. Er war rätselhaft geworden, ein Geheimnis lag in ihm. Niemand versuchte mehr, aus der Zeit zu fallen. Denn darum war es heute Nachmittag gegangen. Die Termine, die Alltagspflichten hatten an den Eingangstoren des Parks geendet. Nach und nach hatten sich die Gedanken daran immer mehr entfernt, bis man schließlich mit einem ausdruckslosen, nach innen gekehrten Blick dagesessen war, einem Blick, der auf Außenstehende meist etwas dümmlich wirkt, bereit, alle Eindrücke aufzunehmen und der Pflicht enthoben, etwas Bestimmtes geben oder auch nur ausstrahlen zu müssen. In solchen Momenten konnte es passieren, dass die Zeit für einen Augenblick den Atem anhielt. Dass das Leben tief Luft holte – und erst am Parkausgang hatte einen die Wirklichkeit wieder, brandeten die Erwartungen, die Ängste und die Hoffnungen der anderen an einem hoch. Aus diesem Grund suchte Caroline den Botanischen Garten so gerne auf. Sie genoss die Pausenzeichen ebenso wie die Noten, die zusammengenommen die Symphonie ihres Lebens ergaben.

Genau wie sich die Stimmung im Botanischen Garten verändert hatte, sollte mich Buenos Aires in der Folge mit immer neuen Gesichtern überraschen. Gemütliche Straßencafés würden bereits am nächsten Tag Schauplätze bewaffneter Auseinandersetzungen werden, und in mittäglichen Einkaufspassagen würden nach Einbruch der Dunkelheit bewaffnete Militärs patrouillieren, um die Sicherheit von Spätheimkehrern zu gewährleisten.

Zum Glück sorgten jedoch selbst in Buenos Aires ein paar Dinge für eine beruhigende Kontinuität: Als ich gegen halb zwölf Uhr nachts in die Herberge von Josefina und Ramón trat, spielte die Band im Nachbarhaus gerade »Satisfaction« von den Rolling Stones in der Lautstärke einer startenden Boeing. Ramón versuchte, die hämmernden Bässe von nebenan zu übertönen, indem er eine Telenovela voll aufdrehte. Wie in jeder Telenovela ging es auch in dieser um schön angezogene Frauen und treulose Männer.

»Na, wie hat dir Bruna gefallen?«, schrie mir Josefina ins Gesicht, während im Fernsehen eine dralle Blondine in Tränen ausbrach. Natürlich war sie eine Studentin und suchte nichts anderes als die große Liebe.

»Bruna ist eine echte *porteña*, nicht wahr?«, fuhr Josefina indessen fort. *Porteños* nennt man die Einwohner der argentinischen Hauptstadt. »Sie ist wie das Wasser eines Flusses, das je nach Stimmung mal hierhin, mal dorthin mäandert. Ihr Temperament kann Hochwasser erzeugen, wenn man es am wenigsten erwartet. Doch am Ende findet sie immer ihren Weg.«

Damit hatte Josefina den Charakter vieler Hauptstädter auf den Punkt gebracht. Nicht zu Unrecht standen die *porteños* in ganz Südamerika unter dem Ruf, sich nur auf den jeweiligen Augenblick konzentrieren zu können und gern neue Wege auszuprobieren, dabei jedoch ausschließlich ihren eigenen Launen zu folgen. In allen Ländern Südamerikas – außer in Argentinien – galten sie darum als selbstbewusst bis hochnäsig.

Auch Josefina und Ramón waren echte *porteños*. Als wir uns vor zwei Monaten zum ersten Mal geschrieben hatten, waren die beiden fest entschlossen gewesen, eine Internetseite für ihre Herberge zu erstellen. Geschehen war bislang nichts, weil Josefina gerne ausging und Ramón das Ganze schlicht vergessen hatte. So lief das hier. Ein bisschen nach dem Lustprinzip. Schließlich war es ja auch heiß.

Die miniberockte Blondine im Fernsehen ließ einen Schwall Schimpfworte auf ihren untreuen Liebhaber regnen. Der war natürlich schwarzhaarig und hatte diesen grenzenlos verwegenen Blick, der an raue Steppenlandschaften, galoppierende Mustangs und Marlboro rauchende Cowboys erinnert. Genau darum würde sich das Fernsehpaar in wenigen Minuten wieder in den Armen liegen. Vielleicht waren die beiden Schauspieler auch *porteños*.

»Genauso mäandernd verlief auch die Geschichte unserer Stadt«, ließ Ramón jetzt verlauten, ohne die Augen vom Bildschirm zu wenden. »Das begann schon damit, dass Buenos Aires gleich drei Mal gegründet werden musste, weil sein Eroberer Juan Diaz de Solís fünf Jahre nach der Gründung 1516 von den Einheimischen verspeist wurde«, übernahm Josefina. »Der zweite Stadtgründer, Pedro de Mendoza, der sein Glück 1535 versuchte, wurde bereits ein Jahr später von den Indianern aus dem Land gejagt. Erst 1580 wurde die Stadt von Juan de Garay wiedergegründet und aufgrund des spanischen Sinns für Knappheit *Ciudad de la Santisima Trinidad y Puerto Santa María de los Buenos Aires*, »Stadt der Heiligen Dreifaltigkeit und Hafen der heiligen Maria der guten Winde«, genannt. Da die Bezeichnung sogar den Spaniern zu lang war, nannte man die Stadt bald nur noch *Buenos Aires*, »Gute Winde«. Bedeutung weit über Argentinien hinaus erlangte Buenos Aires um 1800, als der Hafen Hauptumschlagplatz für afrikanische Sklaven wurde. Für einen guten Sklaven konnte man damals bis zu einhundert Rinderhäute bekommen. Der aufkeimende Reichtum erweckte schon damals die Gelüste der *yankees*. 1806 eroberten die Briten unsere Stadt, wurden aber ein Jahr später wieder durch unseren erbitterten Widerstand hinausgeworfen. Vierundsiebzig Jahre später war Buenos Aires die Hauptstadt Argentiniens.«

Während der letzten beiden Sätze führte Josefina mit dem rechten Arm zwei imaginäre Säbelstiche aus und warf sich anschließend selbstbewusst in Heldenpose, als sei sie damals bei den Kämpfen dabei gewesen und hätte ihre Stadt schließlich eigens zur Hauptstadt Argentiniens erklärt.

Eigentlich wollten Josefina und Ramón heute ausgehen. Sie hatten jedoch noch genug Zeit, um das Ende der sinnfreien Telenovela zu sehen. Schließlich war es erst kurz vor ein Uhr nachts. Die guten Discos und die interessanten Nachtclubs würden frühestens in einer Stunde öffnen. Erst als die Folge mit einem lang gezogenen Kuss des wiedervereinigten Paars abschloss, der von schmalztriefenden Streichern untermalt wurde, während die verschmähte Liebhaberin die Szene heimlich beobachtete und anschließend vergeblich versuchte, ihre geschminkten Rehaugen traurig aussehen zu lassen, erhoben sich Josefina und Ramón vom Fernsehsofa, um sich ins argentinische Nachtleben zu stürzen. Ich blieb zurück, da mir die Zeitumstellung noch zu schaffen machte und ich abwechselnd todmüde und quietschfidel war. Nur um zu sehen, was das argentinische Fernsehen anzubieten hatte, drückte ich eine Zeit lang auf der Fernbedienung herum, bis ich bei den Nachrichten hängen blieb. Eine Kamera zeigte das argentinische Staatsoberhaupt, das gerade die Präsidentenmaschine bestieg, um einen Termin in den USA wahrzunehmen. Ich traute meinen Augen kaum, als die Kamera einen Moment lang den Schriftzug auf der Außenhülle des Flugzeugs einfing.

Die offizielle Präsidentenmaschine heißt in Argentinien »Tango 01«. Das könnte ein leuchtendes Vorbild für andere Völker sein! Wie viel entspannter wäre das Lächeln des amerikanischen Präsidenten, stiege er nicht an Bord der tarnfarbenen »Air Force One«, sondern beispielsweise der »Blues and Soul Baby« oder der »Rock rules, man«! Während die USA ihre Kriegsbereitschaft bereits durch die Bezeichnung der Präsidentenmaschine demonstrieren, verweist Argentinien lieber auf ein Phänomen, das alle Gesellschaftsschichten und Altersgruppen durchzieht.

Denn Tango ist in diesem Land weit mehr als nur ein Tanz. Tango drückt die Sehnsüchte der Menschen aus, seit man ihn Mitte des 19. Jahrhunderts in den Armenvierteln von Buenos Aires ins Leben gerufen hat. Millionen Einwanderer, vor allem aus Italien und Spanien, sammelten sich zu dieser Zeit in der argentinischen Hauptstadt. Für die wenigsten erfüllte sich die Hoffnung auf Arbeit, Familie, Perspektive. Die Zurückgebliebenen fanden Trost bei einem »traurigen Gedanken, den man tanzen kann«. So bezeichnete Enrique Santos Discépolo, einer der bekanntesten Komponisten Argentiniens, den Tango. Ursprünglich als anrüchige Spelunkenmusik verschrien – wozu die Tatsache beitrug, dass der Tango in den Bordellen und Animierlokalen von Buenos Aires als einstimmendes Vorspiel getanzt wurde – avancierte er Anfang des 20. Jahrhunderts in den Pariser Salons zum Modetanz. Kurz darauf trat der Tango einen weltweiten Siegeszug an – nicht zuletzt darum, weil die ursprüngliche heißblütige Form zu einer harmloseren europäischen Variante zurechtgestutzt worden war. In den Bars von Buenos Aires, in den Gassen des Hafenviertels La Boca und auf den öffentlichen Plätzen des Stadtteils San Telmo tanzt man jedoch bis heute den echten Tango, dessen Namen vom lateinischen *tango*, »ich berühre«, stammt und genau diese tief sitzende menschliche Sehnsucht verdeutlicht. Interessanter Weise bedeutet ein ähnliches Wort im Spanischen so viel wie »ich schwanke« – was wiederum auf viele Europäer zutreffen dürfte, die in Buenos Aires ihre ersten linkischen Tangoschritte lernen, während sie neidvoll den gekonnten Hüftschwüngen argentinischer Tänzer hinterherschauen. Inzwischen gibt es in Buenos Aires sogar eine Radiostation und einen Fernsehsender, die sich ausschließlich dem Tango verschrieben haben. Seit knapp fünfzehn Jahren vermischen sich die ursprünglichen Melodien auch mit elektronischen Beats und finden auf diese Weise Zutritt zu den Diskotheken und Nachtbars Argentiniens.

Ein Bettler im Größenwahn

Erst gegen halb elf Uhr wachte ich am nächsten Morgen auf – und das auch nur, weil die Band vom Nachbarhaus die erste Proberunde des Tages mit einem wüsten Punklied einläutete. Nachdem ich mich über ein von Josefina und Ramón liebevoll vorbereitetes Frühstück hergemacht hatte, lief ich quer durch die Stadt, bis ich das traditionsreiche Viertel San Telmo erreichte. Alles, was mir auf meinem Weg dorthin begegnete, war groß. Eigentlich nicht nur groß, sondern bereits mächtig. Stellenweise gewaltig. Um nicht zu sagen: größenwahnsinnig. Die ausladenden Bäume auf der Plaza San Martín ragten dreißig Meter hoch in den Himmel. Zwölfspurige Straßen zogen kilometerlange Schneisen durch die Stadt. Die Statuen in den Parks und Gärten wirkten klobig, gedrungen, massiv – in der Regel stellten sie vorwärtsstürmende Soldaten, muskelbepackte Helden oder korpulente Frauen dar. Zumindest Letzteres hatte entschieden nichts mit der Realität zu tun. Die jungen Frauen, die mir entgegenkamen, konnten vornehmlich Optimalmaße vorweisen und verfügten über eine sagenhaft gebräunte makellose Haut. Sie hatten weiche Gesichtszüge mit ausgeprägten Backenknochen, die asiatische Einflüsse anklingen ließen und ihren kaffeeschwarzen Augen Bedeutung verliehen. *Mi amor está*, »meine

Liebe ist da«, pflegen die lässig an den Straßenecken stehenden Männer zu sagen, wenn eine solche Argentinierin ihren Weg kreuzte. Interessanterweise ist dabei niemals klar, ob sie mit diesen Worten wirklich ihre Liebe meinen oder aber ihre Liebste, was die Sachlage entscheidend verändern dürfte. Im Spanischen bezeichnet das Wort *amor* nämlich beides.

Noch etwas wurde mir auf meinem Weg nach San Telmo klar: Eile und Hektik waren europäische Erfindungen. Immer waren die Menschen bei mir zu Hause auf irgendeinem Weg irgendwohin, niemals am Ziel. Sie strebten voran, hasteten um Ecken und beschwerten sich lauthals über alles, was sie aufhielt. Unbekanntes störte sie, und alle mussten unbedingt heute noch wichtige Dinge erledigen. Obwohl Buenos Aires zehnmal größer ist als München oder Hamburg, waren nirgendwo Zeichen übermäßiger Eile zu erkennen. Die Menschen, denen ich unterwegs begegnete, nahmen sich Zeit für ein Lächeln, manche auch für einen neugierigen Blick. Sie ließen sich in den Gartenanlagen von der Sonne bescheinen, lasen Bücher auf Parkbänken und vor allem sprachen sie miteinander. Sie standen an den Straßenkreuzungen und diskutierten über die Erfolge der kolumbianischen Sänger Shakira und Juánes. Sie grüßten sich auf der Straße und plauderten über Kleinigkeiten. Sie machten sich gegenseitig Komplimente und tauschten sich durch Blicke aus. Sie unterhielten sich gestenreich über die besten Tapas-Bars und Cafés. Begegnungen und Veränderungen wurden von vielen als Chance gesehen, um Neues kennenzulernen. Nur in Ausnahmefällen überschlug sich das Temperament der Menschen und entlud sich in schwer nachvollziehbaren Auseinandersetzungen. So beispielsweise an diesem Nachmittag, angefeuert von der Gluthitze, auf der Plaza Dorrego.

Nach drei Stunden Fußmarsch hatte ich diesen zentralen Platz in San Telmo erreicht. Ein träger Nachmittag kündigte sich an, an dem sich die Einwohner der Hauptstadt von Café zu Café treiben ließen und jede unnötige Anstrengung vermieden. Obwohl der Atlantik eine sanfte Brise vorbeischickte, die mit den ausgelegten Servietten auf den kreisrunden Tischchen der Straßencafés spielte, trugen selbst hartgesottene schwarzgelockte Argentinier einen Schweißfilm auf der Haut. Das Thermometer zeigte unerbittliche vierzig Grad Celsius an. Ich konnte nachvollziehen, dass der muskulöse Kellner des Straßencafés, in dessen Schatten ich mich zurückgezogen hatte, ein mürrisches Gesicht machte und meine Bestellung einsilbig kommentierte. Unter den Achseln seines hautengen T-Shirts hatten sich Schweißflecken gebildet, und einige Tropfen standen ihm auf der Stirn. Pech für den Bettler, der sich jetzt meinem Tisch näherte. Eine Alkoholfahne wehte ihm voran, als er mich um einen Dollar bat. Sofort sprang der Kellner herbei und versuchte, den ungebetenen Gast beiseitezufächeln.

»Verschwinde, du hast hier nichts zu suchen! Unsere Gäste wollen ihre Ruhe haben«, befand er, während er mit der linken Hand heftig vor dem Gesicht des Bettlers herumwedelte. Zu meinem Erstaunen ballte jener daraufhin die Fäuste und spie dem Kellner ein beliebtes spanisches Schimpfwort entgegen, das weit über die spanischsprachigen Länder hinaus bekannt war und ein äußerst missliches Licht auf dessen Mutter warf.

Entweder litt der Bettler an akutem Größenwahn oder der Alkohol hatte ihm die Sinne vernebelt. Der Mann, den er eben beleidigt hatte, bestand aus kaum etwas anderem als Muskeln. Er trug kurz geschorenes Haar, sein Körper war mit Tätowierungen verziert, und wenn er das Tablett balancierte, bewegte sich der Bizeps seines rechten Arms wie ein Tier, das direkt unter seiner Haut lebte. Alles in allem machte er den Eindruck, als habe er eben eine Sonderausbildung der Armee mit Bravour abgeschlossen. Der Bettler hingegen hatte seine beste Zeit vor etwa fünfzehn Jahren hinter sich gelassen. Verglichen mit seinem breitschultrigen Gegenüber glich er einer Vogelscheuche, und während ihn der Blick des Kellners geradewegs durchbohrte, blickte er immer wieder verstohlen zur Seite. Jeder der Umstehenden konnte sehen, dass die anstehende Auseinandersetzung einseitig werden würde. Nur der Bettler war sich dieser Tatsache nicht bewusst.

Er wiederholte seine wüste Beschimpfung und holte gleichzeitig mit dem rechten Arm zu einem Schlag aus. Der Kellner hatte bereits im Ansatz gesehen, wo sein Gegner die Rechte platzieren wollte. Beinahe gelangweilt wich er einen Schritt zurück und ließ die Rechte des Bettlers an seinem Gesicht vorbei ins Leere laufen. Geschickt täuschte er eine Zehntelsekunde später seinerseits einen Schlag mit dem rechten Arm an, um dann ansatzlos seine Linke vorschnellen und im Gesicht des Bettlers explodieren zu lassen.

Eine Sekunde lang dehnte sich der Kopf des Bettlers ungewöhnlich weit in den Nacken. Wäre er in einer anderen Lage, hätte er in dieser Sekunde wohl bemerkt, dass eine kleine Wolke über ihm entfernt an

eine Schlange erinnerte, die sich eben einem Kaninchen näherte. Noch aber war ihm nicht klar, dass er selbst das Kaninchen war, während die jugendliche Kraft seines Gegenübers pures Gift für ihn beinhaltete.
Der Bettler rammte den Kopf nach vorn und kollabierte heftig mit der rechten Faust des Kellners, der sich seinen Gegner mit der Linken nur passend zurechtgestellt hatte und sofort nachlegte. Eine ungesunde Menge Energie übertrug sich spontan auf den Angetrunkenen, von dessen linker Augenbraue sich ein Blutstreifen auf den Weg die Backe hinab machte. Er schmiegte sich um das Kinn, hielt einen Moment inne, als müsse er nachdenken, und sprenkelte anschließend den Straßenboden mit rostroten Tropfen – was den Spender nur noch wütender machte.
Ich muss gestehen, dass mich der ohnmächtige Zorn des Habenichts bis hierher tiefer beeindruckt hatte als die Kampfkünste des vermeintlichen Armeeabsolventen. Meine Toleranz ließ entschieden nach, als der Unterlegene ein etwa zwanzig Zentimeter langes Messer aus seiner Hosentasche zog, mit dem er vor dem Gesicht seines Gegners herumfuchtelte. Der war derartige Situationen offensichtlich gewöhnt. Vielleicht machte er regelmäßig Kampfsport oder hatte sämtliche Filme mit Bruce Lee gesehen. Vielleicht stellte das Straßencafé auch nur Kellner ein, die über fortgeschrittene Karatekenntnisse verfügen, um ähnliche Situationen meistern zu können. Jedenfalls wich der Kellner abermals einen Schritt zurück, um plötzlich auf den Bettler zuzuschnellen, ihn am Arm zu packen und seinen Kopf gleichzeitig ungebremst gegen die Nase seines Opfers prallen zu lassen. Ein Krachen war auf der Plaza Dorrego zu hören, das an das Geräusch eines brechenden Astes erinnerte. Das Messer fiel zu Boden, und ebenso der Angreifer.
Damit hätte die Sache erledigt sein können, und der Kellner hätte hocherhobenen Hauptes zurück zu seinem Tablett gehen können, um den Gästen die bestellten Leckereien zu servieren. Wäre da nur nicht sein verflixtes Temperament, das ihn jetzt aufforderte, wütend auf sein Opfer einzutreten. Der Bettler ringelte sich auf dem rot gesprenkelten Steinboden zusammen, um seinen Bauch und seine Weichteile zu schützen. Der Kellner rastete jetzt völlig aus, während er bisher bewundernswert kontrolliert gewirkt hatte. Immer wieder trat er auf sein Opfer ein. Einige Umstehende applaudierten, andere empörten sich lautstark.

Vermutlich war es dem aufkeimenden Tourismus in San Telmo zu verdanken, dass just in dem Moment, in dem ich aufspringen und dem testosterongetränkten Kellner in den Arm, besser gesagt: in das zutretende Bein, fallen wollte, ein Polizist angerannt kam, der die beiden Streithähne voneinander trennte. Sofort setzte der Kellner wieder sein Pokerface auf und wendete sich der Arbeit zu, als sei nichts geschehen. Der Bettler hingegen gestikulierte raumgreifend, schimpfte wie ein Rohrspatz auf den Polizisten ein und unterstrich mehrfach seine Bereitschaft, nicht nur seinen Widersacher, sondern sämtliche Kellner der Welt zu vermöbeln. Erst zehn Minuten später beruhigte er sich langsam. Er warf dem Kellner, der ihn souverän ignorierte, einen wütenden Blick zu, sammelte sein Messer ein und strich brummelnd von dannen. Außer den Blutflecken und der angespannteren Körperhaltung der Cafébesucher erinnerte nichts mehr an das, was sich eben auf der Plaza Dorrego abgespielt hatte.

Stattdessen näherte sich mit federnden Schritten ein junger Mann, stellte sich mitten auf den Platz, nahm eine angerostete E-Gitarre von der Schulter und holte einen Verstärker aus einem uralten Koffer. Bedächtig stellte er den Verstärker, der ihm nicht mal bis zum Knie reichte, auf den Boden. Dann kramte er aus der Seitentasche des Koffers einen silbernen Ständer hervor, an dessen Ende mit Tesafilm ein immenses Mikrofon festgeklebt war, das dem Erscheinungsbild nach aus den Anfangsjahren des Tango stammte. All das machte den Eindruck, als sei die Musikausrüstung des jungen Mannes seit Generationen weitergereicht worden, und in meine Gedanken drängte sich unwillkürlich das Bild eines Vaters, der seinen verdutzten Sohn auf den Speicher führt, auf die verrostete Gitarre, den kleinen Verstärker, das Jahrzehnte alte Mikrofon und die angefressenen Kabel zeigt und ihm etwas sagt wie: »Mein Sohn, all das wird eines Tages dir gehören!« Das Gesicht des Nachwuchssängers wirkte älter als sein Körper. Auf seiner Stirn drängten sich Falten aneinander, eine Narbe zog sich die linke Gesichtshälfte hinab bis zu seinem Mund. Der saß schief in seinem Gesicht; das rechte Ende zeigte nach unten, während das linke durch die Narbe unnatürlich weit nach oben gezogen wurde.

Sanft, fast zärtlich, strich sein Blick über die Gitarre, bevor er ans Mikrofon trat und ein weiches, hallendes *hola* flüsterte. Als er das erste Lied anstimmte, war es, als sei der Schmerz der Welt in ihn gefahren und suche nun einen Weg nach draußen.

Tener duende, »den Kobold haben« – so bezeichnet es das Spanische, wenn ein Künstler seine Sache mit so viel bedingungsloser Hingabe ausführt, dass der Funke auf das Publikum überspringt. Als sei der Kobold in ihm erwacht und dränge nun mit Macht nach draußen, um sich mitzuteilen.

Der junge Künstler auf der Plaza Dorrego hatte den Kobold. Schon nach den ersten Tönen verebbte das Gemurmel an den Cafétischen. Alle Blicke richteten sich auf den Unbekannten, der einfach nur dastand, leicht vornübergebeugt, in seinen zerrissenen Jeans, die Augen halb geschlossen, und der plötzlich eine neue Welt um sich herum entstehen ließ. Eine Welt, die sich ausbreitete und nach und nach alle Umstehenden in sich aufsog. Jeder konnte eine seltsame Stimmung auf sich zukommen sehen, fühlen, wie sie ihn übermannte und fortnahm, weit weg von der Plaza Dorrego, und in ein Land führte, in dem der Schmerz keine Grenzen mehr kannte. Ein Land, in dem die Einsamkeit grausam regierte, keine Macht neben sich duldete. Ein Land, in dem die Worte knirschten und die Liebe ein Messer war, das sich lustvoll in die Seele senkte. Niemand wollte dieses Land betreten, und erst als es zu spät war, merkte man, dass es kein Traumland war, in das man entführt wurde, sondern dass dieses Land bereits immer in uns gewesen ist. Dass es ganz und gar zu uns gehörte. Ob wir wollten oder nicht: Bei allen Anwesenden auf der Plaza Dorrego wurde heute eine Saite angestoßen, die lange nachhallen würde. Die Gäste am Nebentisch blickten wie elektrisiert auf den Sänger, der sich kaum bewegte, nur leicht mit dem Oberkörper vor- und zurückwippte. Drei Damen links von mir ließen ihren *café con leche* kalt werden und lauschten der in Moll gehaltenen Mischung aus Blues und Tango.

So unmittelbar hatte man Musik selten erlebt; so klar hatte man das Wesen der Musik niemals aufgezeigt bekommen. Begierig nahmen die Umstehenden das Geschenk an, das ihnen dargereicht wurde. Sogar der schlagfreudige potenzielle Armeeabsolvent vergaß, grimmig um sich zu blicken und stand wie angewurzelt da, das Tablett mit einem Kuchen und drei Bieren in der Hand.

Alles am Auftritt des Sängers war improvisiert. Seine Lieder hatten keine Strophen und keinen Refrain. Er sang nicht, es sang aus ihm. Immer wieder löste sich ein Stück des Tesafilms, und das Mikrofon rutschte gefährlich zur Seite. Manchmal blickte er in den Spielpausen auf seine Gitarre herab, als sei sie eine alte Freundin. Vermutlich hatten

die beiden einiges gemeinsam durchgemacht: verpatzte Auftritte mit Sicherheit, unzählige Streitereien mit anderen Musikern, aber manchmal auch den süßen Applaus einer jungen Verehrerin, der jeden Künstler zu Höhenflügen treibt.
Unwillkürlich erinnerte ich mich daran, wie an meinem sechzehnten Geburtstag eine Stimme in mir erwacht war. »Höre auf mich, denn ich bringe dir Gutes«, hatte diese Stimme behauptet. »Hinausgehen sollst du in die Stadt Stuttgart. Nach Ludwigsburg und Konstanz sollst du gehen und auch nach Fellbach-Süd und nach Bad Cannstatt. Stimme deine Gitarre und beglücke die schwäbische Provinz mit deiner Musik, auf dass du berühmt werden mögest wie Bob Dylan und Mick Jagger.« Und also geschah es – bis auf den Schluss, natürlich. Drei Jahre lang spielte ich immer wieder in Fußgängerzonen. Fünfundzwanzig Mark in einer halben Stunde war mein Rekord gewesen, über achtzig Pfennig pro Minute. In Wahrheit war der Erfolg damals einzig und allein einer virtuosen Violinistin zu verdanken, die mein Geschrammel als Ausgangspunkt für lange, sich steigernde Soli genommen hatte.
»Musik, das ist heutzutage zehn Prozent Können und vierzig Prozent Marketing«, erklärte mir nach einem unserer Auftritte ein angetrunkener Manager »aus der Szene«, als ich mit der S-Bahn nach Hause fuhr, die Gitarre auf den Knien. »Die restlichen fünfzig Prozent sind Beiwerk, für das sich die Medien inzwischen am meisten interessieren.« Der Mann hatte recht und er haderte zurecht mit seinem Beruf, der mehr und mehr zu Öffentlichkeitsarbeit geworden war und nicht mehr viel mit Musik zu tun hatte. Bonos Sonnenbrille, Eminems Goldketten und die Beinlänge von Jennifer Lopez' neuem Kleid – darum geht es in den Interviews und Zeitungsberichten. Die meisten Gespräche mit Musikern, die durchaus Interessantes zu berichten hätten, beginnen inzwischen so: »Eben haben Sie ein Konzert vor zehntausend Menschen gegeben. Darum meine erste Frage: Was haben Ihre Schuhe gekostet?«
Ich dachte mir, wenn der Bluessänger, der mit halb geschlossenen Augen auf der Plaza Dorrego stand und seine unglaublich intensiven Lieder durch schüchternes Gestammel ankündigte, sein Hemd halb öffnen, seine Narbe hervorheben und sich Tränen ins Gesicht tätowieren ließe, wenn hinter ihm leichtbekleidete Mädchen rhythmisch wippten, die er niemals erreichen könnte, und wenn über ihm Feuer-

werkskörper explodierten, sobald er zu einem Schlussakkord ansetzte, dann könnte er eine weltweite Marke werden, ein Unternehmen wie Coca-Cola, Marlboro oder Madonna. Er könnte ein »best selling image« kreieren, das des südamerikanischen Liebhabers zum Beispiel, dessen Leidenschaft so tief sitzt, dass sie erst gelöst werden muss, seine Kehle emporrinnt, direkt ins Mikrofon kriecht und, von Verstärkern vervielfacht, auf die Zuhörer schwappt. Für einen Augenblick stellte ich ihn mir auf einer große Bühne vor, grotesk angestrahlt von Scheinwerfern, verwundert über das, was ihn umgibt, sein trauriges Gesicht überdimensional auf eine Leinwand geworfen, und vor ihm eine wogende Menge, die nicht weiß, ob sie klatschen oder in Tränen ausbrechen soll. Ein fetter Manager sähe ihm vom Bühnenrand zu und kalkulierte nüchtern, was dieser Abend einbrächte.

Ich wurde aus meinem kapitalistischen Tagtraum gerissen, als der straffe Kellner das Tablett mit dem Kuchen und den drei Bieren rüde auf dem Nachbartisch abstellte. Der Sänger hatte den letzten Akkord gespielt. Langsam verteilte sich die Aufmerksamkeit auf der Plaza Dorrego wieder. Man widmete sich seinem Café, schaute sein Gegenüber an, blickte Passanten nach. Der Sänger war wieder so unscheinbar geworden wie alle anderen. Er schwitzte in der Sonne und alberte mit zwei Kindern herum, die ein Geldstück in seinen geöffneten Koffer warfen. Schelmisch lächelte er ihnen zu, versuchte sie zu fangen, als sie schüchtern zu ihm kamen. Mit Showgrößen wie Madonna oder Bono hatte er nicht das Geringste zu tun. Er genoss den Augenblick und dachte nicht an morgen oder an die nächsten Jahre. Eigentlich wollte er nur auf der Plaza Dorrego stehen und Musik machen und sich vielleicht später von den Einnahmen ein großes Brot und ein paar *empanadas* kaufen. Er war einfach nur da, angreifbar in seiner Naivität, authentisch durch seine Leidenschaft, menschlich durch seine Bescheidenheit, bar jeglichen strategischen Denkens. Er griff nicht nach den Sternen, sondern konzentrierte sich auf seine Musik. In diesem Moment war er mir so nah wie mir Madonna, Bono und andere Ein-Mann-Unternehmen niemals sein konnten. Er versinnbildlichte mein Südamerika – all das, warum ich hierhergekommen war.

Ich ließ einen Schein in den offenen Koffer des Musikers segeln, der ein angedeutetes *gracias* hauchte. *A tí, amigo*, »Dir habe ich zu danken«, gab ich wahrheitsgemäß zurück.

Gesättigt von den Eindrücken auf der Plaza Dorrego beschloss ich, mich für ein paar Stunden in das Kunstmuseum MALBA zurückzuziehen. Direkt hinter der Eingangstür fiel die Temperatur um fünfzehn Grad. Das MALBA war nicht übermäßig groß, versammelte jedoch die »crème de la crème« lateinamerikanischer Künstler. Diego Rivera beispielsweise, den mexikanischen Maler, an dessen Bildern alle vorbeiliefen, um sich gleich darauf dem Knäuel anzuschließen, der sich vor dem Selbstporträt seiner Frau, Frida Kahlo, bildete.
Eine Viertelstunde blieb ich vor dem großformatigen Bild *Desocupados*, »Arbeitslose«, des argentinischen Malers Antonio Berni stehen. 1934, vier Jahre nach dem weltweiten Börsenzusammenbruch, der Argentinien besonders hart traf, vollendete Berni sein Werk. Mir schien, als zeige dieses Bild wie kein anderes die Anwesenheit der Zeit. Es verdeutlicht, dass Zeit etwas ist, das ausgefüllt werden muss. Dass sie sich um einen legen kann wie eine Zwangsjacke und einem die Luft zum Atmen nehmen kann. Zeit ist etwas, das genutzt werden will. Darum benötigen wir Aufgaben, kleine Ziele, die uns auf Wege bringen. Wenn die Zeit aber eine leere Schüssel ist, in die wir nichts hineinlegen können, eine Schüssel, die wie eine mahnende Erinnerung vor uns steht, dann bleibt uns am Ende nur Resignation. Erfolg oder Misserfolg hängen letztendlich von der Zeit ab, die uns zur Verfügung steht.
Ein weiteres Werk von Berni drückt genau das Gegenteil des resignierten Wartens der *desocupados* aus. Auf *manifestación*, »Demonstration«, scheint eine Menschenmenge direkt aus dem Bild zu strömen. Hunger, Zorn, Entschlossenheit steht in ihren Gesichtern, ihren Blicken, ihren Bewegungen. Eine grimmige Hoffnung marschiert in der Menge mit. Die Bewegung scheint aus der Mitte des Bildes zu kommen und sich auszubreiten, bis die Menschentraube den Rahmen des Bildes zu sprengen droht. Wer könnte sich solch einer Menge entgegenstellen? Wer könnte eine solch wabernde Sehnsucht nach Veränderung kontrollieren?
Antonio Berni, vielleicht der argentinischste der hier ausgestellten Künstler, verdeutlicht wie kaum ein Zweiter die südamerikanische Art zu malen, die mir konkreter und weniger subtil als die europäische erscheint. Berni selbst hatte die Wirtschaftskrise hautnah miterlebt und sich daraufhin einer sozialistischen Bewegung angeschlossen, der er jedoch nie mit vollem Herzen angehörte. Seine Bilder *desocupados*

und *manifestación* drücken Resignation und Wut aus, die beiden antagonistischen Gefühle, die man den Menschen in Lateinamerika gerne gemeinsam unterstellt, weil man ahnt, dass viele von ihnen in Umständen leben, die nirgendwo in Europa vorkommen. Im weiteren Verlauf meiner Reise sollte ich jedoch immer deutlicher erfahren, dass die Menschen auf diesem Subkontinent noch völlig andere Antworten auf die Frage gefunden haben, wie man angesichts von Armut und Perspektivlosigkeit ein gutes Leben führen kann. Und dass gerade dort, wo die Armut besonders grassiert, nicht selten auch *la esperanza*, »die Hoffnung«, am ausgeprägtesten ist.

Ein wütender Geschichtskenner

Die vier Tage, die ich für Buenos Aires veranschlagt hatte, waren vorbei. Ich wusste längst, dass ich länger bleiben würde. Noch war es mir nicht gelungen, die Stadt zu entziffern. Noch hatte ich nicht gespürt, was diese Metropole ausmacht. Erst am Abend meines vierten Tages brachte mich ein Kenner der hiesigen Politik auf die richtige Fährte, ein Chilene, der mir frei Haus eine Nachhilfestunde in lateinamerikanischer Geschichte und Lebensart gab.

»Willst du wissen, warum der Süden Amerikas arm und der Norden reich ist?«, fragte mich Marco und warf mir einen bohrenden Blick zu. Eigentlich war er ein sanfter, adrett gekleideter junger Mann mit klugen Augen, der für mehrere Nachrichtenagenturen aus Buenos Aires berichtete und lange Zeit in Dresden gelebt hatte. Ging es jedoch um Themen, die ihm wichtig waren, wurde er spontan leidenschaftlich – und unerbittlich in seinen Thesen. Bruna hatte mir seine Telefonnummer auf einen Zettel geschrieben, kurz bevor sie Richtung Bahnhof entschwunden war. »Falls du ein paar fundierte Informationen über uns Argentinier erhalten willst«, hatte sie gesagt und ihre Augen hatten kurz aufgeflackert.

Und ob ich wollte! Darum saß ich nun einem wortgewandten Chilenen gegenüber, der sein Land frühzeitig verlassen hatte, um in Argentinien zu leben. Die Einstellungen und Gewohnheiten beider Völker seien Welten voneinander entfernt, würde er mir später erklären. Im Moment jedoch ging es ihm um die Beantwortung grundsätzlicherer Fragen. Umsonst rangen daher die Düfte einer immensen Salamipizza um seine Aufmerksamkeit, während ich bereits begonnen hatte, das mir zugedachte Stück zu minimieren.

»Als die ersten Einwanderer, die ›pilgrim fathers‹, 1620 an der Ostküste der heutigen USA anlegten, fanden sie dort endlos weites Land vor. Grasbedeckte Steppen zogen sich bis zum Horizont vor ihren Augen hin. Darum blieben in erster Linie Viehbesitzer und Bauern vor Ort, die das Land fruchtbar machten.«

Marco stocherte mit der Gabel auf seiner Pizza herum, als wolle er das vor ihm liegende Stück durchpflügen. Dann legte er die Gabel entschlossen neben seinen Teller und blickte mich herausfordernd an.

»Was fand hingegen Kolumbus vor, als er 1498 auf seiner dritten Reise die südamerikanische Küste erreichte? Keine weiten Steppen erwarteten ihn, keine grünen Wiesen. Stattdessen sahen sich die Eroberer geheimnisvollen Dschungeln gegenüber. Vor allem aber stießen sie rasch auf unschätzbaren Reichtum, auf Berge voller Silber und Städte aus purem Gold. Verstehst du, was das nach sich ziehen musste? Begreifst du, dass hier die Geschichte der südamerikanischen Armut und des nordamerikanischen Reichtums ihren Anfang nehmen musste? Im Grunde genommen war unser Schicksal besiegelt, als Kolumbus in Südamerika ankam. Der Überlieferung zufolge soll er kurz vor seiner Ankunft nicht etwa ›Land in Sicht!‹ oder etwas Ähnliches ausgerufen haben. Stattdessen war sein erstes Wort, als er den hellen Küstenstreifen vor sich liegen sah, *lumbre!*, ›Glanz!‹ Kaum waren die ersten Berichte vom unermesslichen Reichtum unserer Böden nach Europa gelangt, machte man sich dort zigtausendfach auf den Weg, um in Südamerika das Glück zu suchen. Diesmal jedoch waren es keine Viehbesitzer, die das Land fruchtbar machen wollten, keine Farmer, die von einem Haus an der Küste träumten. Stattdessen kamen Kleinkriminelle und Ausbeuter in unser Land, gescheiterte Existenzen und Abenteurer aus Europa, die das schnelle Geld machen wollten und dabei nicht selten über Leichen gingen.«

Marco begann, seine Worte zu unterstreichen, indem er lebhaft das Pizzamesser hin und her schwang, als erlebe er die damaligen Kämpfe am eigenen Leib mit. Auf diese Weise bereitete er sein Finale vor, die entscheidende Schlussfolgerung.

»Heute ist Südamerika arm, weil es einst unermesslich reich gewesen ist – und Nordamerika ist reich, weil der Reichtum dort erst aufgebaut

werden musste. Unser Land wurde über die Jahrhunderte hindurch ausgesaugt. Und das wird es noch immer.«
Die Freundlichkeit war aus Marcos Augen verschwunden. Für einen Moment blickte er finster auf das Pizzastück vor ihm, als wolle er zwischen den Salamischeiben, den gebackenen Tomaten und dem bunten Salat einen Schuldigen ausfindig machen. Dann sah er mir wieder in die Augen.
»Nehmen wir zum Beispiel die Ölfirmen aus den USA. Für ein bis zwei Dollar pro Stunde schuften lateinamerikanische Arbeiter bis zu vierzehn Stunden täglich, um das Öl aus dem Boden zu holen. Anschließend wird dieses Öl zum zwanzigfachen Preis auf den nordamerikanischen und europäischen Märkten verkauft. Den Gewinn streicht natürlich die Firma ein. Dasselbe gilt für Kaffee, Bananen, Kautschuk und vieles mehr. Es ist überall dasselbe Prinzip: Da die reichen Länder Handelsbarrieren errichten, ihre eigenen Produkte milliardenschwer subventionieren und Standards einführen, die nichts anderes als versteckte Handelshemmnisse sind, bleibt den ärmeren Ländern nur die Rolle als abhängige Zulieferer. Ihre Produkte verkaufen westliche Firmen auf dem Weltmarkt. So zirkuliert das Kapital nur innerhalb der reichen Nationen, während die Arbeit überall geleistet wird.«
Marco war jetzt in seinem Element. Während er mir die Lage der Weltmärkte erklärte, fuchtelte er mit dem Messer vor meinem Gesicht herum. Gleichzeitig begann er endlich, die bereits lauwarm gewordene Pizza zu essen. Auch wenn ich fast allem, was er sagte, ohne Weiteres zustimmte, fühlte ich doch gleichzeitig einen Drang, ihm einen Teil der Schuld an der anhaltenden Armut in Südamerika zurückzuspielen. So einseitig, wie er sie geschildert hatte, war die wirtschaftliche Lage meines Erachtens nicht.
»Richtig, und hinzu kommt, dass die Institutionen, die eigentlich die Bewegungen auf den Märkten beobachten sollen, fest in der Hand der Geber sind«, fing ich an. »Die Weltbank wird seit ihrer Gründung von einem US-Amerikaner geleitet. Der Internationale Währungsfonds stellt Regeln auf, die Länder, die sie befolgen – wie zum Beispiel Argentinien – ins Chaos stürzen und mit existenziellen Krisen konfrontieren, während Länder, die sich völlig konträr zu diesen Regeln verhalten – beispielsweise die asiatischen ›Tigerstaaten‹ – Wirtschaftswachstum und steigenden Wohlstand erleben. Die Welthandelsorganisation torpediert die Förderung der eigenen Kultur

in vielen Ländern, unternimmt jedoch nichts gegen nichttarifäre Handelshemmnisse, die nach wie vor dafür sorgen, dass Produkte, die direkt aus ärmeren Ländern stammen, auf den Märkten Europas und Nordamerikas kaum Chancen haben. Aber jetzt mal Hand aufs Herz, Marco«, fuhr ich fort, und nun war es an mir, mit dem Messer in der Luft herumzufuchteln, weil auch mir ein italienisch anmutender Gestenreichtum nicht fremd ist, wenn ich etwas sage, das mir wichtig erscheint. »Ist es wirklich so einfach, wie du sagst? Sind wirklich alle lateinamerikanischen Länder bettelarm, nur weil ihnen die USA und Europa keine Chancen auf den Weltmärkten einräumen? Warum hat es Chile dann geschafft, zum Schwellenland aufzusteigen und seit Jahrzehnten ökonomisch stabil zu sein? Es mag sein, dass die Verteilung des Wohlstands global gesehen höchst ungerecht ist. Aber viele eurer Probleme sind hausgemacht. Einige Länder in Lateinamerika haben Regierungsbeamte und Staatschefs, die in die eigene Tasche wirtschaften, kurzfristig alles aus dem Land herausholen und sich anschließend in die USA absetzen. Ich glaube kaum, dass es ›der Westen‹ war, der El Salvador ›befohlen‹ hat, Unsummen für sein Militär statt für Bildung auszugeben. Ebenso wenig glaube ich, dass es im Interesse der USA oder Europas ist, wenn Präsidenten statt den fähigsten Frauen und Männern des Landes lieber ihre Brüder, Vettern oder zumindest ihnen gewogene Leute auf Ministerposten hieven. An solchen Strukturen ändert auch eine Umgestaltung der Weltmärkte nichts. Das, lieber Marco, müsst ihr schon selbst erledigen. Eure Völker müssen die Richtigen an die Spitze bringen und die Ausbeuter aus den eigenen Reihen bestrafen!«

»Wow, jawoll Sir, halt!«, fiel mir Marco lachend in den Arm, der ebenfalls noch immer das Messer durch die Luft schwenkte. Auf eventuelle Beobachter mussten wir in diesem Moment ein abstruses Bild abgeben. »In dir steckt ja ein richtiger Aufrührer! Das macht dich gleich noch sympathischer«, versuchte er mich zu besänftigen.

»Nun haben wir beide schwierige Hausaufgaben bekommen, nicht wahr?«, fuhr er, wieder ernst geworden, fort. »Unsere Arbeitsteilung sieht so aus: Wir kümmern uns darum, dass wir künftig von Demokraten gelenkt werden, die das Wohl ihrer Völker im Auge haben. Und ihr kümmert euch darum, dass die globalen Strukturen gerechter werden und der fiese Protektionismus in euren Ländern abgebaut wird. Ich muss zugeben: Ihr habt den schwierigeren Teil vor euch. Aber nur so kann es funktionieren, dass wir Lateinamerikaner langfristig aus dem Schlammassel kommen. Einverstanden?«

Marco hielt mir, jetzt wieder lachend, seine Hand hin, die ich gerne ergriff und mit einer Mischung aus Amüsement und großem Ernst schüttelte. Noch aber wollte ich das Thema nicht fallen lassen. Ich wollte es genauer wissen. Mir war klar, dass im Moment zwei politische Richtungen global um die Vorherrschaft stritten: Neben den Neoliberalismus, wie er zum Beispiel in Deutschland, aber auch in Chile vertreten wird, sind neue Bewegungen getreten, die soziale Belange in den Vordergrund stellen. Diese neuen Bewegungen hatten inzwischen praktisch überall in Südamerika einen Siegeszug unternommen und ihre Repräsentanten in die höchsten staatlichen Ämter gespült. Hugo Chávez in Venezuela hielt in diesem Jahr das Weltsozialforum ab, »Lula« da Silva war dabei, Brasilien grundlegend zu reformieren, Evo Morales in Bolivien war der erste indigene Cocabauer, der zum Präsidenten gewählt worden war, und demnächst sollte mit Michelle Bachelet ein Opfer der Pinochet-Diktatur ins höchste Staatsamt Chiles gewählt werden. Es war nicht schwer, zu bemerken, dass Marco die aktuelle Entwicklung zupass kam. Mit leuchtenden Augen sprach er von den neuen Entwicklungen in Südamerika.

»Und Kuba?«, fragte ich ihn, doch er winkte ab.

»Mit dem kubanischen System geht es zu Ende. Die Kubaner können sich schon mal auf den kommenden Wohlstand und die damit einhergehende Ungleichheit vorbereiten. Ein tollkühner Versuch war es schon, so dicht vor den USA ein völlig konträres Gegenmodell zu entwickeln und über Jahrzehnte hinweg aufrechtzuerhalten – trotz Invasionsversuchen, Spionage und härtester Wirtschaftssanktionen! Fidel Castro hat alle Kennedys und Clintons und Bushs kommen und gehen sehen und noch immer ist er der *maximo líder*. Doch aufgebaut hat er letztendlich ein System, das Zwänge und die Einschränkung von Freiheiten beinhaltet.« Marco wirkte ein bisschen geknickt. Ich fand es spannend zu beobachten, wie er seine Mimik und Gestik automatisch den Inhalten anpasste, die er von sich gab. Als füge sich ein Chamäleon durch Farbwechsel harmonisch in seine Umgebung ein. Um ihn ein wenig aufzubauen, schnitt ich ein neues Thema an.

»Sag mal, Marco, es gibt doch einige wirtschaftliche Initiativen in Lateinamerika, die vielleicht in die richtige Richtung gehen. Im Endeffekt

könnt ihr ohnehin nur gemeinsam etwas erreichen, nicht wahr?«, fragte ich, während Marco sein letztes Pizzastück verdrückte.
»Klar, aber da sprichst du jetzt wirklich ein heikles Thema an. Denn verglichen mit eurer EU sind unsere Initiativen noch nicht einmal in den Kinderschuhen, sondern höchstens im Babykrabbelanzug. Dafür haben wir gleich drei davon. Unbestritten die unwichtigste ist die Andengemeinschaft, *Comunidad Andina*, früher ›Andenpakt‹ genannt. In ihr haben sich Bolivien, Ecuador, Peru, Kolumbien und seltsamerweise auch Venezuela, das Hunderte Kilometer von den Anden entfernt liegt, zusammengeschlossen, um ihre Außenpolitik aufeinander abzustimmen und gemeinsam gegen das organisierte Verbrechen in ihren Ländern vorzugehen. Langfristig strebt die *Comunidad Andina* eine Wirtschafts- und Währungsunion an, ist aber bislang noch nicht über Absichtserklärungen hinausgekommen.
Etwas weiter sind Argentinien, Brasilien, Paraguay und Uruguay, die sich im *Mercado Común del Sur*, in Kurzform *Mercosur*, zusammengeschlossen haben. Mitglied des *Mercosur* dürfen nur demokratische Länder werden, was keinen geringen Druck auf viele Regierungen ausübt und zeigt, dass wir begonnen haben, unsere Hausaufgaben zu machen. Im Jahr 2004 war es sogar so weit, dass ein Freihandelsabkommen zwischen den Ländern des *Mercosur* und der EU abgeschlossen werden sollte. Das scheiterte in erster Linie daran, dass die Europäer nicht bereit waren, unseren Agrarprodukten Zugang zu ihren Märkten zu verschaffen.«
Marco zwinkerte mir zu und hob gleichzeitig beschwichtigend die Arme. Da ich wusste, dass er recht hatte, beschränkte ich mich auf ein kurzes Kopfnicken und bedeutete ihm dann, fortzufahren.
»Die neueste Initiative aus dem Hause Lateinamerika ist ein loser Staatenverbund mit dem hochtrabenden Titel *Comunidad Sudamericana de Naciónes*, ›Südamerikanische Staatengemeinschaft‹, kurz CSN genannt. Da ihr zwölf südamerikanische Staaten angehören, ist die CSN mit knapp vierhundert Millionen Einwohnern die drittgrößte Ländergemeinschaft nach eurer EU und der NAFTA. Leider ist sie aber auch eine typisch südamerikanische Erscheinungsform, mit all dem gut gemeinten Pathos, der Leidenschaft für Rhetorik und den großen Absichtserklärungen, die das Leben in unseren Ländern prägen. Im Dezember 2004, als die CSN in Cuzco gegründet wurde, erklärte beispielsweise Perus Präsident Alejandro Toledo Manrique: ›Wir werden

Zeugen eines historischen Ereignisses, mit dem der Traum des Befreiers Simón Bolívar nach hundertachtzig Jahren Wirklichkeit zu werden beginnt. Heute schaffen wir ein neues Land mit dreihunderteinundsechzig Millionen Einwohnern.‹ Das Gründungspapier der CSN umfasste zu diesem Zeitpunkt ganze zwei Seiten. Außer einem Generalsekretär wurden keinerlei Organe oder Strukturen eingerichtet. Kompetenzen wurden keine benannt. Dafür schafften es die Verantwortlichen, ein konkretes Ziel zu formulieren: eine der EU vergleichbare Integration mit gemeinsamer Währung, einem Parlament und einheitlichen Reisepässen soll geschaffen werden – bis zum Jahr 2025!«

Marco schüttelte ungläubig den Kopf. Auch mir erschien die Gründung der CSN in erster Linie symbolisch, auch wenn es, der Logik der Politik und der Märkte folgend, sicherlich ein Schritt in die richtige Richtung war.

»Die CSN wurde übrigens am 8. Dezember gegründet, exakt hundertachtig Jahre nach der Schlacht von Ayacucho, die 1824 das Ende der spanischen Kolonialherrschaft einläutete«, fuhr Marco fort, »viel Tamtam also, und natürlich musste die Gründung in Cuzco stattfinden, der Hauptstadt des für damalige Verhältnisse grenzenlosen Inkareichs. Was bislang gänzlich fehlt, ist, zu bedenken, welche Maßnahmen das Ziel eines Staatenverbunds erfordert. Doch in diese Niederungen der Politik, dorthin wo man unpopuläre Änderungen durchsetzen muss, begeben sich unsere Politiker unglücklicherweise selten. Dort gibt es auch entschieden weniger ›spotlight‹!«

Erneut war Marco in Fahrt gekommen. Er zog meine Serviette zu sich und riss eine Ecke davon ab. »Das ist die EU«, erklärte er, »ein Gebiet mit etwa vier Millionen Quadratkilometern.« Marco legte die kleine Ecke neben den Rest der Serviette. »Und das ist unsere CSN. Achtzehn Millionen Quadratkilometer Fläche. Unermessliche Bodenschätze. Eine einzigartige Fauna und Flora. Zwei Drittel der Bevölkerung unter fünfunddreißig Jahre. Jeder, der unsere beiden Vereinigungen nicht kennt, müsste meinen, dass die Zukunft nur uns gehören kann. Aber jetzt pass mal auf.«

Bei diesen Worten schob mir Marco die Ecke meiner Serviette zu, wodurch ich »meine« EU, wie er sich ausdrückte, wiederbekam. Meine restliche Serviette, »seine« CSN, zog er auf seine Seite des Tisches. Dann zerriss Marco auch seine eigene Serviette und schob mir den ungleich größeren Teil herüber.

»Und hier ist nun unser Dilemma. Dein blöder kleiner Serviettenzipfel erzeugt eine Wirtschaftsleistung von zwölf Billionen Dollar pro Jahr.« Marco legte den kleinen Zipfel seiner Serviette auf seine Seite.
»Das ist hingegen unsere Wirtschaftsleistung. Zweieinhalb Billionen. Davon kannst du noch dreihundertfünfzehn Milliarden Dollar Auslandsschulden abziehen.«
»Da hast du's«, fügte er zerknirscht hinzu und warf einen finsteren Blick auf das Serviettenmassaker, »jetzt brauche ich etwas zu trinken«. Nach zwei mehrfarbigen Cocktails war Marco wieder sanft geworden und erzählte mir von Argentiniens großen Zeiten. Ohenhin kam es mir vor, als sehne sich dieses Land nach dem Glanz vergangener Tage, als versuche es, die momentane Wirtschaftskrise durch die Strahlkraft früherer Ereignisse zu übertünchen. Evita, Maradona, der Tango, die Gauchos – all das hatte seine Blütezeit vor vielen Jahren gehabt. Unklar war mir hingegen, wohin dieses Land wollte. Eine umfassende Vision, eine neue Ära waren für mich bislang nicht erkennbar. Immerhin ein Ziel war klar: Argentinien wollte die derzeitige Wirtschaftskrise, die mit günstigen Preisen einherging, zu seinen Gunsten nutzen und ein Touristenland werden. Die Voraussetzungen dafür hat es: nicht nur den höchsten Berg außerhalb des Himalayagebirges, die Urgewalt Patagoniens, das sagenumwobene Kap Horn und Feuerland mit direkter Fährverbindung zur Antarktis. Auch die spannungsreiche Geschichte und die gegenwartsbezogene Lebenskunst der Argentinier ziehen viele Gäste an. Buenos Aires ist unangefochten die Kulturhauptstadt Südamerikas. Und was die Infrastruktur betrifft: Angesichts des hiesigen Preis-Leistungs-Verhältnisses müsste die Deutsche Bahn vor Scham im Boden versinken. Täglich verlassen Hunderte vollklimatisierter Busse die Hauptstadt, um Passagiere für weniger als einhundert Dollar über Tausende Kilometer weit bis in die hintersten Winkel des Landes zu transportieren. Vor allem die Verbindung zu den vergleichsweise reichen Städten des Nordwestens und zu den Wasserfällen von Iguazú an der Grenze zu Brasilien ist einwandfrei. Praktisch stündlich macht sich ein Bus aus der Hauptstadt auf den Weg ins über eintausend Kilometer entfernte Mendoza.
»Dann ist da noch diese Sache mit den Hasen«, hörte ich Marco unvermittelt sagen. Meine Gedanken waren abgeschweift, weil ich mich gerade gefragt hatte, warum mir alle Leute, denen ich unterwegs begegnete, Mendoza als nächstes Reiseziel nahelegten.

»Aha, die Hasengeschichte also«, echote ich wenig überzeugend. »Was ist denn mit den Hasen geschehen?«
»Die Hasen sind ein gutes Sinnbild dafür, wie vermurkst die Beziehungen zwischen Südamerika und Europa sein können«, behauptete Marco. »Zum Spaß wurden einige davon aus Europa importiert. Sobald sie in der Neuen Welt angekommen waren, taten sie das, wofür Hasen allgemein bekannt sind. Bereits ein Jahr später waren sie in Südamerika zur Plage geworden. Inzwischen wird ihr Fleisch in großen Mengen zurück nach Europa exportiert. Aber, weißt du, vielleicht kann es dieses Land trotz seiner abstrus verlaufenden Wirtschaftsbeziehungen wirklich schaffen«, schwärmte Marco mit glänzenden Augen, was zum Teil auch auf die beiden Cocktails zurückzuführen war. »Wir haben Öl und Erdgas, Obst und Wein, Baumwolle und Getreide im Überfluss. Auf unseren Pampas weiden fünfundfünfzig Millionen Rinder. Für Touristen haben wir Kondore und Albatrosse, Pumas und Jaguare, Tukane und Affen. Alligatoren und Anacondas, Wale und Millionen von Pinguinen. Als Nestor Kirchner ins Präsidentenamt gewählt wurde, sagte er, er wolle das Land neu aufbauen. Wir beide wissen, dass er bislang lediglich eine Stadt aufgebaut hat. Diese Stadt!« Marco deutete mit einer Handbewegung um sich. »Aber vielleicht kann Argentinien den aufkeimenden Tourismus nutzen, um stabile wirtschaftliche Verhältnisse zu erreichen wie Chile.«
Bereits mehrfach war mir aufgefallen, dass Marco abfällig den Mund verzog, wenn er von dem Land sprach, in dem er geboren worden war. »Die Ruhe und Ordnung, die Überregelung, das entspricht einfach nicht der Lebensart von uns Südamerikanern«, erläuterte er, als wir uns schließlich verabschiedeten. »Chile ist da wirklich eine Ausnahme. Die anderen Länder müssen auf eine andere Art zu Wohlstand gelangen. Darum hat Argentinien gar keine andere Möglichkeit, als den momentanen Tourismus nach Kräften zu nutzen. Du hast Glück: Du bist am Anfang dieser neuen Phase hier und wirst alle Annehmlichkeiten mitbekommen.«

Ein Meter zweiundfünfzig voller Energie

Sieben Tage war ich inzwischen in Buenos Aires. Jeden Tag präsentierte mir die Stadt eine neue Gegend, ein unerwartetes Ereignis, einen Stimmungswechsel. An jeder Ecke wartete sie mit einem weiteren Rhythmus auf, während praktisch alle Städte, in denen ich bislang gewesen war, eine durchgängige, höchstens mit Variationen versehene Grundgeschwindigkeit aufgewiesen hatten. In Paris hastet man beispielsweise zu den alle drei Minuten einfahrenden Metrozügen und rempelt sich in den Einkaufspassagen an. In Barcelona geht man beschwingt und mit ausholenden Schritten zur nächsten Fete und kehrt müde von dort zurück. In Sydney nimmt die Bewegungsgeschwindigkeit in konzentrischen Kreisen um den Stadtkern herum ab, bis sie am lang gezogenen Bondi Beach gänzlich verebbt.

Buenos Aires aber vereinte die Stimmungen von Paris, Barcelona und Sydney in sich und präsentierte mir ein Flickmuster verschiedenster Rhythmen. Die Touristen, die angesichts vierzig Grad Celsius gemächlich durchs Zentrum streiften, ließen sich von den gepanzerten Geldtransportern nicht beirren, die nach Schalterschluss durch das Bankenviertel *La City* brausten. Auf der Grünanlage inmitten der *Avenida de Mayo*, auf deren acht Spuren pausenlos Autos hin und her fuhren, legten zur Mittagszeit Geschäftsleute ihre Krawatten ab, um träge ihre *siesta* vor jonglierenden Clowns und Theatergruppen zu halten.

Am achten Tag meines Aufenthaltes in Buenos Aires lernte ich in den Gassen des Friedhofs *La Recoleta* eine Französin kennen, die mir endlich klarmachen sollte, was mich an dieser Stadt so faszinierte.

Qieres tomar un café conmigo, »Wollen wir einen Kaffee trinken«, fragte sie mich, nachdem wir uns mehrfach über den Weg gelaufen waren. *Tomar un café* war in diesem Land eine Zauberformel, eine Art »Sesam, öffne dich!«, weil diese drei Worte in aller Regel einen regen Austausch von Gedanken, Mimiken und Gesten einläuteten, durch den man sein Gegenüber auf wunderbar angenehme Weise kennenlernen konnte.

Céline war eine echte Punkette, weniger vom Aussehen als von ihrer Einstellung her. Sie war inmitten einer Zirkuskarawane aufgewachsen, die alle paar Wochen an einem anderen Ort in Frankreich, Spanien und Portugal gastiert hatte. Um sie herum hatten Schlangenmenschen, Jongleure, Feuerschlucker und ein paar verspätete Hippies gelebt. Céline wusste, wie man sich einem Puma gegenüber richtig verhielt, hatte aber Angst davor, eine Straße zu überqueren. Ihre Entscheidungen traf sie spontan und aus dem Bauch heraus. Spanisch hatte sie durch Zuhören und Ausprobieren gelernt. Mehrmals wechselte sie während unseres Gesprächs ihre Meinung. Die Unberechenbarkeit stand ihr gut.

Die Idee, ein halbes Jahr durch Südamerika zu ziehen, war ihr vor drei Wochen in den Sinn gekommen. Seit einer Woche war sie in Buenos Aires. Morgen sollte es weitergehen – wohin, das würde sich noch ergeben. Nach dem gemeinsamen Kaffee schlenderten wir noch einmal über den Friedhof *La Recoleta*.

Obwohl die Grabsteine an kleine Kirchen erinnerten und Privattempel für die Reichen und Mächtigen darstellten, war in den Gängen von *La Recoleta* nur der Name einer einzigen Argentinierin zu hören, deren sterbliche Überreste hier begraben lagen.

»Evita, Evita, was haben die Leute nur mit Evita? Wer soll das überhaupt gewesen sein?«, zischelte mir Céline zu.

»Also, das war so«, konnte ich mich fachkundig geben, da ich am Tag zuvor ein Buch über den argentinischen Peronismus ausgelesen hatte, »1943 putschte sich in Argentinien eine Militärjunta an die Macht. Ein junger Offizier wurde Arbeitsminister, setzte eine dreißigprozentige Lohnerhöhung für die Arbeiter durch und entwarf die bis dahin modernste Arbeitsgesetzgebung Lateinamerikas, die Unfall- und Krankenschutz ebenso wie bezahlten Urlaub vorsah. Kein Wunder, dass der junge Offizier drei Jahre später mit Hilfe der Gewerkschaften zum Präsidenten aufstieg. Dass Juan Domingo Perón jedoch bis heute als Identifikationsfigur der Armen und Entrechteten gilt, verdankt er in erster Linie seiner Frau, einer jungen Radiosprecherin, die als ›first lady‹ so populär werden sollte wie kaum je ein Politiker in Argentinien. Eva Duarte, im Volksmund Evita genannt, setzte ein Jahr nach Amtsantritt ihres Mannes das Frauenwahlrecht durch und rief gleichzeitig eine Stiftung ins Leben, die landesweit Geschenke, vor allem Fußbälle, Fahrräder und Kinderspielzeug, an die Armen verteilte. In mitreißenden Reden sprach Evita den Habenichtsen Argentiniens aus der Seele, und nach ihrem frühen Tod 1952 liefen Tausende weinend durch die Straßen. Ihr engagiertes Leben diente später als Vorlage für ein gleichnamiges Musical, das nicht einmal Madonna verhunzen konnte.

Nach dem Tod seiner Frau geriet Juan Domingo Perón schnell ins politische Abseits. 1955 wurde er gestürzt und floh ins Exil nach Madrid. Knapp zwanzig Jahre später kehrte er, typisch für Südamerika, von dort zurück und wurde prompt erneut Präsident. Im Jahr darauf starb er.«

»Langfristig gesehen war die Zeit von Evita und Perón also nicht unbedingt erfolgreich, oder?«, hakte Céline nach, was mich dazu zwang, für den Peronismus in die Bresche zu springen.
»Nun, immerhin stiegen die Einkommen real um etwa vierzig Prozent. Kinderheime und Krankenhäuser wurden gebaut. Gleichzeitig schaffte man es, Krankheiten wie die Malaria zu besiegen. Und was nach Perón kam, war mit Sicherheit ungleich schlimmer: Eine Militärjunta riss 1976 die Macht an sich und regierte Argentinien mit eiserner Hand. Spezialkommandos zogen auf der Suche nach Oppositionellen durchs Land. Dass unliebsame Mitbürger über Nacht einfach ›verschwanden‹, war an der Tagesordnung. Auch so ein Problem in Südamerika, richtig? Oftmals kann man sich, was die Politik betrifft, hier höchstens für das kleinere Übel entscheiden. Wenn man sich überhaupt entscheiden darf und sich nicht jemand die Macht ganz einfach nimmt.«
Wir waren an Evitas Grab angekommen, das an einen kleinen Schrein erinnert. Blumen lagen überall auf dem Boden verstreut. Eine Traube knipsender Besucher verstellte den Blick auf die Grabinschrift. Céline hopste in der hintersten Reihe auf und ab und versuchte vergeblich, einen Blick auf das berühmte Grab zu werfen. Sie hatte schlechte Karten, da sie ganze einszweiundfünfzig maß.
So hatte sie sich mir zu Beginn vorgestellt. »Céline, ich bin ein Meter zweiundfünfzig groß, wollen wir einen Café trinken«, hatte sie gesagt. »Thomas, ich habe Schuhgröße vierundvierzig, aber gern doch«, hatte ich mich nicht zurückhalten können zu antworten. Offensichtlich hatte sie im Verlauf ihrer dreiundzwanzig Jahre erfolgreiche Strategien entwickelt, um ihren Größennachteil auszugleichen, denn kurz entschlossen sprang sie auf die Lehne einer Parkbank und zog sich, dort angekommen, auf den breiten Ast eines Ahorns empor. Von dort oben hatte sie einen Rundumblick auf die Szenerie. Breit lächelnd zückte sie eine Digitalkamera im Miniformat und drückte zweimal ab. Dann stieg sie behände von ihrem Aussichtspunkt herab und stellte sich neben mich.
»Also, ich verstehe die ganze Aufregung nicht«, hielt sie fest und schüttelte ihren schwarzbelockten Kopf, »da ist doch nur eine Glasplatte mit zwei Namen darauf.«
»Von wegen, du Ignorantin!«, gab ich mich streng, obwohl ich gleichzeitig über ihre Unbekümmertheit lachen musste. »Daran merkt man,

dass du keine Argentinierin bist! Hier liegt nämlich nicht nur eine Glasplatte, sondern auch die Erinnerung an ein Politikerpaar, das zumindest ernsthaft versucht hat, die Lage der Armen zu verbessern. Und nicht zuletzt durch Menschen wie diese beiden gibt es in Buenos Aires etwas, das in nahezu allen anderen Großstädten Lateinamerikas praktisch nicht vorhanden ist: eine ausgeprägte Mittelschicht.«

»In Ordnung, das will ich gelten lassen.«

»Madame ist zu gütig. Es gibt übrigens auch zu dieser Glasplatte, wie du sie nennst, eine Geschichte. 1949 ging Perón nämlich das Geld aus. Dass er bei einer US-Bank einen Millionenkredit aufnahm, wurde streng geheim gehalten, denn Perón hatte im selben Jahr offiziell verkündet, sich eher die Hand abschlagen zu lassen, als einen Auslandskredit aufzunehmen. 1987 brachen Unbekannte die Panzerglasplatte des Grabes auf und trennten dem Expräsidenten mit einer Säge beide Hände ab. Darum musste die Glasplatte durch bruchsicheres Panzerglas ersetzt werden. Darunter liegen die sterblichen Überreste Peróns – ohne dessen Hände! Wo die sich befinden, ist unbekannt, doch dürften sie ihrem Anbieter auf dem Schwarzmarkt ein Vermögen eingebracht haben.«

»Ein interessantes Land, in dem man Präsidenten posthum die Hände abhackt«, befand Céline, »was wäre wohl geschehen, wenn Perón stattdessen gesagt hätte, er wolle sich lieber verspeisen lassen als einen Auslandskredit aufzunehmen?«

»Nun, dann wären die Grabräuber mit einem Suppentopf gekommen und hätten ...«

»Egal, ich will's nicht wissen!«, rief Céline und hielt sich die Ohren zu.

Wenig später schlenderten wir durch das älteste Viertel der Hauptstadt. La Boca, der Mund, nennt sich das Gebiet um den Hafen von Buenos Aires, das früher ankommende Schiffe mit Waren und Sklaven aufgenommen hatte und bis heute ein belebter Umschlagsplatz geblieben ist, um den hellhäutige Touristen bei Nacht in aller Regel einen Bogen machen. Zur Mittagszeit lockt La Boca hingegen mit kräftigen, bunten Hausfassaden, was auf die vielen Einwanderer zurückzuführen ist, wie mir Céline erklärte, die offensichtlich ihre Unbekümmertheit in punkto Evita und Perón wettmachen wollte.

»Im 19. Jahrhundert stiegen Millionen Menschen in Spanien und Italien an Bord großer Schiffe, um nach Amerika zu fahren. Die meisten gingen in Argentinien an Land. *Hacer mi América*, ›mein Amerika ma-

chen‹, sagte man damals in Spanien und meinte damit die Hoffnung, hier am *Río de la Plata*, am ›Silberstrom‹, schnell zu Reichtum zu kommen und als gemachter Mann in die Heimat zurückzukehren. Die meisten jungen Männer endeten stattdessen als Tagelöhner und Fabrikarbeiter und blieben in den Hafenvierteln von Buenos Aires kleben wie Bienen an einer dieser klebrigen Schnüre, die wir Menschen gemeinerweise als Fallen von der Decke herabhängen lassen. Aber egal!«, beeilte sich Céline, als ich begann, unruhig hin und her zu tänzeln, »jedenfalls fanden die meisten Einwanderer hier im Hafenviertel Arbeit, wurden allerdings äußerst mies bezahlt, manchmal nur in Materialien. Ein Material, an dem damals kein Mangel herrschte, war Schiffslack, und mit genau dem strich mancher Einwanderer die Häuser von La Boca blau und rot und gelb und grün an und verzierte sie mit Bildern und Seemannsfantasien. Darum sieht hier alles so schön bunt aus.«
Inzwischen waren wir bei zwei Tango tanzenden Pärchen angekommen. Vielerorts in Buenos Aires hatte ich solch spontane Tänzchen auf offener Straße mitbekommen, hatten sich elegante Damen dazu herabgelassen, hüftkreisenden jungen Männern scheinbar die Initiative zu überlassen, schmolzen Touristinnen in den Armen erfahrener Tangotänzer dahin. In La Boca kam mir der Tango hingegen etwas zu dick aufgetragen vor. Er kroch aus Wohnungsfenstern und aus den Kassettenrekordern, die fliegende Verkäufer vor ihren Waren aufbauten. Als wolle man mit aller Macht eine Welt wiederauferstehen lassen, die definitiv untergegangen war.
Nachdem wir drei Stunden durch die Gassen gebummelt waren, diverse Verkäufer abgewimmelt und trotz vielfältiger Angebote nicht Tango getanzt hatten, ließen wir uns erschöpft auf zwei Stühle eines Straßencafés fallen. Besser gesagt: *Ich* ließ mich erschöpft auf einen Stuhl fallen. Céline war hingegen gerade erst warm geworden. Bis dato hatte ich nicht gewusst, dass in einem Meter zweiundfünfzig so viel Energie stecken konnte. Fast wartete ich darauf, dass sie mir einen Marathon durch Buenos Aires zurück zu Josefina und Ramón vorschlug, was von der Streckenlänge beinahe passen würde. Stattdessen sprudelte sie mir ihr Wissen entgegen, während ich mich halb auf ihre Worte, halb auf die vor mir liegenden *empanadas* konzentrierte.
»Weißt du, dass im Großraum Buenos Aires zwanzig Millionen Menschen leben?«, fragte sie mich, während sie gleichzeitig in eine herzhafte *empanada de pollo* biss, »das ist, als würde man dein München zwölf

Mal nebeneinander stellen! São Paulo ist noch größer. Wobei man die Einwohnerzahl solcher Giganten letztendlich nur schätzen kann, weil die meisten Slumbewohner gar nicht erfasst werden können.«
Das Ende einer *empanada de jámon y queso* verschwand in Célines Mund.
»Rio de Janeiro, Lima und Bogotá belegen mit jeweils etwa zehn Millionen die Plätze drei bis sechs in Südamerika. Dann folgen vergleichsweise unbekannte Städte wie Belo Horizonte und Recife, die jede für sich noch immer größer sind als München und Hamburg zusammen. La Paz ist zum Beispiel nur auf Platz fünfundzwanzig, hat aber mit knapp zwei Millionen noch immer mehr Einwohner als Frankfurt.«
Céline lächelte, als erwarte sie ein Lob für ihre vergleichende Aufzählung. Ohnehin verstand sie es auf das Beste, bei ihren Worten durchklingen zu lassen, welche Antwort sie jeweils gerne hören wollte. »Hast du Lust, *empanadas* zu essen?«, hatte sie mich beispielsweise kurz vor dem Café gefragt, und ihre Augen hatten aufgefunkelt wie das Licht, das ein Leuchtturm rundum schickt. Alles andere als ein freudiges »Ja« meinerseits wäre ein an Häresie grenzender Frevel gewesen. Gestärkt durch die gefüllten Teigtaschen servierte mir Céline freudestrahlend weitere Details zu Buenos Aires.
»Dass Argentinien ein Einwanderungsland ist, sieht man vor allem an der Küche seiner Hauptstadt. An allen Ecken und Enden, vor allem im Stadtteil Palermo, in dem du wohnst, wird Pizza angeboten, besonders gern mit Mayonnaise. Doch nicht nur das: Auch Worte wie *ñoquis, leberwurst* und *strudel* begegnen dir hier. Sie haben Einzug ins Argentinische gefunden und bereichern das kulinarische Angebot, das einst aus einem *asado*, einem über offenem Feuer gerösteten Rindfleisch, bestanden hatte. Die fünfundfünfzig Millionen argentinischen Rinder haben unermesslich viel Land um sich herum: Die begrasten Ebenen der argentinischen Pampas nämlich, die durch ein Autofenster betrachtet endlos erscheinen. Zehn Stunden kannst du durch die Pampas fahren, ohne dass du den Eindruck hast, dass sich draußen irgendetwas verändern würde.«
»Das ist schon ein deutlicher Unterschied zu Ländern wie Ecuador, wo man innerhalb weniger Stunden von schneebedeckten Andengipfeln hinab zu den tropischen Ebenen fährt«, gab ich mich fachkundig.
»Übrigens bereichern verbale Anleihen aus Italien das Argentinische nicht nur in Bezug auf kulinarische Köstlichkeiten. Über zehntausend

italienische Worte haben Einzug ins Argentinische gehalten. Vor allem die Hauptstadtbewohner sprechen gerne davon, wie *macanudo*, prima, etwas ist. Die italienische Einfärbung des Argentinischen wird *lunfardo* genannt. Die Sprache nahm und nimmt zudem gerne Worte aus weiteren Kulturkreisen auf. Lustig finde ich, wie englische Ausdrücke skrupellos ›spanisiert‹ werden. Seit ein paar Tagen weiß ich zum Beispiel, was ein *nocaut* oder ein *turbus* ist – ein ›knock-out‹ und ein ›Tour-Bus‹ nämlich!«

Céline kicherte hell und schüttelte gleichzeitig ungläubig den Kopf, was einen älteren Herrn am Nachbartisch dazu veranlasste, über den oberen Rand seiner Zeitung hinweg einen faszinierten Blick auf sie zu werfen. Wenn sie lachte, wirkte Céline wie ein Kind, das man kitzelt.

»Aber weißt du«, sagte sie, als sie zu Ende geprustet hatte, »diese vielen Facetten des Spanischen sind im Grunde genommen eine prima Sache! Jedes Land, wenn nicht gar jede Region, hat einen eigenen Akzent. In Spanien lispelt man und hackt die Worte am Ende ab. In Ecuador spricht man sie weich aus und leiht sich zudem ein bisschen Quechua aus, die Sprache der *indígenas*. Da fällt mein französisch und dein deutsch angehauchter Akzent nicht weiter auf.«

Mit dieser Erfahrung stand Céline nicht allein. In keiner anderen Region brachte man mir so viel Verständnis und Dankbarkeit entgegen, wenn ich einige Sätze in der Landessprache von mir gab.

Die Argentinier, allen voran die Hauptstadtbewohner, sprechen ein weiches, temperamentvolles Spanisch, in dem eine italienische Satzmelodie mitschwingt. Vor allem jedoch erkennt man sie zuverlässig an ihrem »ché«. Das »ché«, das der bekannteste Argentinier, Ernesto Guevara, gar in seinen Namen integrierte, ist ein Schmankerl der besonderen Art. Wo andere spanischsprachige Völker ein »j« sprechen – beispielsweise bei den Worten *yo*, »ich« und *ayer*, »gestern« – haben die Argentinier die Angewohnheit, ein weiches »tsch« von sich zu geben. Selbst ein absolut banaler Satz wie *atscher, tscho fuí al supermercado*, »Gestern ging ich zum Supermarkt«, bekommt auf diese Weise einen exotischen, lebensfrohen Klang – zumal er in der Regel mit einem herrlichen, italienisch angehauchten Singsang einhergeht und von ausladenden Gesten begleitet wird. Wenn zum Beispiel Ramón einen solchen Satz von sich gab, kam es mir vor, als zelebriere er jedes Wort, als tunke er es in die Sonne Argentiniens, die unter anderem die blauweiße Landesfahne schmückt.

Als ich in diesem Café saß, gegenüber einer kleinen Französin, die erstaunliche Mengen gefüllter Teigtaschen verdrücken konnte, und durch das Fensterglas hinaus auf die Straße blickte, und als just in diesem Moment ein kleiner Junge seine Nase an die Scheibe drückte und uns eine Auswahl gelungener Grimassen zeigte, während sein Vater vergeblich versuchte, ihn von dort wegzulocken, während also das Leben in Buenos Aires an die Fensterfront unseres Cafés brandete, wurde mir so schlagartig klar, was mich an dieser Stadt faszinierte, dass ich mich augenblicklich an meinem Espresso verschluckte. Céline warf mir einen besorgten Blick zu.

»Alles in Ordnung«, hustete ich ihr entgegen, »mir ist nur gerade klar geworden, warum ich Buenos Aires so mag. Weißt du, in München, in Frankfurt und Hamburg, in den Städten, die du vorhin erwähnt hast, scheint das echte, das aufregende, das ›richtige‹ Leben immer irgendwo anders zu sein. Es lächelt von großformatigen Werbeplakaten zu uns herab. Es tönt uns aus dem Radio entgegen. Es wartet in der Zukunft auf uns, wenn wir erst unseren Bausparvertrag auflösen. Hier aber, in Südamerika, in Buenos Aires, hier ist das ›richtige‹ Leben direkt und unverstellt da: Es ist in den Gesichtern, so wie in deinem jetzt gerade, in den Augenblicken, in den Begegnungen. Es ist hier und jetzt da, genau hier, nicht in fernen Ländern und nicht in irgendeiner Zukunft. Ich glaube, diese Unmittelbarkeit ist es, die in Wahrheit so viele Leute hierherlockt. Endlich habe ich das kapiert!«

Ich strahlte Céline an, trank dann den kläglichen Rest meines Espressos, der noch in meiner Tasse verblieben war.

»Und deshalb besprenkelst du den halben Tisch mit Kaffee?«, fragte mich Céline mit gespieltem Unverständnis. Doch ihre Augen blitzten auf, als hätte der Leuchtturm seinen Betrieb wieder aufgenommen. »Da hättest du auch einfach mich fragen können. Ja, ich glaube, auch ich bin darum hier.«

In diesem Moment, in einem Café am Rande einer Straße von Buenos Aires, auf der das Leben seinen Gang nahm, spürten wir beide für Momente eine Gewissheit in uns aufsteigen: Wir waren, wo wir sein wollten.

Von da an ließ ich meine Südamerikareise gelassener angehen. Ich hatte gefunden, wonach ich gesucht hatte.

Zehn Tage lang hatte mich diese Stadt auf Trab gehalten. Sie hatte mich jeden Tag in irgendeiner Weise überrascht und mir hinter jeder

Ecke etwas Neues präsentiert. Einen Moment lang, das wusste ich nun, hatte ich Buenos Aires in die Augen geblickt. Sollte ich eines Tages hierher zurückkommen, würde alles anders sein. Auch das war mir in dem Moment klar geworden, in dem mich die Erkenntnis überrascht und ich meinen Espresso auf dem Tisch verteilt hatte.
Genauso sollte es mir in der Folge mit ganz Südamerika gehen. Die Erlebnisse auf diesem Subkontinent würden sich winden wie Schlangen und kaum festzuhalten sein, dafür aber mit einer so starken, nie geahnten Intensität in mich fahren, dass das Bespucken eines Tischs mit Kaffee noch die harmloseste Reaktion meinerseits sein würde.
Am elften Tag meines Aufenthalts in Südamerika, einem Sonntag, fuhr ich nach Mendoza.

Spanglish

»Pliss prroceed tu yurr borring geit«, rief eine Frauenstimme in bestem »Spanglish« aus den Lautsprechern des Flughafengebäudes. Vermutlich wollte sie »boarding gate« sagen, doch genau wie die Spanier verschlucken auch die Südamerikaner mit Vorliebe Wortsilben und vermischen den Rest zu einem Brei, den sie Touristen unzerkaut entgegenschleudern. Das richtige, (zäh)flüssige Spanisch ist, dieser Logik zufolge, erst erreicht, wenn weder der Sprecher noch der Zuhörer mehr mit Bestimmtheit sagen kann, wo ein Wort aufhört und ein neues beginnt. Das unfreiwillige Ausrufen einer langweiligen Abflughalle stimmte mit der Lage im Flughafengebäude »Jorge Newbery« keinesfalls überein.
Queremos trabajar, »Wir wollen arbeiten«, skandierten etwa achtzig ärmlich gekleidete Argentinier, die handbemalte Transparente in die Höhe hielten und die Fäuste emporstreckten, während sie an zwei laufenden Kameras vorbeizogen. Ihr Anführer hatte ein rotes Halstuch über Mund und Nase gezogen und warf zornige Blicke in die Gesichter zweier Journalistinnen, die ihm ein Mikrofon entgegenhielten. *Otra Argentina es posible*, »ein anderes Argentinien ist möglich«, sagte er finster und ballte die linke Hand zur Faust. Obwohl Argentinien dabei war, sich bemerkenswert schnell von der Wirtschaftskrise zu erholen und dabei einem Baron Münchhausen alle Ehre machte, der sich bekanntlich am eigenen Schopf aus dem Dreck gezogen hatte, waren die

Nachwirkungen des ökonomischen Einbruchs noch immer spürbar. Zahlreiche Argentinier der Mittelschicht mussten sich inzwischen mit Gelegenheitsjobs durchschlagen. Mit entlarvender Deutlichkeit zeigte das argentinische Beispiel auf, was mit einem Land passieren kann, obwohl – Marco würde an dieser Stelle sagen: weil! – es die Richtlinien der Weltbank und des Internationalen Währungsfonds befolgt hatte wie kaum ein anderes.

Ich war so beschäftigt damit, die jungen Frauen und Männer zu beobachten, die mittlerweile dazu übergegangen waren, auf und ab zu springen und Dinge zu skandieren, die ich nicht verstand, dass ich beinahe verpasst hätte, wie »Miss Spanglish« meinen Flug ausrief: »Flait tu Mendoza nnao rrredi forr borrrin.«

Als die kleine Propellermaschine abhob, gab mir Buenos Aires einen letzten Eindruck mit auf den Weg: Durch das Fensterglas des Flugzeugs blickte ich auf das endlos wirkende Straßennetz der argentinischen Hauptstadt hinab. Die Häuserblocks waren akkurat geordnet, als stünden sie in Reih und Glied. Buenos Aires, so viel wusste ich inzwischen, wirkt nur aus der Ferne ordentlich; sein Zustand ändert sich, ebenso wie der seiner *porteños*, in chaotischen Rhythmen. Eine schöne Traurigkeit breitete sich in mir aus, *malegria* in Reinform: Wie so oft zuvor verließ ich etwas Schönes, um mich auf etwas Unbekanntes einzulassen.

Vidal, der nachdenkliche Zauberer

»Ich will den Aconcagua besiegen«, kündigte mir ein niederländischer Bergsteiger an, was an sich bereits eine interessante Kombination war. Der Aconcagua ist kein Eindringling wie der bayerische »Problembär« Bruno. Er ist auch kein Andendrache, obwohl die indianischen Ureinwohner hartnäckig das Gerücht verbreiten, dass er von Zeit zu Zeit Feuer speie.

Dennoch regiert der Aconcagua ganz Mendoza: Ein 6992 Meter hohes Ungetüm, das aufgrund der Plattentektonik noch immer wächst. Über dreißig Sechstausender hat Argentinien zu bieten, doch der Aconcagua überragt sie alle. Er stellt die höchste Erhebung der Erde außerhalb des Himalajagebirges dar. Da sich entlang der Westseite Südamerikas die schwere pazifische Nazca-Platte unter die kontinentale Südamerika-Platte schiebt, dauert die Auffaltung der Anden bis heute an, was den Aconcagua in Zukunft dazu befähigen könnte, der einzige Siebentausender außerhalb Asiens zu sein. Bereits jetzt ranken sich zahllose Sagen und Legenden um diesen Berg, flüstern sich bärtige Abenteurer in Mendozas Straßen die neuesten Geschichten zu. Die ganze Stadt liegt im Schatten des Aconcagua.

Fürs erste ließ ich den niederländischen Gipfelstürmer ziehen und schloss mich stattdessen einem Franzosen an, der wie ich die örtliche Jugendherberge suchte. Als wir danach ein Café nahe der *Plaza Independencia*, Mendozas zentralem Platz, aufsuchten, erzählte mir Vidal von seiner großen Leidenschaft.

»Eigentlich bin ich Zauberer«, sagte er. Er nahm einen Fünf-Pesos-Schein aus meinem Geldbeutel, legte ihn in die rechte Hand, schloss sie kurz – und streckte mir einen Fünfzig-Euro-Schein entgegen.

»Den kannst du leider nicht behalten«, lächelte er. »Weißt du, seit ich ein kleiner Junge war, wollte ich nichts anderes tun als zaubern, mit allem was dazugehört. Ich will die Menschen zum Staunen bringen, sie in eine andere Welt führen und ihren Kindern ein Lächeln ins Gesicht – ja: zaubern! Aber wenn man nicht David Copperfield heißt, ist es schwer, sich damit über Wasser zu halten. Es gibt in Frankreich genügend Nachfrage nach Zigaretten, Alkohol und Atomkraftwerken. Aber durch fantasievolle Unterhaltung kann man dort nicht überleben.«

Dank meiner bisherigen Begegnungen mit Clowns, Magieren und Akrobaten wusste ich, dass diese Art von Künstler nicht selten einen ernsten, von Zeit zu Zeit ins Melancholische abgleitenden Charakterzug aufwies. Andere Menschen zum Lachen zu bringen scheint ein hartes Geschäft zu sein. Vermutlich war es in der Tat schwieriger, als ihre Lungen und Lebern zu zerstören.

»Da ich von meinen Zaubereiprogrammen nicht überleben kann, habe ich vor zwei Jahren beschlossen, mich nebenher um ganz andere Programme zu kümmern. Ich entwickle Computersoftware«, fuhr Vidal fort. »Du glaubst nicht, was man damit verdienen kann! Diese einstige Nebentätigkeit ist inzwischen zu meinem Hauptberuf geworden und drängt das, was ich eigentlich machen will, immer mehr in den Hintergrund. Manchmal komme ich abends um halb elf von der Arbeit nach Hause und kann gerade noch Zähne putzen, bevor ich ins Bett falle. Dabei schießt mir immer wieder ein Satz des Schriftstellers

Michel Houellebecq durch den Kopf, demzufolge diese Welt viel braucht, doch gewiss nicht noch mehr Information.«

Auch einen kleinen Hang zur Dramatik konnte ich vielen Unterhaltungskünstlern nicht absprechen. Bei Vidal kam jedoch noch etwas anderes dazu. Der ungarische Schriftsteller Antal Szerb vermutet in seinem Roman »Reise im Mondlicht«, dass jeder Mensch eine ganz bestimmte Lebensphase hat, in der er aufgehoben ist. Manche Menschen bleiben jahrelang linkisch und fühlen sich fehl am Platz, nicht in ihre Zeit gehörend, nicht an ihren Ort gebunden, bis sie sich als schöne und weise Greise wiederfinden. Sie sind, nach Antal Szerb, »endlich zu Hause in ihrem Moment« angelangt. Bei Vidal verhielt es sich genau umgekehrt. In seinem Inneren war er noch immer ein Kind: neugierig auf die Welt, nicht festgelegt in seinen Urteilen und bereit, über jede Kleinigkeit zu lachen. Am liebsten wäre er vermutlich immer ein Kind geblieben. Das aber durfte er nicht. Die gesellschaftliche Etikette sah vor, dass er Verantwortung übernahm, sich ruhig und gemessen verhielt und Entscheidungen rational begründete. Die angemessene Sitzhaltung, die nachdenkliche Pose, die innere Ruhe, all dies lag ihm nicht. Stattdessen rutschte er pausenlos auf seinem Stuhl hin und her, trommelte mit den Fingern auf dem Tisch herum und lachte hin und wieder schallend auf, sodass die – natürlich tätowierte – Bedienung jedes Mal mit einer Mischung aus Neugier und Erstaunen zu uns herüberblickte.

Hier, unter den Pfirsich- und Birnbäumen Mendozas, die über uns raschelten, als flüsterten sie sich Geheimnisse zu, nach zwei *Quilmes*, dem argentinischen Bier, das weniger bitter schmeckt als die meisten seiner deutschen Pendants, wurde mir bewusst, dass die Dinge, so wie sie sich mir im Moment präsentierten, in Ordnung waren. Die Bäume waren so, wie sie sein sollten; die Hintergrundgeräusche hätten nicht besser sein können; die Sonne strich in genau richtiger Intensität über mein Gesicht. An jenem Abend nahm ich mir vor, eines Tages hierher zurückzukommen und genau an dieser Stelle ein *Quilmes* zu trinken, das vermutlich von einer anderen, aller Wahrscheinlichkeit nach tätowierten Kellnerin überreicht werden würde. Im Alter würde man mir derartige Sentimentalitäten durchgehen lassen – das ist einer der wenigen Vorteile des Älterwerdens.

Vom Fluss verschluckt

Bereits am nächsten Tag begannen auch für mich die Abenteuer, von denen in Mendoza jeder sprach. Ich konnte mich der Mischung aus freudiger Erwartung kommender Erlebnisse und abgebrühter Weitergabe von Heldentaten nicht entziehen. Als die Sonne über die Berge lugte, die sich durch die Wolken bohrten, als wollten sie nachsehen, was darüber war, stieg ich in einen Kleinbus, der mich zum *Río Mendoza* brachte. Das Teilstück nahe Mendoza hatte es in sich. Ungehemmt brauste und zischte das Wasser des *Río Mendoza* hier die Ostflanke der Andenkordillere hinab in die argentinische Halbwüste. Es riss Äste und Steine mit sich und prallte ungebremst gegen scharfkantige Felsen. Sein Wasser war vom aufgewühlten Schlammboden dunkelbraun gefärbt. Kurzum: Östlich von Mendoza boten sich optimale Bedingungen für ein Raftingabenteuer der besonderen Art. Noch wusste keiner von uns Businsassen, dass uns die bevorstehende Schlauchbootfahrt bis an die Grenzen unserer Leistungsfähigkeit bringen würde – und manche von uns darüber hinaus.

Vamos, vamos, feuerte uns »Monkey« an, als wir am Fluss ankamen. Unser Schlauchboot-Steuermann trug seinen Spitznamen zu Recht. Er war breit und kräftig gebaut, braun gebrannt und trug eine wilde Haarpracht, die er von Zeit zu Zeit heftig schüttelte. Ohne Unterlass erzählte er uns Witze auf Spanisch, wobei es ihn nicht sonderlich kümmerte, dass die Hälfte von uns seine Pointen nicht mitbekam, weil er in einer Geschwindigkeit sprach, die den Wasserfall kurz oberhalb unserer Bootseinstiegsstelle vor Neid hätte erblassen lassen. Jeder von uns bekam einen alten, zerkratzten Helm auf den Kopf gesetzt und eine Schwimmweste umgebunden, die in meinem Fall leider durch mehrere Löcher außer Gefecht gesetzt worden war. Ein Gefühl behaglicher Sicherheit vermittelten uns diese Utensilien nicht gerade. Doch schließlich waren wir hier, um etwas zu erleben.

Vidal hatte direkt hinter mir Platz genommen. Sein Gesichtsausdruck wechselte zwischen Neugier und Ängstlichkeit, je nachdem was »Monkey« gerade erzählte. Als unser Steuermann gestenreich ausschmückte, wie vor einigen Wochen nur zweihundert Meter flussabwärts ein Tourist beim Rafting ertrunken war, nachdem er mit dem Kopf gegen einen der vielen Felsen gestoßen war, wurde Vidals Gesicht etwas blass. Jetzt gab es jedoch kein Zurück mehr. In zwei Reihen saßen wir im

Schlauchboot, drei auf jeder Seite, und jeder mit einem Paddel bewaffnet. Mein Platz war ganz vorne links, hinter mir saß Vidal, gefolgt von einer zierlichen Argentinierin, die furchtsam auf das tosende Wasser blickte, das vor unseren Augen talwärts schoss. Vielleicht wollte sie Buße für irgendeine Sünde ablegen oder hatte eine alberne Wette verloren. Zumindest machte sie nicht den Eindruck, dass ihr das, was ihr bevorstand, sonderlich viel Spaß machen würde. Das traf auch auf den jungen Brasilianer zu, der ihr gegenüber auf der rechten Seite saß. Obwohl er ein stämmiger junger Mann war und sich unter seinem T-Shirt ein durchaus ansehnlicher Bizeps abzeichnete, hatte sich eine Furcht in seinem Blick eingenistet, die er nicht verstecken konnte. Er komme aus São Paulo, hatte er uns auf der Herfahrt erzählt. Vielleicht war er zum ersten Mal richtig »draußen« aus der riesigen Stadt. Vor ihm saß hingegen ein deutsches Pärchen, das zu allem bereit war. »Yippiieh, jetzt geht's los«, jauchzte die junge Frau, als »Monkey« unser Schlauchboot an den Rand des Ufers zog. Ihr Freund blickte bereits entschlossen auf das Paddel in seiner Hand, als wolle er nach geglückter Raftingtour gleich noch einen Hai damit erschlagen. Dann ging plötzlich alles ganz schnell.

¿Listo?, »bereit?«, hörte ich »Monkey« noch fragen, und bevor wir etwas antworten konnten, hatte er unser Schlauchboot über den Uferrand hinweg ins Wasser geschubst. Sofort sprang der aufgewühlte Dreck des Flusses auf unserer Seite ins Boot. Die Argentinierin, Vidal und ich schrien überrascht auf, als wir unvermittelt bis zur Hüfte im eiskalten Wasser saßen. Noch bevor unser Kollektivschrei verklungen war, packte uns der Fluss und warf uns talwärts. Es war ein Gefühl wie in einem dieser neuen spektakulären Fahrgeschäfte auf Jahrmärkten, die abrupt ihre Richtung ändern. Genauso wurden wir gepackt, hin und her geworfen wie ein Ball, urplötzlich in die Seite gestoßen, nach links weggedrückt und um die eigene Achse gedreht. Nur dass keine Maschine unter uns ein festgelegtes Programm abspulte, sondern dass wir stattdessen mit einer Kraft konfrontiert waren, deren Ausmaß uns alle überraschte. Vermutlich überraschte sie auch »Monkey«, unseren Steuermann, dessen Kommandos wie von Ferne zu uns drangen.

»Forward, forward!«, brüllte er aus Leibeskräften – und doch kam seine Stimme als ein Flüstern bei mir an, während der Fluss um uns herum tobte und meterhohe Wellen frontal gegen die Felsen warf.

»Left, left!«, schrie er jetzt, und ich stieß das Paddel tief hinab in das Wasser und zog es mit aller Kraft nach hinten weg.
»Merde, putain!«, hörte ich Vidal hinter mir ausrufen, was an dieser Stelle unübersetzt bleiben wird.
Keinen halben Meter links vor mir tauchte etwas Großes, Schwarzes aus dem Wasser auf. Wütend preschte der Fluss sofort wieder über es hinweg. Ich hatte gerade noch Zeit, das Paddel aus dem Wasser zu ziehen, dann schrammten wir haarscharf an dem gezackten Felsen vorbei. Wieder schrie die Argentinierin auf. Als ich mich umdrehte, sah ich, dass ihr Paddel ins Wasser gefallen war. »Monkey« hatte Schweißperlen auf der Stirn, vielleicht auch Flusswasser, und brüllte ununterbrochen »right, right!«, während er panisch im Wasser herumstocherte.
So langsam fragte ich mich, ob bei uns gerade wohl alles so verlief, wie es ursprünglich gedacht gewesen war. Als zwei mit neonfarbenen Rettungswesten bekleidete Männer am rechten Ufer wild gestikulierend zu ihren Kajaks rannten, dämmerte mir gar, dass meine Begegnung mit dem *Río Mendoza* intensiver werden würde, als ich es vor unserer Abfahrt gedacht hatte. Und dann hörte ich über die tosenden Wellen hinweg, wie unser Steuermann »Shit!« rief.
Noch während ich dachte, dass das doch ein ziemlich anrüchiges Kommando sei, fuhr Adam Smiths »unsichtbare Hand« unter unser Schlauchboot, hob es auf einen Wellenkamm und ließ es dann genüsslich in ein zwei Meter tiefer gelegenes Tal krachen. Mein Magen blieb zunächst oben auf dem Kamm kleben, um dann mit umso mehr Wucht nach unten zu fahren. Unglücklicherweise befand sich am Ende des Wellentals ein enormer Felsen, kaum weniger gezackt als der vorherige. »Monkey« zog sein Paddel ins Boot und krallte sich am Seil fest, das an der Außenseite des Schlauchboots befestigt war. Sein Gesicht war ein einziges Ausrufezeichen. Dann schlug der Fluss zu.
Unser Boot rammte den Felsen frontal und wurde zusammengequetscht wie eine Ziehharmonika. Wir purzelten durcheinander, hielten uns an Beinen, Armen, Seilen fest und sahen gerade noch, wie sich eine schwarze Wand vor uns auftürmte. Von unserer Perspektive aus verdeckte sie die Sonne. Dann machte unser Boot unvermittelt einen Satz zur Seite und flutschte einfach unter uns weg.
Irgendetwas bohrte sich in meine rechte Flanke. Als ich über den Bootsrand blickte, sah ich die Argentinierin, die Deutsche und »Monkey« im braunen Wasser des Flusses. Die linke Seite unseres Bootes

bäumte sich auf, während die rechte unter Wasser getaucht wurde. Ich hörte, wie Vidal in meinem Rücken etwas schrie und drehte mich zu ihm um. Da kam er auch schon auf mich zugeflogen. Mit voller Wucht stieß er in meinen Rücken. Für einen Moment blieb mir die Luft weg. Dann sah und spürte ich gar nichts mehr.

Als ich die Augen öffnete, war ich unter Wasser, mitten in den braunen Fluten. Eine Kraft, wie ich sie nie zuvor gespürt hatte, drückte mich hinab; gleichzeitig zerrte etwas so heftig an mir, schleuderte mich in irgendeine Richtung, dass jeder Widerstand zwecklos war. Wieder spürte ich sekundenlang nichts. Ich wusste nicht, ob ich gegen Felsen gedrückt wurde oder den Grund des Flusses entlangscharrte. Dafür handelte mein Körper mit beneidenswerter Logik, wie mir erst später bewusst werden sollte.

»Zusammenrollen!« Der Impuls musste vom zentralen Nervensystem gekommen sein, weil mein Gehirn höchstens auf Halbmast hing. Als ich wieder denken konnte, fand ich mich jedenfalls zusammengeringelt vor, Arme und Beine leicht angewinkelt von mir gestreckt, um etwaigen Hindernissen begegnen zu können. Meine ganze Kraft galt jetzt der Erfüllung eines einzigen Wunsches: Luft!

Ich riss die Augen auf, sah einen hellen Streifen und schwamm aus Leibeskräften darauf zu, bis ich plötzlich durch die Wasseroberfläche schoss. Ich sog einen Atemzug lang das lebensrettende Element in mich hinein, japsend und prustend wie nach einem Hundertmetersprint. Dann holte mich der Fluss zurück.

Wieder wurde ich unter Wasser gedrückt, fortgerissen, hin und her geworfen. Mit der Luft war auch das Gefühl in mich zurückgekehrt, was einerseits beruhigend war, sich andererseits jedoch nicht nur als Vorteil erwies: Das Wasser war eiskalt und brannte auf meiner Haut. Mein Rücken sendete pochende Schmerzwellen durch den Körper, und meine rechte Seite antwortete ihm regelmäßig darauf. Zum Ausgleich konnte ich wieder logische Schlussfolgerungen aus meinen Beobachtungen ziehen. Ich hielt die Hände schützend vor meinen Kopf und winkelte meine Beine an, um mich notfalls von den Felsen wegstoßen zu können, die sich mir in den Weg stellten. Ich sah sie auf mich zustürzen, sah mich ausweichen, sah, wie ich haarscharf an ihnen vorbeischoss, wie schmutzigbraune Wellen auf mich zurollten, mich im nächsten Augenblick verschluckten und unter Wasser hielten, um mich gleich darauf wieder loszulassen. Ein seltsamer Tanz war das, bei

dem die Kräfte erschreckend ungleich verteilt waren. Ähnlich müsste sich wohl die Tanzpartnerin von Arnold Schwarzenegger vorkommen, die er beim Rock'n' Roll durch die Luft wirbelte.
Später sollte ich erfahren, dass unser Boot den Felsen spektakulär gerammt hatte. Es wurde einfach umgedreht und ich wurde mitten in einen Strudel geschleudert, der mich etwas länger als zwanzig Sekunden unter Wasser gehalten hatte. Die Wellen hatten uns alle einfach in die Flut gewischt. Vom Ufer aus hatte es wie eine beiläufige Handbewegung des Flusses gewirkt, in etwa so wie man lästige Fliegen auf einer Suppe verscheucht.
Über eine Viertelstunde lang wurde ich flussabwärts gerissen, sah eine Kuhherde am rechten Ufer an mir vorbeigleiten und bekam, sobald ich auf einem Wellenkamm war, mit, wie die beiden Kajakfahrer hektisch Leute aus dem Wasser zogen. Ich wunderte mich, warum das alles so lange dauerte, bis nach einer gefühlten Stunde endlich etwas Rotes neben mir auftauchte und mir eine Stimme über die gischtbeladenen Fluten hinweg zubrüllte, dass ich mich daran festhalten solle.
Ich krallte meine Hände in den roten Fleck hinein, der sich als das Heck eines Kajaks entpuppte, und der Fahrer paddelte mit aller Kraft Richtung Ufer, weg von den Felsen und Strudeln und braun gefärbten Wellen. Kurz darauf erreichten wir das seichte Wasser am rechten Flussrand, und ich konnte mich aufstellen. Noch immer brandete das Wasser über meine Knie hinweg.
»Die anderen sind alle schon aus dem Wasser«, erklärte mein Retter mit breitem Grinsen. »Du hast einen so sportlichen Eindruck auf mich gemacht, wie du da vorne in dem Boot gesessen bist und das Paddel in den Fluss gestoßen hast. Da habe ich mich erst um alle anderen gekümmert und dich stromabwärts treiben lassen. Hat doch prima geklappt, richtig? Ich bin übrigens Hector.«
Hector streckte mir seine Rechte entgegen und entblößte eine gelbbraune Zahnreihe. Angesichts seiner in ein Kompliment gehüllten Erklärung konnte ich ihm nicht böse sein – umso weniger, als ich gleich darauf von ihm erfuhr, dass manch anderer seine Hilfe tatsächlich dringender benötigt hatte. Der Brasilianer aus São Paulo war bereits auf dem Weg ins Krankenhaus. Hector hatte ihn als Dritten aus dem Wasser gezogen und mitangesehen, wie er sich am Ufer mehrfach übergab.
»Er hat zu viel Wasser verschluckt und stand wohl von Anfang an unter Schock«, sagte Hector. Das Gesicht des Brasilianers sei ganz grün ge-

wesen, »wie Spinat«. Wieder zeigte mir Hector seine nikotingeplagten Schneidezähne. Der Mann sollte dringend Zahnseide verwenden, sonst drohte er zum Liebling aller Zahnärzte Mendozas zu werden.

»Dass gleich alle vom Schlauchboot gespült werden, kommt alle paar Jahre nur einmal vor«, zeigte sich mein plaquegeplagter Retter verwundert, »der Fluss ist aufgewühlt heute und verhält sich wie eine *stampede*!«

»Ja, das war wirklich ein Privileg«, gab ich zurück und blinzelte Hector an. Außer einem blauen Fleck, der sich auf meiner rechten Seite ausbreitete, hatte ich weder durch die Kollision mit dem Felsen noch durch meinen unfreiwilligen Tauchgang Schaden davongetragen.

Zu guter Letzt sollte sich mein Wort vom Privileg gar noch bestätigen. Während »Monkey« bei seinen Kameraden in Ungnade gefallen war, weil er, wie es Hector ausdrückte, »gerade versucht hat, sechs Touristen zu versenken«, bot uns »Loco«, der während unserer Irrfahrt am Ufer stand und pausenlos filmte, an, dieselbe Tour ein weiteres Mal zu machen.

»Wenn ich euer Steuermann bin, fallt ihr garantiert nicht ins Wasser.« Sofort sagten die beiden Deutschen, Vidal und ich zu. Zu viert positionierten wir uns erneut im Boot, dort, wo wir bereits einmal in den Fluss eingestiegen waren. Dann ging die wilde Hatz von Neuem los. »Loco« brüllte noch lauter als »Monkey«. Besondere Freude machte es ihm, unser Schlauchboot direkt auf einen Felsen zupreschen zu lassen und erst im letzten Moment haarscharf links oder rechts daran vorbeizuschlittern. In solchen Momenten jauchzte er auf und ließ nach geglücktem Manöver entweder ein »*eso!*«, frei übersetzt: »So macht man das!«, oder ein helles, ins Irre übergehende Lachen hören, bei dem sich uns die Haare aufstellten.

Was während unserer zwanzigminütigen Fahrt geschah, lässt sich schwer rekapitulieren, weil wir die meiste Zeit inmitten der Gischt waren und die Paddel mit Leibeskräften links oder rechts durch die Fluten zogen. Irgendwie schafften wir es, zwischen den Felsen hindurchzupreschen, statt frontal mit ihnen zusammenzustoßen. Am Ende gelangten wir in einen See, auf dem wir gemächlich gen Ufer dümpeln konnten – während »Loco«, immerhin unser Steuermann, kurzerhand über Bord gesprungen war, um sein Temperament zu kühlen.

Am Ende des heutigen Tages nahm Vidal eine Prellung am linken Knöchel mit nach Hause, der Deutsche hatte zum Andenken ein blutiges Gerinnsel dabei, und mein Souvenir war der erwähnte blaue Fleck auf der rechten Seite. Während diese äußeren Zeichen rasch verblassen sollten, würde uns die Erinnerung an diesen denkwürdigen Tag noch lange Zeit weiter beschäftigen.
»Loco« bedeutet übersetzt übrigens nichts anderes als »Spinner«.

Über der Wüste von Mendoza

Meine zweimalige Schlauchbootfahrt hatte eine Glut in mir entfacht: Ich hatte Hunger auf mehr Abenteuer. Vor diesem Gefühl hatte man mich von Anfang an gewarnt. Um Mendoza herum gab es so viele Möglichkeiten, seine Nerven zu kitzeln wie an kaum einem anderen Ort. Angesteckt von der »mendozianischen« Lust an der Grenzüberschreitung wurde ich fündig, als ich über ein Pappschild mit der Aufschrift *agencia de viaje* stolperte. Ein Reisebüro also – eines, das Abenteuer aller Art anbot: Von der Andenüberquerung per Pferd über Gummiseilsprünge von Holzbrücken und einem Rodeo mit Stieren bis zur Wüstendurchquerung im Jeep war so ziemlich alles geboten, was mein jugendliches Herz begehrte.
Mein Blick blieb an einem Bild hängen, auf dem ein extrem durchtrainierter junger Mann mit perfekt gepflegtem Dreitagebart unter einem Gleitschirm durch die Luft schwebte, während sich unter ihm Mendoza ausbreitete, eine verheißungsvolle grüne Oase inmitten endloser ockerfarbener Felder.
»Feel you is free!«, forderte mich eine Schrift unter diesem Kitschbild auf, was die Schlussfolgerung zuließ, dass sich (a) die Leute in Mendoza, wie auch sonst in Südamerika, einen Dreck darum scherten, ob ihr Englisch ausgereift war oder nicht, solange man es verstand, und dass (b) vielleicht ein besonders findiger Geschäftsmann mit Absicht einen so offensichtlichen Grammatikfehler in seine Werbung eingebaut hatte, weil das auf potenzielle Kunden so herzerfrischend handgemacht und authentisch wirkte.
Da ich (a) generell ein entspanntes Verhältnis zu Kitsch aller Art habe, (b) gerne mithalf, das ungerechtfertigte Monopol der englischen Sprache durch Zurschaustellungen dieser Art zurückzudrängen und (c) der

Meinung war, dass ein findiger Geschäftsmann, sollte es ihn wirklich geben, für eine dermaßen freche Aktion eine Belohnung verdient hatte, buchte ich einen Gleitschirmflug für zwei Personen. Vidal war zwar bereits wieder im Hotel, um seine Prellung zu pflegen, hatte mir jedoch versichert, jeden Blödsinn mitzumachen, solange keine Haie, Schlangen oder Maultiere dabei vorkamen. Vor den ersten beiden hatte er Angst; Maultiere konnte er wegen ihrer Sturheit nicht leiden.
Um sieben Uhr stiegen Vidal und ich am nächsten Morgen schlaftrunken in einen Kleinbus der Reiseagentur, in dem bereits drei weitere Flugwillige warteten. Sabrina und Natalia, zwei dreiundzwanzig- und fünfundzwanzigjährige Schwestern aus Buenos Aires, hatten sich in der hinteren linken Ecke des Busses verkrochen und lehnten sich mit ihren Köpfen an ein Kissen, das sie zwischen sich geklemmt hatten. Im Gegensatz zu den beiden, die während der zweistündigen Fahrt bergauf immer mitteilungsbedürftiger wurden, blieb Mathias, ein Belgier mit Vollbart und rundlichem Gesicht, der in der ersten Busreihe saß und mit halb geschlossenen Augen vor sich auf den Boden blickte, auch im weiteren Verlauf der Reise wortkarg. Ob Vidal nicht etwas Stimmung in unseren müden Haufen zaubern könne, fragte ich ihn augenzwinkernd, doch unser Magier befand sich ebenfalls noch im Dämmerzustand, in dem vermutlich Bilder von flauschigen Betten und prall gefüllten Daunenkissen durch seine Gedanken waberten. Nur unsere drei Reiseführer, die sich im Fahrerhäuschen zusammendrängten, waren bereits jetzt voller Elan. Ständig rempelten sie sich an, stachelten unseren Fahrer zu Höchstleistungen an und intonierten die schnulzigen Liebeslieder mit, die eine zitternde Musikkassette in den Raum warf.
Sie hatte es schwer, gegen die Geräusche unseres Gefährts anzukommen. Nie hätte ich gedacht, dass ein Kleinbus über einen derartigen Variantenreichtum an Tönen verfügen könnte! Die Karosserie knackte und ächzte in jeder Kurve. Unsere Sitze richteten sich bei jeder Bodenwelle auf und schwankten leicht hin und her, wobei sie, wenn wir langsamer als dreißig fuhren, ein kehliges Stöhnen hören ließen, das bei höheren Geschwindigkeiten in ein metallisches Quietschen überging. Den Motor überkam bei jedem Stopp ein Hustenanfall. Fuhren wir wieder an, gab unser Keilriemen ein lang gezogenes Kreischen von sich, das entfernt an die Vollbremsung eines beladenen Güterzugs erinnerte. Während der gesamten Fahrt gab die Antenne

rhythmisch den Takt vor, indem sie immer wieder von oben gegen das Busdach prallte. Zusammengenommen glich all dies einem Konzert stark erkälteter Sängerknaben, die uns zu Ehren auch nach einem ausgiebigen Saufgelage noch mit vielstimmigen Arien auftrumpften.

Angefeuert von diesem Dauerkanon schlängelte sich unser Bus Serpentine um Serpentine die Ostkordillere der Anden empor. Auf fünfhundert Metern Höhe legten die beiden Argentinierinnen das Kopfkissen auf den Sitz und fragten, ob wir Spanisch sprächen. Auf achthundert Metern erfuhren wir, dass sie Ökonomie studierten und zum ersten Mal während der Semesterferien den Traum einer längeren Reise verwirklichten. Andere Länder blieben ihnen vorerst aufgrund der Wirtschaftskrise verwehrt. Auf eintausendzweihundert Metern hatten sie uns erste Details aus ihrem Liebesleben erzählt und zugleich bestätigt, dass sie gerne Männer aus Europa kennenlernen wollten, um deren Sichtweisen zu erforschen. Fünfzig Höhenmeter später fügten sie hinzu, dass sie erst vorgestern ein gutes und erschwingliches Restaurant in Mendoza ausfindig gemacht hatten. Auf eintausendsechshundert Metern waren wir für acht Uhr heute Abend verabredet.

Wenig später erreichten wir ein Hochplateau, das an der Ostseite fast zweitausend Meter senkrecht abfiel. Das würde unsere Absprungstelle sein.

Unser Bus spuckte Benzin aus und ließ ein interessantes Klappern hören, das entfernt an das Geräusch einer Eisenzange erinnerte, die in einen Betonmischer gefallen war, als unser Fahrer den Motor abstellte. Ich war froh, die Rückreise mit dem Gleitschirm statt mit diesem Gefährt antreten zu können. Der Flug erschien mir wesentlich sicherer. Zwei Kilometer unter uns breitete sich Mendoza aus, ein unübersichtliches Geflecht weißgrauer Häuser, durchzogen von Gartenanlagen, das kurz vor dem Horizont in die ockerfarbene Wüstenlandschaft hinein ausfranste.

Als wir die Schiebetür des Kleinbusses öffneten, nistete sich ein warmer Wind ein, der von der Stadt zur Ostwand der Anden geschickt worden war und sich anschließend die Kordillere hinaufgearbeitet hatte.

Los condiciones estan mejor que nunca, »Die Umstände sind günstig wie nie«, grinste uns unser Fahrer entgegen und hob prüfend seinen rechten Zeigefinger in die Luft. *Quién quiere empezar*, »Wer möchte anfangen?«

Sabrina und Natalia blickten scheu zu Boden. Der Belgier grummelte etwas Unverständliches und drehte sich halb mit dem Rücken zu uns. Ich blickte Vidal erwartungsvoll an. Der schälte sich aus seinem Sitz, sprang hinaus und zeigte mit dem Finger auf mich.
»Wir beide wollen gern die Ersten sein.«
Der Reiseführer, der während der Fahrt die zittrigen Schnulzen am lautesten und schrägsten mitgesungen hatte, trat auf mich zu.
»*Hola, soy Juán, el águila*«, behauptete er und streckte mir seine Rechte entgegen.
»Juán der Adler« also: das klang vielversprechend.
Vamos a volar juntos, vale, »Wir werden zusammen fliegen.«
Juán der Adler zog einen dunkelblauen Rucksack aus dem Kofferraum des Kleinbusses und begann, ein unübersichtliches Geflecht aus schmutzigem Stoff und dünnen Schnüren auf dem Boden auszubreiten. Das also sollte uns beide in der Luft halten.
»Keine Sorge, damit springe ich praktisch jeden Tag von hier oben ab«, sagte mein Fluggenosse, als er meinen skeptischen Blick bemerkte, »das heute ist ungefähr mein hundertster Sprung, aber der Nervenkitzel ist jedes Mal von Neuem da.«
Nach zehn Minuten hatte Juán der Adler uns beide in das Geflecht eingebunden. Schon zerrten die Aufwinde an dem Stoff, der halbkreisförmig hinter uns auf dem Boden lag.
»Das wird ein besonders schöner Flug«, hörte ich Juán den Adler noch prophezeien.
Dann rannten wir beide auf das Ende des Plateaus zu.
Un, dos, tres, rief Juán der Adler in bester Ricki-Martin-Manier, dann sprangen wir in den Abgrund.

Gleitschirmflug mit Schraube, Gespräche mit malegria

Sofort fing der Wind uns auf und drückte uns über das Hochplateau hinaus nach oben. Es war, als seien wir in die unsichtbare Hand eines Riesen gefallen, die uns jetzt hin und her wiegte. Juán der Adler zog und zerrte an den beiden Schnüren, um uns in die jeweils besten Aufwinde zu lenken, dann legte er die beiden Schnüre in meine Hände. *A la izquierda*, »nach links«, rief er, und ich flog uns in eine Warmfront hinein, in der wir uns spiralförmig höher schraubten. Der Wind

stemmte sich gegen uns, ließ uns unvermittelt fallen und fing uns ein paar Dutzend Meter tiefer wieder auf. Im Vergleich zu meinem Teenagererlebnis, als ich mich von fünftausend Metern Höhe aus einem altersschwachen Propellerflugzeug gestürzt hatte, um nach fünfzig Sekunden freiem Fall vom Ruck eines Fallschirms abgefangen zu werden und anschließend zur Erde zu segeln, wo ich schließlich der Länge nach ins Gras gestürzt war, war das heute ein beschauliches Dahingleiten. Ich zückte gar meinen Fotoapparat, um die anderen Gleitschirmflieger und die größer werdenden Häuser Mendozas festzuhalten. Als wir etwa die Hälfte der Wegstrecke zurückgelegt hatten, schrie ich Juán hinter mir zu, ob wir nicht ein paar Dinge anstellen könnten, die seinem Spitznamen Ehre machen würden. Darauf hatte der Adler in ihm nur gewartet.
»Du willst *action*, ja? Kennst du den Film *Golden Eye*, in dem sich James Bond über eine Klippe hinabstürzt und in freiem Fall ein Flugzeug einholt? So was ist eine nette Aufwärmübung verglichen mit dem, was jetzt kommt!«
Juán nahm mir die beiden Schnüre aus der Hand, hielt sie einen Moment lang ruhig und zog dann kraftvoll und ausdauernd an der rechten. Sofort geriet unser Gleitschirm ins Schleudern, rutschte links an uns vorbei, war plötzlich unter uns, während wir kräftig durcheinandergerüttelt wurden.
»Jetzt die große Spirale«, kommentierte Juán, und wir drehten uns immer schneller um die eigene Achse.
»Und jetzt ein paar Salti«, fuhr er fort, und wir wurden mehrmals über unseren Gleitschirm hinweggeschleudert.
»Ich bin Juán der Adler, nicht Juán der Spatz!«, rief mein Flugpartner lachend aus, während die Fliehkraft an unseren Körpern zerrte und die Kurven immer enger wurden.
Grinsend bis über beide Ohren, den Adrenalinvorrat aufgefüllt, legten wir eine Bilderbuchlandung auf einer Wiese hin, die unseren perfekten Flug abrundete. Vidal war bereits kurz vor mir angekommen und lächelte mir entrückt entgegen. Er war mit »Marco dem Drachen« geflogen.
Eine halbe Stunde später rannte Sabrina die Wiese entlang und gab ihrer tiefsten Zufriedenheit durch spitze Schreie Ausdruck, während Natalia zeitgleich direkt nach der Landung stolperte und unter hellrotem Gleitschirmstoff verschwand.

»Mann, war das genial!«, hörten wir ihre Stimme unter dem rotfarbenem Berg hervortönen.

Sechs Stunden später saßen wir uns am Holztisch eines Restaurants gegenüber.

Natalia war die älteste von fünf Schwestern und zwei Brüdern; Sabrina folgte ihr an zweiter Stelle. Beide kannten andere Länder nur vom Hörensagen und vom Fernsehen. Deutschland stellten sie sich als schneebedecktes Industriegebiet vor, in dem die Menschen mit dem Mercedes zur Arbeit fahren und früh schlafen gehen.

Obwohl sie bereits ein Vierteljahrhundert alt war, sah Natalia aus wie neunzehn und verhielt sich wie sechzehn. Immer wieder kicherte sie hell auf, was Vidal und mich jedes Mal von Neuem überraschte, da sie ansonsten über eine tiefe, wunderbar rauchige Stimme verfügte. Sie war klein, reichte mir bis knapp unter das Kinn; ihre Bewegungen wirkten in einem Ausmaß zierlich und elegant, dass ich fürchtete, sie könne auseinanderfallen, wenn ich ihr anerkennend auf die Schulter klopfen würde. Ihr Spanisch war famos: Echt argentinisch verschluckte sie konsequent die Wortendungen und mischte alles Übrige zu einem Brei, den sie von sich gab, fast ohne den Mund zu öffnen. Mit ihr verglichen war Sabrina schweigsamer – sofern man diese Vokabel auf eine Argentinierin anwenden kann. Dafür verfolgte sie aufmerksam jede Regung mit ihren runden schwarzen Augen, die aus ihrem Gesicht hervorleuchteten wie zwei blank polierte Murmeln in der Sonne. Ich überließ sie weitgehend Vidal, der sie mit diversen Zaubereien zu beeindrucken suchte, und begab mich in die Obhut von Natalias rauchigem Wortbrei. Schnell kamen wir auf die Unterschiede zwischen Argentinien und Deutschland zu sprechen.

»Ihr arbeitet einfach zu viel«, eröffnete Natalia in Marlboro-Manier das Feuer. Zumindest glaubte ich das ihren Worten entnehmen zu können. Da sie wie erwähnt auf Wortendungen genauso verzichtete wie auf die löbliche Angewohnheit, den Mund beim Sprechen zu öffnen, verstand ich etwas, das wie »Irarbeiteinfazvie« klang. Der weitere hier geschilderte Gesprächsverlauf steht darum unter Vorbehalt.

»Ihr lebt nach dem Motto *Das Leben ist hart, also muss ich viel arbeiten, um Erfolg zu haben*, nicht wahr? In Argentinien sehen wir das ein bisschen anders. Wir würden argumentieren: *Das Leben ist hart, also lass uns zumindest jetzt eine Party feiern*!«, sagte Natalia, vermutlich.

»Ein bisschen verkürzt könnte man das so beschreiben«, stimmte ich zu. Mir fiel auf, dass ich automatisch versuchte, Natalias einmaligen Wortbrei nachzuahmen, was mir eher schlecht als recht gelang. Doch ich konnte ja weiterhin üben. »Beides sind Extreme, darum wäre ein Weg dazwischen vielleicht nicht schlecht. Vielleicht können wir gerade darum so viel voneinander lernen. Du zeigst mir, wie man locker und gelassen auf Widrigkeiten reagiert, und ich zeige dir, wie man sich durchbeißt, um nach oben zu gelangen.«

»Oben wird die Luft in Südamerika viel schneller dünn als in Europa. Was uns in aller Regel fehlt, ist eine Mittelschicht. Dafür kann man in Südamerika richtig weit nach oben steigen, wenn man es beispielsweise zum Präsidenten bringt oder Inhaber einer großen Firma ist. Dann ist man nicht auf einem Montblanc wie bei euch, der nicht einmal fünftausend Meter hoch ist, sondern auf dem Aconcagua, *hombre*! Der ehemalige Präsident von Ecuador, der Bananenunternehmer Alvaro Noboa, hatte zum Beispiel mehr Geld als der Rest des Landes zusammen, außerdem drei Häuser in den USA und Affären mit mindestens fünf Frauen. Der gesamte Servicebereich ist ansonsten aber strikt auf die Bedürfnisse der Unterschicht ausgerichtet.«

»Stimmt genau. Vielleicht ist es nirgendwo einfacher, seine Grundbedürfnisse zu befriedigen. In Europa denken wir oft, dass in Lateinamerika der Hunger grassiert, was vielerorts stimmt, vor allem in Bolivien, Peru und Ecuador. Doch bei jedem Busstopp, auch wenn er mitten in der Pampa stattfindet, stürzen Marktfrauen herbei, die Brot, Süßigkeiten und Getränke zu Spottpreisen anbieten. Übernachten kann man, wo man will und zahlt einen Bruchteil der europäischen Preise. Was über die Befriedigung von Grundbedürfnissen hinausgeht, ist dagegen unendlich kompliziert.«

»Da hast du recht! Sabrina und ich haben zum Beispiel ein Flugticket von Buenos Aires nach Mendoza gekauft. So etwas macht hier praktisch niemand. Lieber nimmt man zwanzig bis dreißig Stunden Busfahrt auf sich, als den doppelten Preis für einen Zwei-Stunden-Flug zu bezahlen. Jedenfalls hatten wir den Flug über das Internet bei *Aerolinéas Argentinas*, immerhin unsere nationale Fluggesellschaft, gebucht. Innerhalb von zwei Stunden nach der Buchung mussten wir eine zentrale Telefonnummer wählen, um unsere Buchung bestätigen zu lassen. Bereits nach acht Minuten Warteschleife hob ein grimmiger alter Mann ab, mit dem ich mich zwölf Minuten lang unterhielt, nur um diverse Zahlen und Codes durchzugeben. Jetzt meinst du vielleicht, dass damit das Prozedere beendet gewesen sei, doch weit gefehlt! Unser mürrischer Gesprächspartner gab uns die Adresse der Geschäftsstelle durch, bei der wir innerhalb der nächsten vier Stunden das Flugticket abholen mussten. Du kennst Buenos Aires mittlerweile, darum wird es dich nicht wundern zu hören, dass wir über eine Stunde bis zu dieser Geschäftsstelle gebraucht haben. Dort ging der Wahnsinn weiter. Der Raum war bis zur Straße hinaus gefüllt mit Menschen, die Zettelchen in den Händen hielten und ungeduldig von einem Bein aufs andere traten. Nach anderthalb Stunden leuchtete unsere Nummer rot auf der Anzeigetafel auf, und ich trat zu einem Schalter, um meine Daten anzugeben – übrigens exakt dieselben, die ich am Telefon genannt hatte. Nach zweieinhalbstündiger Odyssee hielt ich unsere Flugtickets in den Händen. Jetzt musste ich mich nur noch durch eine Traube Menschen wühlen, die den einzigen Kassenschalter belagerten, um eine Quittung darüber zu bekommen, dass unsere Tickets bezahlt worden waren. Als ich mit der Frucht meiner Bemühungen zu Hause ankam, war es bereits dunkel. So funktioniert bei uns eine ›Onlinebuchung‹.«

Natalia schüttelte energisch den Kopf und nippte dann an einem Cocktail, in dem eine Piemontkirsche schwamm. Auch ich hatte in Argentinien ähnliche Erfahrungen gemacht.

»Eure Post scheint nach einem ganz ähnlichen Prinzip zu funktionieren. Weißt du, was geschehen ist, als ich einen kleinen harmlosen Brief an meine Eltern abschicken wollte? Hier gebe es keinen Briefumschlag, erklärte mir der Angestellte in einem Tonfall, als hätte ich gerade eine Portion Marsmensch mit Mayo verlangt. Es schien eine geradezu abstruse Idee zu sein, ausgerechnet in einer Post nach Briefumschlägen zu fragen. Eine halbe Stunde lang suchte ich dann ein Schreibwarengeschäft, kaufte dort einen einzelnen Umschlag und trottete zurück zur Postfiliale. Die Wahrscheinlichkeit, dass mein Brief in Deutschland ankommt, liege bei etwa sechzig Prozent, schätzte der Angestellte.«

»Eigentlich sollte man auch nur sechzig Prozent des Preises bezahlen«, lachte Natalia.

»Wenigstens wurde ich überall mit überbordender Herzlichkeit empfangen, auch wenn mir manchmal nicht das gegeben wurde, was ich gerne gehabt hätte. Als ich zum ersten Mal in Südamerika war, bin ich beispielsweise in einen Laden gegangen und habe direkt nach dem Preis für etwas gefragt. Man hat es mir verziehen, weil ich Ausländer bin. Erst später habe ich gemerkt, dass so etwas überall in Südamerika höchst ungewöhnlich ist.«

»Bei uns steht immer der Mensch im Mittelpunkt; dann erst kommt das Geschäft.« Darum wird dich ein Ladenbesitzer, besonders außerhalb der großen Städte, nicht gleich fragen, was du haben willst, sondern dich zunächst in einen netten Plausch einbeziehen. So etwas gilt bei uns nicht nur als höflich, sondern es entspricht einfach unserer Art.«

»Und dabei habt ihr eine unnachahmliche Vielfalt von Möglichkeiten, eure Stimmungen mitzuteilen, nicht wahr?«, bemerkte ich mit einem Augenzwinkern.

»Oh, das machst du auch schon nicht schlecht!«, schnurrte sie, während ihre Augen ironisch aufblitzten. Noch fehlten mir Welten bis zu Natalias Meisterschaft an Ausdruckskraft. »In Südamerika sprechen wir nicht nur mit unserer Stimme, sondern mit dem ganzen Körper. Außerdem lieben wir schelmische Überzeichnungen und ironische Spitzen, die unsere Stimmungen unterstreichen. Vielleicht spielen wir einfach gerne mit unserer Sprache herum, weißt du.«

Sabes, »weißt du«, und *verdad*, »nicht wahr«, waren mir inzwischen in Fleisch und Blut übergegangen. Nach Herzenslust hing ich sie an das Ende meiner Sätze, genau wie ich es bei meinen Gesprächspartnern beobachtet hatte. Aus eigener Erfahrung wusste ich mittlerweile, wie wichtig kleine Einsprengsel dieser Art in Südamerika waren. Mein Gegenüber hatte ein Anrecht darauf, mitzubekommen, wie ich mich fühlte. War ich beispielsweise überrascht, hatte ich mir angewöhnt, ein ruppiges *diablos!* auszustoßen, das mit dem deutschen »Zum Teufel noch mal!« nur unvollständig übersetzt werden kann. Bereits mehrfach hatte mir ein ironisches *como no*, »war ja klar«, oder ein laut ausgerufenes *qué va!*, »glaub ich nicht!«, Tür und Tor geöffnet und mein Gegenüber zu spannenden Erzählungen und Bekenntnissen animiert. Entscheidend war nur, Ausdrücke dieser Art intuitiv in der richtigen Reihenfolge und unter Beachtung des jeweiligen Kontextes anzubringen. Sollte Ihnen beispielsweise etwas in Südamerika nicht gefallen, empfiehlt es sich nicht, verlegen zur Seite zu blicken. Rollen Sie stattdessen mit den Augen, schütteln Sie energisch den Kopf und rufen Sie laut aus: »*Qué va, diablos! No es posible, chuta!*« Der Respekt aller Umstehenden wird Ihnen gewiss sein.

Inzwischen war der Zeiger auf Natalias Armbanduhr auf zwei Uhr vorgerückt. Tonio, unser Kellner, stellte einen großen Teller Obstsalat in die Mitte unseres Tisches. Das Leben in Mendoza war zu dieser Stunde in vollem Gange. Auf der nahe gelegenen *Plaza Independencia* spielte eine Band Lieder von Bob Marley. Auf den Gehwegen rempelten sich Leute an, pfiffen mit den Hüften wiegende Halbstarke leger gekleideten Argentinierinnen hinterher, balancierten Marktschreier ihre Waren auf Tellern und in Körben, und natürlich war *el niño perdido*, »das verlorene Kind«, überall mit dabei. So nannte ich in Gedanken den in Fetzen gekleideten, braun gebrannten Straßenverkäufer, der in jedem Dorf auf mich wartete. Wohin ich im Verlauf meiner weiteren Reise durch Südamerika auch kommen sollte, immer würde *el niño perdido* bereits da sein. Er würde aus dem Busbahnhof stürzen, hinter einer Straßenecke sitzen, vor einem Supermarkt auf und ab gehen. Immer würde er mir die Schuhe putzen, mir einen Schokoriegel oder auch nur eine Wäscheklammer verkaufen wollen. Seine Haare würden schwarz und gelockt und vom Staub der Straßen bedeckt sein. Seine Haut würde alle Schattierungen von Braun aufweisen, braun wie Alpakawolle, braun wie die Ebenen der Pampas im argentinischen Herbst, braun wie das ausgedörrte Gras auf Boliviens *Altiplano*. Braun mit Schürfwunden darin, mit frischen Narben darauf, braun mit beige gemischt in den Handinnenflächen, die rau waren wie Schmirgelpapier, rau vom Tragen schwerer Waren, die niemand kaufte. Manchmal würde er zehn Jahre jung sein, manchmal auch vierzehn, doch immer würde er die Augen eines Dreißigjährigen haben. Hellwach würden diese Augen um sich blicken, mit einer seltenen Klarheit, die permanent nach Auswegen suchte. Mein Erscheinen, das wusste er, würde kein Ausweg sein, doch es könnte seine Lage kurzfristig verbessern. *Gringo*, würde er mir darum entgegenrufen, von Weitem schon, *gringo* oder *señor*.
Bis drei Uhr nachts aßen wir »zu Abend«, anschließend besuchten wir eine Cocktailparty. Ich wurde von mehreren Dutzend fremder Menschen umarmt, versuchte, mir diverse Namen zu merken und verstrickte mich in zahlreiche Gespräche über argentinische Präsidenten, Frauen in Europa und die Anfangsjahre Ché Guevaras.
»Dieser Abend war gleichzeitig schön und traurig«, hielt Sabrina gegen sechs Uhr morgens fest, als sich ein erster Funken Müdigkeit in ihre runden Murmelaugen eingenistet hatte. »Schön, weil wir euch beide

kennengelernt haben, und traurig, weil ihr jetzt schon wieder abreist.« Ihre Worte spiegelten ein Gefühl wider, das ich seit meiner Ankunft selbst immer intensiver spürte: *malegria*, eine eigentlich absurde, letztendlich jedoch nachvollziehbare Mischung aus Trauer und Freude. In diesem Moment, dem *malegria*-Moment des Abschieds, gefiel mir Sabrina am besten.

Ein weiteres Gefühl wurde auf meiner Reise durch Südamerika immer intensiver. Oder besser gesagt: Eine Erkenntnis schob sich immer mehr in den Vordergrund. Zu Beginn hatte ich wissen wollen, was Südamerika ausmachte. Doch bereits in Mendoza merkte ich, dass der Begriff »Südamerika« keine Substanz hatte. Zu unterschiedlich waren die Länder, Regionen und Orte gewesen, die ich besucht hatte. Zur Not könnte man die Länder Südamerikas noch in Gruppen einteilen: Hier Bolivien, Peru und Ecuador mit der weitgehend homogenen Gruppe der *indígenas*, mit kleinen, stämmigen Einwohnern also, deren hervortretende Wangenknochen ein schwarzes Augenpaar untermalen. Dort Argentinien, Chile und Uruguay, die klassischen Einwanderungsländer, in denen überwiegend Nachfahren von Europäern Fuß gefasst haben. Und schließlich Kolumbien, Brasilien und Kuba, wo fast ausschließlich *mestizos*, Mischungen aus Zugewanderten und Einheimischen, leben. Aber auch diese Einteilung ist wenig aussagekräftig. Allein das kleine Ecuador verfügt über völlig verschiedene Bevölkerungsgruppen: Die lebenslustigen, überwiegend schwarzen Küstenbewohner haben wenig mit den schweigsamen Hochlandindianern gemein, die sich wiederum deutlich von den eigenwilligen Dschungelstämmen im Osten unterscheiden.

Ich war ausgezogen, um das Porträt eines Subkontinents zu zeichnen, und unterwegs merkte ich, dass dieser Subkontinent tausend Gesichter trug. Gesichter wie Masken manchmal, in manchen Momenten auch voller Klarheit.

Die Gesichter Südamerikas.

Wenn man ein Bild finden wollte, das Südamerika gerecht wurde, und wenn man es in Bezug zu Europa setzen wollte, dann vielleicht auf diese Weise: Europa ist ein alternder Wissenschaftler, der an seinem Schreibtisch sitzt und über Theorien brütet. Südamerika ist eine lebenshungrige Tänzerin, bei der niemand weiß, was sie im nächsten Moment tun wird, und in deren Augen immer eine Spur Traurigkeit mitschwingt.

»Gipfelsturm« auf sechstausend Meter Höhe

Am Tag nach meinem Gleitschirmflug und dem gemeinsamen »Abend« mit Natalia, Sabrina und Vidal unternahm ich etwas, das meinen weiteren Aufenthalt in Mendoza entscheidend prägen sollte. Ich ging in die örtliche Buchhandlung und holte mir den Abenteuerbericht eines Bergsteigers, der unter anderem den Aconcagua bezwungen hatte. Im Allgemeinen las ich Bergsteigerbücher nicht besonders gern, weil diese meistens mit einem Satz anfingen, der in etwa so lautete: »Unerbittlich brannte die Sonne vom Himmel, doch der schneebedeckte Gipfel erhob sich klar und verheißungsvoll vor unseren Augen.« Nicht selten ging es danach in einem tagebuchähnlichen Stil weiter, in dem inhaltsleere Floskeln wie »Tag eins« vorkamen. Das gekaufte Buch enthielt jedoch dermaßen gelungene Bilder von Andengipfeln, dass es mir geradezu skandalös vorkam, nicht zu versuchen, einen der Riesen näher kennenzulernen. Noch am selben Tag buchte ich einen siebentägigen Gipfelsturm bei Pedro, einem weit über Mendoza hinaus bekannten Bergführer. Außer mir würden vier Offiziere der israelischen Armee dabei sein, die sich auf einer einjährigen Weltreise befanden. Vidal machte sich nichts aus Bergen; er reiste stattdessen weiter Richtung Bolivien. Am nächsten Morgen wollte mich Pedro von der Jugendherberge abholen und zu einer Berghütte auf zweieinhalbtausend Metern Höhe bringen. Ein Hochplateau namens *Rincón del Plata*, »Silberstrahl« also, auf etwa sechstausend Metern Höhe sollte von dort an sechs Tage lang das Ziel all unserer Anstrengungen sein.
Vor unserem Aufbruch hatte mich Pedro gefragt, ob ich genügend Ausrüstung für unser bevorstehendes Abenteuer dabeihätte. Klar habe ich die, hatte ich geantwortet, ich habe einen dicken Anorak dabei, zudem Schal und Mütze und neue Bergstiefel. Wie es mit einem langärmligen Unterziehhemd aus Kunstfasern aussähe, wollte Pedro wissen, ob ich an Spikes gedacht hätte, mit denen ich auf den Eisfeldern entlanglaufen konnte und zudem an Skistöcke, zwei Spezialpullover, eine windabweisende Überziehhose, eine extradunkle Sonnenbrille, ein Taschenmesser, eine Stirnlampe und zwei wintererprobte Fäustlinge. Als ich all dies verneinte, schrieb mir Pedro die Adresse eines Sportgeschäfts auf einen Zettel und gab mir auf, morgen früh mitsamt der genannten Sachen parat zu stehen. Die Ausrüstung könne ich von dort ausleihen. Am nächsten Tag begann mein einwöchiges Abenteuer.

Tag eins: Aufstieg zum Zwischenlager

Unerbittlich brannte die Sonne vom Himmel, doch der schneebedeckte Gipfel erhob sich klar und verheißungsvoll vor unseren Augen. Fast unerreichbar erschien er uns, wie der weithin sichtbare Repräsentant einer anderen Welt, in der es weder Pflanzen noch Tiere gab und die Böden ganzjährig von meterdickem Eis und Schnee bedeckt waren. Sobald die Sonne abends verschwand, herrschten dort oben Bedingungen, in denen man nur überlebte, wenn man die richtigen Vorkehrungen getroffen hatte und sich an die Spielregeln hielt, die man nicht ändern, sondern nur befolgen konnte.

Im Zickzack schraubten wir uns von der Bergsteigerhütte auf eine dreitausendachthundert Meter hoch gelegene, von Felsbrocken übersäte Ebene hinauf, wo wir Schutz vor den nächtlichen Winden finden wollten. Während des Aufstiegs ließen wir ausgedehnte Wiesen zurück, balancierten an Steilhängen entlang und kreuzten glasklare Bergflüsse, an denen wir unsere Wasserflaschen auffüllten.

»Macht die Flaschen bloß nicht ganz voll«, mahnte Pedro, »sie zerspringen sonst nachts durch den Frost!«

»Wenn ihr in dem Tempo weitermacht, werdet ihr mich auf den Gipfel tragen müssen«, lobte unser Bergführer kurz darauf, als wir gegen fünf Uhr abends um zwei Gaskocher herumsaßen, auf denen eine immense Menge Spaghetti mit Tomatensoße köchelte. Zwei Stunden später begannen die Berge um uns herum, vom Licht der untergehenden Sonne bepinselt, kupferrot zu leuchten. Der Name »Anden« geht auf eben diese Erscheinung zurück, die hier, entlang der längsten Bergkette der Welt, intensiver zum Ausdruck kommt als anderswo: Das Quechuawort »Anta« bedeutet übersetzt so viel wie »Kupfer«.

Da es für die vier israelischen Offiziere und mich das erste Mal war, dass wir uns in derartige Höhen emporwagten, waren wir voller Spannung. Bedenken hatte niemand von uns, was die These unterstreicht, dass die Furcht eine vollkommen irrationale Angelegenheit ist. Durch alle Bevölkerungsgruppen und Schichten hindurch gilt wohl das Paradox, dass derjenige am meisten Angst hat, der am wenigsten gefährdet ist. Nehmen wir eine alte Dame, die in ihrem Sofasessel sitzt, in einem bayerischen Städtchen, einer Region also, in der die Erdbebenwahrscheinlichkeit gegen null tendiert, in der die Gefahr eines Vulkanausbruchs nicht existiert und ein gewalttätiger Putschversuch äußerst unwahrscheinlich ist. Rundherum leben Menschen, die ein regelmäßiges Einkommen beziehen. Auf den Straßen ereignen sich kaum Überfälle; auch Erdrutsche sind äußerst selten. Es gibt weder Giftschlangen noch Skorpione, keinen Typhus, keine Malaria, keine Hepatitis, und die Gefahr, durch verseuchtes Trinkwasser dahingerafft zu werden, ist verschwindend gering. Sollte trotz alledem etwas passieren, ist in der Regel ein Arzt in der Nähe. An die Polizei kann man sich wenden, ohne Sorge zu laufen, erpresst, verhaftet oder niedergeschlagen zu werden. Ein junger Mann aus Kolumbien hat all diese Sicherheiten nicht. Warum also ängstigt sich die alte Dame vor Einbrechern und schenkt Schlagzeilen Glauben, die von einer »Zunahme der Jugendkriminalität« berichten? Und warum sucht der junge Mann zusätzlich nach Abenteuern, indem er zum Beispiel an Demonstrationen teilnimmt, die zumeist in einer Schlagorgie der Polizei enden? Die Antwort darauf kann nur zum Teil darauf zurückgeführt werden, dass sich die alte Frau schwach und der junge Mann stark fühlt. Und dass die Vorstellung, was passieren könnte, größere Ängste erzeugt als reelle Gefahren. Der andere Teil der Antwort hängt damit zusammen, dass wir in Europa, verglichen mit beinahe dem gesamten Rest der Welt, in einer Wohlstandsblase leben und Angst haben, Dinge zu verlieren, die uns unentbehrlich erscheinen, während andere diese Dinge erst gar nicht erreichen werden.

Von einigen dieser Dinge musste ich mich auf meiner Reise verabschieden – in den kommenden sieben Tagen beispielsweise von einer angenehmen Schlafmöglichkeit.

Die erste Nacht verbrachte ich, eingehüllt in zwei Pullover und meinen Schlafsack, in einem tarnfarbenen, drei Meter breiten Zelt der israelischen Armee. Neben mir schnarchten Pepe und Marlboro, zwei junge Offiziere, die heute ständig von Panzermanövern, absurden Mutproben im Palästinensergebiet und der Bedienung vollautomatischer Waffen gesprochen hatten. Alles in allem befand ich mich in einer Situation, in die ein Deutscher höchst selten gelangen dürfte.

Tag zwei: Israel gegen die Welt

Am zweiten Tag bekam ich Gelegenheit, meine vier Mitstreiter näher kennenzulernen. Während wir vom Lagerplatz hinunter auf dreitausend Meter wanderten und uns anschließend auf viertausenddreihundert Meter emporkämpften, um uns langsam an immer extremere Höhen zu gewöhnen, unterhielten sich die vier zwar noch immer weitestgehend über Militärtaktiken und zurückliegende Heldentaten, gaben jedoch darüber hinaus bereitwillig Auskunft, wenn ich sie direkt nach bestimmten Dingen fragte. »To prove that I can make it«, sagte Pepe beispielsweise, als ich ihn fragte, warum er auf den Gipfel wollte. Alle vier waren in den Zwanzigern, abgehärtet durch wochenlanges Wüstentraining, durchtrainiert dank regelmäßiger morgendlicher Appelle um vier Uhr und dadurch, dass sie permanent beweisen mussten, dass sie mehr konnten als alles, was man ihnen zutraute. Während sich die anderen drei, allen voran Pepe, eher einen Arm abhacken würden, als vor dem Gipfel umzudrehen, sah Marlboro die Sache etwas gelassener. Seinen Spitznamen hatte er von uns erhalten, weil er es sich nicht nehmen ließ, sich auch auf viertausend Metern Höhe eine Zigarette anzuzünden.

Meine vier Mitbergsteiger hatten eine erstaunliche Bandbreite zu bieten, wenn es darum ging, wen sie warum nicht mochten. »Deutsche mögen wir nicht besonders und Franzosen können wir nicht ausstehen«, betonte Pepe. Er mochte auch Russen, Chinesen, Japaner und Kanadier nicht, weil die allesamt proarabisch eingestellt seien. Nur die USA würden sich manchmal für Israel stark machen – vor allem, wenn gerade ein neuer Präsident gewählt würde. Als ich Pepe fragte, wen er in diesem ganzen Durcheinander am meisten hasste, antwortete er mit tiefer Stimme: »Arabs«, und ich wusste, dass er es ernst meinte. Aus seinem Mund klang dieses Wort wie eine Seuche, was mich sofort gegen ihn aufbrachte. In arabischen Ländern wie der Türkei sei ich mit bedingungsloser Gastfreundschaft empfangen worden, wohingegen ich nicht verstand, wie eine demokratisch gewählte Regierung wie die israelische Morde an ausländischen Führern in Auftrag geben könne, gab ich mich kämpferisch, doch Pepe winkte ab.

»Ich will wirklich niemanden beleidigen«, sagte er langsam, »aber Außenstehende können unsere Lage nicht begreifen. Jeden Tag, jede Sekunde, kann bei uns die nächste Bombe hochgehen. Vielleicht passiert es in dem Café, in dem du sitzt, oder in dem Bus, in den du steigst. Wir sind umgeben von Feinden, die öffentlich verkünden, uns »ins Meer jagen« zu wollen. Wenn du von allen um dich herum gehasst

wirst, beginnst du selbst ebenfalls zu hassen – und zu begreifen, dass du nur überlebst, wenn du stärker als die anderen bist.«
»Überleben« gehörte zu Pepes Lieblingsvokabeln, ebenso wie »hart«, »Kriegslogik« und »Panzerabwehrrakete«. Auch wenn mir manches von dem, was er sagte, einseitig vorkam und ich einiges auf seinen jugendlichen Eifer zurückführte, wusste ich, dass er in einem Punkt recht hatte: Ich kam aus einer völlig anderen Welt, in der ich nicht gegen die Hitze und Trockenheit von Wüsten ankämpfen musste und in meine Nachbarländer reisen konnte, ohne als Mörder beschimpft und verjagt zu werden. Vielleicht, so dachte ich am Ende dieses zweiten Tages, vielleicht war Pepes Furcht vor Bombenanschlägen, Raketentreffern und Selbstmordattentätern wirklich nicht sonderlich übertrieben. Denn auch wenn er es sich niemals eingestehen würde, so war es letztlich doch Furcht, die ihn zu seinen extremen Aussagen trieb.

Tag drei bis fünfeinhalb: Das Basiscamp

Auch am heutigen Tag scheuchte uns Pedro talwärts, hinunter auf dreitausendneunhundert Meter, ehe wir kehrtmachten und tausend Höhenmeter überwanden, um das zentrale Basiscamp zu erreichen. Hier würden wir die kommenden drei Nächte verbringen. Besser gesagt die kommenden zweieinhalb Nächte, denn um drei Uhr in der Früh würde unser eigentlicher Gipfelsturm beginnen.
Das Basiscamp war ein seltsamer Ort, der eigentlich nur eingerichtet worden war, um andere Orte erreichen zu können. Niemand wollte hier sein, dennoch verbrachten fast alle Bergsteiger die meiste Zeit im Basiscamp. Als uns Pedro am vierten Tag aufgab, möglichst viel herumzulaufen, ohne uns dabei allzu sehr anzustrengen, wurde mir klar, dass die meisten Bergsteigergeschichten darum so spektakulär klangen, weil die jeweiligen Wartezeiten ausgelassen wurden. Wir »Frischlinge« verbrachten zwei volle Tage ausschließlich mit Warten. Währenddessen überquerten wir probeweise erste Schneefelder, tranken täglich fünf Liter Tee, aßen kohlenhydratreiche Nudelgerichte und plauderten mit unseren Nachbarn. Eine belgische Bergsteigergruppe hatte ihre Zelte direkt neben den unseren aufgeschlagen. Weiter hinten lagerte ein brasilianischer Alleingänger, der im vergangenen Jahr am Aconcagua gescheitert war und es dieses Jahr erneut versuchen wollte. Es folgten

zwei Extrembergsteiger aus den USA, die bereits drei Sechstausender hinter sich hatten und »just for fun« einen weiteren »mitnehmen« wollten, und schließlich eine Dreiergruppe aus Argentinien, die wie wir zum ersten Mal in derartigen Höhen unterwegs war.
Das Basiscamp war eine Begegnungsstätte für raumergreifende Egos. Denn nicht um schöne Ausblicke, interessante Begegnungen, einmalige Erkenntnisse ging es in den Gesprächen, sondern um zurückgelegte Höhenmeter, Zeiten bis zum Gipfel und Fachsimpeleien, die den optimalen Abstand der Spikes oder die ideale Mischung von Kunstfaser und Baumwolle bei den Handschuhen betrafen. Die beiden amerikanischen Extrembergsteiger ließen es sich nicht nehmen, bei minus zehn Grad Celsius in Shorts und lässig übergeworfenen Pullovern herumzulaufen. Eine junge Frau gab achtmal bekannt, dass sie gestern lediglich sechs Stunden bis zum Gipfel eines Sechstausenders benötigt habe. Pedro sah die Dinge ein klein wenig anders. Am Abend des fünften Tages, unserem letzten vor dem entscheidenden Aufbruch, nahm er uns bei je einem halben Kilogramm Tagliatelle und zwei Litern Tee ins Gebet.
»In weniger als sechs Stunden werden wir zu einem Gewaltmarsch aufbrechen, der euch an die Grenze eurer Leistungsfähigkeit bringen wird. Um zwölf Uhr mittags müssen wir auf dem Gipfel stehen. Selbst zu dieser Tageszeit werden es da oben minus dreißig Grad sein. Sollten Winde aufkommen, werden wir sofort kehrtmachen, weil wir auf sechstausend Metern nicht die Kraft haben, uns gegen sie zu stemmen. Versucht am besten, gleich zu schlafen. Um zwei Uhr nachts werde ich euch wecken, damit wir pünktlich um drei loskommen.«
In dieser Nacht, bekleidet mit allem, was ich hatte, in einem israelischen Armeezelt, höher als alles, was in Europa existiert, schlief ich unruhig. Traumfetzen huschten durch meine Gedanken, entwarfen Bilder von Geröllfeldern, Schneelawinen und abstrusen Bergwesen. Dreimal wachte ich auf, weil Füchse auf der Suche nach Essbarem unser Lager ausfindig gemacht hatten, Töpfe und Tassen umwarfen und sich lautstark um ein Stück Abfall stritten. In der Ferne schrie ein Guanako hell auf.
Ich war in der Wildnis angekommen, und noch in dieser Nacht würde ich tiefer und tiefer in diese Wildnis eindringen. Immer höher würde ich mich schrauben, immer weiter hinein in ein unwirtliches, lebensfeindliches Gebiet.

Tag sechs: Der »Gipfelsturm«

Um zwei Uhr blitzte der Schein von Pedros Taschenlampe in unser Zelt.
Vamos, flüsterte er, um die Schläfer um uns herum nicht zu wecken.
Ich schlüpfte aus dem Schlafsack, prüfte den Sitz meiner Überziehhose, machte den extradicken Anorak über meinem T-Shirt, dem Langarmhemd und den beiden Pullovern zu, stopfte drei Liter Wasser in meinen Rucksack, verteilte zwei Schichten Sonnencreme auf meinem Gesicht und umfasste meine Skistöcke mit den Fäustlingen. Kurz darauf führte uns Pedro in die Nacht hinaus. Unser Gipfelsturm hatte begonnen.
Bereits nach wenigen Metern wurde mir klar, dass »Gipfelsturm« ein Wort war, das jeder Berechtigung entbehrte. Pedro ermahnte uns ständig, kleine Schritte zu machen und langsam zu gehen, sonst hätten wir oben keine Puste mehr. Um uns herum war es stockdunkel, und ich erkannte nur den Schein von Pedros Stirnlampe vor mir, der rhythmisch hin und her schwang. Hinter mir folgten die vier Israelis.
Nach einer knappen Stunde hörten wir unvermittelt rechts von uns ein Geräusch, das ich bislang nur von Baustellen kannte, wenn ein großer Laster tonnenweise Schutt auf den Boden entlädt. Sofort blieben wir alle bis auf Pedro stehen und starrten wie gebannt in die Nacht hinein. Erkennen konnten wir nicht das Geringste, dazu waren unsere Stirnlampen zu schwach. Doch es kam uns vor, als habe uns das Gebirge gerade zwei Minuten lang angeknurrt.
»Kommt ihr?«, rief Pedro zu uns hinab. »Keine Sorge, das war nur eine Gerölllawine.« In diesem Tonfall hätte er auch sagen können, dass es sich um ein Wölkchen gehandelt habe. Wir jedoch waren noch immer tief beeindruckt.
»Sag mal, Pedro, sind diese Lawinen nicht gefährlich oder so?«, fasste sich schließlich Marlboro ein Herz, als wir zu Pedro aufgeschlossen hatten.
»Natürlich sind sie das!«, gab dieser zurück, »aber nur, wenn man die Berge nicht kennt. Solange ihr dicht hinter mir bleibt, wird euch nichts passieren.«
Gleichmäßig wie ein Uhrwerk stapfte Pedro vor uns her, kontrolliert setzte er einen Fuß vor den anderen. Wir versuchten, es ihm gleichzutun.

Als sich die Nacht gegen sechs Uhr morgens zurückzog, waren wir auf einer Höhe von fünfeinhalbtausend Metern angekommen. Hier erst gönnte uns Pedro eine erste Pause. Obwohl sein Thermometer minus zwanzig Grad Celsius anzeigte, waren wir alle in den vergangenen Stunden ins Schwitzen gekommen. Das änderte sich augenblicklich, als wir uns auf den Boden setzten, um Wasser zu trinken und die mitgebrachten Karamellbonbons zu lutschen. Nach zwei Minuten kroch die Kälte in unsere Körper. Eine Minute später stand Pedro auf.

»Es ist ein bisschen gemein«, gab er zu, »doch hier oben können wir keine längeren Pausen machen. Die Umstände sind bereits jetzt zu extrem.«

Fünfhundert Höhenmeter fehlten uns noch bis zum Gipfel. Fünfhundert Höhenmeter in sechs Stunden, das wäre in den Alpen ein beschaulicher Ausflug mit Zeit für mehrere Vesperpausen. Doch das hier waren nicht die Alpen. Das hier waren die Alpen hoch drei. Schon beim Aufstehen spürten wir, dass etwas anders geworden war. Mühsam warf ich mir den Rucksack über und nahm meine Position hinter Pedro ein. Hinter mir war Marlboro ins Keuchen gekommen. Aus den Augenwinkeln erkannte ich, dass der Tag begann, ein atemberaubendes Panorama um uns herum zu zeichnen. Vor uns erhoben sich die Berge des *Rincón del Plata*, während es keine fünf Schritte zu unserer Linken zweitausend Meter senkrecht bergab ging. Da erst merkte ich, dass wir bisher auf einem Höhenrücken entlanggelaufen waren. Pedro hatte recht gehabt: Hier hätten uns keine Lawinen überraschen können. Allerdings hätten wir keine Schritte außerhalb des kleinen Pfades unternehmen dürfen, weil nicht zu erkennen gewesen war, wo genau das Schneefeld zu Ende war und der Abgrund begann.

Der Boden hielt mich fest. Er zerrte an meinen Beinen und wollte mich nicht weiterlassen. Es war als versuchte der *Rincón del Plata,* uns mit aller Kraft von sich fernzuhalten. Ich fühlte mich zweihundert Kilogramm schwer und keuchte bei jedem Schritt. Meinen Mitstreitern erging es nicht besser. Sogar Pedro atmete heftig. Sein Gesicht wirkte verkrampft, wenn er sich zu uns umdrehte, um nachzusehen, ob wir alle mitkamen. Wir hatten mittlerweile die typische Gangart in extremen Höhen angenommen. Behäbig schoben wir den linken Fuß vor den rechten, setzten ihn fest auf den Boden und verharrten eine Sekunde lang in dieser Position, bevor wir kontrolliert den rechten Fuß anhoben und vor den linken setzten, um wieder eine Sekunde zu verharren. Quälend langsam kamen wir auf diese Weise voran. Meter erschienen uns wie Kilometer, doch nur so hatten wir eine Chance, unsere Energie bis zuletzt zu behalten. Wir keuchten und japsten wie alte Dampfloks.

Unser Ziel erschien indessen zum Greifen nah: Direkt vor uns erhob sich der *Rincón del Plata*, als blicke er triumphierend auf uns herab. Trotzdem kamen wir dem Gipfel kaum näher. Nach weiteren drei Stunden waren wir auf fünftausendachthundert Metern angekommen, und Pedro verordnete uns die nächste Minipause.

Als ich drei Minuten später aufstehen wollte, drückte mich etwas mit voller Kraft gegen den Boden. Zeitgleich erwachte ein Männchen in meinem Kopf. Wie wild sprang es hin und her, klopfte immer wieder von innen gegen meine Schädeldecke. Währenddessen pumpte mein Herz wütend Blut durch meinen Körper. Es sah nicht ein, warum es sich so anstrengen musste. Auch die Luftröhre nahm es mir übel, dass ich sie so sehr unter Druck setzte, zumal bei meinen hechelnden Atemzügen zu wenig Sauerstoff mitkam. Zeitgleich gab mein Gehirn den Befehl aus, sich endlich in Bewegung zu setzen. Ächzend stand ich auf, während mir Pedro durch wabernde akustische Schleier hindurch mitteilte, dass es von nun an keine Pause mehr geben dürfe.

Als ich den ersten Schritt machen wollte, um Pedro zu folgen, schienen meine Schuhe aus massivem Eisen zu bestehen, während ich über einen riesigen Magneten lief. Das Männchen in meinem Kopf schlug Purzelbäume und hämmerte mit aller Kraft an die Wände seines Gefängnisses. Dann löste sich die mir bekannte Welt Schritt für Schritt auf.

Es begann damit, dass Pedro sich zu uns umdrehte und etwas wie »Nur noch hundert Höhenmeter« murmelte. Ich konnte ihn nicht genau verstehen, weil seine Stimme von dichten Nebeln umgeben war. Noch während ich mir überlegte, ihm zu sagen, er möge doch bitte deutlicher sprechen, sah ich, wie er sich vom schneebedeckten Boden löste. Schließlich schwebte er engelsgleich etwa zwanzig Zentimeter über der Erde vor uns her. Sein Verhalten kam mir wunderlich vor, doch als ich mich umdrehte merkte ich, dass auch Pepe über dem Boden schwebte. Ich wollte ihm erklären, dass ihm das ja wohl ungerechtfertigte Vorteile verschaffte und er gefälligst wieder herunterkommen sollte, brachte

aber keinen Ton heraus. Zudem bereitete mir Marlboro größere Sorgen, weil er hin und her wankte wie ein Schiffsmast bei starker See. »Ahoi Käpt'n!«, rief er mir grinsend zu, »volle Kraft voraus!« Dann stimmte er ein altes Piratenlied an, in dem es um schöne Jungfrauen und Buddeln voller Rum ging.
Ein Bergfuchs kam links von uns die Steilwand emporgesegelt und ließ direkt neben mir ein lang gezogenes Heulen hören, bevor er weiter zum Gipfel schwebte. Auch das konnte ich nicht als regulär durchgeführten Gipfelsturm gelten lassen.
Ich wunderte mich, wie schnell der Nebel hier oben dichter wurde. Kaum konnte ich die eigene Hand vor Augen sehen. Dennoch erschien mir alles, was ich durch diesen Nebel hindurch sah, vollkommen real – bis mir unvermittelt Vidal auf die Schulter klopfte. Auch er schwebte zwanzig Zentimeter über dem Boden, doch das schien hier oben keine Seltenheit mehr zu sein. »It's magic!«, lachte er und deutete theatralisch mit dem rechten Arm auf das Bergmassiv vor mir. Leider hörte er nicht auf, mir auf die Schulter und den Hinterkopf zu klopfen. Als ich seine Hand unwirsch wegwischen wollte, erschien plötzlich Pedros Gesicht direkt vor mir.
»Tomás, *hombre*, wir haben es geschafft! Willkommen auf dem *Rincón del Plata*. Sechstausend Meter unter uns liegt der Pazifik. Was sagst du dazu?«
Was sagte ich dazu? Was sagt man, wenn man eben von einem fliegenden Bergfuchs auf dem Weg zum Gipfel überholt worden ist und ein Zauberer, der sich eigentlich fünftausend Meter tiefer befinden sollte, einem anerkennend auf die Schulter klopft? Ungeheuer müde blickte ich um mich, ließ die Aussicht auf die mächtige Flanke des Aconcagua in meine Augen gleiten. Direkt dahinter begann bereits Chile. Wenige Menschen waren jemals so hoch gekommen wie ich.
»Wie schön!«, fasste ich meine Eindrücke zusammen und verteilte, völlig unpassend zur eben getroffenen Aussage, die Hälfte des gestrigen Abendessens auf dem Gletscherfeld. Mein Magen rotierte heftig um die eigene Achse. Mein Herz schickte Wellen aus Blut den Hals hinauf. Sich auf sechstausend Metern zu übergeben war in etwa das, was Pedro gestern Abend einen »Supergau« genannt hatte. Zumindest war es das untrügliche Zeichen akuter Höhenkrankheit. Beeindruckt von der Art meiner Erleichterung legte nun auch Marlboro halbverdaute Essensreste vor sich ab. Den anderen ging es nicht viel besser. Sofort fuchtelte

Pedro mit den Armen und deutete zurück auf den Höhengrat, den wir eben hinaufgestiegen waren. Ich hatte gerade noch Zeit, meinen Triumph und die atemberaubende Aussicht zu fotografieren, wobei ich mich noch zwei Mal übergab, dann drängte mich Pedro zum Abstieg. Nach weniger als fünf Minuten auf dem Gipfel machten wir folglich kehrt und taumelten zurück auf den Höhengrat. Wir ließen die Erdanziehung den Hauptteil der Arbeit erledigen und uns rasch abwärts ziehen, was auf dem eisbedeckten Pfad, der von tausend Meter tiefen Abgründen flankiert wurde, nicht ungefährlich war.

Die meisten Bergsteiger beschreiben es als unfassbares Glücksgefühl, auf dem Gipfel angekommen zu sein. Mir war die Ankunft eher seltsam vorgekommen: Unvermittelt hatte ich das Ziel verloren, das mich während der vergangenen Tage angetrieben und hier heraufgeführt hatte.

Erst auf fünftausend Metern Höhe, kurz vor dem Basiscamp, ging es uns besser. Pedro war die Erleichterung anzusehen, als wir alle unversehrt zurück zu unseren Zelten wankten. Noch immer leicht benommen ließen wir uns hineingleiten und ruhten uns zwei Stunden lang aus, bevor uns Pedro zu einem letzten Abendessen in luftigen Höhen weckte.

»Ich wollte es euch eigentlich nicht sagen«, erklärte er kurz darauf Nudeln kauend und zog die Augenbrauen in die Höhe. Es war der klassische Auftakt einer Mitteilung, die interessanterweise gerade aufgrund der Tatsache, dass man sie verschweigen möchte, in aller Regel von gesteigerter Bedeutung für den Empfänger ist.

»Vorgestern musste sich ein niederländischer Alleingänger an derselben Stelle wie ihr ebenfalls übergeben. Er entschied sich dennoch, den nahe gelegenen *Cerro del Plata* zu besteigen. Den Fußspuren nach zu urteilen hat er das noch geschafft. Auf dem Rückweg hat ihn dann die Höhenkrankheit niedergestreckt. Der erste Trupp, der gestern Morgen losgelaufen ist, fand seine steifgefrorene Leiche nur vierhundert Meter vom Basiscamp entfernt.«

Ein niederländischer Alleingänger! Unwillkürlich dachte ich an meinen Sitznachbarn im Flugzeug von Buenos Aires nach Mendoza, der nach der Ankunft so ehrgeizig losgelaufen war. Sollte er der Unglückliche gewesen sein?

Pedro blickte müde zu Boden. Die Anstrengung der vergangenen siebzehn Stunden war auch an ihm nicht spurlos vorbeigegangen. Wir an-

deren schauten ihn dankbar an. Gut, dass wir Grünschnäbel nicht allein losgelaufen waren!
»Wisst ihr, drei Viertel aller Unfälle in den Bergen passieren auf dem Rückweg«, fuhr Pedro fort, halb an uns gerichtet, halb zu sich selbst. »Dann, wenn man vor lauter Enthusiasmus darüber, den Gipfel erreicht zu haben, vergisst, wie anstrengend bereits der Aufstieg war. Viele, die zum ersten Mal im Gebirge sind, stellen sich den Abstieg viel einfacher vor, als er in Wirklichkeit ist. Doch technisch gesehen ist er deutlich herausfordernder als der Aufstieg. Wir Bergführer predigen das praktisch jeden Tag, und trotzdem ähneln sich die Unfälle weiterhin beharrlich. Entweder rutschen die Alleingänger auf dem Rückweg nach einem falschen Tritt ab, stürzen in Felsspalten oder gleich einen Abgrund hinab oder sie bleiben entkräftet liegen und erfrieren.«
Pedro schüttelte bedächtig den Kopf, wodurch die Nudeln auf seinem Teller ins Wanken gerieten.
»Inzwischen gibt es sogar einen eigenen Friedhof für die Toten, die der Aconcagua zu sich genommen hat. Er ist ein unerbittlicher Gigant, ein mythenbeladener Magnet für Abenteurer aus aller Welt, und er lässt nur hinauf, wen er für stark genug hält. Ob ihr es glaubt oder nicht: Die Tatsache, dass es einen Friedhof für die über einhundert verunglückten Bergsteiger des Aconcagua gibt, erhöht dessen Anziehungskraft noch. Eine Rolle spielt dabei natürlich auch, dass der Gipfelsturm vergleichsweise günstig ist. Zweitausend bis dreitausend Euro zahlt man für eine dreiwöchige Tour zur Spitze. Für den Mount Everest muss man locker das Dreifache berappen. So tummeln sich rund um den Aconcagua viele, die wenig Erfahrung vom Bergsteigen haben und das während ihrer Touren oft bitter bereuen. Vielleicht nennt man die Schnee- und Eisfiguren auf den Geröllfeldern der Ostkordillere darum *los penitentes*, ›die Büßer‹. Sie sehen aus wie betende Mönche, die in Reih und Glied stehen und auf den Aconcagua blicken, nicht wahr? Das liegt daran, dass der Wind permanent von der einen und die Sonne von der anderen Seite kommt.«
In dieser Nacht, meiner letzten im Basiscamp, beugten sich schneebeladene Berggipfel und eisige Büßerfiguren zu mir hinunter, rutschten Geröllfelder unter mir weg, und niederländische Bergsteiger verschwanden in Steilhängen. Die Anden hatten mir in den vergangenen sechs Tagen grandiose Ausblicke geschenkt. Sie hatten es mir ermöglicht, höher zu steigen, als die meisten Menschen es jemals tun würden.

Doch gleichzeitig hatten sie mir einen Warnschuss vor den Bug gefeuert und mich auf ihre Art darauf hingewiesen, wie unbedeutend ich im Vergleich zu ihnen war – und dass ich dieses eine Mal Glück gehabt hatte. Ich hatte die Urkraft der Anden am eigenen Leib erfahren. Verglichen mit diesem Gebirgszug, der aus Gebieten herauswuchs, die zu den extremsten der Welt gehören, der auf endlose Wüsten und immerfeuchte Nebelwälder herabblickt, verglichen mit diesem längsten zusammenhängenden Bergmassiv der Welt waren unsere Alpen eine nette Hügellandschaft, eine grüne Spielwiese für Touristen und Wochenendausflügler.

Tag sieben: Abstieg nach Mendoza

Noch etwas anderes wurde mir klar, als wir am nächsten Morgen den schmalen Pfad vom Basiscamp zur Berghütte hinabstiegen, zunächst über eis- und schneebedeckte Felder, dann über endlos scheinende Geröllhänge, in saftiggrüne Wiesen hinein, die von klaren Bergbächen gespeist wurden und noch weiter hinab, hinein in die Wüsten um Mendoza. Ich hatte verstanden, dass die erreichten Höhenmeter für sich genommen wenig aussagten. In Ecuador existieren Fünftausender, auf die man, wenn man seine fünf Sinne halbwegs beisammen hat, hinaufspazieren kann. Man lässt sich mit dem Jeep auf viereinhalbtausend Meter bringen und steigt dann vollends auf. Aber das ist in den Tropen, wo die Temperatur tagsüber selbst auf fünftausend Meter kaum unter null Grad Celsius fällt.

Doch in diesem, unter Bergsteigern bekanntesten Teilabschnitt der Anden peitschen die Aufwinde gegen die schmalen Höhengrate mit ihren kaum ausgetretenen Pfaden, und auf dem Gipfel kann es minus dreißig Grad Celsius und kälter werden.

Entscheidend sind beim Bergsteigen immer die Umstände. Nicht vergessen werde ich zum Beispiel, wie Pedro während der zweiten Minipause auf fünfeinhalbtausend Höhenmetern einen doppelt faustgroßen Stein in die Höhe warf, und wie der Wind diesen Stein im Flug packte und über die Klippe schleuderte. Als Sport wollte mir das Bergsteigen nicht erscheinen: Da jeder Schritt Überwindung kostete, jeder Atemzug eine Kraftanstrengung war, ging es eigentlich nur darum, durchzuhalten und sich gegen alle auftretenden Widrigkeiten durchzusetzen.

Als wir die Berghütte erreichten, stand uns die Anstrengung ins Gesicht geschrieben. Vor Pepes Augen tanzten noch immer Sterne. Marlboro ließ sich sofort in ein Bett fallen. Ich selbst trug einen Vollbart zur Schau, hatte mich wie alle anderen sieben Tage lang nicht gewaschen und spürte das Bedürfnis, mindestens vierzehn Stunden durchzuschlafen. Für den Anfang legte ich mich auf die Mauer, die um die Berghütte gebaut war, und wartete auf den Bus nach Mendoza, den Pedro für vier Uhr nachmittags angekündigt hatte.

Wenn ein Argentinier sagt, der Bus komme um vier Uhr, dann ist das in erster Linie ein symbolischer Richtwert, ein Anhaltspunkt, der verdeutlicht, dass man eventuell heute noch von hier wegkam. Gegen halb sechs erhob ich mich gähnend von meinem schattigen Schlafplatz und hielt mich bereit. Die Israelis, bis auf Pepe, der noch immer über Kopfschmerzen klagte, hatten sich in der Zwischenzeit um einen kleinen Fernseher in der Hütte geschart, der »Night on Earth« ausstrahlte, den filmischen Durchbruch von Jim Jarmusch. Die Dämmerung war bereits vor den Fensterscheiben der Hütte aufgezogen. Roberto Benigni als durchgeknallter Taxifahrer hatte seinem Fahrgast schon die Grundzüge seines Sexuallebens erläutert, als ein freudiges Hupen ertönte. Der angekündigte Kleinbus brachte uns zurück in die Zivilisation – und mich vor einen Spiegel, vor dem ich mich ausgiebig rasierte. Anschließend ließ ich warmes Wasser über meinen Körper laufen, bevor ich im Bett der Jugendherberge versank. Mein letzter bewusster Gedanke lautete wie folgt: Ich weiß nicht, wer der Erfinder der Dusche ist, doch man sollte Straßen und Plätze nach ihm benennen; er hat der Menschheit einen großen Dienst erwiesen.

Siebzig Grad Temperaturunterschied von heute auf morgen

Bis mittags schlief ich durch, ohne irgendetwas um mich herum zu bemerken. Dann verließ ich die Jugendherberge, begab mich auf geradem Weg zur nächstgelegenen Tankstelle, deckte mich dort mit belegten Broten und Wasser ein und stieg schließlich in einen Bus, der mich zum *Valle de la Luna* bringen sollte. Während es noch gestern auf dem Gipfel minus fünfundzwanzig Grad Celsius kalt gewesen war, würden die Temperaturen heute auf fünfundvierzig Grad Celsius ansteigen – ein Unterschied von siebzig Grad von heute auf morgen. Der

vollklimatisierte Bus brachte mich von Mendoza in das etwa drei Autostunden nördlich gelegene San Juán.
Denselben Weg, auf dem unser Bus jetzt kleine Staubwölkchen aufwirbelte, die sich gleich darauf wieder zur Ruhe legten, hatte anderthalb Jahrhunderte zuvor ein englischer Wissenschaftler auf dem Rücken eines Pferdes zurückgelegt. Dieser Wissenschaftler war kurz darauf an die Südspitze Argentiniens gelangt. Er sollte anschließend zu den indigenen Völkern Perus kommen und den Artenreichtum auf Galapagos erforschen. Die Urgewalt jahrtausendealter Landschaften und der unermessliche Variantenreichtum des Lebens in Südamerika animierten ihn zu Theorien, deren Größe und Universalität den Rahmen des damaligen Denkens sprengte. Niemals zuvor wurde eine Theorie erdacht, die Implikationen für dermaßen viele Bereiche der Wissenschaft hatte. Biologische Grundmodelle würden infrage gestellt, philosophische Gewissheiten für null und nichtig erklärt werden. Neue soziologische Theorien würden entstehen, neue ökonomische Annahmen begründet werden. Religiöse Überzeugungen würden beginnen zu wanken. Der Mensch würde von einem Thron gestoßen werden, der über Jahrhunderte hinweg nur in seinen Gedanken existiert hatte. Er würde in einen Spiegel blicken und in den Ausformungen seines Körpers, seines Charakters, seines Verhaltens einen hoch entwickelten Affen vorfinden.
Vielleicht wusste Charles Darwin bereits auf seinem Weg von Mendoza nach San Juán, welch tief liegende, umfassende Wahrheit er freigelegt hatte. »Es wankt und stürzt das ganze Gebäude«, vermerkte er in seinem Notizbuch. Dem Botaniker Joseph Dalton Hooker teilte er seine Gewissensbisse mit: »Es ist, als gestände man einen Mord.«
Siebzehn Jahre lang häufte Darwin eine erdrückende Beweislast für seine Theorien an. 1859 veröffentlichte er schließlich »On the Origin of Species«. Mit einundneunzigjähriger Verspätung rang sich Papst Pius XII. 1950 dazu durch, Darwins Evolutionstheorie offiziell als »ernst zu nehmende Hypothese« zu betrachten.
Wie mochte Charles Darwin zumute gewesen sein in dieser urgewaltigen Wüstenlandschaft, die dem Blick zu beiden Seiten der Straße nur Büsche und Sträucher bot, die aus sandiger Ebene hervorwuchsen? Wie fühlt sich einer, der eben einen Schlüssel gefunden hatte, der tausend Türen aufschloss – Türen, die die Mächtigen der damaligen Zeit gerne verschlossen gehalten hätten? Fühlte er sich klein und verlassen

in dieser kargen Wüste, die ihn umgab? Oder wusste er, dass er Teil von etwas so Mächtigem und Umfassenden war, dass die Machtgeplänkel und das Postengeschacher der damaligen Verantwortlichen im Vergleich dazu wie Sandkastenspiele erscheinen mussten? Vielleicht hatte ihm gar die Dimension dieser Gegend, die Endlosigkeit der beigebraunen Ebenen, die Reinheit und Größe der Landschaft den Mut gegeben, die Schritte zu gehen, die er gegangen war?
Meine Gedankenspiele fanden vorerst ein jähes Ende, als unser Bus mit dem rechten Vorderrad durch ein Schlagloch fuhr. Wir Passagiere bekamen von unten einen Schlag versetzt, der uns für einen Moment aus den Sitzen katapultierte – was in meinem Fall nicht weiter tragisch war, da ich mich neben dem Gang des Busses befand. Meine Sitznachbarin hingegen, die sich nach dem Einsteigen explizit für den Fensterplatz entschieden hatte, stieß mit dem Kopf an die lautsprecherbesetzte Decke über ihr, die gleichzeitig der Boden des Gepäckfachs war.
»*Chuta!*«, entfuhr es ihr, ein in ganz Südamerika bekannter, besonders bei Jugendlichen beliebter Kraftausdruck, der allerdings aus dem Mund einer fünfzigjährigen, elegant gekleideten Dame eher selten zu hören war. Wohl aus diesem Grund hielt sie sich sofort die rechte Hand vor den Mund und blickte mich entschuldigend an, während sie mit der linken ihren schmerzenden Kopf massierte. Ich konnte mir ein Lächeln nicht verkneifen. Meine Sitznachbarin versuchte daher, mir ihre Ausdrucksweise zu erläutern.
»Diese Straße ist wirklich in einem desolaten Zustand! Statt Unsummen für die Metro in Buenos Aires auszugeben, sollten unsere Politiker lieber hier oben in Infrastrukturmaßnahmen investieren.«
Die Tatsache, dass sie von »hier oben« sprach, nur weil die Region Mendoza–San Juán–Salta nördlich der argentinischen Hauptstadt lag, und dass sie komplexe Worte wie »Infrastrukturmaßnahmen« im ersten Satz verwendete, den sie einem Ausländer sagte, legte den Schluss nahe, dass sie (a) der Mittelschicht in dieser Region angehörte, die daran gewöhnt war, Ansprüche zu formulieren, dass sie (b) von einem aufgeklärten Bildungsbürgertum geprägt war und (c) vermutlich einem Beruf nachging, der Kommunikationstalent und Durchsetzungsvermögen von ihr verlangte. Alle drei Punkte sollten sich sofort bestätigen.
»Ich bin Maria, Spanischlehrerin aus Salta. Du kommst bestimmt aus Europa, *verdad*? So blond und blauäugig sind hier nur ganz wenige.

Außerdem bist du ruhiger als wir Argentinier. Ein Mensch macht bei uns nämlich in aller Regel Lärm: Er dreht das Radio auf, trällert Lieder vor sich hin, ruft seine Kumpels auf der anderen Straßenseite. Gut, vielleicht hat letztendlich auch die Tatsache geholfen, dass du vorhin einen deutschen Reiseführer gelesen hast.«
Maria lächelte mich an, als wolle sie für ihre Kombinationsgabe gelobt werden. Dann blickte sie mit verklärtem Gesicht aus dem Fenster und gab gleichzeitig eine Einschätzung preis, die ich im Verlauf meiner weiteren Reise des Öfteren zu hören bekommen sollte.
»Ach, Deutschland! Ihr Deutschen habt geschafft, was wir bislang nicht leisten konnten. Aus dem Nichts, aus Ruinentrümmern und zerbombten Städten, habt ihr ein neues Land gebastelt, ein sicheres und wohlhabendes Land.«
An das Wirtschaftswunder denken viele Argentinier, wenn sie das Wort »Deutschland« hören, was ich erfrischend finde, da »deutsch« in vielen anderen Ländern zuerst mit dem Zweiten Weltkrieg verbunden wird.
»Schau dir diese Landschaft an«, forderte mich Maria unterdessen auf. Noch immer blickte sie etwas entrückt aus dem Fenster, vor dem sich buschbewachsene Ebenen bis zum Horizont streckten. »Wenn man sie mit dem Bus durchfährt, bekommt man erst mit, wie riesig unsere Pampas sind. Fliegen verfälscht die Distanzen, nicht wahr?«
Wieder blickte sie mich an, als solle ich ihr zu diesem scharfsichtigen Kommentar gratulieren. Ich hielt mich jedoch weiterhin zurück und stachelte sie dadurch an, weiterzusprechen – obwohl inzwischen die ersten Klänge einer Gauchogitarre aus den alten Buslautsprechern tropften.
»Im Durchschnitt haben wir hier in den Pampas neun Quadratkilometer Fläche pro Person. Das ist nicht wie in Buenos Aires, wo man sich auf die Füße trampelt und in den Fußgängerzonen kaum atmen kann. Dumm nur, dass diese neun Quadratkilometer aus Wüstensand bestehen, in dem nicht viel wächst. Aber ah! Diese Weite, diese Grenzenlosigkeit! Ein bisschen was davon hört man in der Musik der Gauchos, zum Beispiel in dem Lied, das gerade läuft.«
Maria schnippte mit den Fingern und wiegte sich im Takt eines Schlagzeugs, das Gitarrenakkorde in Moll in gleich große Einzelteile zerschnitt. Eine tiefkehlige Männerstimme erzählte von einer umwerfend schönen Frau, die einen anderen liebte. Ich für meinen Teil hätte mich lieber für die mexikanischen Gruppen *control machete* oder *molotov*

entschieden, deren Lieder in ganz Südamerika gespielt wurden. Die Musik von *control machete* und *molotov* war etwas anders aufgebaut als die sanften Gauchoklänge in unserem Bus. Das Schlagzeug sondert pausenlos Trommelwirbel ab, während denen der dazugehörende Künstler erbarmungslos mit den Beinen auf die Bassdrum einschlägt. Die Gitarrenakkorde werden elektronisch rückgekoppelt, und wer eine Frau begehrte, der eroberte sie. Maria war jedoch bereits in eine andere Welt geglitten, und es wäre unpassend gewesen, ihr in diesem Moment von meiner Vorliebe für südamerikanischen Rap und Reggaeton zu erzählen.

»Stell dir vor, wie es früher gewesen sein muss«, sagte Maria leise mit halb geschlossenen Augen. »Da ritten die Gauchos durch die Pampas, um die Rinderherden von Gutsherren sicher von einem Ort zum nächsten zu bringen. Das waren harte Burschen mit knochigen Gesichtern, wettergegerbter Haut und fast asiatisch geschnittenen Augen. Von den Indianern hatten sie gelernt, das Lasso zu werfen und mit den *boleadoras*, drei in Leder eingenähten Kugeln, die durch Schnüre verbunden sind, fliehende Nandus zu jagen. Sie wirbelten diese *boleadoras* um den Kopf und warfen sie dann den Tieren hinterher. Die Schnüre wickelten sich um die Beine der Tiere und brachten sie zu Fall.«

Maria machte bei diesen Worten selbst die Bewegungen eines jagenden Gauchos nach. Sie ließ imaginäre, in Leder eingebundene Kugeln um sich kreisen und wippte dabei so heftig auf ihrem Sitz auf und ab, dass ich fürchtete, sie würde sich im nächsten Moment wieder den Kopf an der tief hängenden Busdecke anschlagen. Gleichzeitig hatte sie meine Neugierde geweckt. Die Lehrer meiner Schule hatten sich jedenfalls niemals ähnlich schwungvoll aufgeführt.

»Sag mal, Maria, gibt es ein paar dieser Gauchos auch heute noch? Immerhin habt Ihr fünfundfünfzig Millionen Rinder auf den Pampas herumstehen. Die müssen doch noch immer gepflegt und vorwärtsgetrieben werden, oder?«

Maria ließ die imaginären *boleadoras* fallen und drehte stattdessen unbewusst mit der rechten Hand an einem Spieß, der in ihren Gedanken aufgetaucht war. Wie so viele Argentinier, mit denen ich mich unterwegs unterhalten hatte, stellte sie Dinge, die ihr wichtig waren, gestenreich dar, während sie über sie sprach.

»Auch heutzutage gibt es noch Zehntausende Gauchos, die Rinderherden durch die Pampas treiben und junge Pferde bändigen. Die meisten unserer Gauchos sind allerdings ein bisschen faul geworden. Sie sitzen um große Lagerfeuer und braten *asado*, bestes Rindfleisch also, oder drehen ›aufgeklappte‹ Ziegen und Schafe überm offenen Feuer.«

Maria vollführte mit der rechten Hand eine Bewegung, als würde sie ein Schaf scheren und kratzte sich gleichzeitig mit der linken Hand am Ohr, während sie mich listig anschaute. Ich war gespannt, auf was sie mit dieser Kombination aus Gesten hinauswollte.

»Das ist eine der Gemeinheiten im Spanischen, *verdad*? *Oveja* heißt Schaf und *Oreja* Ohr. Damit haben meine Schüler nicht selten große Schwierigkeiten.«

»Da hast du recht!«, seufzte ich. »Schon mehrmals habe ich mir ein Ohr mit Soße bestellt, und einem meiner Gesprächspartner habe ich geraten, er solle jetzt mal seine Schafe spitzen.«

Maria lachte laut auf und begann erneut, auf ihrem Sitz auf und ab zu wippen.

»Auch die spanischen Namen sind manchmal gar nicht einfach, was?«, sagte sie schelmisch. »Ungetüme wie *Antonio Fernando José de la Gracia* lieben wir. Kein Vergleich zu den US-Amerikanern, deren Namen kurz wie die Schreie eines Samuraikämpfers sind: Mitch, Bob, Butch, Ken!«

Maria bearbeitete die Sitzlehne ihres Vordermanns mit der Handkante. Tatsächlich hatte das Spanische, ganz besonders wie es in Südamerika gesprochen wurde, neben Schafen, Ohren und endlosen Namen weitere Fallen für arglose Touristen aufgestellt. Ein Beispiel ist die sehr beliebte, aus dem Mund einer Argentinierin harmlos klingende Frage: *Tienes familia*? Wörtlich übersetzt bedeuten diese beiden Worte »Hast du eine Familie?«, weswegen ich in den ersten Tagen regelmäßig antwortete, dass ich selbstverständlich eine Familie hatte, sogar einen jüngeren Bruder. Dabei wollte mein Gegenüber auf diese Weise in Erfahrung bringen, ob ich bereits Vater war. Missverständnisse üblerer Art konnten sich durch die Verwendung von *cojer* ergeben, das im Spanischen für »nehmen« steht und in dieser Übersetzung in allen gängigen Sprachkursen gelehrt wird. In Südamerika bezeichnet dasselbe Wort hingegen auf denkbar direkte Weise eine Tätigkeit, die zwei Menschen nur in intimer Zweisamkeit auszuführen pflegen. Es empfiehlt sich darum keineswegs, Kombinationen wie »Nimm die Flasche!« durch einen argentinischen Reisebus zu rufen, wie es eine spanische Touristin zur Freude aller anderen Anwesenden getan hatte. In anderen

Dingen spiegelt die spanische Sprache die Realität hingegen ungleich besser wider als das Deutsche. So bezeichnet beispielsweise das Wort *esposas* nicht nur Ehefrauen, sondern gleichzeitig auch Handschellen. Kurz vor San Juán hielt unser Bus an der einzigen an dieser Strecke liegendenTankstelle. Sofort sprangen zwei schmutzige Kinder herein, liefen durch den Gang und hielten links und rechts die Hand auf. *Tienes plata?*, fragte mich der Erste, ein etwa zehnjähriger Junge mit großen, runden Augen und einer Narbe vom linken Ohr bis zum Mund. *Tienes plata*, »hast du Silber«, hört man allerorten, wenn man als Tourist in Argentinien unterwegs ist. *Plata* gehört definitiv – neben *asado*, »Rindfleisch«, *este banda de políticos*, »diese Schweinebande von Politikern«, *guapo* bzw. *guapa*, »Hübscher« bzw. »Hübsche«, und *cita*, was ein romantisches Stelldichein bezeichnet – zu den am häufigsten ausgesprochenen Wörtern in Argentinien. Wo der *Río de la Plata*, der »Silberfluss«, in den Atlantik mündet, belud man einst große Holzschiffe nach Europa mit den endlos scheinenden Silbervorräten aus dem Landesinneren. Selbst der Landesname stammt vom Silber ab: Er geht zurück auf das lateinische Wort »argentum«. Bevor ich in meinem Geldbeutel nach einem Stück »Silber« greifen konnte, hatte Maria bereits energisch den Kopf geschüttelt und mit der linken Hand abwehrend vor dem Gesicht des Straßenjungen herumgewedelt. Von den Einheimischen hatten bettelnde Kinder wenig zu erwarten. Zu sehr hatten sie sich an den täglichen Anblick notleidender Menschen gewöhnt.

Als unser Bus eine halbe Stunde später in San Juán ankam, war selbst meine bewegungsfreudige Sitznachbarin müde geworden. Mit einem Ächzer schob sich die Vordertür des Busses zur Seite. Sofort strömte glühend heiße Luft herein und schmiegte sich wie eine zweite Haut an uns. Die Kleider blieben an unseren Körpern kleben. Ein Thermometer, das draußen aufgehängt war, zeigte fünfundvierzig Grad Celsius an.

Als ich dicht hinter Maria den Bus verließ und die ersten Schritte auf San Juáns Hauptstraße unternahm, war die Luft zähflüssig geworden. Ich hatte das Gefühl, als könne ich sie mit den Händen auseinanderdrücken. Ein leichter Wüstenwind rührte in ihr herum wie in einem Kuchenteig. Hauseingänge, parkende Autos und vereinzelte Bäume begannen, vor meinen Augen zu flimmern, und von den asphaltierten Straßen stieg ein Geruch nach flüssigem Teer auf. Da lag es nahe, genau

wie die Einheimischen den nächstgelegenen freien Baum oder hochgewachsenen Strauch aufzusuchen, um sich davor in den Schatten zu legen, den Hut tief ins Gesicht zu ziehen und sich nur zu bewegen, um die Wanderung der Schattenfläche, die von der Sonne langsam westwärts geschoben wurde, nachzuverfolgen.
Einige Stunden später öffnete ich die Augen. Die Sonne malte den Baumstamm, an den ich mich lehnte, bereits einseitig mit orangefarbenen Farbtönen an. Da der Wüstenboden die Hitze des Tages ungespeichert zurückgestrahlt hatte, würde es in etwa einer Stunde empfindlich kalt werden. Ich warf meinen Rucksack über die Schulter, gähnte kurz und trottete anschließend zu einem kleinen Hotel, das mir Maria ans Herz gelegt hatte. Für umgerechnet vier Euro würde ich dort ein Vierbettzimmer mit Frühstück bekommen und zudem meine Wäsche auf dem Dach reinigen können, mit einem Stück Seife und einem Waschtrog, während sich José, ein abgemagerter schwarzweißer Kater, an meine Beine schmiegte und Benito, der Sohn des Inhabers, im Hintergrund ohne Unterlass kicherte – schließlich konnte nur ein *gringo* auf die Idee kommen, seine Wäsche selbst zu waschen, wo es doch Putzfrauen gab, die Derartiges erledigten.

Seilkunststücke in acht Metern Höhe

Genau wie Mendoza erwachte auch San Juán spätabends zu neuem Leben. Gegen zehn hatte ich mir einen Pullover übergeworfen und ließ mich durch die Fußgängerzonen der Stadt treiben, die sich langsam mit Menschen füllten. Auf der *Plaza San Martín* hatte sich eine Menschenmenge versammelt. Ein Akrobat zog sich an einem Seil empor, das in gut acht Metern Höhe um den Ast eines Baumes geknotet war. Sein Gesicht war weiß und grün geschminkt. Er war eher drahtig als muskulös, doch die Muskeln, auf die es in seinem Fall ankam, die Bauchmuskeln beispielsweise, waren ausgeprägt und bewegten sich wie lebende Wesen direkt unter seiner Haut. Mehrfach wickelte er sich in das Seil ein, bis er in acht Metern Höhe über dem Boden zu schweben schien; dann ließ er es plötzlich los und fiel herab, bis er wenige Zentimeter über dem Boden aufgefangen wurde. Er genoss es, sein Publikum mit immer neuen Aktionen zu überraschen, und die Zuschauer dankten es ihm, indem sie jedes Mal ein lang gezogenes

»Aahh!« durch die Reihen laufen ließen. Die Kinder in der ersten Reihe schrien bei den wagemutigsten Kunststücken auf, und eine junge Zuschauerin rollte mit den Augen und hob sich die Hand vors Gesicht. Nach zwanzig Minuten machte der Akrobat einige Verbeugungen und lief, keuchend nach der eben vollbrachten Kraftanstrengung, durch die Reihen. Jeder Zweite steckte ihm ein bisschen *plata* zu, doch ich wusste, dass jeden Tag mehrere ähnliche Vorführungen nötig waren, damit er sich am Abend eine anständige Mahlzeit kaufen konnte. Ich drückte ihm umgerechnet zwei Euro in die Hand und bot ihm gleichzeitig eine Zigarette an. Rauchend kamen wir ins Gespräch. Er stammte aus Buenos Aires und wollte eigentlich Pilot bei den *Aerolinéas Argentinas* werden. Immer schon habe ihn der Gedanke fasziniert, vom Boden abzuheben und durch die Luft zu schweben, erzählte er. In gewisser Weise habe er seinen Traum inzwischen verwirklicht. Seit drei Jahren kam er jeden Sommer hierher und versuchte, bis zum März genug zu verdienen, um den Winter in Buenos Aires mit einigen Gelegenheitsarbeiten zu überstehen. Die Geschäfte liefen gut, *más o menos*, »mehr oder weniger«. Von Jahr zu Jahr kämen mehr Touristen nach Mendoza und San Juán. Zum Glück gäbe es hier den Acongacua und das Mondtal.
Ob er die Kunststücke in einem Zirkus gelernt hätte, fragte ich, und er lächelte ob des Kompliments. Wir Argentinier lernen alle wichtigen Lektionen *en la calle*, betonte er. »Auf der Straße« träfe man seine oder seinen Liebsten, dort verliere man sie oder ihn wieder, dort habe man Spaß, schlage sich durch, lerne Menschen, Ansichten, Chancen und Gefahren kennen, finde Arbeit oder eben nicht. Auch ich könne *en la calle* einiges lernen: Er könne mir gleich einige Tricks am Seil zeigen.
Eine Stunde später schob ich mich am Seil nach oben, bis ich in acht Metern Höhe ein paar Kunststücke vollführte. Ich ließ für Momente die Arme los, drehte mich kopfunter um die eigene Achse und ließ mich hinabrutschen, bevor ich einen Meter über dem Boden ins Seil fiel. Einige Passanten blieben stehen und applaudierten. Der abendliche Wind drückte das Seil unter mir zur Seite, sodass ich buchstäblich in der Luft zu schweben schien, während meine Nerven vom Abstand zur Erde gekitzelt wurden. Einen Moment lang beneidete ich den jungen Akrobaten, der sich nicht in engen Büros den Buckel vor Computermonitoren krummsitzen musste, um seine Brötchen zu verdienen. Allerdings war ich bereits nach einer Viertelstunde aus der Puste und

wusste, dass meine Karriere als Seilakrobat wohl nicht allzu weit führen würde. In seinem Roman »Ansichten eines Clowns« hat Heinrich Böll geschrieben, dass Außenstehende das Leben eines Künstlers nur darum beneideten, weil sie nicht wussten, auf welch ermüdender Regelmäßigkeit es in Wahrheit aufbaue. Der tausendste Sprung aus acht Metern Höhe ins Seil hinein würde ein Sprung wie alle anderen sein.
Ich lud den Akrobaten zu einem saftigen Stück Pizza ein, dann tanzten wir zu den rhythmischen Klängen einer Trommelcombo, die inzwischen unter dem Baum aufmarschiert war, an dem das Seil noch immer baumelte. Die Genauigkeit der fünfzehnköpfigen Musikergruppe riss die Zuschauer mit und verführte augenblicklich dazu, alles stehen und liegen zu lassen, sich hin- und herzuwiegen und in die Hände zu klatschen. Vorführungen, für die ich in Deutschland fünfzig Euro und mehr bezahlt hatte, kamen nicht ansatzweise an die Qualität dieser argentinischen Trommelformation heran, die uns auf San Juáns zentralem Platz ein einstündiges Konzert für ein paar Cents lieferte. Noch später, bis in meine Träume hinein, sollte mir im Gedächtnis bleiben, wie der Anführer der Trommelgruppe den anderen Musikern gegenüberstand, wie er gestenreich ein neues Motiv einläutete, einen Tempowechsel ankündigte, ein *crescendo* verlangte, und wie reibungslos dieser Dialog in akustische Perfektion übersetzt wurde. Wie die großen Trommeln den Boden bereiteten für die verspielten Motive der kleineren, und wie alles zu einem Gesamteindruck verschmolz, der aus Energie und Lebensfreude zu bestehen schien und hochansteckend war.
Der Anführer der Trommelformation von San Juán war schätzungsweise zehn Jahre alt.

Am skurrilsten Wallfahrtsort der Welt

»Fünf Tischdecken aus feinstem Stoff, fühlen Sie mal! Weich wie Watte ist das – und erst diese Farben: blau wie das Meer, grün wie ein Kaktus, gelb wie der Wüstensand. Jetzt raten Sie mal, was das alles zusammen kostet. Na? Drei Pesos. Drei Pesos! Ja, bin ich denn verrückt, Ihnen ein solches Angebot zu machen?«
Wohin man in Südamerika auch fährt: Man kann sicher sein, dass nach der Abfahrt, bei einem Zwischenstopp oder bei der Ankunft, in aller Regel sogar bei allen dreien, ein Verkäufer in den Bus springt, der

es anschließend auf wundersame Weise versteht, gerade noch abzuspringen, bevor das Gefährt zu sehr an Fahrt gewonnen hat. Das heutige Exemplar war unterhaltsam, rhetorisch versiert und schlagfertig. Nur: Was, um Himmels willen, sollte ich in der Wüste um San Juán mit fünf Tischdecken anfangen? Wofür könnte ich drei Groschenromane gebrauchen und wo sollte ich einen Zehnerpack Kleiderbügel unterbringen?

»Danke schön, meine Dame, viel Spaß mit den Tischdecken. Eine gute Wahl, das verspreche ich Ihnen. Jetzt sind Sie alle neidisch geworden, nicht wahr? Völlig zurecht, denn Sie haben vier Stunden Busfahrt vor sich, ohne etwas Schönes in den Händen zu halten oder etwas Anständiges zu lesen. Ist das nicht schrecklich? Ist das nicht der absolute Horror? Aber ich kann Ihr Leiden mildern. Ich kann Ihnen helfen, ja, genau Ihnen, *mí amor*, denn ich habe das perfekte Mittel, um Ihre Busfahrt so angenehm wie möglich zu gestalten. Etwas so Spannendes haben Sie selten gelesen. Und jetzt raten Sie mal, was diese drei Romane zusammen kosten ...«

»Wollen Sie etwa zur *Difunta Correa*?«, krächzte die achtzigjährige Dame hinter mir plötzlich, als der eloquente Verkäufer eben die Kleiderbügel an den Mann gebracht hatte und überraschend behände auf die Straße sprang, während unser Bus um die letzte Ecke von San Juán bog, um anschließend die Wüste auf einer schnurgeraden Straße in zwei Teile zu zerschneiden.

»Ein Tempel mitten im Nirgendwo, das lasse ich mir nicht entgehen.« Meine Mitfahrerin klatschte in die Hände und beugte sich ein wenig zu mir vor. »Es wird sich lohnen, junger Mann«, versprach sie mit ihrer rauen Stimme, die entfernt an das Zischen eines Teekessels erinnerte. »Sie werden allerdings der einzige Nicht-Argentinier sein. Für uns ist die *Difunta Correa* eine Heilige. Jeder Argentinier soll einmal in seinem Leben zu ihr pilgern. Deolinda Correa, so hieß sie ursprünglich, begab sich während des Bürgerkriegs 1841 hochschwanger in die Wüste, durch die wir gerade fahren, um ihren Mann zu suchen. Sie starb in dieser Einöde an Hunger, Durst und Erschöpfung. Doch während sie starb, gebar sie ihr Kind, das zwei Tage lang an ihrer Brust überlebte und schließlich geborgen werden konnte. Was für ein Wunder! Nicht wahr?«

Erschöpft lehnte sie sich wieder in ihren Sitz zurück.

Seit jener mysteriösen Geschichte ist die *Difunta Correa*, die »dahingeschiedene Correa«, in Argentinien eine Heilige mit erstaunlicher Anziehungskraft. Die Straßen, die zu ihr führen, sind gespickt mit dem Wertvollsten, was man in einer Wüste zu geben vermag: Überall am Straßenrand sieht man volle Wasserflaschen stehen. Dort, wo die Tote einst mit dem lebenden Säugling gefunden worden war, steht inzwischen eine Kirche. Über eine Million Devotionalien und Geschenke sind rundum verstreut. Lenkräder, Windschutzscheiben, Kleider, Pokale, Miniaturhäuser und ganze Autos haben sich zu einem immensen Schrein gesammelt, der inmitten der unerbittlichen Einöde steht und stetig anwächst. Eine Feinheit der spanischen Sprache sorgt dafür, dass *Difunta Correa* frei übersetzt auch so viel heißt wie »gerissener Keilriemen«. Überall um die kleine Kirche herum liegen darum Keilriemen und Nummernschilder im Wüstensand. Auch aufgrund dieser linguistischen Zweideutigkeit ist die *Difunta Correa* zur Schutzpatronin aller Fernfahrer avanciert.

Die Mitfahrerin mit der Teekesselstimme bot an, mir die »heiligste Stätte Argentiniens« zu zeigen. Gemeinsam drückten wir uns aus dem Bus und hoben zeitgleich schützend die Hände über unsere Augen. Die Sonne stand wie ein gelbes Auge am Himmel und durchbohrte uns mit ihrem Blick. Nach fünf Schritten besprenkelten Schweißtropfen meine Stirn; nach zehn begannen sie, an meinem Gesicht hinabzugleiten. Ich konnte mir gut vorstellen, dass eine junge Frau wie Deolinda Correa unter ähnlichen Bedingungen ihr Leben im Wüstensand ausgehaucht hatte. Zum Glück bestand das Heiligtum Argentiniens in erster Linie aus Schreinen in Hausgröße, die ein wenig Schatten spendeten. In einem Haus befanden sich ausschließlich Brautkleider, die der *Difunta Correa* gewidmet waren. Im nächsten fanden wir Pokale, im dritten Bilder von Haustieren. Es gab Schreine für Studenten, für Sportler, für Soldaten, für Lastwagenfahrer und für Verliebte. Eine junge Frau warf sich zu Boden und stammelte Dankesgebete. Überall waren Inschriften angebracht. »Difunta Correa, tausend Dank dafür, dass du meinen Lastwagen mit dem Kennzeichen … auch in diesem Jahr beschützt.« »Difunta Correa, bitte sorge dafür, dass Alejandro mich endlich liebt.« »Difunta Correa, wir bitten dich, schütze unser Haus, auf dass es vor Sturm und Erdrutsch sicher sei.« Ein wenig ungewohnt kam mir die tiefe Spiritualität der Argentinier an diesem Ort vor – zumal mir meine Reiseführerin erklärte, dass jeden Sonntag eigens ein Priester zur *Difunta Correa* eilte, um Lastwagenmotoren, Miniaturhäuser und Sportpokale zu segnen. Gleichzeitig war ich beeindruckt von der Intensität, mit der die Anwesenden ihren Glauben ausdrückten. Ähnlich wie mir muss es der katholischen Kirche in Argentinien ergangen sein. Zwar hat sie bis heute die *Difunta Correa* nicht als Heilige anerkannt. Doch organisieren mehrere Pfarrgemeinden inzwischen Wallfahrten in die Wüste bei San Juán, um die argentinische Schutzpatronin zu besuchen. Auch sie scheinen erkannt zu haben, wie viel Kraft von diesem Ort ausgeht.

Dinosaurier im Mondtal

Am nächsten Morgen saß ich bereits um acht Uhr in einem weiteren Kleinbus, der mich nach San Agustin de Valle Fértil bringen würde. Der Ort war genau so klein wie der Name vermuten ließ. Das Busterminal war eine Art Besenkammer und natürlich geschlossen. In unserem Kleinbus war bis zur Ankunft außer mir nur noch ein argentinisches Pärchen übrig geblieben.
Als wir drei ausstiegen und etwas ratlos um uns blickten, hinkte ein etwa siebzigjähriger Mann, dessen Kopf von wirrem grauem Haar umspielt wurde, diagonal über den Busparkplatz. Zwei zerzauste Hunde lagen müde wie nach geschlagener Schlacht im Schatten eines Baumes. Sie hoben kaum die Köpfe, als der Alte an ihnen vorbeiging. Als er bei uns angekommen war, deutete er mit seinem Stock auf ein paar Häuser hinter ihm.
»Sucht ihr ein Zimmer?«, krächzte er mit einer von jahrelangem Tabakgenuss ruinierten Stimme, die mich sofort an Horrorklassiker wie Alfred Hitchcocks »Die Vögel« erinnerte. »Meine Tochter unterhält hier in der Stadt ein Hotel und bietet Touren zum Mondtal an.«
Selbst die beiden Argentinier mussten sich zu ihm hinabbeugen, um seine Worte zu verstehen, die er in stoßartigem Keuchen von sich gab. Ich konnte kaum glauben, dass er die viereinhalb Häuser im Hintergrund gerade eine Stadt genannt hatte. Eigentlich seien sie nur auf der Durchreise und wollten direkt weiter zum Valle de la Luna, dem Mondtal, erklärten die Argentinier, was ich ihnen nicht verdenken konnte. Vermutlich plante ohnehin niemand, in der »Stadt« San Agustín de Valle Fértil auszusteigen. Es sah jedoch so aus, als sollte uns dieser Ort heute nicht mehr loslassen.

»Ins Valle de la Luna fahren keine regulären Busse«, krächzte unser baldiger Gastgeber triumphierend. »Dort ist alles Naturschutzgebiet. Aber meine Tochter könnte für morgen früh eine Reise organisieren und euch drei mitnehmen.«
Wir waren also an einem Fleckchen Erde angelangt, das außer uns praktisch niemand aufsuchte, und stießen hier prompt auf einen Monopolisten. Andererseits hatte ich es nicht sonderlich eilig und war einer *siesta* keineswegs abgeneigt. Also folgten wir unserem bejahrten Gönner, der wie in Zeitlupe ein Bein vor das andere setzte und uns dabei jedes Mal von Neuem versicherte, dass er nicht schneller laufen könne als eben so. Eine halbe Stunde später standen wir seiner Tochter gegenüber, einer energischen, etwa vierzigjährigen Frau. Sie begrüßte uns mit den Worten: »Ah, da hat er wieder ein paar aufgelesen!«
Zu unserem Erstaunen präsentierte uns die Inhaberin je ein sauberes Zimmer für umgerechnet drei Euro. Gleichzeitig versprach sie uns, für morgen früh eine Reise ins Valle de la Luna zu organisieren.
»Ich sage euch gegen zwölf Bescheid«, kündigte sie an. Die beiden Argentinier nickten zufrieden. Ich kam hingegen nicht umhin zu fragen, ob wir uns also in zwei Stunden nochmals hier treffen sollten. Meine drei Gesprächspartner sahen mich mit großen Augen an.
»Ich meine natürlich zwölf Uhr nachts. Um zwölf Uhr mittags schlafen wir!«, präzisierte die Inhaberin. Vermutlich dachte sie gleichzeitig, was für ein abstruser Gedanke es doch sei, sich mittags zu treffen, wenn alle Welt schlief! Umgekehrt war es für sie völlig selbstverständlich, dass ihre Gäste um Mitternacht noch wach waren. Schließlich hatte der Abend zu dieser Zeit erst begonnen.
Ich zog es vor, keine weiteren Fragen zu stellen. Stattdessen verzog ich mich mit einer Wasserflasche und Antonio Skármetas Bestseller »Mit brennender Geduld« in den Schatten eines Baumes und ließ das Dorfleben um mich herumkreisen. Lange Zeit blieb eine verwahrloste Katze, die vor einem jungen Hund floh und dabei fast meine Wasserflasche umrannte, das aufregendste Ereignis des Tages. Kurz vor siebzehn Uhr jedoch traten wie auf ein geheimes Zeichen hin die Einwohner des Dörfchens aus ihren Häusern. Ein Kioskbesitzer schlurfte zu seinem Laden und klappte müde die Fensterläden zurück. Schräg gegenüber meines Rastplatzes stellte jemand ein Straßenschild mit der Aufschrift *helado*, »Eis«, vor seine Tür. Drei höchstens Zwölfjährige liefen mit Bauchkästen voller Süßigkeiten die Straße entlang.

Raftingabenteuer auf dem Río Mendoza, Nordargentinien

Nach geschlagener Schlacht geht es in die zweite Runde.

Die Urgewalten des Río Mendoza machen das Manövrieren nahezu unmöglich.

Formvollendet: Tangotänzer im Hafenviertel La Boca, Buenos Aires

Argentiniens Sonne im Sturm der Zeit: Flaggenverkäufer in der Hauptstadt

Gefangen in der Vergangenheit? Vom Balkon grüßen Pappfiguren von Perón, Evita und Maradona.

Das Gefühl vollkommener Freiheit: »Parapente« über den Wolken Argentiniens

Die Fäden sind entwirrt. Noch ein Blick hinunterwerfen auf Mendoza …

… Anlauf nehmen und »un, dos, tres« …

… alles loslassen, aufgefangen werden vom Aufwind.

Blick vom Gleitschirm: Meine Schuhe über der Wüste Mendozas

Bergsteigersehnsucht: Der höchste Berg außerhalb des Himalaya

Unser Zwischenlager auf knapp viertausend Metern Höhe

Aufbruch vom Basislager

Den Elementen überlassen: Unsere Gruppe beim mühsamen Aufstieg

In guten Händen: Unsere Bergführer zeigen die Marschrichtung an.

Kurze Rast auf fünfeinhalbtausend Metern Höhe

Der grandiose Ausblick entschädigt für jegliche Mühen. Hinter der ersten Bergkette beginnt Chile.

Vier israelische Offiziere und ein Deutscher kurz unterhalb des Gipfels

Nach einer Woche Bergsteigen

U-Boot und Sphinx:
Im argentinischen Mondtal haben Wind und Erosion seltene Steinformen geschaffen.

In den Wüsten Argentiniens und Chiles fällt über Jahre hinweg kein Regen.

Mit Nummernschildern bitten Fernfahrer um Beistand der »Difunta Correa«.

Überall trifft man auf Zeugnisse der gewaltvollen Geschichte Südamerikas: Nerudas Mahngedicht in Salta, Argentinien.

Touristenmagnet: Die Wasserfälle von Iguazú an der argentinisch-brasilianischen Grenze

Las nubes te hacen cariños. Y la luz
te protege. Así difundes un brillante
de colores a la montaña fulminante.
Salta se llama linda. Pero poema eres tú.

Gestreichelt von Wolken, geborgen im Licht,
so ziehst Du einen Farbenglanz
bis zu der steilen Berge Kranz.
Salta nennt sich schön. Du aber bist Gedicht.

Gewaltige Wolkenformationen sind ebenso charakteristisch für das zweitausend Meter hoch gelegene Cachi wie meterhohe Kakteen.

Dann wurden argentinische Gitarrenklänge von knackenden Lautsprechern durch das Dorf geweht.
Zweimal am Tag erwacht San Agustín de Valle Fértil aus seinem Dornröschenschlaf. Dann trifft der Nachmittags- und der Abendbus aus San Juán ein. Wenn hier ein Tourist versehentlich aussteigt, setzt das augenblicklich eine Kette von Dienstleistungen in Betrieb: Eine Art Tante-Emma-Laden öffnet seine Pforten, der Kioskbesitzer ruft die Schlagzeilen seiner Zeitungen aus, und ein unscheinbares Haus verwandelt sich nach Anbringung eines handbemalten Ladenschildes unvermittelt in ein Café. Eine halbe bis eine Stunde dauert der Spuk, dann fällt San Agustín de Valle Fértil zurück in seinen gewohnten Dämmerzustand. Es ist, als blinzele das Dorf zweimal am Tag kurz in die Sonne.
Abends um elf hatte ich »Mit brennender Geduld« ausgelesen. Angesichts der momentanen Umstände erschien mir der Titel ganz passend. Hinzu kam, dass es alles Mögliche bedeuten konnte, wenn eine Argentinierin ankündigte, »gegen zwölf« Bescheid zu sagen, in keinem Fall jedoch, dass sie wirklich um Mitternacht vorbeischauen würde. In meinem Fall erwachte ich aus einem unruhigen Halbschlaf, als die Inhaberin um 1:41 Uhr resolut an meiner Zimmertür rüttelte.
»Alles klar«, sagte sie freudestrahlend, als ich sie hereinließ, »die Sache ist geritzt. Morgen um sieben Uhr geht's los!«
»Damit wir uns diesmal gleich richtig verstehen: Du meinst sieben Uhr in der Früh, richtig?«
»Natürlich.«
»In fünfeinhalb Stunden ist es also so weit?«
»Genau. Um 6 Uhr 30 mache ich dir ein Frühstück.«
Von der Idee, nachts zu schlafen, hielten die Menschen dieser Gegend tatsächlich nicht viel.
Pünktlich um halb sieben setzte ich mich an den gedeckten Frühstückstisch, begrüßte die Inhaberin und ihren Vater, der bereits eine Stunde lang im Garten gearbeitet hatte, und langte kräftig zu.
»Endlich ein Gast, der richtig essen kann!«, lobte die Inhaberin und goss mir noch Kaffee nach. »Ohne eine ordentliche Portion Kaffee geht mir hier keiner aus dem Haus!«
Die Inhaberin gefiel mir gut an diesem Morgen. Sie hatte offensichtlich beschlossen, Ankerpunkte in ihrem Leben zu setzen und Dinge zu definieren, an die man sich halten konnte. Vermutlich würde sie auch

nach einem Erdbeben oder einem Angriff der britischen Luftwaffe wie 1982, als es um die Falklandinseln ging, nicht darauf verzichten, eine heiße Tasse Kaffee zu sich zu nehmen. Im Gunde genommen hatte sie ganz recht damit: Die Welt ist voller Chaos; da kann es nicht schaden, feste Bezugspunkte zu haben, und eine ordentliche Tasse Kaffee eignet sich hierfür ganz hervorragend.

Kurz darauf glaubte mich ein Kleinbus auf, der uns zum Valle de la Luna bringen sollte. Wie üblich rumpelten wir über eine schlaglochübersäte Asphaltstraße, die sich kilometerlang schnurgerade durch die Wüste zieht. Der Wind spielte Fang-mich-doch mit Tausenden von Sandkörnern, die in Gruppen von der linken auf die rechte Seite wechselten. Die Wüste war dabei, sich das Land Stück für Stück zurückzuholen, das man ihr mit schweren Maschinen, flüssigem Teer und herbeigekarrten Walzen einst abgerungen hatte. In gezackten Kurven fraß sie sich durch den Asphalt, bedeckte die Straße mit einer zehn Zentimeter dicken Schicht aus Sand und Staub und rüttelte wütend an unserem Kleinbus, der es wagte, ungefragt in ihr Hoheitsgebiet einzudringen. Ich begriff, dass jeder Fortschritt, jede Bewegung in dieser lebensfeindlichen Umgebung ein Kampf war, der die Elemente herausforderte.

Dies galt umso mehr für das Valle de la Luna. In den vergangenen fünfzig Jahren hatte es hier ein einziges Mal geregnet. Tatsächlich erinnerte die Erdoberfläche an den Mond, wie ich ihn von Bildern her kannte. Kein Strauch, keine Pflanze konnte in dieser Staubwüste überleben. Das Mondtal bot eine optimale Kulisse für Science-fiction-Filme. Im Lauf von Jahrmillionen hatten Wind und Erosion die hiesigen Felsen zu bizarren Formen geschliffen: Einer erinnerte an ein U-Boot, ein anderer an einen betenden Mönch, ein dritter an die Sphinx. Da die staubtrockenen Böden verendete Lebewesen auf natürliche Weise konservieren, erzählt das *Ischigualastro*, wie das Mondtal in der Sprache der Ureinwohner genannt wird, nicht weniger als die Geschichte der Erde. Wissenschaftler hatten von ihm unter anderem erfahren, dass diese Gegend vor etwa zweihundertfünfzig Millionen Jahren tropisch gewesen war, bis vor etwa siebzig Millionen Jahren ein gewaltiges Ereignis stattfand, das einen radikalen Klimawechsel mit sich brachte: die Auffaltung der Anden. Seitdem regnen sich die feuchten Pazifikwinde an der Westflanke der Gebirgskette ab. Durch gigantische Hebungen und Senkungen waren Gesteinsschichten zutage getreten, die zuvor weit unter der Erdoberfläche gelegen hatten. Manchmal enthielten sie bestens erhaltene, Millionen Jahre alte Fossilien. Vor wenigen Jahren stieß ein Archäologe hier auf das fast vollständig erhalten gebliebene Skelett eines Coraptors, der mit zweihundertachtundzwanzig Millionen Jahren das älteste bekannte Lebewesen der Erde ist. Auch gab das Valle de la Luna preis, dass die Dinosaurier über Jahrtausende hinweg nur die Größe von Hunden hatten. Erst später wuchsen sie zu den tonnenschweren Riesen heran, als die sie Einzug in »Jurassic Park« und weitere Kinostreifen gefunden haben.

Mit Ameisen und Fliegenlarven belegte Brötchen

Unter Anleitung eines Nachwuchsarchäologen streiften wir einen halben Tag lang durch die bizarre Wüstenlandschaft, hielten uns ohne Unterlass Wasserflaschen an den Mund, lauschten Erklärungen im Schatten von besonders hohen, scharfgezackten Felsen. Die Temperatur in der Sonne schwankte zwischen fünfzig und sechzig Grad Celsius. Erst als der untere Rand der Sonne die Erde am Horizont berührte, stiegen wir wieder in unseren Kleinbus.

Eine Stunde später verabschiedete ich mich von meinen Mitreisenden und stand in einem Örtchen, das noch kleiner war als San Agustín de Valle Fértil.

Als einziger Passagier hatte ich das Drei-Häuser-Nest Lo Torre als Aufenthaltsort ausgesucht. In einer Stunde käme der Bus Richtung La Rioja und bolivianische Grenze hier durch. So hoffte ich zumindest, weil ich diese Information einem Gespräch mit unserem Fahrer entnommen hatte, das auf geradezu idealtypische Art südamerikanisch endete.

»Gegen zehn Uhr heute Abend wird der Bus Richtung Bolivien durch Lo Torre kommen.«

»Bist du sicher?«

»*Hombre*, in diesem Land kannst du niemals sicher sein!«

Mit dieser beruhigenden Aussicht betrat ich den einzigen Laden, um auf die Ankunft des Busfahrers zu warten. In aller Regel, so hatte mir unser Fahrer erläutert, suchte sein Kollege diesen Laden auf, um sich mit Sandwiches, Süßigkeiten und Wasser einzudecken. Mehrere Stunden würde es dauern, bis er hierzu die nächste Gelegenheit bekäme;

denn um Lo Torre herum erstreckte sich bis zum Horizont nur Wüste, endloses ödes ockerfarbenes Land.
Der Ladenbesitzer trug einen kühn nach oben gezwirbelten Schnurrbart. Er hieß Pablo – natürlich, so wie fast alle hier, wie Picasso und Neruda. Seine Schürze war dermaßen mit verschiedenfarbigen Flecken übersät, dass man nicht mehr ausmachen konnte, von welcher Farbe sie ursprünglich einmal gewesen war. In der rechten Hand hielt er ein gewaltiges Messer, mit dem er eine vor ihm liegende Salamiwurst malträtierte. Mit der linken wischte er zur selben Zeit einen Käfer weg, der auf das Brett gekrabbelt war, um an eine Salamischeibe zu gelangen.
Ein knappes Dutzend dieser possierlichen Tiere konnte ich auf den ersten Blick ausmachen. Der Laden war augenscheinlich ganz nach ihrem Geschmack, ein Zuhause, in das man nach dem einen oder anderen Ausflug gern zurückkehrte – auch wenn sie das verlockende Angebot mit weiteren Hausbewohnern teilen mussten. Fliegen umkreisten die Auslage. Drei Ameisen krochen über eine Schokoladentafel hinweg, die gerade im Angebot war. Traurig hing der Scheibenkäse gleich daneben von einem ausliegenden Sandwich herab.
Ausgerechnet hier, inmitten dieser Wohngemeinschaft, zwischen ranzigen Brötchen und Fliegenlarven, überkam mich plötzlich eine Romantik, gegen die ich nichts ausrichten konnte. Entspannt ließ ich mich auf einen klapprigen Stuhl fallen, verschränkte die Arme hinter dem Kopf und ließ einen wohligen Grunzlaut hören, woraufhin Pablo anfing, breit zu grinsen.
Wäre in dieser Einöde ein Spiegel aufzutreiben gewesen, hätte ich mir tief in die Augen geschaut und mich gefragt, ob ich noch ganz bei Trost sei. Ich meine: Im zwanzigsten Stockwerk eines Hiltonbunkers, in dem mir befrackte Hilfskräfte jeden Wunsch von den Augen ablesen, auf dem Gipfel des Aconcagua oder dreißig Zentimeter von den samtig-weichen Augen einer Argentinierin entfernt könnte ich das plötzliche Erscheinen einer unangemeldeten Romantik noch nachvollziehen. Bei mir tritt solche Glückseligkeit hingegen mit Vorliebe an Orten wie diesem auf. Vielleicht lag es daran, dass inzwischen ein kreisrunder Vollmond auf den Laden von Lo Torre herabblickte und sich gleichzeitig mit einer vollkommenen Stille auch eine unglaubliche Gelassenheit über die Gegend gesenkt hatte. Wohl beeinflusste mich auch, dass die schnurgerade, von Sand bedeckte Straße, die sich links

und rechts kilometerweit durch die Wüste fraß, förmlich nach Abenteuern roch und mich in unbekannte Gegenden führen würde, von denen ich bislang nicht einmal gehört hatte. Und dass sie letztlich das Versprechen mit sich trug, dass ich jederzeit von hier wegkommen würde.

Ja, vielleicht war es das: Im Gegensatz zu Pablo würde ich nur vorübergehend hier sein. Ich konnte aufbrechen, wann immer ich wollte, lange bevor mich irgendeine Art von Routine oder Regelmäßigkeit hier festhalten konnte. Ich war nur auf Stippvisite hier und musste niemals mehr an diesen Ort zurückkommen. Die Minuten, die ich hier verbrachte, waren darum einzigartig und erschienen mir wertvoller als andere, obwohl um mich herum nicht viel geschah – außer dass die Schokoladentafel samt der drei Ameisen plötzlich zu Boden fiel, weil sich eine Fliege auf den äußersten Rand gesetzt hatte.

Wenige Minuten nach zehn flog die Ladentür auf. Ein untersetzter, vollbärtiger Mann mit blitzenden Augen warf einen schnellen Blick in die Runde und schritt dann energisch zur Theke.

»*Hola Pablo*, gib mir zwei von deinen stinkenden Sandwiches und drei deiner uralten Schokoriegel, damit ich mir an irgendwas die Zähne ausbeißen kann. Dein Fraß ist immerhin noch besser, als hungrig durch die Nacht zu fahren.«

»Pedro, deine Beleidigungen perlen an mir ab wie Wassertropfen. Solange du mit klingender Münze bezahlst, kannst du mir an den Kopf werfen was du willst! Aber wende deinen gierigen Blick mal einen Moment von meiner tipptopp gepflegten Auslage ab. Da hinten sitzt nämlich ein Gast, dem mein Essen ganz ausgezeichnet schmeckt, und der den Mut hat, sich von einem verrückten Rennfahrer wie dir nach La Rioja fahren zu lassen.«

Vier schwarze Augen blickten mich an. Anscheinend kannten sich Pablo und Pedro schon seit Längerem.

»Ähem«, räusperte ich mich etwas unsicher, weil mir plötzlich die ungeteilte Aufmerksamkeit der beiden zuteil wurde. »Pablo hat recht: Ich würde gerne mit nach La Rioja fahren. Von dort soll es weiter nach Norden bis nach Tucumán gehen.«

»Da hast du aber ein verdammtes Glück, *amigo*!«, polterte Pedro, den Blick bereits wieder auf die Sandwiches gerichtet. »In meinem Bus sind noch ein paar Plätze frei. Sobald ich mich für eines dieser halb verrotteten Brötchen entschieden habe, fahren wir los.«

»Bist du sicher, dass mein Gast den Bus nach Tucumán noch rechtzeitig erreichen kann?«, ließ Pablo verlauten, als er Pedro ein Sandwich in die Hand drückte.
»Jetzt hör mal gut zu, mein Freund: Wenn überhaupt einer in der Lage ist, diesen jungen *gringo* rechtzeitig nach Tucumán zu bringen, dann bin das ja wohl ich. Allerdings ...«, und damit drehte sich Pedro zu mir um, »... *hombre*, sicher kannst du in diesem Land niemals sein!«
Damit trottete er vor mir aus der Ladentür hinaus ins Freie, um mir »seinen Bus« zu zeigen. Sobald ich es mir auf der hinteren Sitzbank gemütlich gemacht hatte, fuhr er so abrupt an, dass eine Argentinierin vor mir aus ihrem Dämmerzustand hochschreckte und verwirrt um sich blickte.
»Pedros Bus« klang wie eine seltene Mischung aus klagenden Eseln und feuerspeienden Drachen – was insbesondere daran lag, dass die hintere Stoßstange auf der rechten Seite herabhing und bei jeder Bodenunebenheit funkensprühend über den Asphalt schleifte. Unseren Fahrer beeindruckte dieser Umstand nicht im Geringsten. Mit Vollgas bretterte er durch die Ödnis und zog eine fünfzig Meter lange Staubwolke hinter sich her.
Anderthalb Stunden später erreichten wir La Rioja, wo ich innerhalb von drei Minuten in den Bus nach Tucumán wechselte. Um halb sechs Uhr morgens stieg ich erneut aus, um wiederum drei Minuten später im Bus nach Salta zu sitzen. Im Halbschlaf, den Kopf an die Fensterscheibe gelehnt, bekam ich von Zeit zu Zeit mit, wie die Busse gierig Strecke machten, wie sie die Straße in sich hineinfraßen und nordwärts, immer nordwärts strebten. Zeitweise fühlte ich mich, als schwebte ich auf einer Wolke.
Die alte Lust war erwacht, die Lust am Vorwärtskommen, an der Bewegung, der ständigen Veränderung. Die Lust an der Freiheit, jederzeit entscheiden zu können, wohin ich fuhr und ob es heute noch weiterging oder nicht. Jeder Bus wurde vornehmer gegenüber dem vorherigen. Obwohl es mitten in der Nacht war, funktionierten alle Anschlüsse reibungslos. Die beiden letzten Busse kamen mühelos an europäische Standards heran, kosteten jedoch nur einen Bruchteil hiesiger Preise. Für die gesamte Fahrt von Lo Torre nach Salta zahlte ich etwas mehr als fünfzehn Euro – Klimaanlage, Ledersitze, Fernseher und Frühstück inklusive. Einmal mehr müssten die Verantwortlichen der Deutschen Bahn angesichts eines solchen

Angebots kollektiv Harakiri begehen, wenn die Welt gerecht wäre. Am Mittag des folgenden Tages stieg ich über eintausend Kilometer nördlich aus dem Bus.

»Salta, la linda«

Salta, la linda nennen Argentinier die Stadt im äußersten Nordwesten des Landes. Für ihre Gäste legt sich »Salta, die Schöne« mächtig ins Zeug. Überall waren Straßenfeger und Parkgärtner unterwegs. Üppige Blumenbeete zogen sich akkurat um die zentrale *Plaza de Armas* hin. Die Fensterscheiben der Läden und der verschiedenen Restaurants spiegelten sich im Sonnenlicht. Alte Kolonialhäuser breiteten sich innerhalb fruchtbarer Parkanlagen aus, die umso farbenprächtiger wirkten, da sie nach der ausgedehnten Wüstenlandschaft, aus der ich gekommen war, ein Novum darstellten.

Vor einigen Jahren hatte sich Salta entschieden, ganz auf Tourismus zu setzen. Geholfen hat ihr bei der Entscheidung, dass sich gleich hinter ihren westlichen Ausläufern die Andenkordillere erhebt, während sich südöstlich eine weinbewachsene Hügellandschaft erstreckt, über der in aller Regel zwei bis fünf, an schlechten Tagen auch mal zehn Wolken zu sehen sind. Saltas Tourismusverantwortlichen dürfte darüber hinaus bewusst gewesen sein, dass ein ganz anderer Grund Scharen von Touristen – Argentinier ebenso wie US-Amerikaner und Europäer – in ihre Stadt brachte: Das Mengenverhältnis von Frauen zu Männern beträgt in Salta ungefähr sechs zu eins. Diese ungewöhnliche Begebenheit taucht als dezente Randnotiz in Reiseführern auf und wabert durch die Gespräche, die Buspassagiere untereinander anfangen. Nun könnte man argumentieren, dass sich ein solch interessantes Verhältnis nicht lange halten wird, da es naturgemäß Männer in die Stadt lockt. Tatsächlich steht Salta jedoch auch bei Frauen hoch im Kurs: Seltener als anderswo lief Frau hier Gefahr, mit billigen Sprüchen ungewaschener Jugendlicher empfangen zu werden oder auf halbherzige Anmachmethoden schüchterner Europäer zu stoßen.

Woran es auch liegen mochte: »Salta, die Schöne« kam mir jedenfalls stellenweise gar zu lieblich vor, zu herausgeputzt mit ihren säuberlich gepflegten Grünanlagen, dem künstlichen See in der Mitte des größten Parks, auf dem Touristen in Tretbooten herumfuhren, und den netten,

gepflegten Schaufenstern mit den netten, bunten Auslagen in den netten, herausgeputzten Gässchen des Stadtkerns.
Dass auf dem *Cerro San Bernardo*, Saltas Hausberg – besser gesagt: Saltas Haushügel – ein Angestellter der Stadt hin und her lief und Touristen gegen Geld Porträtfotos vor dem Stadtpanorama anbot, korrespondierte nicht mit meinem Wunsch, das echte, wilde Argentinien kennenzulernen. Selbst wenn es ein romantischer, nicht zu Ende gedachter Wunsch sein sollte, eine unbegründete Hoffnung auf Heldentaten, die der vagen Sehnsucht eines Heranwachsenden entsprach, so ist mir dennoch mein Aufenthalt in Lo Torre bis heute nachdrücklicher in Erinnerung geblieben als die vier Tage, die ich in Salta verbrachte. Vielleicht war diese Stadt einfach zu erfolgreich darin, sanft und schön und lieblich zu wirken – so sehr, dass ich mich mehrmals bei der Vorstellung ertappte, einen richtig großen Luftballon auf dem Hauptplatz platzen zu lassen, damit die akkurat aufgereihten Vögel von den tipptopp gepflegten Beeten aufstoben, oder zumindest ein unanständiges Wort freizusetzen, mitten in das stoische Lächeln der Einwohner hinein.
Ich muss Salta allerdings zugute halten, dass sie hält, was ihr lockerakrobatisch klingender Name verspricht: Wenn sich die Sonne nämlich erst einmal verabschiedet hat, wird Salta richtig argentinisch!

Im Reggaeton-Rhythmus durch Saltas Nachtleben

Das Sonnenlicht glitt die Wände der Häuser hinab, aus denen junge parfümierte Menschen traten, mit vergoldeten Kettchen um den Hals und Feuer in den Augen. Ich reihte mich ein in den Strom lebenslustiger Argentinier und erlebnishungriger Touristen. Gegenüber der *Plaza 9 de Julio* setzte ich mich auf den einzigen freien Platz eines Straßencafés und genoss einen frischen Orangensaft, gefolgt von einem *Submarino*, den ich nur bestellte, weil ich wissen wollte, was sich hinter dem Titel »U-Boot« verbergen mochte. Mit verschmitztem Lächeln brachte mir der Kellner eine heiße Milch, in der eine ganze Tafel Schokolade schmolz. Während ich schätzungsweise zehntausend Kalorien in mich hineinschüttete, umkreisten Straßenhändler ohne Unterlass unsere Tische. Manche von ihnen waren kaum älter als zwölf Jahre. Alle bewegten sich flink, änderten abrupt die Richtung und erinnerten an eine Schar Haifische – umso mehr, als sie sich sofort in ein Opfer verbissen, wenn dieses nicht schnell genug desinteressiert in eine andere Richtung schaute. In zwanzig Minuten hätte ich mir fünfmal die Schuhe putzen lassen können. Außerdem bot man mir einen leeren Vogelkäfig an, einen Strauß Rosen, ein Set Tarotkarten, die Zeitung von gestern, die Zeitung von heute, die Zeitung von morgen, einen jungen Hund mit traurigen Augen und Argentinienflaggen in allen Größen. Zum Bedauern des Haifischschwarms lehnte ich jeden Kauf entschieden ab, obwohl mich die Tarotkarten durchaus interessiert hätten und mir der junge Hund liebevoll über den Unterarm geleckt hatte.

Stattdessen brach ich, um der Meute zu entkommen, »Submarino«-gestärkt auf und stürzte mich in Saltas Nachtleben. An allen Ecken und Enden der Altstadt wurden Theaterstücke dargeboten, sangen Musiker von unerfüllbarer Liebe, jonglierten Akrobaten mit Tellern und Tassen, stolperten Clowns zur Freude der Kleinsten über ihre eigenen Schuhe. Salta war zu einem gigantischen Zirkus geworden, zu einem Freudenfest, dessen Buntheit und Vielfalt durchaus mit dem Angebot weit größerer Städte mithalten konnte. Willig schlug ich mir die halbe Nacht um die Ohren, und gegen zwei Uhr überkam es mich dann doch plötzlich, das Salta-Gefühl.

Salta, la linda, »Salta, die Schöne«, so sang ich, so schwang ich mit in einem Rhythmus, der Saltas Einwohner beschwingt durch die Straßen trug – ja, der aus allen Poren dieser Stadt zu strömen schien. Ich wusste, dass es nicht nur diese Stadt war, sondern dass sich halb Südamerika in diesem Sommer hin- und herwog im Rhythmus eines Schlagzeugs, das sich in den Vordergrund drängte und den Takt vor sich hertrieb. Fast schien es, als wolle es der Musik Beine machen, als schlage es auf sie ein wie auf einen alten Esel. In diese Wirbel aus Schlagzeugschlägen werfen dunkelhäutige Männer klischeebeladene Texte, in denen man beispielsweise erfährt, dass ihre Vorstellung einer guten Party wenig mit Musik zu tun hatte, dafür jedoch umso mehr mit hochprozentigen Flüssigkeiten und leicht bekleideten Mädchen.

Reggaeton wird dieser Rhythmus genannt, und in jenem Sommer wurden alle Lieder bis hin zu Schmusesongs von Shakira mit dem typischen aufwühlenden Schlagzeug hinterlegt. Warum auch nicht: Wer, wie die Argentinier, Christentum und Schamanismus ebenso vereinen

kann wie Lebensfreude und Melancholie, für den ist eine solche Melange auf musikalischer Ebene nur mehr eine Kleinigkeit.
Der bekannteste Reggaeton-Interpret nennt sich »Daddy Yankee« und stammt aus Puerto Rico. Er hat eine Vorliebe für tellergroßen Silberschmuck und mag es, mit zusammengekniffenen Augen in die Kamera zu blicken. Er lächelt nie und schildert in seinen Liedern vorzugsweise, wie gern er tiefergelegte Autos fährt und was er am liebsten mit einer *gringa* anstellen würde, wenn er denn eine hätte.
Der Reggaeton stammt aus der Gosse. Er wurde in irgendeiner schmutzigen Wellblechhütte Puerto Ricos geboren, in die raue Welt gedrückt wie Patrick Süskinds Jean-Baptiste Grenouille. Schneller wuchs dieses Kind heran, als es sich wohl selbst seine Eltern vorgestellt hatten – bis es plötzlich Macht ausübte, weil Abertausende von schmutzigen Straßenkindern ihre Träume an das hängten, was es verkörperte – die alten, immer wiederkehrenden Träume vom schnellen Geld, vom rasenden Aufstieg und Ausstieg aus den Gettos. Wenn diese Straßenkinder nachts die Augen schlossen, sahen sie Daddy Yankee vor sich, einer von ihnen, einer, der aus der Nachbarschaft hätte stammen können und der es dennoch geschafft hat. Sein Hit *gasolina* läuft überall auf der Welt in den Discos und den Radios, selbst noch an so mystischen Orten wie »Eu-Ro-Pa«, wo man Grünanlagen um verzierte Häuser baut und mit klimatisierten Autos durch die Gegend fährt. *Me encanta la gasolina*, singt Daddy Yankee, »ich mag Benzin« – ein Satz, den man in Deutschland außer von Rammstein wohl von keinem Interpreten hören wird, schon gar nicht bei den momentanen Spritpreisen. Ein Satz, der andererseits unmittelbar einleuchtet, wenn man argentinische Tankstellen kennt. Die Kleidung der blutjungen Frauen – meistens nichts als ein hautenges Höschen, ein vor Farben schreiender BH und kecke, mit Plüsch behangene Sandalen – muss man dort praktisch suchen, die Blicke nicht.
Bis früh am Morgen ließ ich mich von Reggaeton-Rhythmen durch *Salta, la linda* treiben. Als die ersten Sonnenstrahlen bereits über die Asphaltböden stoben und begannen, sich an den Hausfassaden emporzuranken, wechselte die Stadt so abrupt die Stimmung, als hätte jemand ein neues Dia in den Projektor geschoben. Mit den nachtaktiven Teenagern war die Ausgelassenheit zu Bett gegangen. Gähnend schlurften hie und da noch verspätete Heimkehrer die Gassen entlang, während ihnen bereits nicht minder müde Arbeiter und Angestellte

auf dem Weg zur ersten Tagesschicht entgegenkamen. Wie so oft in solchen Momenten überfiel mich auch in Salta ein zutiefst südamerikanisches Gefühl: *malegria*, die freudvolle Melancholie, die schmerzhafte Freude breitete sich in mir aus.
Meinen heimkehrenden Mitstreitern ging es nicht anders. Ich konnte es in ihren Gesichtern sehen, am müden Gang ihrer Schritte erkennen. Kein Wunder, dachte ich, als ich in das Bett einer kleinen Pension fiel, noch immer aufgewühlt von den Eindrücken der vergangenen Nacht. Denn wie lautete das spanische Wort für »Freude« doch gleich? Richtig: Die Freude heißt auf Spanisch *la ilusión*!

Mit Humboldt im Gepäck nach Cachi

Über seinem eckigen Gesicht mit dem dunklen Augenpaar, das durch buschige Augenbrauen hervorgehoben wurde, hatten sich tiefe Falten in die Stirn gesetzt, die selbst dann nicht verschwanden, als er auf sein Buch herabblickte. Heute Vormittag hatte ich Salta verlassen und war in einen Bus gestiegen, der sich nun die schmale Gebirgsstraße nach Cachi emporschraubte, einem kleinen urtümlichen Indianerdorf inmitten eines Kakteenwaldes. Obwohl mein Sitznachbar braun gebrannt und sein Gesicht von Wind und Sonne gezeichnet war, fiel er innerhalb der Busgesellschaft beinahe ebenso auf wie ich – und das nicht nur, weil er öffentlich in einem Buch las, was in dieser Gegend selten vorkam. Um uns herum bestimmten rundliche, mit Vollmondgesichtern ausgestattete Frauen und stämmige indianisch geprägte Männer die Szenerie. Die Frauen blickten scheu zu Boden. Die Männer ließen ihre Blicke mit Vorliebe über die Umgebung schweifen, als hielten sie nach ungezähmten Mustangs oder Büffelherden Ausschau. Der Buchleser zu meiner Rechten hatte hingegen sein albernes, mit Blumen verziertes Hemd nachlässig in die Jeans gestopft und seine Füße mit grauweißen Socken und dunklen Sandalen bestückt, als litte er an einer Geschmacksverirrung, die man in aller Regel nur bei uns Deutschen vermutet. Vermutlich war er erst vor Kurzem in Rente gegangen und konnte es sich nun leisten, seinen Nonkonformismus zur Schau zu stellen. Ein wenig kam es mir vor, als trüge er ein Bild seiner selbst vor sich her – als Denker, als Vergeistigter, der die Dinge mit Distanz beobachtete, verborgene Zusammenhänge sezierte und sich in gedankliche Sphären vorwagte, die kaum je ein Mensch vor ihm betreten hatte. Wahrscheinlich war er zu lange Zeit Lehrer für Geschichte gewesen. Erst als er das Buch energisch zuklappte und dabei etwas murmelte, das wie *este escritor, no es posible*, »Dieser Schriftsteller, das gibt's doch nicht« klang, wurde mir klar, dass er sich auf der Suche nach einem Auffangbecken für seine neu erworbenen Theorien befand. Ein Sitznachbar aus dem fernen Europa, wo es sich fast alle jungen Menschen leisten konnten, jahrelang auf Kosten der Eltern zu studieren, kam ihm da gerade recht.

»Wissen Sie, wer unserem Kontinent am meisten Wohltaten erwiesen hat und paradoxerweise in seinem Heimatland kaum dafür bekannt ist?«, eröffnete er den Monolog. Er schien tatsächlich Geschichtslehrer gewesen zu sein. Zudem kam er aus Chile und hatte die dortige Angewohnheit mitgebracht, in etwa doppelter Geschwindigkeit eines Durchschnittsargentiniers zu sprechen und dabei grundsätzlich die letzte Silbe eines Wortes zu verschlucken – was unweigerlich zu Verständnisschwierigkeiten führte, vor allem wenn das Wort ohnehin nur aus einer einzigen Silbe bestand.

»Sie werden es kaum glauben«, prophezeite er und sah mich erwartungsvoll an, als dürfe ich nun am Glücksrad drehen und anschließend ein E bei ihm kaufen. »Alexander von Humboldt! Ich sage Ihnen das, weil Sie doch aus Deutschland kommen.«

An dieser Stelle legte er eine Kunstpause ein, um mir Zeit zu geben, seinen Scharfsinn zu bewundern. Als ich ihm den Gefallen nicht erwies – unter anderem da ich wusste, dass meine Adresse auf der Reisetasche stand, die zu meinen Füßen lag – schlug er sein Buch auf und zeigte mit dem Finger auf eine Stelle.

»Hier, lesen Sie!«, forderte er mich auf.

»Friedrich Heinrich Alexander Freiherr von Humboldt«, sagte ich.

»Na, das ist mal ein Name! Vor zwei Jahrhunderten hatte man noch Sinn für schwungvolle Titel und Zeit, sich so was anzuhören, was? Was sagt demgegenüber schon ›Britney Spears‹ aus!«

Der Leser schob eine seiner buschigen Augenbrauen ein Stockwerk höher. Britney Spears – sollte das eine moderne Philosophin aus Europa sein? Ich winkte ab, woraufhin er den Faden wieder aufnahm.

»Anthropologe, Botaniker, Ethnograf, Geologe, Mineraloge, Physiker, Vulkanologe«, zählte er auf. »Euer Humboldt war ein Universalgelehrter, wie er heutzutage nicht mehr vorkommt. Leider.« Bei diesen Wor-

ten ließ er einen tiefen Seufzer hören, den er mit einem traurigen Blick aus dem Fenster unterstrich.
»Nun ja, die Wissenschaften sind komplexer geworden. Unser Wissen ist im Vergleich zu damals explodiert«, versuchte ich ihn zu trösten, hauptsächlich um zu vermeiden, dass er von irgendeiner »guten alten Zeit« anfing und den Werteverlust der heutigen Jugend bedauerte. »Niemand käme heutzutage mehr auf die Idee, das gesamte Wissen in einem einzigen Buch niederzuschreiben, wie es Humboldt in seinem ›Kosmos‹ versucht hat. Das wäre ein hoffnungsloses Unterfangen. Unser Wissen passt ja nicht einmal auf die Festplatten der leistungsfähigsten Computer!«
Meine Worte schienen ihn nicht sonderlich zu beruhigen. Stattdessen fuhr er in leicht schwelgerischem Tonfall fort.
»Vielleicht haben Sie recht. Damals konnte ein Mann wie Humboldt noch neue wissenschaftliche Disziplinen wie die Geografie, die Klimatologie und die Ozeanografie begründen. Aber das Wichtigste ist, dass er seine Erkenntnisse hier in Südamerika aufgebaut hat. Nur durch das, was er hier vorfand, konnte er zu den Schlüssen gelangen, die die Wissenschaft so entscheidend voranbrachte! 1799 bis 1804 reiste er zusammen mit Bonpland durch Mittel- und Südamerika. Mit dabei hatte er über fünfzig Messinstrumente – Sextanten, Teleskope, Barometer und vieles mehr. »Welch Glück ist mir eröffnet!«, schrieb er am 4. Juni 1799, einen Tag, bevor er in See stach. »Mir schwindelt der Kopf vor Freude. Ich gehe ab mit der spanischen Fregatte ›Pizarro‹. Wir landen auf den Kanaren und an der Küste von Caracas. Der Mensch muss das Große und Gute wollen!«
Mein Sitznachbar schwenkte das Buch vor meiner Nase hin und her, bevor er weiterdozierte.
»Am 16. Juli landeten Humboldt und Bonpland an der südamerikanischen Küste. Vier Monate folgten sie dem Verlauf des Orinoko, bevor sie auf der Suche nach der Amazonasquelle bis nach Lima gelangten. Hören Sie, was Humboldt über Südamerika schrieb, mein deutscher Freund, hören Sie!«
Bei diesen Worten rutschte er so aufgeregt auf seinem Sitz hin und her, dass der Indianer in der Sitzreihe hinter uns für kurze Zeit den Blick von der Umgebung löste und ihm einen erstaunten Blick zuwarf. Mein Nachbar zitierte jedoch bereits wieder eifrig aus seinem Buch.

»Wir sind hier in dem göttlichsten und vollsten Land. Wunderbare Pflanzen (...), Affen, Papageien; und viele, viele, echte halbwilde Indianer.«
Der Mann hinter uns rümpfte verächtlich die Nase und wandte seinen Blick wieder der Umgebung zu. Mein Nachbar fuhr ungerührt fort.
»1802 versuchten Humboldt und Bonpland, den Chimborazo zu besteigen. Sie kamen bis auf fünftausendsechshundert Meter, hielten damit dreißig Jahre lang den Weltrekord im Bergsteigen und vermittelten erstmals die genauen Symptome der Höhenkrankheit.«
»Die kenne ich auch!«, konnte ich mich nicht zurückhalten zu erwidern. »In meinem Fall kam ein französischer Zauberer vorbeigeschwebt. Danach musste ich mich bei traumhafter Aussicht dreimal erbrechen. Immerhin habe ich es bis auf sechstausend Meter geschafft. Das war ein großer Schritt für mich, aber im Gegensatz zu Humboldts Erkenntnissen wohl ein eher kleiner für die Menschheit.«
Ich blinzelte dem Leser mit einem Auge zu, was ihn einen Moment aus dem Konzept brachte. Dann wandte er sich wieder seinem Buch zu. Humor schien ihm nicht unmittelbar im Blut zu liegen – ein ehemaliger Geschichtslehrer eben.
»Glückwunsch, junger Mann! Aber Sie hatten bestimmt einen Bergführer und wussten in etwa, auf was Sie sich einließen, nicht wahr? Humboldt und Bonpland hingegen wussten nicht, was in solchen Höhen mit dem menschlichen Körper passiert und was sie unterwegs erwartete. Darin bestand das große Wagnis ihrer Expedition.«
Mein Sitznachbar hob den Zeigefinger, bevor er fortfuhr.
»Das war noch nicht alles! Fast zehntausend Kilometer legten Humboldt und Bonpland auf ihrer Expedition durch Südamerika zurück. Sie waren unter anderem zu Fuß, per Pferd und in Kanus unterwegs und durchquerten Gebiete, die seinerzeit unerforscht waren. Während alledem verfolgten sie, ganz im Gegensatz zu den anderen Weißen, die in unser Land kamen, keine kommerziellen Interessen, sondern wurden von reinem Wissensdrang angetrieben. Das eben war das Besondere ihrer Reise.«
»Damals war es aber auch einfacher, richtige Abenteuer zu erleben, nicht wahr? Ich meine: Wohin ich heute auch komme – mit Sicherheit waren bereits vor mir Menschen da gewesen, meistens sogar Deutsche. Vielleicht bin ich einfach in die falsche Zeit hineingeboren worden –

perdido en el siglo, »verloren im Jahrhundert«, wie es Manu Chao in seinen Liedern ausdrückt.«
»Dabei gibt es doch gerade heute mehr zu erforschen als jemals zuvor, junger Mann! Die Wissenschaft macht in einem Jahr Fortschritte, für die damals Jahrhunderte nötig waren. Auch vor diesem Hintergrund sind die Ergebnisse von Humboldts Reise so bahnbrechend.«
An dieser Stelle bot sich mir die Gelegenheit, meinen Sitznachbarn zu beeindrucken. Sein Postulat, demzufolge Humboldt in seiner Heimat Deutschland nahezu vergessen war, konnte ich einfach nicht unwidersprochen hinnehmen.
»Das stimmt. Dazu gehörten die Anfertigung der bis dahin genausten Karten, die Lagebeschreibung zahlreicher Längen- und Breitengrade, die Bestimmung von knapp sechzigtausend Pflanzen, die Erforschung des Humboldtstroms und die Ursachenanalyse von Vulkanen, deren lineare Anordnung die Theorie der Plattentektonik eindrucksvoll bestätigte«, trumpfte ich auf, um im selben Atemzug fortzufahren: »Die Ergebnisse seiner Forschungsreise machten Humboldt seinerzeit neben Napoleon zum berühmtesten Menschen der Welt. Zwei Jahrzehnte blieb er nach seiner Rückkehr von Südamerika in Paris, um seine Expedition auszuwerten und die Ergebnisse zu veröffentlichen. Er schrieb und erhielt etwa fünfunddreißigtausend Briefe an beziehungsweise von wissenschaftlichen Koryphäen und förderte zugleich viele Literaten der damaligen Zeit, unter anderem Heinrich Heine, Goethe und Schiller. Nicht schlecht, oder? Humboldts Karriere, meine ich. Wenn man bedenkt, dass seine erste Veröffentlichung aus dem Jahr 1789 ›Mineralogische Betrachtungen über einige Basalte am Rhein‹ hieß und nicht gerade ein Bestseller geworden war ...«
»Schon gut, schon gut!« Mein Sitznachbar hob beschwichtigend die Hände. Nun endlich huschte ein Lächeln über sein Gesicht. »Ich sehe, Sie kennen sich aus. Aber was ich Ihnen verdeutlichen will, ist, dass Humboldt nicht nur mit Leib und Seele Wissenschaftler war, ein Forscher wie er im Buche steht, sondern dass er hier in Südamerika die Bedingungen vorfand, dank derer er seine bahnbrechenden Theorien entwickeln konnte.«
»Und nicht nur das!«, stimmte ich zu. »Die großen Zusammenhänge – jene nämlich, welche die ganze Menschheit betreffen – erkannten er und andere zum Großteil in Südamerika. Übrigens sagte Darwin einst

über Humboldt, er sei der größte reisende Wissenschaftler gewesen, der jemals gelebt habe.«

»Und Simón Bolívar betonte, dass Humboldt Amerika mehr Wohltaten erwiesen habe als alle seine Eroberer und dass er der wahre Entdecker Amerikas gewesen sei.« Der Buchleser ließ sich zufrieden in seinen Sitz zurückfallen – so geräuschvoll, dass sich der Indianer hinter ihm für kurze Zeit genötigt sah, seinen Blick erneut von der Umgebung zu lösen.

»Immerhin huldigen wir ihm bis heute durch die Humboldt-Universität zu Berlin, den Humboldt River in Nevada und das Humboldtgebirge in Neuseeland – ganz zu schweigen vom Humboldtpinguin und dem ›Mare Humboldtianum‹, einem Meer auf dem Mond«, spielte ich mein Wissen weiter aus. Ich unterdrückte den Wunsch, meinem Nachbarn zudem mitzuteilen, dass Humboldt offensichtlich nicht nur schwul gewesen war, sondern sich auch über Gebühr für kleine Jungs interessiert hatte. Stattdessen wollte ich, selbst auf die Gefahr eines weiteren Monologs, wissen, wer sich hinter dem zuletzt genannten Mann verbarg. Im Verlauf meiner bisherigen Reise hatte ich seinen Namen bereits mehrmals gehört.

»Wer war eigentlich dieser Simón Bolívar, der von unserem Humboldt so begeistert gewesen ist?«, tastete ich mich heran, woraufhin sich mein Sitznachbar aufrichtete, mich mit leuchtenden Augen ansah und ein wichtiges Gesicht machte. Zum Glück hatte ich im Moment ohnehin wenig zu tun, da unser Bus gemächlich die enge Passstraße emporkroch und frühestens in einer Stunde in Cachi ankommen würde.

»Simón José Antonio de la Santísima Trinidad Bolívar Palacios y Blanco«, zählte er langsam auf. Jeder Name klang aus seinem Mund wie eine Verheißung.

»Mann, was haben die nur immer mit ihren Namen?«, unterbrach ich ihn. »Da bekommt man ja einen Knoten in die Zunge. Ich hoffe, der hat nicht so unterschrieben!«

Der Buchleser hob beide Hände. Seine Augen blitzten, als er sich mir zuwandte.

»Über diesen Mann sollten Sie keine Witze machen, junger Mann. *El Libertador*, ›der Befreier‹, ist in ganz Südamerika der unumstrittene Nationalheld Nummer eins. 1807, drei Jahre nachdem Alexander von Humboldt unseren Kontinent verlassen hatte, kehrte Simón Bolívar von einem längeren Aufenthalt in Deutschland, Frankreich und Spanien zurück und schloss sich dem Unabhängigkeitskampf an. Schnell stieg er an die Spitze der Befreiungsbewegung auf. 1812 eroberten seine Truppen Venezuela zurück, und Bolívar rief die Zweite Venezolanische Republik aus. Kurz darauf warf er die Besatzer aus Kolumbien. Nach darauffolgenden herben Verlusten floh er ins jamaikanische Exil, bevor er im heutigen ›Ciudad Bolívar‹ erneut den Befreiungskampf aufnahm. 1821 gelang ihm, was durch unsere gesamte Geschichte hindurch so viele Männer vergeblich versucht hatten: Er vereinigte mehrere Länder, namentlich das heutige Venezuela, Ecuador, Kolumbien und Panama, zur Republik Großkolumbien und wurde deren Präsident. Zwei legendäre Ereignisse folgten: Im Juli 1822 traf sich Simón Bolívar mit dem argentinischen General José de San Martín. Die Absprache der beiden Männer sah vor, dass San Martín Argentinien und Chile von den Spaniern zurückerobern sollte, während sich Bolívar auf Peru, dem damaligen Zentrum der spanischen Macht, konzentrierte. Am 7. Dezember 1824 besiegten die südamerikanischen Streitkräfte unter Führung von General Sucre schließlich die spanische Armee in der Schlacht bei Ayacucho in Peru, woraufhin die Spanier Südamerika endgültig verließen.«

»Das ist in der Tat eine erstaunliche Erfolgsgeschichte«, gab ich mich versöhnlich, weil mir meine flapsige Bemerkung von vorhin leidtat. »Was geschah danach?«

»Wie meinen Sie das: danach?«

»Nun ja, diese Geschichte mit den militärischen Eroberungen ist ja schön und gut. Nun wissen wir aber, dass es keine wie auch immer geartete »Republik Großkolumbien« mehr gibt. Selbst aktuelle Bestrebungen, die Wirtschaftspolitik mehrerer südamerikanischer Länder aufeinander abzustimmen, scheitern immer wieder an Partikularinteressen.«

»Sííí«, druckste mein Sitznachbar herum und zog das »i« ganz entgegen der chilenischen Sprechweise unnatürlich in die Länge. Für einen Moment klang es, als würde eine Geige gestimmt.

»Da haben Sie einen wunden Punkt erwischt. Zwar stampfte Bolívar auf dem Kongress von Alto-Peru am 6. August 1825 eine Verfassung für die ›Republik Bolivien‹ aus dem Boden. Es fiel ihm jedoch schwer, die unterschiedlichen Bedürfnisse der verschiedenen Ethnien in diesem Riesenreich zu befriedigen. 1830 sah sich der Befreier nach gewalttätigen Aufständen gezwungen, ins Exil zu flüchten. Er starb noch im sel-

ben Jahr an Tuberkulose. Kurz darauf zerfiel die ›Republik Großkolumbien‹ in die Einzelstaaten Ecuador, Venezuela und Kolumbien.«
Der Buchleser blickte betreten zu Boden. Selbst der Indianer hinter uns hatte aufgehört, die Umgebung nach Mustangs abzusuchen und starrte ins Leere.
»Aber«, fuhr mein Sitznachbar fort und reckte sich auf, »trotz allem verdanken wir Simón Bolívar die Unabhängigkeit Südamerikas und unsere Freiheit. Bis heute reden wir niemandem nach dem Mund, auch den USA mit ihrer Wirtschaftsmacht nicht! Venezuelas Präsident Hugo Chávez nennt seinen Regierungsstil offiziell ›Bolivarismus‹ und strebt eine enge politische Abstimmung aller südamerikanischen Staaten an. Zudem gibt es in Südamerika eine nicht mehr zu überblickende Anzahl an Bolívar-Plätzen, Bolívar-Straßen, Bolívar-Schulen und vieles mehr – auch wenn wir keine Pinguine oder Mondmeere nach unserem Befreier benennen.«
»Das habe ich bereits erfahren«, erwiderte ich. »Immer wenn ich in Südamerika nach dem Weg gefragt habe, bekam ich in etwa folgende Antwort: ›Folgen Sie der Bolívar-Straße und biegen Sie dann nach der Sucre-Schule in den San-Martín-Weg ab, um zum Hauptplatz mit der Bolívar-Statue zu gelangen.‹
Zum ersten Mal lachte der ehemalige Geschichtslehrer neben mir laut auf, und selbst der Indianer hinter uns grunzte zustimmend.
»Das Leben von José de San Martín finde ich übrigens noch interessanter als das von Bolívar«, fuhr ich fort. Glücklicherweise hatte ich vor wenigen Tagen eine entsprechende Biografie gelesen. »Vergleichen Sie nur mal seine unglaublichen Erfolge mit seinem bescheidenen politischen Werdegang! 1817 befreite er Chile und lehnte daraufhin das Präsidentenamt zugunsten des Generals O'Higgins ab. Nach dessen nicht eben feurig-südamerikanischen Namen sind darum etwa die Hälfte aller Straßen und Plätze Chiles benannt, wie Sie als Chilene wohl besser wissen als ich. Vier Jahre später siegte San Martín in Peru über die Spanier, trat aber nach wenigen Monaten zugunsten von Bolívar als Staatsoberhaupt zurück, um kurz darauf nach Europa auszuwandern. Trotz seiner überragenden militärischen Erfolge hat San Martín also politisch praktisch keine Karriere gemacht. Was mochte der Grund für den zweimaligen Verzicht auf höchste Ämter gewesen sein? War San Martín im Gegensatz zu Bolívar bescheiden genug, um einem Landleben in Boulogne-sur-Mer den Vorzug vor einer ruhm-

reichen politischen Karriere zu geben? Hat er den Zerfall Großkolumbiens gar vorausgesehen? Stand er dem ganzen Unterfangen vielleicht kritischer gegenüber als Bolívar oder Sucre? Wollte er den damals grassierenden Krankheiten entgehen und lebte er darum zwanzig Jahre länger als Bolívar? Oder beugte er sich am Ende einem Druck, den Bolívar und andere auf ihn ausübten?«

»Wir werden es wohl niemals erfahren«, orakelte der Sitznachbar zu meiner Rechten und streifte sich nachdenklich mit der rechten Hand übers Kinn. In diesem Tonfall hätte er auch »Die Wahrheit ist irgendwo da draußen«, oder »Eines Tages werden wir auch das Wesen der Klingonen erforscht haben« sagen können. »Klar ist jedoch, dass wir eine äußerst reiche und in weiten Teilen noch immer rätselhafte Geschichte hinter uns haben, die bis in unsere heutige Lebensweise hinein ausstrahlt.«

»Und aller Voraussicht nach habt ihr zudem eine spannende und nicht minder undurchsichtige Geschichte vor euch«, pflichtete ich ihm bei.

»Eine Ahnung davon werden Sie bekommen, wenn Sie weiter nach Bolivien reisen. Dort ist gerade ein indianischer Kokabauer Präsident geworden – und dort werden Sie mit Sicherheit einige der Abenteuer erleben, von denen Sie vorhin so geschwärmt haben«, sagte mein Sitznachbar und zwinkerte mir zu.

Kurz darauf ließ unser Bus ein Zischen hören und verteilte weißen Wasserdampf an die Umgebung. Wir waren angekommen in Cachi.

Asado mit der Dorfjugend

Eine Viertelstunde hatte ich mich durch die Dorfgassen treiben lassen.

Hola, como estas, »Hallo, wie geht's«, hörte ich plötzlich eine helle Stimme neben mir. Eine junge Frau war aus einer *tienda* getreten und verstaute das eben gekaufte Brot in einer Jutetasche.

Estas buscando una habitacion, verdad, »Du suchst bestimmt ein Zimmer«, stellte sie keck fest und verzog ihren Schmollmund zu einem Lächeln. Sie deutete auf eine Eingangstür, die mit einem morschen Stützbalken gesichert wurde. »Dort oben wohne ich. Die Familie ist nett, und in meinem Zimmer sind noch zwei Betten frei. Magst du mitkommen?«

»Leider haben wir absolut keinen Platz mehr frei«, begrüßte mich die »nette Familie«, als ich vorsichtig durch die windschiefe Eingangstür getreten war. Erst als meine Begleitung glaubhaft versicherte, dass es in ihrem Land üblich sei, dass eine Frau und ein Mann gemeinsam in einem Zimmer übernachteten, und dass wir beide das Angebot mehrerer Betten durchaus wahrzunehmen gedächten, gab der Familienvater widerwillig nach – und das nur, weil seine Frau ihm mehrmals zugenickt hatte. Obwohl die Familie alles andere als reich war, hatte sie es folglich vorgezogen, die Einnahmen durch einen weiteren Gast abzulehnen, statt gegen die örtlichen Gepflogenheiten zu verstoßen.
»Woher kommst du eigentlich?«, fragte ich die junge Frau mit dem Brot, als wir das Zimmer betraten.
»Ich komme aus Europa.«
»Ich auch. Um genau zu sein aus Deutschland.«
Meine Zimmergenossin ließ das Brot fallen und brach in lautes Lachen aus.
»Glückwunsch zu deinem Spanisch! Ich bin Daniela, aus Dresden.«
Keine zehn Minuten später streckte ein weiterer Gast den Kopf zur Tür herein.
»Ich habe gehört, dass man hier günstig übernachten kann«, sagte er auf Deutsch. »Ich heiße übrigens Sebastian.«
Ein Zufall hatte drei Deutsche im äußersten Nordwesten Argentiniens, inmitten eines Kakteenwaldes, in einem Dorf der Chicuana-Indianer in einer spartanischen Herberge versammelt. Was einmal mehr unseren Ruf als Reiseweltmeister unterstreichen dürfte und verdeutlichte, dass man auch in den hintersten Winkeln der Welt mit uns rechnen musste.
Nachdem wir uns ausgetauscht hatten, beschlossen wir, durch Cachi zu bummeln – ein Unterfangen, das im Normalfall nicht allzu viel Zeit in Anspruch nimmt, da man das Dorf in einer Viertelstunde erkundet hat, wenn man sehr langsam geht. An jenem Abend überraschte uns jedoch ein Gewitter, vor dem wir unter das Dach des Rathauses flüchteten. Dort trafen wir auf die versammelte Dorfjugend, die sich ebenfalls hierher verkrochen hatte. Es war das einzige Gebäude in Cachi, dessen Dach man trauen konnte.
Zwei Reihen von Menschen saßen sich an jenem Abend gegenüber. Auf der einen Seite vierzig braun gebrannte, schwarzhaarige, schmalgesichtige junge Männer, ein wenig untersetzt die meisten, gleichzeitig wendig und leicht in ihren Bewegungen, Indianer, wie man sie sich in

Europa vorstellte. Und auf der anderen Seite drei sonnenverbrannte Bleichgesichter, gekommen aus einem Land jenseits des Ozeans.
Um ein Haar wäre unser Treffen wortlos geblieben. Doch da fasste sich einer der vierzig Jugendlichen ein Herz und fragte, was uns in ihr Dorf geführt habe.
Bei seiner Frage mussten wir unwillkürlich lächeln – weniger wegen des Inhalts als vielmehr wegen der Art, mit der er sie formulierte. Vorsichtig reihte er Wort an Wort, als befürchte er, eines davon könnte auf dem Weg von seinen Gedanken bis zu seinem Mund verloren gehen. Dabei zog er die Vokale unnatürlich in die Länge und bemühte sich, jede Silbe so deutlich wie möglich auszusprechen. Kurz: Er verhielt sich in etwa so wie ich, wenn ich einem Ausländer den Weg zum Englischen Garten oder zum Oktoberfest beschrieb. Sofort nahm Daniela die Herausforderung an. In bestem Spanisch, wundervoll schnodderig ausgesprochen und durchsetzt mit typisch argentinischen Einsprengseln, erläuterte sie unsere Lage und fragte anschließend, was unser Gegenüber beruflich mache. Der warf sich daraufhin in Pose und behauptete, »im Tourismusbereich« zu arbeiten.
Im Verlauf meiner bisherigen Reise hatte ich mehrmals erfahren, wie meisterhaft viele Argentinier die Spielräume ausnutzten, die ihnen die spanische Sprache bot. Uneindeutig war beispielsweise die oft gehörte Antwort einer jungen Dame, sie sei »Verkäuferin«, die offen ließ, was sie verkaufte – Drogen vielleicht oder sich selbst. Nach mehrmaligem Nachhaken erfuhren wir jedenfalls, dass der Wortführer der Gruppe Wasser und Kekse an Touristen verscherbelte. Meist arbeite er in den umliegenden Städten, teilte er uns mit, doch auch Cachi würde bald von der Tourismuswelle gestreift werden, die sich auf Salta zubewegte. Man arbeite fieberhaft daran, die Straße nach Salta auszubessern und habe vor einigen Tagen gar einen »Themenpark« eröffnet, der die Geschichte der Region anhand typischer Bauwerke erzähle. Von den ersten Steinhütten über die reich verzierten Häuser der Inkas und die Adobe-Bauweise der Kolonialzeit bis zu den heutigen Gebäuden sei alles vertreten. Wobei die heutigen Gebäude hier an die Häuser vor fünfzig Jahren in Europa erinnerten, behauptete er abschließend und sah uns erwartungsvoll an. Gleichzeitig drehten sich vierzig Augenpaare zu uns um. Ich wusste, was nun folgte: Überall in Südamerika sollte ich auf ein Bündel offener Fragen stoßen. Man wollte aus erster Hand wissen, wie es aussah,

dieses Deutschland, was man bei uns aß, wie man wohnte und wo man arbeitete. Dabei war mir schnell klar geworden, mit wie viel Hoffnung man auf unser Land blickte – und wie selektiv die Wahrnehmung war. Zugegeben: Verglichen mit unserem Gegenüber lebten wir in einer stabilen Gesellschaft, waren weitestgehend abgesichert gegen Gefahren aller Art und verdienten ein Vielfaches von dem, was er jemals zu Gesicht bekommen würde. Was er hingegen nicht wahrnahm war, dass die Preise im Vergleich zu Argentinien sechs- bis zehnmal so hoch waren, dass eben fast alle ziemlich viel Geld besaßen, und dass man darum in aller Regel lange und hart arbeiten musste, um am gesellschaftlichen Leben teilnehmen zu können.
Heute Abend verwirrten wir die anwesende Dorfjugend Cachis bezüglich Deutschland gehörig. Daniela erzählte, wie sie im »real existierenden Sozialismus« der DDR aufgewachsen war, wie man eine Mauer um einen Teil Deutschlands gebaut hatte und wie sie statt nach Westdeutschland gleich weiter nach Spanien gezogen war. Sebastian, ein überzeugter Veganer und Punk aus Bremen, machte klar, wie regenreich die Sommer seien, dass das System auf falschen Voraussetzungen und bröckelnden Hierarchien aufbaue und der Zusammenbruch des Kapitalismus unmittelbar bevorstehe. Ich schilderte meinen Aufbruch von einer schwäbischen Kleinstadt über Konstanz am Bodensee bis nach München und von dort aus weiter in die weite Welt.
Als sich der Regen ostwärts davonmachte, versammelten wir uns um ein immenses *asado*, ein über dem offenen Feuer gegrilltes Rindfleisch, das, angereichert mit den verschiedensten Geschichten, wohlschmeckender nicht hätte sein können.

Ein Haus aus Kaktus

Am nächsten Morgen waren die klimatischen Bedingungen wieder wie gewohnt. Um halb neun trieb uns die Sonne aus den Betten. Sie hatte, wie zu dieser Jahreszeit üblich, in Europa wenig zu tun und konnte sich darum voll und ganz auf diese Region konzentrieren. Dieser Aufgabe kam sie mit Inbrunst nach. Als ich losging, um Brot und Milch für unser Frühstück zu holen, legte sie mir einen Schweißfilm auf die

Haut und scheuchte die Katzen und Hunde in die wenigen Schattenplätze am Straßenrand.
Unsere Gastfamilie hatte ein Einsehen: Als ich vollgepackt mit Leckereien zurückkam, hatte sie einen Ventilator auf den Frühstückstisch gestellt, der uns seine immer gleiche Geschichte ins Ohr summte.
»Heute ist ein idealer Tag für einen Tagesausflug«, befand Daniela, deren Abenteuerlust ansteckend war. Zunächst jedoch war eine Runde Bewunderung angesagt. Tante und Onkel unserer Gastfamilienmutter waren nach Cachi gekommen und bestanden darauf, uns einzuladen. Sie wohnten eine Straße weiter und damit »im Zentrum« – ganz im Gegensatz zu ihren Verwandten, die jeden Tag anderthalb Minuten länger laufen mussten, um die Einkäufe nach Hause zu bringen.
Daniela und mir entfuhr ein anerkennendes Pfeifen, als der Onkel die Tür eines unscheinbaren Hauses öffnete und den Blick freigab auf einen schön geschmückten Innenhof, an den sich ein Garten mit Weinreben anschloss. Die Zimmer waren individuell gestaltet und fügten sich zu einer harmonischen Gesamtkomposition: sanft, aber nicht langweilig; originell, aber nicht unruhig. Das Holz, aus dem Betten, Tische, Schränke und auch die Lampen gemacht waren, hatte ich nie zuvor gesehen. Es wirkte auf den ersten Blick luftig, zerbrechlich gar, doch die Kinder unserer Gastgeber sprangen, durch den ungewohnten Besuch völlig aus dem Häuschen, auf den Betten herum und zogen temperamentvoll die Schranktüren auf und zu, ohne dass das Material nachgab oder gar zerbrach.
»Das hier habe ich selbst angefertigt«, betonte ihr Vater derweil mit kaum unterdrücktem Stolz und deutete mit raumgreifender Geste um sich. »Das ist alles aus Kakteen geschnitzt. Davon haben wir ja genug, *verdad*? Über siebenhundert Quadratkilometer um Cachi herum bestehen fast nur aus Kakteen und Chili – und aus Wüstensand, natürlich! *Los Cardones* nennen wir die Kandelaberkakteen und wir lernen immer besser, sie für unsere Zwecke zu nutzen. Inzwischen essen wir auch ihr Fruchtfleisch.«
Auf der Fahrt von Salta nach Cachi hatte ich von dem ehemaligen Geschichtslehrer einiges über die Kakteen erfahren, die mein Gegenüber so pries. Bis zu acht Meter hoch wachsen sie aus den kargen Wüstenböden. Ihre Oberfläche ist extrem reduziert. Die Öffnungen für Gasaustausch und Wasserverdunstung haben sie tief nach innen verlegt.

Während ein Apfelbaum an einem heißen Sommertag bis zu zwanzig Liter Wasser verliert und selbst bei einer Maispflanze noch zwei Liter verdunsten, »schwitzt« ein Kandelaberkaktus gerade mal 0,02 Liter aus.

Die Decke der Kirche von Cachi bestand aus Kaktusholz, und immer mehr Inneneinrichtungen waren aus dem Rohstoff gefertigt, der um Cachi herum im Überfluss aus dem Boden spross. Nachdem wir uns beeindruckt von den Möbeln gezeigt hatten, folgten, wie in Südamerika üblich, die obligatorischen Bilder von Großeltern, Eltern, Tanten, Onkeln, Nichten, Neffen, Kindern und Enkeln, jeweils von beiden Anwesenden, die zudem in aller Regel noch über drei bis acht Geschwister verfügten. Natürlich besaßen auch die wiederum Großeltern, Eltern, Tanten, Onkel ...

Entschließt man sich dazu, die Verwandten eines südamerikanischen Gastgebers kennenzulernen, sollte man sich zuvor bewusst machen, dass dies eine tagesfüllende Angelegenheit sein kann. Familie ist wichtig in Südamerika: Sie hilft, wenn man sich nach oben kämpft und fängt auf, wenn man fällt. Manch einer meiner Gesprächspartner sah mich unverhohlen mitleidig an, als ich ihm erzählte, dass ich nur einen Bruder habe und zudem, mit fast dreißig, noch immer unverheiratet war. Wie soll man denn da Feste feiern? Welches Netzwerk kann man damit schon aufbauen? Und wer soll für einen sorgen, wenn es darauf ankommt?

In Südamerika liegen die Legenden auf den Straßen

Zweieinhalb Stunden lang ließen wir uns von unseren Gastgebern mit köstlichen Früchten aus dem Garten verwöhnen und nahmen zum Ausgleich die Ahnenkette wohlwollend zur Kenntnis. Dann beschlossen Daniela und ich, »den Finger zu machen«. *Hacer dedo* nennt man in Argentinien die Fortbewegung per Anhalter. Nachdem wir fünf Minuten mit ausgestrecktem Daumen am Ortsausgang von Cachi gestanden waren, fädelte uns ein Pick-up auf, der seinem anhalterfreundlichen Namen damit alle Ehre machte. Auf der Ladefläche eines röhrenden Allradgefährts dieser Art fuhr ich besonders gern. Das Gefühl wird nur noch von einer *camioneta* übertroffen, einem Kleinlaster, dessen Holzplanken man zumeist mit schweigsamen Indianern und diversen Tieren teilt.

Fiebriger Wüstenwind umkreiste uns, als wir auf die Ladefläche stiegen. Als der Motor aufheulte, fuhr die glühende Luft in Danielas dunkelblonde Mähne, warf ihre Haare kreuz und quer und drückte Tränen aus meinen Augen. Entrückt lächelten wir uns an. Das war unsere Art zu reisen!
Zweieinhalb Stunden lang ließen wir uns durch die kärglich schöne Landschaft um Cachi herum kutschieren – bis wir am Straßenrand unvermittelt unsere Gasteltern ausmachten. Zwischen ihnen schaukelte ihre fünfjährige Tochter Sofia, die sich links und rechts am Arm ihrer Mutter und ihres Vaters festhielt. Sie stieß spitze Schreie aus, als wir in ihr Blickfeld gerieten. Wenn sie begeistert oder verwundert war, nahmen ihre großen schwarzen Indígena-Augen ein Drittel ihres Gesichts ein.
Wir folgten den dreien zu einem Häuschen, das von einem immensen Garten umrahmt wurde. Von hier hatte man einen Blick auf Cachi und das halbe Tal: Ein lang gezogener grüner Streifen, eingekesselt von beigebraunen Hügeln. Erst hier wurde mir klar, wie mühsam Fußbreit um Fußbreit dieser Oase der Wüste abgerungen, wie Feld um Feld in Kleinstarbeit beackert und gepflegt werden musste. Von allen Seiten und unerbittlich versuchte die Wüste, sich ihr Land zurückzuholen.
Sofias Vater hatte eine Vorliebe für außergewöhnliche Haustiere. Aufgeregt zeigte mir seine Tochter die vier Falken, den Geier, das Nandu und die quiekenden Meerschweinchen. Letztere wurden, wie in Lateinamerika üblich, nur zum Essen gehalten. Wir bekamen Tee und saftige Früchte angeboten und durchstreiften unter fachkundiger Anleitung von Sofia, die mich permanent mit einer Spielzeugpistole beschoss, den Garten. Als die hereinbrechende Dämmerung unsere Empfindungen verdichtete und eine gute Kulisse für Erzählungen schuf, entzündete Sofias Vater ein Lagerfeuer und begann, uns mit den Geschichten vertraut zu machen, die in Cachi jeder kannte. Das flackernde Licht wechselte sich mit rotbraunen Sonnenstrahlresten ab, die sein begeistertes Gesicht bemalten. Seine volle Bassstimme lullte uns ein.
Während der abendlichen Gewitter merkten die Einwohner Cachis, wie rund um ihr Dorf unerklärliche Lichter über den Boden krochen. Sie kamen aus den umliegenden Bergen und bewegten sich abwärts auf ihr Dorf zu. Wer zu jener Zeit draußen war, lief Gefahr, von Blitzen erschlagen zu werden. Mit Hufeisen beschlagene Pferde wurden nach

Gewittern häufig tot aufgefunden. Jahrelang vermutete man böse Geister am Werk, die man mit Meerschweinchen, Früchten und weiteren Opfergaben besänftigen wollte. *La mala luz*, »das böse Licht«, forderte unzählige Todesopfer. Niemand konnte sich erklären, warum gerade um Cachi herum die Blitze so häufig in die Erde fuhren, warum sie sekundenlang knapp über den Böden schwebten und warum sie so seltsame Formen annahmen. Bis ein Team argentinischer Wissenschaftler direkt unter der Oberfläche große Mengen Silber und Mineralien vorfand. Der Fund brachte der Region einigen Wohlstand. Der Löwenanteil ging jedoch, wie allgemein üblich, an eine reiche Oberschicht und von dort aus weiter nach Europa und in die USA.
Schlag Mitternacht schlich, nur wenige Jahre nachdem die Blitze um Cachi erklärt worden waren, ein junger Indianer auf das Friedhofsgelände vor dem Dorf. Seine Freunde hatten ihn so lange gehänselt, bis er sich einverstanden erklärt hatte, eine Lanze in den Boden zu treiben. Nach indianischem Glauben gehen Verstorbene in einen anderen Daseinszustand über. Einige wenige jedoch können sich von der Erde nicht lösen. Ihre Begierden und Bedürfnisse halten sie fest. Diese Seelen schweben als Geister über die Erde, weder ihr zugehörig noch in der Lage, sich von ihr zu lösen. Vorsichtig setzte der junge Indianer einen Fuß vor den anderen. Er fragte sich, warum gerade heute Nacht große Wolken vor dem Mond vorbeiziehen mussten. Das unruhige Licht gaukelte Bewegungen vor, wo keine waren, und bemalte die Gräber mit immer neuen Schattierungen. Unvermittelt stieß sein Fuß an etwas Hartes, das klirrend umfiel. Er schrie auf und machte einen Satz zur Seite. Dann merkte er, dass er lediglich eine volle Wasserflasche umgestoßen hatte. Auf indianischen Friedhöfen, zumal in einer Wüste, stellt man das Wertvollste, das man geben kann, den Toten zur Verfügung, damit diesen der Weg in einen anderen Daseinszustand leichter fallen möge. Der junge Indianer hob langsam seine Lanze. Einen kurzen Moment blickte er auf seinen lang gezogenen Schatten und es kam ihm vor, als sähe er darin die Silhouette eines Mörders. Was für eine dumme Mutprobe, schoss es ihm den Bruchteil einer Sekunde lang durch den Kopf. Nicht lang genug also. Er gab sich einen Ruck und versenkte die Spitze der Lanze im harten Boden des Friedhofs. Dabei entging ihm, dass er sie zusätzlich durch den Zipfel seines Ponchos hindurchgetrieben hatte. Er wollte schnellstmöglich von diesem Ort verschwinden. Abrupt drehte er sich um, machte einen schnellen

Schritt, und trat dabei aus Versehen auf ein frisches Grab, dessen Erde ein klein wenig nachgab. Gleichzeitig spürte er, dass ihn etwas vom Boden her zurückriss, dorthin, wo noch immer seine Lanze steckte. Augenblicklich hörte sein Herz auf zu schlagen. Der junge Indianer fiel auf das frische Grab, wo man ihn am nächsten Morgen fand. Drei Tage später wurde er an eben jener Stelle auf dem Friedhof begraben. Seinen Freunden wurde auferlegt, die gesamte Nacht nach der Beerdigung an seinem Grab zu bleiben, den Dämonen ihres schlechten Gewissens ausgeliefert.
Sofias Vater ließ seine Blicke über unsere Gesichter schweifen. Seine aufgerissenen Augen funkelten im Schein des Feuers. Ich bemerkte, dass Daniela fröstelte, nicht nur wegen der Geschichten, sondern auch, weil es inzwischen empfindlich kalt geworden war.
»Na, wie schnell doch die Zeit vergangen ist«, stellte ich fest, und Sofias Vater verstand diesen Wink.
Ich war hochzufrieden mit dem heutigen Tag. Wir hatten mit einer Selbstverständlichkeit Einblicke in die Denk- und Lebensweise der Einwohner Cachis erhalten, die mich noch im selben Augenblick für sie eingenommen hatte. Und wir hatten gelernt, dass die Menschen in dieser Region reich waren, reich an Zeit, an Erfahrung, an Güte und Herzlichkeit, reich auch an Gelassenheit. Hier gab es Leben, das tatsächlich gelebt wurde, mit allen Risiken, allen Leidenschaften, allen Hoch- und Tiefpunkten.
Ähnliches sollte mir auf der Reise durch Chile und Bolivien, Peru und Kolumbien immer wieder begegnen. In Südamerika liegt der Stoff für hundert Romane auf der Straße. Man muss die Geschichten nur noch einsammeln.

CHILE

Reisestempel auf viertausend Metern Höhe

Einem Walross gleich wuchtete sich unser Reisebus empor, die schlaglochübersäte Straße entlang, der argentinisch-chilenischen Grenze entgegen. Nach jeder Serpentine, die zurückblieb, ließ er ein lautes Schnaufen hören. Vermutlich stockte Lamas im Umkreis von drei Kilometern jedes Mal der Atem, pressten sich Bergfüchse tiefer an den Boden angesichts dieses Tieres, das die nächtliche Stille mit solch ungewohnten Tönen störte. Als wir uns bis auf dreieinhalbtausend Metern Höhe geschraubt hatten, konnten wir im Scheinwerferlicht Eis und Schnee auf der Straße sehen.

Ich hatte zu diesem Zeitpunkt den Eindruck, dass unsere Reise nie mehr enden würde. Als seien wir in der Spurrille einer Langspielplatte gefangen, dazu gezwungen, ständig von Neuem dieselbe Bergstraße emporzukriechen. Jede Serpentine glich der vorhergegangenen aufs Haar. Jedes Mal kroch unser Reisebus darauf zu, bremste kurz beinahe vollständig ab und lehnte sich dann zur Seite. Er stieß sein kehliges Schnaufen aus und durchfuhr die enge Kurve im Schneckentempo, während sich die nächste schon in unser Blickfeld drängte.

Erst drei Stunden später passierte eine spürbare Veränderung. Unser Busfahrer drosselte den Motor, drehte sich zu uns um und sagte: »Liebe Passagiere, vor uns ist die Grenze zu Chile.«

Ich kniff die Augen zusammen und versuchte, durch das beschlagene Busfenster hindurch etwas auszumachen. Nach einer guten Minute erkannte ich einen Lichtfleck, der nach und nach Konturen annahm. Ein schneebedecktes Zollhäuschen duckte sich in eine Mulde. Noch während ich dachte, dass es bestimmt angenehmere Arbeitsorte als diesen gab, drängte uns der Busfahrer zum Aussteigen. Im Gänsemarsch stapften wir auf das Häuschen zu. Vor der Tür reihten wir uns auf und harrten der Dinge, die auf uns zukämen. Die meisten von uns ahnten zu diesem Zeitpunkt bereits, dass die nun folgende Angelegenheit länger dauern würde. Ich zog meinen zweiten Pullover über und schlüpfte zusätzlich in einen Anorak. Meinen dritten Pullover legte ich einer fröstelnden Argentinierin um die Schulter, die vor mir in der Reihe stand.

Sorgen bereitete uns Reisenden, dass sich das Verhältnis zwischen Argentinien und Chile seit dem Falklandkrieg entscheidend verschlechtert hat. Chiles Diktator Augusto Pinochet hatte damals seiner

»europäischen Freundin« Margaret Thatcher die Flughäfen seines Landes zur Verfügung gestellt, als diese auf die Idee gekommen war, gegen Argentinien Krieg zu führen, um einige wertlose Inseln vor dem Festland unter britischer Herrschaft zu halten. Hinzu kam, dass die meisten Argentinier auf die Chilenen herabblicken, weil sie ihnen nicht in ausreichendem Maße »südamerikanische Eigenschaften« wie uferlose Kreativität, lebensbejahende Spontaneität und Lust am Chaos zuschreiben. Die Chilenen wiederum verteidigen ihren erreichten Wohlstand und ihren Status als Schwellenland, indem sie ihre Grenzen abschotten und den instabilen Nachbarn Argentinien besonders misstrauisch beäugen. Noch schwerer wog die Tatsache, dass zwischen beiden Staaten nicht ganz geklärt ist, wo genau die Staatsgrenze verläuft. Argentinien bekräftigt von Zeit zu Zeit seinen Anspruch auf offiziell chilenische Teile Patagoniens, in die inzwischen ein devisenträchtiger Abenteuertourismus Einzug gehalten hat.

Dies alles sorgte dafür, dass wir nun fernab jeglicher Zivilisation in einer dreißig Meter langen Schlange standen, während sich die Zeiger meiner Armbanduhr anschickten, die Zwei-Uhr-Stellung einzunehmen.

Ein seltsamer Ort war diese Grenze, unserem Basislager auf viereinhalbtausend Metern Höhe nicht unähnlich: ein Ort, an dem niemand sein wollte, den man aber dennoch aufsuchen musste, um andere Orte zu erreichen. Etwas ratlos stand ich inmitten des Häufleins Passagiere im Schnee – bis die frierende Argentinierin triumphierend aus dem Lichtschein vor mir kam und mich ein grimmig dreinblickender Beamter aufforderte, in das Gebäude zu treten.

Der wachhabende Zöllner saß in seinem Reich, einem drei auf vier Meter kleinem Glaskasten. Vor ihm auf dem Schreibtisch lag der Stempel, wegen dem wir diesen Firlefanz veranstalteten. Eigentlich bestand seine Aufgabe lediglich darin, diesen Stempel auf eine Seite meines Reisepasses zu drücken. Er hatte jedoch augenscheinlich Lust, mich erst einmal richtig kennenzulernen.

Mit meinem Namen fing es an. »Barr?«, fragte er mich scharf, als er meinen Reisepass durchblätterte. Einen Augenblick verstand ich nicht, was er damit meinte. »Barr?«, bellte er erneut. Es klang, als habe er gerade zwei Schüsse einer Magnum auf mich abgefeuert. Da erst dämmerte mir, worauf er hinauswollte.

»Bauer«, sagte ich sanft.

»*Vale*, Barr«, beharrte er zufrieden und blätterte weiter in meinem Reisepass herum. Ich konnte mir ehrlich gesagt eine spannendere Lektüre vorstellen.

»Was ist das Ziel der Reise?«, fragte er plötzlich und sah mich durchdringend an, als sei dies eine Fangfrage.

»Nun ja, ich möchte Ihr Land kennenlernen. In Santiago interessieren mich die Fußgängerzonen und später habe ich vor, die Atacama-Wüste ...«

»Aha: Ferien!«, rief er aus.

In diesem Tonfall hätte er eigentlich etwas rufen müssen wie: »Ertappt, Bürschchen! Wo sind deine Drogen?« Er winkte einen Kollegen zu uns, dessen Aufgabe bisher darin bestanden hatte, aufrecht zu stehen und finster auf einen imaginären Punkt in der Ferne zu starren. Der Mann im Glaskasten wies mich an, seinem Kollegen in den Nebenraum zu folgen. Dort lag das gesammelte Gepäck der Busgesellschaft verstreut im Raum herum. Die Kollegen des Kollegen mussten es aus unserem Bus herausgezogen und hierhertransportiert haben, als wir in der Schlange gestanden hatten.

»Wo ist deine Reisetasche?«, fragte mich der Kollege. Ich kramte meinen Rucksack hervor. Mein Gegenüber zog nacheinander sämtliche Kleidungsstücke, meinen Fotoapparat, mein Taschenmesser und meinen Kulturbeutel hervor und beäugte alles dermaßen kritisch, als erwarte er, dass im nächsten Moment eine Granate aus meinen Socken fallen oder ätzende Säure aus der Zahnpastatube austreten könnte. Es hätte mich nicht gewundert, wenn er sich probeweise die Zähne damit geputzt hätte.

»Gut«, befand er nach einer Viertelstunde.

Ich drückte meine Sachen zurück in den Rucksack und folgte dem wortkargen Ordnungshüter zum Glaskasten, in dem der Zöllner nach wie vor in meinem Reisepass blätterte. Vielleicht lernte er auf diese Weise Fremdsprachen oder schulte sein Gedächtnis, indem er versuchte, sich alle Namen zu merken, die vor ihm auf den Tisch zu liegen kamen. Ich musste noch über einen jodgetränkten Teppich gehen, da ich ansonsten gefährliche Krankheitserreger vom schmutzigen Argentinien in das gepflegte Chile hätte bringen können. In Wahrheit war der Unterschied im Hinblick auf die hygienischen Bedingungen zwischen beiden Ländern nicht sonderlich groß; erst in Bolivien sollte sich die hygienische Situation entscheidend verändern. Als ich die obliga-

torischen Runden auf dem Teppich gedreht hatte, war ich fast enttäuscht, dass mir der Zöllner kurz zulächelte und anschließend mit einer einzigen fließenden Bewegung den alles entscheidenden Stempel in meinen Reisepass drückte. Vermutlich mit einem ähnlich triumphierenden Grinsen im Gesicht wie die Argentinierin vor mir verließ ich erhobenen Hauptes das Gebäude.
Gleich anschließend erhielt ich eine weitere Vorstellung des chilenischen Ordnungsdenkens gratis. Als unser Reisebus langsam am Zollhäuschen vorbeischlich, bemerkte ich, das vor ihm her ein kleiner dicklicher Soldat marschierte, der sich von Zeit zu Zeit umdrehte, um unserem Fahrer zu signalisieren, hinter ihm herzufahren. Unter Einsatz einer Trillerpfeife führte er ihn zu einer Parklücke. Hernach blieb er wie eine Steinskulptur vor dem Bus stehen. Sein fleischiges Gesicht wurde vom Scheinwerferlicht grotesk beleuchtet. Ich konnte mir ein Lachen nicht länger verkneifen: Dieser Gnom in Uniform gebärdete sich wie ein Möchtegerntyrann, war faktisch jedoch nichts anderes als ein Parkanweiser – mit dem Unterschied, dass er noch weniger verdiente als die kleinen Jungs, die diesen Job in den Städten ausübten, weil hier niemand auf die Idee kam, ihm ein Trinkgeld zuzustecken.
Zweieinhalb Stunden dauerte es, bis alle Passagiere den gewünschten Stempel im jeweiligen Pass hatten. Als die Nacht bereits von ersten Lichtstrahlen durchlöchert wurde und die Sterne am Himmel nach und nach erloschen, schraubten wir uns die Haarnadelkurven hinab, über die Anden hinweg ins Warme, Richtung Santiago de Chile.

Cafés mit Spezialprogramm

Während unseres Aufenthaltes an der argentinisch-chilenischen Grenze hatte ich genügend Zeit gehabt, meinen Sitznachbarn Naël kennenzulernen, der in der Schlange hinter mir gestanden hatte. Ständig hatte er vor sich hingemurmelt, was das denn solle, uns mitten in der Nacht aus dem Bus zu scheuchen und in einer Reihe stehen zu lassen. Anschließend hatte er sich mit dem Zöllner angelegt, der ihn daraufhin besonders gründlich filzte. Mir gegenüber hatte Naël den entscheidenden Vorteil, dass man ihm den *gringo* nicht bereits aus zehn Metern Entfernung ansah. Die lockigen schwarzen Haare und dunkelbraunen Augen hätten die eines Chilenen sein können. Auffallend war lediglich, dass er noch einen halben Kopf größer war als ich und dass er weiche und filigrane, fast mädchenhafte Finger hatte. »Künstlerhände«, pflegte er zu sagen, obwohl er seine Brötchen verdiente, indem er Unternehmen beriet und sein Gegenüber nicht selten mit seiner direkten, ungeduldigen Art vor den Kopf stieß. Da er zudem der Sohn einer Französin und eines Jordaniers war, überließ ich ihm von nun an das Feilschen, das er mit großer Hingabe und einem reichhaltigem Repertoire an Tricks ausübte.

Wenn es in Santiago nur etwas zu feilschen gegeben hätte! Direkt nach der Ankunft fragten wir einen Polizisten nach dem Nötigsten. Ein Bankautomat? Große Augen des Gesetzeshüters, in denen man die Fragezeichen förmlich sehen konnte. Ein Stadtplan? Ungläubiges Kopfschütteln, als hätten wir nach einer Raumfähre gefragt. Eine Wechselstube vielleicht? Die gebe es im Zentrum, drei Kilometer von hier entfernt. Da wir keinen einzigen Peso zur Hand hatten, blieb uns nichts anderes übrig, als zu Fuß Richtung Innenstadt zu gehen.

Dort angekommen wurde mir schlagartig klar, wie zutreffend Antonio Skármeta, Chiles Vorzeigeautor aus der Wüstenstadt Antofagasta, die chilenische Hauptstadt in seinem brillanten Roman *El baile de la Victoria* beschrieben hatte:

»So hatte er sich sein Santiago vorgestellt: brüllende Autobusse; Fußgänger, die sich in die U-Bahn-Schächte ergießen; knallende Auspuffrohre; Angestellte mit Krawatten und Aktenmappen; das wogende Meer von Frauen mit ihren knallbunten Pullovern und kurz unter dem Bauchnabel endenden Miniröcken, trotz der Kälte, die ihre Oberschenkel blau anlaufen ließ; Kioske von oben bis unten behängt mit Zeitungen, die die Inhaftierung von Regierungsmitgliedern meldeten, und Hochglanzillustrierten mit nackten Frauen auf den Titelseiten.«

Im Gegensatz zu Buenos Aires wirkt Santiago modern, mit seinen polierten Glasfassaden, seinen schmucken Fußgängerzonen, seinen in die Höhe schießenden Bürogebäuden, in deren Schluchten sich die Menschen an bunt dekorierten Schaufenstern vorbeischieben. Auch eine gewisse Freizügigkeit ist im sauberen Chile noch ausgeprägter als in Argentinien, wie Naël und ich rasch bemerken sollten.

Nachdem wir uns in der örtlichen Jugendherberge einquartiert hatten, öffneten wir die Tür eines Cafés – und wichen erstaunt zurück. Der Raum war gefüllt mit älteren Herren und freundlichen Kellnerinnen, die ihren Gästen das Bestellte brachten. So weit war alles wie von zu

Hause gewohnt. Nur dass die Kellnerinnen nicht mehr als einen knallroten Slip trugen und nicht neben, sondern auf den Tischen entlanggingen. Anschließend beugten sie sich zu den Gästen herab und flößten diesen das Bestellte, sei es Bier, Wein oder Schnaps, direkt in den Mund ein. Im Hintergrund presste derweil Amerikas Schockrocker Marylin Manson sein gequältes »Tainted Love« heraus. Zwei weitere Cafés warteten mit einem ähnlichen Angebot auf uns. Es schien gar nicht einfach zu sein, in dieser Stadt ein Frühstück zu bekommen, ohne dass einem jemand Orangensaft in den Mund träufelte und anschließend quer übers Gesicht leckte. Ich fragte mich, wo die Frauen Santiagos wohl frühstücken mochten, sofern sie nicht in einem dieser Cafés arbeiteten.

Beim vierten Versuch hatten wir Glück. Die Kellnerin des Cafés hatte Kleider an, und statt Marylin Manson ertönten die für Südamerika typischen gefälligen Melodien mit ihren kitschigen Texten – »O schöne Unbekannte, warum hältst du mein Herz gefangen?« –, die mich seit meiner Ankunft ständig begleiteten.

Wie die meisten Chilenen ließ auch die Kellnerin Worte aus ihrem Mund sprudeln wie ein Wasserfall. In knapp zwanzig Sekunden hatte sie das Frühstücksangebot des Hauses heruntergerattert wie ein gut geölter Mopedmotor. Ihre Wortsalve stand in seltsamem Gegensatz zu den weichen Rhythmen, die die Lautsprecher durch das Café trugen. Länger als gewöhnlich musterte sie uns mit zusammengekniffenen Augen. Sie schien erstaunt zu sein, zwei Fremde in ihrem Café anzutreffen. Vielleicht lag es daran, dass Naël und ich ihre einzigen Gäste waren. Offensichtlich zogen die meisten Einheimischen die anderen Cafés dem unsrigen vor.

Während wir aßen, starrte die Kellnerin wie gebannt in einen kleinen Fernseher, der ein unruhig flackerndes Licht in den Raum warf. Ein Nachrichtensprecher las Zahlen von einem Papier ab.

»Was ist das für eine Sendung?«, wollte ich wissen, als die Nachrichten nach zwanzig Minuten noch immer nicht aufhörten.

»Wisst ihr es denn nicht?«, fragte die Kellnerin überrascht. »Heute wählt Chile einen neuen Präsidenten. Vielleicht sogar eine Präsidentin. Am frühen Abend wird das Ergebnis bekannt gegeben. Dann werde ich entweder auf den Straßen tanzen oder mich zu Hause einschließen.«

»Wer muss gewinnen, damit du auf den Straßen tanzt?«, schaltete sich Naël ein.

»Bachelet natürlich, Michelle Bachelet!«, antwortete sie mit einer Inbrunst, als sei es frevelhaft gewesen, allein die Frage zu stellen. »Eine Frau als Präsidentin, das gab es bei uns noch nie. Bachelet war einst von den Gräueltaten Pinochets betroffen. Welch schöne Ironie der Geschichte wäre es, wenn ein Opfer des Diktators jetzt Präsidentin werden würde, *verdad*? Es wäre ein Zeichen, dass Chile endgültig mit Pinochet abgeschlossen hat.«

Unsere Kellnerin nickte noch zwei-, dreimal entschlossen in unsere Richtung. Dann widmete sie sich wieder dem Nachrichtensprecher im Fernseher. Wir aßen auf und beschlossen, den Präsidentenpalast aufzusuchen, das Zentrum chilenischer Macht, in den vielleicht schon bald eine Frau einziehen würde. Die Kellnerin hatte indessen die Kitschmusik erneut aufgedreht. *Es más facil llegar al sol qué a tu corazon*, beschwerte sich der Sänger der angesagten mexikanischen Rockgruppe *Maná* lautstark, »Es ist schwieriger, die Sonne zu erreichen als dein Herz«. Der Mann sollte mal nach Deutschland kommen: Er würde eine völlig neue Dimension von »schwierig« entdecken!

Schmutzige Machtspiele in der »Münze«

Am 11. September 1973 um 6 Uhr 20 hob der Präsident von Chile den Telefonhörer ab. Vermutlich hatte er zu dieser Zeit bereits eine böse Vorahnung. Seine Versuche, den übermächtigen US-Konzernen im Land die nationale Kupferindustrie zu entreißen, hatten vielen Chilenen ein Quäntchen Wohlstand gebracht. Jedes chilenische Kind erhielt nun täglich einen Liter Milch von der Regierung. Seit einigen Monaten jedoch, das wurde ihm immer schmerzhafter bewusst, konnte sich Chile solche Geschenke nicht mehr leisten. Zurücknehmen ließen sich die Wohltaten auch nicht. Das wäre einer öffentlichen Bankrotterklärung gleichgekommen.

Der Präsident war mit dem festen Vorsatz angetreten, die Versprechen zu halten, die er in einem langen, anstrengenden Wahlkampf gegeben hatte. Er wollte es besser machen als seine Vorgänger; er wollte Wort halten. Jetzt aber sah er immer deutlicher, dass er sich in eine Sackgasse manövriert hatte. Massenweise verließ das Großkapital sein Land. Die Firmen trauten dem Frieden nicht; sie hatten Angst vor einer Enteignung. Die USA, erbost über die Verstaatlichung der Kupferindustrie, hatten ein Handelsembargo verhängt. Als letzten Ausweg hatte Chiles Präsident vor wenigen Monaten angeordnet, zusätzlich Geld zu drucken. Die Inflation war in Kürze auf dreihundert Prozent gestiegen. Tausende demonstrierten auf den Straßen gegen die Politik des Präsidenten.

Dabei hatte es noch zu Jahresbeginn gut für ihn ausgesehen. Im März hatte seine Partei, die *Unidad Popular*, die Wahl mit einem Rekordergebnis gewonnen. Bald jedoch musste der Präsident feststellen, dass sich seine erbittertsten Kritiker nicht auf der Gegenseite befanden. Sie saßen in den eigenen Reihen und lauerten darauf, dass er einen Fehler beging. Im August waren sie schließlich aus der Deckung getreten. Sie verlasen eine Erklärung im Parlament und zählten mehrere Verfassungsverstöße der Regierung auf. Unter Zugzwang gesetzt, musste der Präsident seinen obersten General entlassen. Als Nachfolger benannte er einen ehrgeizigen, knapp sechzigjährigen Mann, der eine glänzende Militärlaufbahn vorweisen konnte.

»In dieser schwierigen Zeit ist Augusto Pinochet der richtige Mann«, befand er gegenüber den Mitgliedern seiner Regierung. Es imponierte ihm, wie zielstrebig sich Pinochet aus bescheidenen Verhältnissen heraus- und hinaufgearbeitet hatte. Sein Leben galt ihm als Beweis dafür, dass man es schaffen konnte, in seiner Amtszeit aus dem Staub der Straßen heraus nach oben zu gelangen. Auch dachte der Präsident, dass die exzellenten Kontakte, die Pinochet zu den US-Militärs und den dortigen Geheimdiensten hatte, die Regierung in Washington vielleicht etwas besänftigen würden. Noch ahnte er nicht, dass ihm eben diese Kontakte Pinochets noch am Morgen dieses 11. Septembers zum Verhängnis werden sollten.

Er hatte sich entschlossen, die Entscheidung über seine Zukunft in die Hände des chilenischen Volkes zu legen. Vor gut einer Woche hatten siebenhunderttausend Menschen in der bis dahin größten Demonstration Chiles in den Straßen Santiagos für ihn demonstriert. Angefeuert vom öffentlichen Rückhalt, hatte er ein Plebiszit über seinen Verbleib im Amt einberufen. Er, der Präsident, würde die demokratischen Spielregeln einhalten, das hatte er sich geschworen. Die Bekanntgabe des Ergebnisses war für den heutigen Tag geplant, den 11. September 1973.

Als das Telefon nun also um 6 Uhr 20 klingelte, beschlich den Präsidenten eine düstere Vorahnung.

»Es tut mir leid, mein Präsident«, hörte er die Stimme des Bürgermeisters von Valparaíso am anderen Ende der Leitung, »ich muss Ihnen melden, dass sich die Flotte des Landes gegen Sie erhoben hat.«
Wortlos legte der Präsident den Hörer auf die Gabel. »Feind, Todfeind, Parteifreund«, deklinierte er grimmig. Er wusste, was die Information bedeutete: Man versuchte, vor Bekanntgabe des Abstimmungsergebnisses gegen ihn zu putschen. Irgendjemand wollte ihn mit Gewalt aus dem Amt entfernen. Nervös versuchte der Präsident, seinen Verteidigungsminister Orlando Letelier anzurufen und erfuhr, dass dieser bereits von den Putschisten festgenommen worden war. Auch seinen neuen General Augusto Pinochet konnte er nicht erreichen. Sollte er ebenfalls von den Aufständischen gefangen genommen worden sein?
Der Präsident versammelte seine beiden Töchter, seinen Arzt und das Kabinett um sich und ließ seinen Amtssitz, die Moneda, von seiner Leibwache umstellen. Zumindest auf diese konnte er sich verlassen.

Die Moneda döste in der Glut eines späten Nachmittags, als Naël und ich auf sie zugingen. Im Halbkreis angeordnet, flatterten chilenische Flaggen in zehn Metern Höhe vor dem Präsidentenpalast. Überall patrouillierten Polizisten. Langsam traten wir auf das Eingangstor der Moneda zu.

Geistesabwesend streichelte der Präsident den Kopf seiner jüngsten Tochter. Wenn er nur wüsste, wer Freund und wer Feind war! Inzwischen war es acht Uhr in der Früh. Er konnte nicht glauben, was er in der nächsten Minute im Radio zu hören bekam. Eine zackige, befehlsgewohnte Stimme gab bekannt, dass Chile ab heute von einer Militärregierung geführt werde. Gegen den Präsidenten sei erfolgreich geputscht worden. Das ganze Land sei in der Hand der Aufständischen und ihres brillanten Anführers, des Generals Augusto Pinochet.
Der Präsident riss die Augen auf und schlug sich mit der Hand an die Stirn. Natürlich, schoss es ihm durch den Kopf, nicht umsonst war sein General in den USA ausgebildet worden! Offensichtlich war er dort nicht nur in Militärtaktik geschult worden, sondern hatte sich darüber hinaus auch mit dem System angefreundet. Dies alles hatte dazu geführt, dass sich sein von ihm selbst zum General ernannter Hoffnungsträger nun gegen ihn wandte. Er hatte den Ehrgeiz Pino-

chets unterschätzt. Nicht General wollte sein Ziehsohn sein, sondern Präsident!
Wieder klingelte das Telefon in der Moneda. Der Präsident nahm ab und meldete sich mit fester Stimme. Er hatte sich entschieden zu kämpfen. Gleichzeitig dachte er mit Bitterkeit, dass die Putschisten vorhin recht gehabt hatten: Der Schachzug Pinochets war in der Tat brillant gewesen. Es war, als wäre die Dame, die wichtigste Person auf dem Spielfeld, unvermittelt vor ihren eigenen König gezogen und hätte »Schach« gerufen. Der Präsident musste zugeben, dass ihn die Skrupellosigkeit, mit der dies geschehen war, imponierte – und ärgerte sich gleichzeitig über diesen Gedanken. Einer wie Pinochet, der zu solcher Heimtücke fähig war, würde das Land im Griff haben. Die Frage war nur, ob er dem Land die Hand reichen oder es stattdessen mit eiserner Faust umschließen würde.
»Guten Morgen. Sie wissen, dass Sie nicht länger Präsident dieses Landes sind«, tönte ihm eine junge Stimme aus dem Hörer entgegen.
Was für eine Frechheit! Ein Youngster, ein Anfänger sollte ihm, dem Präsidenten Chiles, mitteilen, dass seine Zeit abgelaufen war.
»Wir haben die Macht an uns genommen«, fuhr die Stimme fort. »Ihnen ist erlaubt, zurückzutreten und mit der nächsten Maschine außer Landes zu fliegen.«
Langsam, ganz Staatsmann, sprach der Präsident in den Telefonhörer. »Guten Tag. Sie sprechen mit dem Präsidenten von Chile. Wenn Sie die Waffen niederlegen, garantiere ich Ihnen ein faires Gerichtsverfahren.«
»Wir geben Ihnen eine Stunde. Danach werden wir Sie auf andere Weise von der Macht entfernen«, drohte die Stimme. Dann legte der Putschist auf.
Die Stille, die sich um den Präsidenten ausbreitete, war ohrenbetäubend.

Der Wachmann am Eingang des Präsidentenpalastes hob die Hand und forderte Naël und mich zum Stehenbleiben auf. Wie alle Wachmänner in der Moneda hatte er eine weiße Uniform und trug schwarze Stiefel, die angesichts der Hitze sicherlich nicht angenehm zu tragen waren und zu allem Überfluss ungewollt einen Hauch von Weiblichkeit in sein ansonsten herrisches Auftreten brachten.

»Was schreiben Sie da?«, wollte er wissen, als er beim Durchwühlen unserer Sachen meinen Notizblock aus dem Rucksack zog. Langsam blätterte er die Seiten durch, als könnte er lesen, was dort geschrieben stand. Wahrscheinlich gehörten Dinge wie »Sämtliche Notizen lesen!« zu seinen Anweisungen und mussten daher erfüllt werden, ob sie sinnvoll waren oder nicht. Nachdem er Naëls Fotoapparat kritisch beäugt hatte, gab er uns unwirsch einen Wink, der so viel aussagen sollte wie »Meinetwegen, schaut euch unseren Palast eben an.«

Wir betraten einen schmucken Innenhof. Trotzdem blieb das Gebäude, das Zeuge von Ereignissen historischer Tragweite geworden war, hinter unseren Erwartungen zurück. Es war schlicht gehalten: Von allen Seiten präsentierte es sich uns in schmutzigem Weiß, derselben Eierschalenfarbe wie die Uniformen der Soldaten und Wachmänner. Und trotz der vielen Flaggen und den parkenden Nobelautos vor dem Eingangstor strömte die Moneda insgesamt weniger Pathos aus als beispielsweise die Bayerische Staatskanzlei. Vielleicht schämte sie sich ein wenig der Ereignisse, die hier stattgefunden hatten. Vielleicht war das unreine Weiß gar eine Reminiszenz an die schmutzigen Dinge, die einst innerhalb dieser Mauern geschehen waren.

Salvador Allende, der Präsident Chiles, strich ein weiteres Mal geistesabwesend über den Kopf seiner jüngsten Tochter. Dann drehte er sich abrupt um und forderte alle Unbewaffneten auf, das Gebäude zu verlassen. Mit einem Restaufgebot an Trotz erwartete er seine Feinde im »Saal der Unabhängigkeit«.

Um 11 Uhr 55 hörte die verbliebene Schar die Motoren zweier Flugzeuge. Sekunden später schlugen die Bomben ein.

Augusto Pinochet hatte angeordnet, gleichzeitig mehrere regierungsfreundliche Radiosender und einige Viertel der Hauptstadt, in denen mehrheitlich Sympathisanten Allendes wohnten, zu bombardieren, um von Anfang an klarzumachen, wer ab sofort Herrscher des Landes war.

Wenige Minuten nach 14 Uhr brachen Soldaten der chilenischen Armee die Eingangstür zum »Saal der Unabhängigkeit« auf. Chiles Präsident blickte in die entschlossenen Augen eines jungen, bis an die Zähne bewaffneten Putschisten. Ohne seine Stimme noch einmal zu hören, wusste er, dass es der junge Mann war, der ihn vor wenigen Stunden angerufen hatte.

Was dann geschah, ist bis heute umstritten. Die Militärjunta unter Pinochet, die von dieser Stunde an offiziell die Macht übernommen hatte, behauptete, der Präsident habe die Waffe gegen sich selbst gerichtet. Allendes Anhänger sind bis heute davon überzeugt, dass er von den eingedrungenen Soldaten erschossen worden ist.
Gesichert ist hingegen, dass die US-Regierung ebenso wie die CIA den gewaltsamen Sturz Salvador Allendes unterstützt hatten. In den USA fingierte der Putsch in Chile unter dem Namen »Project Fubelt«. Nach der Machtübernahme gab der damalige US-Außenminister Henry Kissinger öffentlich zu, dass die USA »die größtmöglichen Voraussetzungen« für den Putsch geschaffen hatten.
Zwölf Jahre lang regierte Augusto Pinochet Chile mit eiserner Hand. Bis heute spaltet er das Land in zwei Lager. Seine Anhänger verweisen darauf, dass er Chile mit klaren Vorgaben und durchdachten Konzepten aus der Sackgasse geführt habe, in die das Land in der Amtszeit Allendes geraten war. Chiles Wirtschaftsleistung stieg enorm und ermöglichte eine Entwicklung, die letztendlich zu den stabilen Verhältnissen führte, die das Land heute prägen – ganz im Gegensatz zu den meisten anderen Staaten Südamerikas. Seine Gegner prangern hingegen an, dass Pinochet Tausende von Menschen im Fußballstadion von Santiago de Chile einsperren ließ. Dass er Gefangenenlager in der Atacama-Wüste errichten ließ, in denen Folter und Mord an der Tagesordnung waren. Dass seine Brutalität eine Massenflucht auslöste, und dass der chilenische Geheimdienst DINA nichts anderes als eine staatliche Terrororganisation war, die Flüchtige noch über die Landesgrenzen hinaus verfolgte. So wurde etwa Pinochets Vorgänger, General Carlos Prats, ein Jahr nach dem Putsch in Buenos Aires durch eine Autobombe getötet. Zwei Jahre später ereilte Orlando Letelier, den ehemaligen Verteidigungsminister, dasselbe Schicksal. 1982 ordnete Pinochet an, Demonstrationen und Streiks gegen ihn mit Polizeigewalt aufzulösen. Acht Jahre danach wurden Massengräber entdeckt.
Selbst in konservativen Kreisen verlor Pinochet an Ansehen, als bekannt wurde, dass er mehrere Millionen US-Dollar im Ausland angelegt hatte. Mit fingierten Wahlen hatte er sich über Jahre hinweg an der Macht gehalten, 1980 gar die Verfassung ändern lassen, um annähernd diktatorische Kompetenzen zu erhalten. Die erste freie Wahl im Jahr 1989 verlor er. Doch selbst dann blieb er gemäß der von ihm selbst maßgeschneiderten Verfassung Senator auf Lebenszeit und Oberbe-

fehlshaber der Streitkräfte. Vor allem jedoch behielt er die volle juristische Immunität.

Da auch europäische Staatsbürger Opfer der Militärdiktatur in Chile geworden waren, ermittelte der spanische Untersuchungsrichter Balthasar Garzón gegen Pinochet. Die Anklage lautete auf Folter und Staatsterrorismus. 1998 wurde der ehemalige Diktator von der britischen Polizei in London verhaftet. Die USA setzten sich aus Angst vor Enthüllungen über die Verwicklung des CIA in den Putsch für die Freilassung des Diktators ein. Der Vatikan, der in Pinochet hauptsächlich einen Katholiken sah, folgte derselben Linie. Im Jahr 2000 konnte sich der offiziell Schwerkranke in Chile äußerst agil seinen jubelnden Anhängern präsentieren. Es sollte noch Jahre dauern, bis adäquate juristische Instrumente entwickelt wurden, um Menschenrechtsverletzungen großen Ausmaßes zu ahnden.

»Für die einen wird Pinochet immer ein brutaler Diktator sein. Die anderen feiern ihn als Retter des Vaterlandes«, zog die Bestsellerautorin Isabel Allende, Nichte des ehemaligen chilenischen Präsidenten, 1998 Bilanz, um dann fortzufahren: »Es wird einhundert Jahre dauern, bis wir Chilenen uns über seine Rolle einig werden.«

Kupfer, Salpeter und ein verunglücktes Interview

Mit einer seltenen Mischung aus Ehrfurcht und Abscheu erkundeten Naël und ich die Moneda, die »Münze«, die Fluchtpunkt so vieler chilenischer Hoffnungen und Ängste gewesen war. Heute also bekam eine von Pinochets Willkürherrschaft unmittelbar betroffene resolute Frau die Chance, in dieses Gebäude einzuziehen. Als wir auf das Ausgangstor zusteuerten, drängte ein Kamerateam in den Innenhof der Moneda und richtete ein Mikrofon auf einen gut gekleideten Mann, der sich sogleich in Pose warf. Begleitet von ausladenden Gesten erklärte er seinem Gegenüber, einer jungen Dame, adrett gekleidet und leicht überschminkt, die politischen Zusammenhänge in Chile und entwarf Szenarien der heutigen Präsidentenwahl. Zumindest glaubte ich das seinen Worten entnehmen zu können, von denen nur etwa jedes zweite bei mir ankam. Die anderen packte der Wind im Flug, klatschte sie gegen die Innenwand der Moneda oder warf sie kurzerhand aus dem Gebäude. Auch die junge Reporterin musste sich leicht

in Richtung des gut gekleideten Mannes beugen, um alle seine Sätze verstehen zu können. Erschwerend kam hinzu, dass sie anscheinend nicht aus Chile kam oder in der Schule geschlafen haben musste, denn ihr Gesprächspartner erklärte ihr die Vorkommnisse in ruhigem, gleichmäßigem Tonfall, der an Universitätsvorlesungen erinnerte.
»Unsere Partei hat immer betont, dass wir uns unabhängiger von den Kupfervorkommen im Norden machen müssen«, befand er und blickte entspannt in die Kamera. Offensichtlich war dies nicht sein erster Auftritt dieser Art.
»Fast die Hälfte unserer Exporteinnahmen geht auf den Abbau von Kupfer zurück. Die Wahrscheinlichkeit ist groß, dass die elektrische Leitung, die Ihnen Licht bringt, bis hin zum Draht in Ihrer Glühbirne mit Kupfer aus Chile versetzt ist, wo auch immer Sie leben. Doch zugunsten unseres Landes verweise ich darauf, dass wir bis zum Anfang der zwanziger Jahre des vorigen Jahrhunderts eine ähnliche Abhängigkeit vom Salpeter hatten, der als Düngemittel für europäische Felder exportiert wurde. Und was geschah?«
Bei dieser Frage schob der Sprecher seine Augenbrauen ein Stockwerk höher und sah die junge Frau erwartungsvoll an. Ein wenig arrogant wirkte diese Geste auf mich. So würde ein Lehrer eine Schülerin anschauen, von der er wenig erwartete. Naël schüttelte unwirsch den Kopf. Ich wusste, dass er drauf und dran war, auf den Politiker zuzugehen und ihn »zur Rede zu stellen«, wie er sich in derartigen Situationen gerne ausdrückte. Autoritäten weckten in ihm eine fatale Ungeduld. Ich beschwor ihn, vorerst keine unüberlegten Schritte zu unternehmen – auch da ich dieser kleinen Gemeinschaft ein paar Minuten länger zuhören wollte und neugierig war, was mit den Salpetervorräten geschehen sein mochte. Wir traten näher an die beiden heran.
»Ich werd's Ihnen sagen«, versprach der Politiker nach einer Kunstpause gönnerhaft. Naël brummelte Unverständliches. »Auf einen Schlag wurden unsere gesamten Vorräte völlig wertlos. Und warum ...?«
Wieder blickte der Politiker bei seiner Frage auf die junge Frau herab wie auf eine unartige Schülerin. Er genoss es offensichtlich, die Reporterin ins Messer laufen zu lassen. »Den würde ich auf keinen Fall wählen!«, erboste sich Naël neben mir.
»Ich werd's Ihnen sagen«, prophezeite der Interviewte währenddessen. »In Deutschland war die künstliche Herstellung von Salpetersäure ge-

lungen. Praktisch die gesamte chilenische Industrie brach daraufhin zusammen. Minen wurden stillgelegt. Eisenbahnen und Schiffe, die das Salpeter transportieren sollten, verrosteten. Darum müssen wir heute den Export anderer Güter ankurbeln. Erdbeeren, Pfirsiche, Butter und tiefgekühlter Fisch: Das mag vielleicht nicht so abenteuerlich klingen wie die Erschließung neuer Kupferminen. Aber darin liegt Chiles Zukunft! Darin – und noch in etwas anderem.«
Damit ließ der Sprecher erneut einen fordernden Blick auf die junge Dame fallen, die mittlerweile in einer Haltung vor ihm stand, als wolle sie im Erdboden versinken.
»Im Tourismus«, adjustierte Naël, für die Reporterin leider unhörbar.
»Im Tourismus«, löste der Befragte auf. »Welches Land dieser Welt ist schon gerade mal 150 Kilometer breit, dafür aber 4300 Kilometer lang? Würde man Chile nach Europa verlegen, würde es ein Gebiet von der Nordspitze Schwedens bis weit in die Sahara hinein beanspruchen. Unser Land ist mehr als doppelt so groß wie zum Beispiel Deutschland, doch es leben nur vierzehn Millionen Menschen hier. In Deutschland sind es, soviel ich weiß, über achtzig Millionen.«
»Und die Hälfte der vierzehn Millionen lebt in Santiago«, zischelte Naël vor sich hin.
»Und die Hälfte der vierzehn Millionen lebt in Santiago«, fasste sich die Reporterin endlich ein Herz. Ihr Gegenüber tat, als hätte er sie nicht gehört. Sympathiepunkte würde er nicht von ihr erhalten, doch darauf kam es ihm augenscheinlich nicht an.
»Worauf ich hinauswill, ist, dass unser Land unberührte Natur in schier endlosem Ausmaß zu bieten hat. Der beste Rohstoff von allen ist Chile selbst! Außerdem kann man sich als Tourist in unserem Land im Vergleich zu allen anderen Ländern Südamerikas am sichersten bewegen.«
»Mal abgesehen davon, dass es nirgendwo auf der Welt mehr aktive Vulkane gibt als hier«, ertönte Naëls Stimme direkt neben dem Abgeordneten. Da ihm die Situation zu einseitig erschien, war er kurzerhand hinübermarschiert, um das Gespräch ein wenig aufzumöbeln. Ich blickte derweil verlegen zu Boden. Jetzt hatte die Kamera meinen Reisegefährten erfasst und rückte für einen Moment von dem gut gekleideten Politiker ab, der sofort die Stirn in Falten legte.
»Wir haben die trockenste Wüste der Welt«, versuchte er, das Ruder wieder an sich zu reißen, »die Badeorte Valparaíso und Viña del Mar und Kap Horn an der Südspitze, wo sich der größte Schiffsfriedhof

der Welt befindet. Über achthundert Wracks liegen auf dem Grund des Meeres, dort, wo der Pazifik auf den Atlantik trifft.«

»Nun ja, das ist natürlich nicht mehr als eine Bezeichnung. In Wahrheit ist dort ja nur Wasser. Denn der Atlantik zum Beispiel weiß ja nicht, dass er der Atlantik ist und nicht der Pazifik, nicht wahr? Das sind doch nur zwei Begriffe, die wir ein und demselben Phänomen gegeben haben, eine künstliche Unterscheidung, weil wir das, um was es eigentlich geht, nicht verstehen: das Meer nämlich, den Ozean!«

Ich hatte keine Ahnung, was in meinen Reisegefährten gefahren war. Naël ließ die Worte fallen wie einen Sommerregen und fuchtelte mit beiden Händen gefährlich nah vor der Kamera herum. Der Politiker war von diesem Getöse sichtbar unbeeindruckt. Unwirsch wischte er Naëls Einlassung mit einer Handbewegung zur Seite. Dabei ließ er ein verächtliches Schnauben hören. Ich fuhr fort, den Fußboden vor meinen Füßen zu erforschen.

»Unser Land hat einen Hang zum Zentralismus. Elf von vierzehn Millionen Einwohnern ballen sich in der Zone um Santiago und Valparaíso. Demografisch und politisch drängen wir Chilenen zur Mitte. Das ist per se nicht schlecht, doch müssen wir lernen, stärker auf die Vielfalt zu setzen. Darum sage ich Ihnen nochmals: Wir müssen der Abhängigkeit vom Kupfer entkommen, indem wir andere Industrien aufbauen. Schließlich hat es Deutschland auch geschafft, von Braunkohle auf Atomenergie umzusteigen, und jetzt sieht es so aus, als könne das Land Vorreiter bei der Nutzung von Windkraft und Sonne werden. Man muss nicht nur mit der Zeit gehen, sage ich Ihnen, sondern die Entwicklungen, die sich anbahnen, bereits im Voraus erkennen!«

Der gut gekleidete Politiker war jetzt ganz Staatsmann geworden. Ruhig und entschlossen brachte er seine Worte an, platzierte souverän seine Argumente. Die Kamera wies wieder frontal auf ihn. Jetzt war es Naël, der im Regen stand. Erst bei den letzten beiden Sätzen seines Kontrahenten fing er an zu strahlen und deutete zu meinem Entsetzen eifrig mit dem Finger auf mich.

»Ha, jetzt passen Sie mal gut auf! Mein Freund hier kommt nämlich aus Deutschland!«, schoss er den Vogel ab. »Der kann Ihnen erzählen, was wirklich in seinem Land passiert, das sag ich Ihnen!«

Langsam, aber unaufhaltsam, schwenkte die Kamera in meine Richtung. Ich ärgerte mich, dass noch niemand den Beamer erfunden hatte.

»Beam me up, Scotty!«, dachte ich eine Sekunde lang, »von mir aus in die Atacama-Wüste, sofern es dort keine Kameras und übereifrige Reisegefährten gibt.«
»Ach, Sie sind aus Deutschland?«, fragte mich der Politiker in nahezu akzentfreiem Deutsch. »Ich habe zehn Jahre in Berlin gearbeitet. Sie werden überall in Chile auf deutsche Spuren treffen – und damit meine ich keineswegs nur die eingewanderten Nazis.«
Er lächelte mir freundlich zu. Dann warf er einen angedeuteten Blick auf Naël, der sich, da eine Antwort meinerseits ausgeblieben war, langsam auf den Weg hinter die Kamera gemacht hatte. Offensichtlich war ihm die Situation über den Kopf gewachsen. Die Situation in Chile anzuzweifeln und Wortgefechte auf Spanisch zu führen, das stellte kein Problem für ihn dar. Mit einer Diskussion auf Deutsch konnte er sich hingegen nicht anfreunden. Etwas zerknirscht trat er auf mich zu, zerrte mich am T-Shirt und zischelte mir auf Französisch zu: »Los, lass uns verschwinden!«
»Und darum ist Michelle Bachelet die Einzige, die Chile eine sichere Zukunft bieten kann ...«, hörte ich den Politiker hinter mir noch sagen. Dann entfernten wir uns schleunigst aus der Moneda.
»Was um Himmels willen war DAS denn?«, fuhr ich meinen Reisegefährten an, als wir uns in eine Seitenstraße verdrückten. »Ich lege keinen gesteigerten Wert darauf, in die chilenischen Abendnachrichten zu kommen.«
»Nun ja.« Naël druckste herum. »Ich habe eben eine tief sitzende Abneigung gegenüber Wichtigtuerei. Eine Art Allergie gegen Machtansprüche, wenn du willst. Hast du gesehen, wie herablassend der Politikfritze die arme Reporterin angeschaut hat? Wer hätte ahnen können, dass der Mann plötzlich ein rhetorisches Feuerwerk abbrennt und dann auch noch fließend Deutsch spricht.«
»Jetzt hör mal zu, Naël: Das ist ein POLITIKER. Solche Leute werden erst richtig wach, wenn sich ihnen jemand in den Weg stellt. Sei froh, dass er nicht auf dein Gestammel eingegangen ist. Hättest du ihm die politische Situation in Chile erklären wollen, oder was? Nach einem dreiviertel Tag in diesem Land!«
Mein Reisegefährte brummelte noch etwas von der »Arroganz der Macht« vor sich hin. Im Grunde genommen war ich ihm nicht böse, musste im Nachhinein gar über seinen wackligen Balanceakt zwischen Unvernunft und Wagemut schmunzeln.

Von oben wirkt Santiago wie Quecksilber

Noch immer gab Naël Laute von sich, die an einen missgestimmten Kontrabass erinnerten. Er beruhigte sich erst, als zwei junge Chileninnen am Straßenrand ihre Blicke auf uns hefteten und zehn Schritte weit mit uns gehen ließen.

Das können sie gut, die Chileninnen, und sie greifen häufiger auf dieses Mittel zurück als die Argentinierinnen. Zudem garnieren sie ihre Blinzeleien meistens mit einem schwungvoll-melodischen Spanisch, ohne dabei zu lispeln wie die Spanier.

»Hast du das gesehen?«, fragte mich mein Reisegefährte beeindruckt.

»Naël, was ist heute eigentlich los mit dir? Natürlich habe ich das gesehen, oder meinst du, ich sei von einem plötzlichen Sonnenbrand so rot geworden? Wie wäre es, wenn wir unsere Hormone jetzt ein wenig zügeln und dafür Santiago von oben anschauen? Außerdem müssen wir fit sein für die Wahlparty heute Abend.«

»Du willst doch nicht etwa heute Abend auf die Straße gehen?«

»Und ob ich das will!«

»Und woher weißt du, dass die Leute jubeln werden, statt irgendetwas zu Bruch zu schlagen? Welche Partei soll überhaupt gewinnen?«

»Ist doch egal. Ich möchte einfach sehen, wie man in Chile einen Wahlausgang feiert.«

Durch die Straßen der chilenischen Hauptstadt arbeiteten wir uns zu den Ausläufern des *Cerro San Cristóbal* vor. In Südamerika neigt man dazu, Erhebungen in der Umgebung größerer Städte mit dem Namen *Cerro*, »Berg«, zu huldigen, auch wenn sie sich, wie in diesem Fall, nur knapp neunhundert Meter über den Meeresspiegel erheben.

Santiago de Chile erinnert an eine US-amerikanische Großstadt. Es ist modern, schnelllebig und zweckmäßig, weniger Kultur- als Geschäftsstadt, weniger Lebensraum als Bürostandort. Im Gegensatz zu den meisten anderen südamerikanischen Städten ist Santiago de Chile weitgehend sauber und verfügt über ein gut ausgebautes Metronetz. Im Winter, das hatte mir Marco in Buenos Aires erklärt, liege über Wochen hinweg eine gelbe Smogwolke über der Stadt, die den Bewohnern den Blick auf die schneebedeckten Andengipfel nimmt. Die kalte Luft in der Höhe blockiert den Abzug der Abgase. Die Zahl der Atemwegserkrankungen steigt jeden Winter sprunghaft an. An manchen

Tagen stellen Schulen aufgrund der Umweltbelastung den Sportunterricht ein. Fabriken werden stillgelegt, um das Problem in den Griff zu bekommen.
Auch wenn Santiago wenig Herausragendes zu bieten hat, mochte ich die Mischung aus Lebensfreude und Ehrgeiz, die Stimmung in den Fußgängerzonen und die Abwesenheit krasser Armut. Die Einwohner Santiagos kamen mir tendenziell braver und unauffälliger vor, als es die *porteños* waren, wirkten dabei aber sehr offen und waren nicht selten verwirrt über die Anwesenheit von Touristen in ihrer Stadt. Gerade die Unauffälligkeit und Bodenständigkeit, die Santiago de Chile auszeichnen, gefielen mir.
Mit Naël stieg ich den *Cerro San Cristóbal* hinauf. Erst auf dem Gipfel des Berges erkannten wir die Ausmaße der Stadt. Geht man in den Straßen spazieren, wirkt Santiago kleiner, als es in Wahrheit ist. Das kulturelle und gesellschaftliche Leben bleibt auf das Zentrum konzentriert. Doch immerhin bietet Santiago de Chile fast sieben Millionen Einwohnern Platz – zweimal so vielen wie Berlin, viermal so vielen wie München.
Maria, vivimos con alegria este mes consegrado a ti, prangte in mannsgroßen Lettern auf dem Gipfel, »Wir leben mit Freude diesen Monat, der dir gewidmet ist.« Eine überlebensgroße Statue der Heiligen Jungfrau breitete die Arme aus, als wolle sie alle Einwohner der Stadt umarmen, die sich wie eine graue Masse halbkreisförmig vor ihren Füßen ergoss und weit ins Hinterland strömte, bis sie von den Ausläufern der Anden aufgehalten wurde. Von hier oben betrachtet wirkte Santiago in der flirrenden Sonnenhitze wie eine zähe Schicht Quecksilber, die den Talkessel bedeckt.
Ähnlich wie bei der *Difunta Correa* in der argentinischen Wüste waren auch auf dem »Christoph-Kolumbus-Berg« zahllose Devotionalien angebracht. *Virgenita*, stand beispielsweise auf einem Holzbrett, »Kleine Jungfrau, danke, dass mein Sohn all die Jahre in Gesundheit aufwachsen konnte!«
Ein wenig paradox erschien mir, dass eine Bewegung wie das Christentum, die in Europa, von wo aus sie einst hierhergebracht worden war, seit Jahrzehnten nur noch Rückzugsgefechte leistet, in praktisch ganz Südamerika in voller Blüte steht. An jenem Tag schien mir jedoch das Christentum zu dem zu passen, was ich von der Stadt mitbekommen hatte, zur Bescheidenheit und Einfachheit ihrer Einwohner.

Wahlparty in Santiagos Fußgängerzone

Genau wie in Buenos Aires legte sich auch in Santiago die eine Stadt schlafen, sobald die Sonne untergegangen war, und machte einer anderen Platz. Santiago war kaum wiederzuerkennen, als ich zusammen mit Marion, einer Französin, die wir in der Jugendherberge kennengelernt hatten, und Christian, einem Luxemburger Arzt, kurz vor Mitternacht auf die Straßen trat. Die Bars öffneten nacheinander ihre Eingangstüren und versuchten sich mit den angesagten Rhythmen der Saison zu überbieten. Die Frauen hatten enge Kleider angelegt und wurden von Parfumdüften umkreist. Die Männer hatten ein lockeres Schlendern in ihren Gang eingebaut; sie trugen Tätowierungen und Goldkettchen zur Schau. Durch Santiago wehte ein Hauch fremder Abenteuer und unvorhersehbarer Ereignisse, der sofort in uns fuhr und uns hinauszog in die Stadt.

Auf der *Plaza de Armas* wogte eine Menschenmenge. Frauen schwenkten übermütig kleine Chileflaggen hin und her. Männer prosteten sich zu und stimmten Sprechchöre an. Kinder wuselten um Beine herum und pusteten mit aller Kraft in Trillerpfeifen. Die Stimmung erinnerte an ein Rockkonzert, und wir waren mittendrin. Man schrie uns hinterher, bot uns Bier und Wein an, umarmte uns stürmisch.

»Was für eine Nacht!«, ertönte plötzlich eine vertraute Stimme neben mir, »darauf haben wir so lange gewartet!«

Die Kellnerin von heute Morgen strahlte uns an. Ihr Lächeln nahm ein Drittel ihres Gesichts in Anspruch.

»Wer hat gewonnen?«, rief ich ihr zu, woraufhin sich ihr Grinsen geradezu erschreckend ausbreitete.

Chile, cariño, Chile ha ganado!, »Chile hat gewonnen«, rief sie aus.

An jenem Hochsommertag in Santiago, einem Tag, an dem wir diverse Cafés mit speziellen Angeboten vermieden und Naël erfolglos versucht hatte, einen Politiker vor laufender Kamera aus dem Konzept zu bringen, an jenem Tag hatte die Sozialdemokratin Michelle Bachelet die Präsidentschaftswahl in Chile für sich entschieden.

»Jetzt haben wir eine Frau an der Spitze unseres Staates, genau wie ihr Angela Merkel habt!«, rief mir die Kellnerin noch verzückt zu, ehe sie von vier tanzenden Männern angerempelt wurde und zwischen Glückwünschen, Umarmungen und klatschenden Händen in einer Woge kollektiver Begeisterung versank.

Nachdem wir ein Rockkonzert besucht hatten, das unvermittelt direkt neben uns begonnen hatte und innerhalb von fünf Minuten zu einer ausgelassenen Feier mutierte, drehten wir ab, zogen uns von dem allgemeinen Taumel auf Santiagos Straßen zurück und begaben uns zur Jugendherberge, in der sich selbst zu dieser Zeit – meine Armbanduhr zeigte drei Uhr morgens an – einige Gäste auf dem Sofa im Foyer räkelten und über die besten Reiseziele in Chile diskutierten. Bekleidet waren sie mit der typischen Touristenuniform.

In ganz Südamerika, besonders in touristischen Ballungsgebieten wie den *Iguazú*-Wasserfällen an der argentinisch-brasilianischen Grenze oder dem *Otavalo*-Flohmarkt in Ecuador, gibt es ein besonders schönes Paradox. »Individualtouristen«, samt und sonders mit Rucksack und der neuesten Ausgabe des »Lonely Planet« unterwegs, wählen mit Vorliebe Kleider aus, die ihrer Meinung nach irgendwie »alternativ« wirken, in Wahrheit jedoch Teil einer weltumspannenden Uniform sind. Um die touristischen Höhepunkte Südamerikas herum sieht man längsgestreifte Zweidrittelhosen wohin man blickte. Darüber trägt der alternative Rucksacktourist ein leicht ausgewaschenes T-Shirt, auf dem entweder Bob Marley oder Ché Guevara abgebildet sein müssen, um klarzustellen, dass er zwar dummerweise aus Europa stammt, mit dem dortigen Ausbeutersystem aber nicht das Geringste zu tun hat. Abgerundet wird der Auftritt mit sommerlichen Jesus-Sandalen, die ihren Träger als spontanen Lebemann kennzeichnen. Eventuell kommt noch ein Piercing an einer gut sichtbaren Stelle zum Vorschein, das betonen soll, dass sein Träger zuweilen gewisse einschätzbare Wagnisse eingeht.

Das Paradox besteht nicht nur darin, dass ein »alternativer« Stil bedeutend an Eigenwilligkeit verliert, sobald er sich dank perfider Marketingstrategien global ausgebreitet hat. Die eigentliche Ironie rührt vielmehr daher, dass die Einwohner Südamerikas, deren vermeintliche Mode dupliziert werden soll, längst in Markenjeans und Nike-Schuhen herumlaufen. So sind die modischen Accessoires, die viele Touristen zur Schau stellen, weniger eine Referenz an die wahren Gegebenheiten vor Ort als vielmehr Indizien für ihre eigene Vorstellung von Südamerika. Vergleichbar damit ist, wenn ein definitiv als Bewohner des peruanischen Hochlands erkennbarer Tourist auf seiner Deutschlandreise in Lederhosen und einem T-Shirt mit der Aufschrift »Grüß Gott in Bayern« unterwegs wäre.

Hund oder Hotel gefällig?

Vier Tage lang streiften Naël und ich zusammen mit wechselnden Gruppen aus Chilenen, Argentiniern, Franzosen, Luxemburgern und Spaniern durch Santiago de Chile. Am Morgen des fünften Tages, einem selbst für chilenische Verhältnisse heißen Sommertag, stiegen wir beide in einen Reisebus, dessen Fahrerhaus übersät war mit Abziehbildern der Jungfrau Maria, Holzkreuzen und Fotos von lachenden Kindern, sodass man das Pappschild *Santiago – Valparaíso* kaum sehen konnte.

Die Luft stand wie eine Wand im Innern des Busses. Ein kleiner Ventilator versuchte vergeblich, von der Fahrerkabine aus zu uns durchzudringen. Kaum hatte das Gefährt scheppernd Fahrt aufgenommen, beging Naël einen Fehler, an denen man uns Touristen als solche erkannte. Er riss das Fenster des Busses auf und streckte den Kopf hinaus. Selbst mir, der neben Naël saß, nahm der hereintosende Fahrtwind den Atem. Ähnlich musste es sich anfühlen, mit dem Gesicht auf das Brett eines Fakirs zu fallen. Der rundliche Chilene auf dem Fensterplatz hinter uns bereitete unserer Ganzkörper-Akupunktur ein Ende, indem er Naël mit einer Hand freundlich auf die Schulter und sich selbst mit der anderen an die Stirn tippte.

Als wir Valparaíso erreichten, hatte sich der Schweißgeruch der Passagiere mit dem Duft einer vergossenen Dose Coca-Cola und dem übel riechenden Inhalt einer Babywindel, deren Eigentümer jämmerlich weinte, zu einer unguten Mischung vereinigt. Dass die beiden Hühner, die während der gesamten Fahrt kopfunter hingen, eisern umklammert von der rauen Hand einer Bauersfrau, ihre Duftdrüsen vor Angst auf Maximalbetrieb geschaltet hatten, machte die Sache nicht besser.

So atmeten Naël und ich auf, als unser Gefährt das Busterminal von Valparaíso erreichte. Naël sprang vor mir aus dem Bus wie dereinst Herkules aus der Unterwelt. Strammen Schrittes steuerte er den Innenraum des Busterminals an.

»Mann, der Ort, an dem Jean-Baptiste Grenouille zur Welt gekommen ist, war eine Feinschmeckeroase verglichen mit dem Innenraum unseres Höllengefährts! Kein Wunder, dass der auf der Suche nach dem perfekten Parfum zum Mörder geworden ist. Lass uns schnell ein Hotel auftreiben, das nach frisch gewaschenem Bettzeug und den guten alten Chemiereinigern riecht.«

Naëls an sich lobenswerter Vorschlag war schwerer in die Tat umzusetzen als gedacht. Im Busterminal von Valparaíso schien jeder zu wissen, wo er hingehen wollte – und wer es nicht wusste, der tat zumindest so. Ein Informationsstand war weit und breit nicht zu erkennen. Minutenlang irrten wir umher. Erst als uns zwei ältere Damen aus einem kleinen Kiosk heraus zu sich winkten, kam die Sache langsam ins Rollen.

Als wir auf die beiden zugingen, musste ich unwillkürlich schmunzeln. Die Linke nahm zwei Drittel des Platzes für sich in Anspruch. Ihr rundes Gesicht glänzte unter dem Deckenlicht des Kiosks wie eine gut eingefettete Billardkugel. Hinter ihrem rechten Oberarm hätte sich ein kleiner Junge verstecken können. Dennoch herrschte im Innern des Kiosks kein Platzmangel, denn was die Linke an Leibesfülle bot, brachte die Rechte an Größe auf. Alles an ihr war lang und schmal: Die Form ihrer Finger erinnerte an Zigaretten, ihr Gesicht war in die Länge gezogen wie ein Ausrufezeichen. Ich vermutete, dass auch all ihre Organe lang und schmal waren; die Wirbelsäule so gestreckt, dass ein weiteres Paar Arme am Körper Platz gehabt hätte, die Speiseröhre so endlos, dass die Nahrung in ihre Einzelteile zerlegt war, noch ehe sie im Magen ankam. Sahen die beiden bereits interessant aus, stieg unsere Verwunderung noch, als sie hinter sich griffen und zwei Dobermannwelpen auf das Verkaufsbrett des Kiosks stellten.

»Ganz frisch eingetroffen, meine Herren«, versprach uns die Hochgewachsene mit einer Stimme, die wie eine leiernde Violine klang.

»Wenn ihr beide nehmt, machen wir euch einen Sonderpreis«, fügte die Kiloreiche, anderthalb Oktaven tiefer gestimmt, hinzu.

»Ihr seid hier, um Hunde zu verkaufen?«, konnte sich Naël nicht zurückhalten zu fragen, obwohl diese Tatsache evident war.

»Nun, wir haben auch Katzen und Kanarienvögel und, wenn euch das lieber ist, einen Papagei, der fehlerfrei *Hola* sagen kann. Der käme allerdings etwas teurer, weil ...«

»Nein, wir wollen keine Vögel kaufen und, bevor ihr fragt, auch keine Babyanakonda und kein Kaimanei«, platzte es aus Naël heraus, dessen Temperament einmal mehr mit ihm durchging. »Stattdessen hätten wir gern gewusst, ob es in dieser Stadt ein Hotel gibt und wie man dieses erreichen kann.«

»Na, warum habt ihr das nicht gleich gesagt?«, fragte die Schlaksige mit ihrer Violinenstimme und trug die beiden Welpen zurück ins Innere des Kiosks. Ich wagte nicht, mir auszumalen, was dort im Dunkeln verborgen sein mochte – vielleicht hatte Naël mit seinen Anakondas und Kaimanen gar nicht so unrecht. Die Rundliche breitete freudestrahlend ein Blatt Papier vor sich aus, das sie mit einem stumpfen Bleistift bemalte.

»Ich zeichne euch den Weg zum Hotel auf«, versprach sie wohlgemut und verfiel für knapp zehn Minuten in schweigsame Aktivität.

»Woher kommt ihr eigentlich?«, fragte uns derweil die Violinstimme der Hochgewachsenen aus dem Dunkel des Kiosks heraus.

»Aus der Nähe von Paris«, begann Naël, woraufhin ein Ausruf des Entzückens aus dem Kiosk drang, der zwischen einem hohen E und einem Fis hin- und hervibrierte.

»Die Stadt der Liebe«, schwelgte sie, »ein Land mit gutem Essen und Wein und Dichtern und Chansoniers. Und woher kommst du?«

Ich wusste, was mir bevorstand. Seit ich mit Naël unterwegs war, hatte ich mehrere ähnliche Situationen erlebt.

»Aha, Deutschland«, sagte die Verkäuferin völlig teilnahmslos, um dann zwei Worte hervorzukramen, die mir mehrmals auf meiner Reise entgegengeschleudert werden sollten: »Du hast!«. Das gleichnamige Lied von Rammstein ist nicht zuletzt darum bekannt geworden, weil es so schön mit dem Bild übereinstimmt, das man sich von uns Deutschen macht. Vielleicht werden keine zwei Länder so übertrieben unterschiedlich gesehen wie Deutschland und Frankreich, woran die Völker dieser Länder keinen geringen Anteil haben. Seit jeher ist es bequemer, hauchdünne Verschiedenheiten unter Nachbarn über Gebühr zu betonen, während wirklich große Unterschiede mit zunehmender Ferne aus dem Blickwinkel geraten.

Im Übertreiben waren im Übrigen auch Südamerikaner nahezu unschlagbar. In den schillerndsten Farben schilderte uns die Schlaksige Valparaíso. Entspräche auch nur ein Drittel davon der Wahrheit, wäre diese Stadt das Paradies auf Erden. Drei Minuten lang schwärmte sie von Nerudas Haus. Tags darauf sollten wir dorthin fahren und drei Mal an dem Gebäude vorbeilaufen, weil es derart unscheinbar war.

»Hier geht's zu eurem Hotel«, schaltete sich ihre massige Nachbarin wieder ein und drehte ihre Zeichnung zu uns um. Naël und ich blickten auf ein Liniengewirr, das von unscheinbaren Vierecken durchzogen war.

»Aha«, machte ich.

»So ein Blödsinn!«, entfuhr es der Hochgewachsenen daraufhin. »Meine Kollegin kann sowieso nicht malen. Ich werde euch zum Hotel führen.«
Kurzerhand knüllte sie das bemalte Papier zusammen und warf es hinter sich in das Dunkel des Kiosks, zu den Hundewelpen und Kanarienvögeln und dem weiteren Getier.
Zwanzig Minuten lang stapfte sie mit großen Schritten vor uns her. Wir mussten uns beeilen, um mit ihr Schritt zu halten, gleichzeitig heranpreschenden Autos und Mopeds ausweichen und die Eindrücke von Valparaíso in uns aufnehmen.
Valparaíso ist zweigeteilt wie kaum eine andere Stadt. Unten, wo sie das Meer berührt, sammelt sich der Dreck an den Rändern einer Hauptstraße, die Valparaíso wie ein Riss zerschneidet. Eine Schicht aus grauem Schmutz hat sich hier auf die Häuser gelegt. Der Strand dahinter ist ein schlechter Witz; er weist stellenweise frappierende Ähnlichkeit mit einer Müllhalde auf. Straßenverkäufer brüllten uns durch den Lärm veralteter Stadtbusse hindurch Kaufaufforderungen zu. Ein besonders penetranter rief uns immerfort »One dollar only, Mister!« hinterher und schwenkte eine rosafarbene Plastikuhr durch die Luft, die ich nicht einmal umsonst hätte haben wollen. Ich hatte noch nie erlebt, dass irgendein Verkäufer eine Uhr dieser Art an den Mann brachte. Vielleicht war der »Verkäufer« in Wahrheit gar ein Student, der Feldversuche für seine Diplomarbeit mit dem Titel »Psychologische Verhaltensmuster von Passanten angesichts abwegiger Kaufaufforderungen« unternahm.
Noch während Naël, von der geruchsintensiven Busfahrt und dem anschließenden Gespräch über Hundewelpen ohnehin gestresst, die Nase rümpfte, begann sich die Stadt um uns herum zu verändern.
Auf der meerabgewandten Seite schmiegt sich Valparaíso an mehrere Hügel. Während unten alles auf den Austausch von Waren ausgerichtet ist, stinkende Lastwagen zum Hafen fahren und zweckmäßige Fabrikhallen das Bild bestimmen, kamen wir, je höher es hinaufging, in immer feinere Wohngegenden. Die Häuser wurden bunt und begannen, uns mit ihrem satten Blau und Rot und Gelb entgegenzulächeln. Palmen umsäumten kleine Plätze, auf denen Kinder Fußball spielten. Die Formen um uns herum lösten sich von der reinen Zweckmäßigkeit und wurden verspielter. Als sich Naël zu mir umdrehte, hatte er ein Lächeln im Gesicht, das von einem Ohr zum anderen reichte.

»Na?«, fragte unsere schlanke Reiseführerin neckisch. Einmal mehr klang es, als glitte ein Geigenbogen über die oberste Saite.
»Wir sind jetzt im *Museo a Cielo Abierto*, dem »Museum unter freiem Himmel«. Sie deutete weit ausholend um sich. »Chilenische Künstler haben hier Treppen, Geländer und Häuserwände bemalt. Und hier ist eure Unterkunft.«
Mit diesen Worten öffnete sie eine Eingangstür und gab den Blick auf eine steile Treppe frei, die hinauf zu einem Raum führte, von dessen Fenstern man eine grandiose Aussicht auf die Stadt genoss. Naëls Grinsen wurde noch eine Spur breiter.
»Wer hätte das gedacht!«, entfuhr es ihm, woraufhin unsere schlaksige Reiseführerin ihrerseits ein Lächeln nicht unterdrücken konnte.

Eine wild durchtanzte Nacht

Drei Tage blieben Naël und ich in der seltsam zweigeteilten Stadt, die von oben betrachtet so lieblich erscheint. Besonders in den Abendstunden, wenn sich aus Straßenlaternen und Fenstern auf den dreißig umliegenden Hügeln Licht auf die zu Füßen liegende Stadt ergießt, sieht man, wie Valparaíso sich halbkreisförmig um den Hafen windet, angestrahlt wie ein gigantisches Amphitheater. Zuweilen verbindet sich in solchen Momenten die schläfrige Gelassenheit des privilegierten Beobachters mit dem Gefühl, am richtigen Ort zu sein – an einem Ort nämlich, an den man zurückkehren kann, wenn einem das graue Einerlei des heimischen Alltags zu viel werden sollte.
Zumindest ging es mir so. Naël hingegen tigerte unruhig im Hotelzimmer auf und ab. Eine Unruhe war in ihm erwacht. Insgeheim bewunderte ich seine kurzen Regenerationszeiten: Während ich mich nach drei Tagen Aufenthalt in Valparaíso noch immer gerne auf einer Parkbank der Oberstadt räkelte, rutschte er nervös hin und her. Ihm fehlte *action*. Am Abend des dritten Tages rückte er mit der Sprache heraus. Zu diesem Zeitpunkt hatte ich bereits erwartet, was nun kam.
»Hör mal«, druckste mein Weggefährte herum, als wir gegen zehn Uhr abends zu unserem Hotelzimmer zurückkehrten. »Chile ist einfach nichts für mich. Mir ist das hier zu geordnet und zu ausgetreten. Ich glaube, dass ich zurück nach Argentinien möchte. Ich will mich durch

den Moloch Buenos Aires wühlen und einen richtig hohen Berg erklimmen, so wie du es mir erzählt hast.«
Am Morgen des nächsten Tages würden sich unsere Wege trennen. Eine Bedingung bat ich mir jedoch aus: Unser letzter Abend durfte nicht ohne ein rauschendes Fest zu Ende gehen.
Um halb elf betraten wir die erste Bar, ein hohes Kellergewölbe mit rustikalen Holztischen und gutem Bier. Vier Musiker spielten eine ungewöhnliche Mischung aus fetzigen Reggaerhythmen, tiefen Trommeln und wehleidigen Panflöten. Wir setzten uns an einen der Tische und schauten einigen Chilenen zu, die direkt vor den Musikern tanzten.
Zwei Stunden später wechselten wir in eine andere Bar, ein exzessiv geschmückter Raum mit kleinen Rundtischen und günstigem Wein. Fünf Musiker boten eigenwillige Interpretationen des »Buena Vista Social Clubs«. Zwei Chileninnen winkten uns zu ihrem Tisch heran und wollten alles über die Länder wissen, aus denen wir stammten. Ihre Augen gehörten der Nacht; manchmal glühten sie im Schein der Tischkerze für Momente auf.
Gegen drei Uhr stolperten wir in eine grotesk beleuchtete Spelunke, in die wir in nüchternem Zustand keinen Schritt getan hätten. Der Barkeeper war an Unterarmen, Hals und im Gesicht tätowiert und öffnete uns gleich nach unserem Eintreten die Pforten zu einer Welt namens *Pisco Sour*.
Der chilenische Traubenschnaps, angereichert mit Limonensaft, flüssigem Eiweiß, reichlich Zucker, Zimt und Angostura, hatte entscheidenden Einfluss darauf, dass wir nach dem einführenden Geplänkel mit dem Barkeeper direkt auf die Tanzfläche wechselten.
Die Musik, dargeboten von sechs breitschultrigen Chilenen, schwankte zwischen Rock und Reggae, dem zusätzlich eine Mixtur aus Rap, Soul und Hip-Hop beigefügt war. Gesungen wurde auf Spanisch und Portugiesisch, manchmal unternahm einer der sechs Sänger Ausflüge in ein hanebüchenes Englisch, das er kräftig mit Schimpfworten anreicherte. Dies alles kam unserer Vorstellung von einer guten Party bereits ziemlich nah. Um uns herum tanzten und wiegten sich braun gebrannte Chilenen mit gekonnten Hüftschwüngen. Zwischen dem dritten und dem vierten *Pisco Sour* rempelte mich eine Tänzerin an und hob erschrocken die rechte Hand vor den Mund, wodurch ihre kaffeeschwarzen Augen besonders gut zur Geltung

kamen. Unsere Blicke berührten sich, und unvermittelt waren wir in einem Wirbel aus Hoffnungen und Versprechungen gefangen. Mir entging nicht, dass ihre Haut, an die Liebkosungen der Sonne gewöhnt, von einem angedeuteten Schweißfilm bedeckt war und sich dennoch sanft an ihre weiße Bluse schmiegte, während mein eigener Schweiß den Stoff meines Hemdes nicht verschont hatte. Gerne hätte ich sie gefragt, wie sie es hinbekam, dass ihr Oberteil selbst beim Schwitzen trocken blieb, doch der Zeitpunkt wäre ungünstig gewesen. Als ich sie zu einem freien Tisch führte, sah ich aus den Augenwinkeln, dass sich Naël in ähnlich angenehmer Gesellschaft befand wie ich. Einmal mehr grinste er über das ganze Gesicht.

Männer aus »Eu-Ro-Pa« haben in den meisten südamerikanischen Ländern gute Karten. Vielleicht war das ein wenig unfair gegenüber den hiesigen Männern – etwa so, als starte man eine Minute früher zu einem Tausendmeterlauf. Andererseits: Verhielt es sich bei uns zu Hause nicht genau umgekehrt? Fühlen wir uns nicht alle in erster Linie von dem angezogen, das selten und darum exotisch ist?

Ich zwinkerte Naël zu und konzentrierte mich anschließend voll und ganz auf mein Gegenüber. Es war das letzte Mal, dass ich meinen Weggefährten sah. Als ich am Vormittag zurück ins Hotel trat, hatte er seine Sachen gepackt und war verschwunden. Auf dem Bett lag ein Stück Papier.

»Habe die Tage mit dir genossen, vielleicht sehen wir uns in Bolivien. Dein Freund und Weggefährte, ›el loco‹ Naël.« Und darunter, mit krakeliger Schrift, ein Zusatz: »PS: Vielleicht ist Chile doch nicht so übel, wie ich dachte.«

Besuch im chilenischen »Beverly Hills«

Jetzt, da Naël gegangen war, lag ich auf dem Bett des Hotelzimmers und überlegte, wie meine Reise weitergehen sollte. Bereits jetzt hatte ich mehr erlebt als ich mir vor meiner Abfahrt erhofft hatte. Ich hatte mir Wüstenstaub von der Hose geklopft und meine Schuhsohlen von Eisklumpen befreit. In pechschwarze Mädchenaugen hatte ich geblickt, in hungrige Kinderaugen und in zu Schlitzen verengte Augen von Feldarbeitern in der Sonne. Ich war in das Leben von argentinischen Gasteltern und chilenischen Buspassagieren eingetaucht. Ich hatte einen Sechstausender bezwungen, hatte Mendoza, an den Schnüren eines Gleitschirms hängend, näher kommen sehen und mich von der Urgewalt eines Gebirgsflusses abwärts reißen lassen. Dutzende von Stunden hatte ich in Reisebussen zugebracht, die mich durch fruchtbare Felder und endlos scheinende Wüsten, über die Gipfel der Anden hinweg und vorbei an Wellblechhütten gebracht hatten. Kinder waren an ihren Seiten entlanggerannt, die Preise ihrer Waren schreiend. Unzählige Facetten hatte mir das Land gezeigt. Städte wechselten die Stimmung wie Chamäleons die Farbe, Landschaften schalteten von Tag auf Nacht. Hatte ich einen Moment lang das Gefühl gehabt, die Stimmung eines Ortes aufgenommen zu haben, konnte es passieren, dass sie mir im nächsten Moment wieder entglitt, mir aus den Fingern sprang wie ein nasser Fisch, und mich verblüfft zurückließ.

An jenem Tag, rücklings auf dem Bett eines Hotels in Valparaíso, drängte sich mir die Vorstellung auf, dass ich den Menschen, den Regionen, dem wankelmütigen Temperament dieses Subkontinents niemals gerecht werden konnte. Schon im nächsten Moment könnte ein beschriebener Ort ein anderer werden. Meine Eindrücke, Erlebnisse und Stimmungen waren Momentaufnahmen, Ausschnitte aus einer Welt, deren Facetten ich nie alle würde kennenlernen können.

Noch etwas wurde mir an jenem Tag klar: Mein weiterer Weg sollte nach Bolivien führen.

»*Hombre*«, hatte mir Marco in Buenos Aires in einem tiefen Tonfall anvertraut, der bei ihm in der Regel einem wichtigen Satz vorausging, »wenn du Südamerika kennenlernen willst, musst du nach Bolivien fahren. Du wirst schockiert sein, wenn sich Kinder vor Schmerzen in den Armen ihrer Mütter winden, die währenddessen Abfallreste aus dem Straßengraben klauben. Aber du wirst dieses Land mit mehr Eindrücken verlassen, als du für möglich gehalten hast.«

Um nach Bolivien zu gelangen, musste ich einen Zwischenstopp in einer der unwirtlichsten Gegenden der Welt einlegen. Im Norden Chiles, zwischen Valparaíso und Bolivien, erstreckt sich die Atacama-Wüste, die trockenste Region unserer Erde.

Ich beschloss, einen weiteren Tag Kraft zu tanken, bevor mich ein Reisebus nach San Pedro de Atacama, mitten hinein in eine weitläufige, an Kargheit kaum zu überbietende Gegend bringen würde. Eine Gegend, in der das Nichts regierte.

Von Valparaíso aus besuchte ich das benachbarte Viña del Mar. Diese Kleinstadt, direkt an der Pazifikküste gelegen, verhielt sich zu Valparaíso in etwa wie Beverly Hills zu Los Angeles. Hier stieg der Großteil der Touristen ab, um sich in große Hotelanlagen zurückzuziehen; hier kosteten dieselben Dinge ein Drittel mehr als in Valparaíso. Hierher zogen die Reichen und Schönen und die Korrupten, und mancher Tourist meinte in Wahrheit Viña del Mar, wenn er von Valparaíso sprach.
Direkt nach meiner Ankunft fiel mir auf, wie bekannt mir die Namen um mich herum vorkamen. Eine Konditorei bot »Sahne-Nuss« feil. Vor einem Café war »Kuchen« ausgeschrieben. Der Optiker zwei Straßen weiter hieß »Kramer«. Chile, seit Jahrzehnten ein Einwanderungsland, war zu einem Refugium für Deutsche geworden, die sich insbesondere in Santiago und entlang der Pazifikküste niedergelassen hatten und zumeist einen exzellenten Ruf genossen. Ihr Anteil daran, dass Chiles Ökonomie im Gegensatz zu seinen Nachbarländern stabil war, wurde landesweit anerkannt.
Unter einem mit Möwen gesprenkelten Himmel spielten ein paar Wellen mit einem Felsen, als ich an der Pazifikküste ankam und sogleich eine Runde darin drehte. Immer wenn ich einen Ort erreiche, an dem die Wellen eines Ozeans an eine Felsenküste schlagen, habe ich das Gefühl, angekommen zu sein. In solchen Momenten bin ich in erhöhter Kitschgefahr und kann nichts dagegen tun, dass mir die sandigen Hügel und Täler eines banalen Strandes wie eine samtige, warme Welt vorkommen und der heißere Schrei einer Möwe wie Musik in meinen Ohren klingt. So holte mich ausgerechnet in Viña del Mar eine Reisemüdigkeit ein – an einem Ort also, an den ich ursprünglich gar nicht hatte kommen wollen. Um mich herum breiteten sich palmenumsäumte Plätze aus, prusteten Uraltbusse an mir vorbei, luden blumengeschmückte Straßen zum Flanieren ein. Und dennoch rief diese Prachtkulisse bei mir nur Überdruss hervor.
Auf wie vielen solcher Plätze hatte ich eine Zeitung, ein Buch, einen Reiseführer gelesen? Wie viele Reisebusse hatten mich auf Landstraßen, Feldwegen, Gebirgspässen, Schlammpisten zu abgelegenen Orten gebracht? In wie vielen Straßen hatte ich mich mit einem Fremden unterhalten, einem Einheimischen in die Augen geblickt? Es müssen Hunderte gewesen sein. Immer habe ich auf Reisen die Erfahrung gemacht, dass Städte nach der Euphorie der ersten Tage einander mehr

und mehr ähneln, während die Natur ständig neue Geschichten zu erzählen vermag.
Während ich, noch immer philosophierend, Richtung Busbahnhof schlenderte, sammelte ich ein Bild auf, das mir in Südamerika immer wieder begegnen sollte: Ein Anzugträger, die Augen hinter einer dicken Sonnenbrille versteckt, mit einem Bauch, der sich über den Gürtel seiner Hose wölbte, sprach hektisch in ein Mobiltelefon, während ihm ein zerlumpter, dunkelbraun gebrannter Mann, der sein Leben in vornübergebeugter, geduckter Haltung verbracht haben musste, mit Händen, deren Fingernägel schwarz vor Schmutz waren, die Schuhe blank putzte. Auch das trug nicht zur Hebung meiner Stimmung bei. Als adäquate Gegenmaßnahme erwies sich hingegen der Besuch in der Residenz eines Nobelpreisträgers, der durch seine Gedichte und sein Engagement zeitlebens versucht hatte, den eben demonstrierten Unterschied zwischen Arm und Reich etwas zu verkleinern – ein Umstand, auf den der chilenische Schriftsteller Antonio Skármeta in seinem Roman »Mit brennender Geduld« kongenial verweist.
Siebzig Kilometer südlich von Valparaíso und Viña del Mar liegt der unscheinbare Ort Isla Negra. Hier steht das Haus von Chiles berühmtestem Künstler: Von seiner Residenz aus konnte Pablo Neruda aufs Meer blicken, das direkt unter ihm die Küste streift. Sein Haus ist gefüllt mit Muscheln, Schnecken, Galionsfiguren und Schiffsminiaturen. Im geräumigen Garten des Anwesens setzte ich mich auf etwas, das ich für einen Stein hielt, öffnete eine Picknicktasche und begann genüsslich, an einem Pfirsich zu schlürfen. Ich wunderte mich ein wenig, dass eine chilenische Familie hartnäckig direkt vor mir stehen blieb, während das Anwesen doch Raum genug bot, um sich adäquat zu verteilen. Die etwa vierjährige Tochter starrte mich gar an, als würden mir Antennen aus dem Kopf wachsen. Vermutlich konnte sie kaum glauben, was sie sah: Einen blassen Riesen mit gelben Haaren, dessen Augen blau waren wie der Ozean. Während ich den Aufenthalt der Familie noch als interessanten Zufall abtat und der Kleinen zuliebe sogar ein paar Grimassen schnitt, die sie mit einem hellen Lachen vergütete, kam ich ins Grübeln, als eine weitere Familie, gefolgt von drei argentinischen Jugendlichen, ebenfalls zu meinem Platz kam und direkt neben mir stehen blieb. Ich konnte mir nicht vorstellen, was an mir oder dem pfirsichbefleckten Stein derart interessant sein mochte

– bis ich einige Minuten später aufstand und um die besagte Stelle herumging.
»Pablo Neruda«, war in den Stein gemeißelt, »1904 – 1973«. Ohne es zu merken, hatte ich auf dem Grab des Dichters gepicknickt. Ich wusste nicht, ob man das durfte, Pfirsiche auf Pablo Nerudas Grab essen. Angesichts der ausgebliebenen Reaktion der Anwesenden und Nerudas Sinn für ironisch-abstruse Kleinigkeiten nahm ich die Sache mit den Pfirsichen, deren Saft inzwischen den Grabstein des Dichters benetzte, schließlich als ein Symbol für das satte, sich ständig neu erschaffende Leben, das Neruda in seinen Gedichten so eindrucksvoll beschrieben hat.

Die trockenste Wüste der Welt

San Pedro de Atacama, sagte ich sanft in den Verkaufsstand des Busbahnhofs hinein, in dem eine knapp fünfzigjährige Frau saß.
»Hmhm«, antwortete die Verkäuferin, ohne ihren Blick von der mexikanischen Telenovela zu lösen, die ohne Unterlass Klischees von sich gab. Sogar im Vergleich zu deutschen Fernsehprogrammen, die nicht selten hart an der Grenze des Zumutbaren operieren, sind die Inhalte südamerikanischer Produktionen von erstaunlicher Niveaulosigkeit geprägt. Immer musste ich unwillkürlich schmunzeln, wenn Erwachsene, wie die Verkäuferin in Valparaíso, beharrlich mitverfolgten, ob die gut aussehende Hauptdarstellerin am Ende den gut aussehenden Hauptdarsteller heiraten durfte oder nicht.
Auf der anderen Seite tat es gut, zu sehen, dass sich Erwachsene nicht in eine rationale, durchgeregelte Berufswelt zurückzogen, die kaum Spielraum für kreatives Ausprobieren ließ. Die meisten Einwohner Südamerikas haben es geschafft, sich eine liebenswerte Naivität und eine kindliche Neugier zu erhalten. Aus dem Blickwinkel eines Deutschen, der von klein auf darauf getrimmt wird, effizient zu arbeiten, erschien es zuweilen, als bestünden die Einwohner Südamerikas vor allem aus Kindern und Jugendlichen, die ihren Spaß haben wollten. Einen nicht geringen Anteil an diesem Umstand hatte die Tatsache, dass die Bevölkerungsstruktur auf dieser Seite des Atlantiks eine gänzlich andere ist als in Europa. Hierherzufliegen glich, verkürzt dargestellt, von den Ereignissen, der Stimmung und der Lautstärke her dem

Weg hinaus aus einem Altersheim und hinein ins gegenüberliegende Jugendzentrum.
Dies alles sorgte dafür, dass die Verkäuferin im Busbahnhof von Valparaíso »hmhm« sagte, während mir ihr Pendant in Berlin oder München vermutlich längst das gewünschte Ticket in die Hand gedrückt und zudem hartnäckig versucht hätte, mir irgendeine »special-offer-payback-card« zu verkaufen, mit der ich beim nächsten Kauf »up to five percent«-Rabatt oder sogar ein albernes Plüschtier »for free« hätte bekommen können. Trotz nicht zu leugnender Ineffizienz war es für mich als Kunde äußerst angenehm, dass die Mentalität in Südamerika solche Auswüchse des Kapitalismus entscheidend erschwerte.
Eine halbe Stunde später saß ich in einem Edelgefährt, das mich tief hineinführen sollte in die Atacama-Wüste. Von Valparaíso bis San Pedro de Atacama folgte es dem Verlauf der *Panamericana*, die sich von der Südspitze Feuerlands durch den gesamten amerikanischen Kontinent bis hinauf nach Alaska zieht. Für Touristen stellt sie die vielleicht bekannteste Traumstraße der Welt dar, für viele Einheimische verkörpert die *Panamericana* die Hoffnung auf ein besseres Leben. Jeden Tag folgen Bolivianer, Peruaner, Ecuadorianer, Kolumbianer ihrem Verlauf. Sie reisen von Süden nach Norden, im Innern von Lastwagen, auf den Dächern von Güterzügen, auf der Ladefläche einer *camioneta* oder zu Fuß. Sie machen sich auf den Weg, weil sie zu Hause niemals mehr als Schuhputzer, Straßenverkäufer, Parkplatzeinweiser sein können. Angezogen werden sie von den ausgeschmückten Geschichten derer, die es geschafft haben, im mystischen Nordamerika Fuß zu fassen, von Fernsehfilmen und Werbespots aus den USA und Europa, in denen die Menschen Mercedes fahren und es schlimm ist, wenn jemand keine Zigaretten in der Nähe hat oder eine Frisur nicht ordentlich sitzt. In nordmexikanischen Städten wie Tijuana sammeln sich diejenigen, die während der Reise nicht auf der Strecke geblieben sind. Dort sehen sie sich einer gigantischen Mauer gegenüber. Hinter dieser Mauer stehen Wachleute mit Infrarotsuchgeräten und scharfen Hunden, die verhindern sollen, dass Menschen über eine Grenze gelangen, die das Kapital, nicht selten durch den täglichen Einsatz ebenjener Menschen entstanden, problemlos passieren kann. Trotz all der Wachsamkeit hat Kalifornien mittlerweile mehr spanisch- als englischsprachige Einwohner.

Schnell wurde mir klar, dass mein Sitznachbar zu der beschriebenen Sorte Menschen gehörte. Kaum hatte er sich in den Sitz gedrückt, tat er, als würde er schlafen. *Al norte*, »nach Norden«, gab er an, als ich ihn einige Stunden später nach seinem Reiseziel fragte. Den Bolivianer sah man ihm an; sein rundliches, asiatisches Gesicht, seine geringe Größe und der gedrungene Körperbau waren untrügliche Zeichen. Ich wunderte mich, was er in Chile suchte. Erst als er erzählte, dass er lange nicht gesehene Verwandte besucht hatte, schwante mir, dass das eine Art Abschied gewesen war. Wie Tausende andere würde er versuchen, in die USA zu gelangen. Vielleicht war ein Bruder, ein Onkel, ein Neffe bereits dort, bei dem er vorerst Unterschlupf finden konnte. Wie würde es ihm ergehen? Würde der »american dream« für ihn zur Wirklichkeit werden? Oder sähe er sich aufgrund von hochgezogenen Zäunen, ruppigen Razzien und für Europäer schwer vorstellbaren Arbeitsbedingungen unvermittelt mit dem »american nightmare« konfrontiert?

Gerne hätte ich mehr von ihm gewusst, aber sein Schweigen war nicht zu brechen. Als ich kurz vor San Pedro de Atacama aufstand, um den Bus zu verlassen, drehte ich mich nochmals zu ihm um und sagte: *Suerte a ti*, »Ich wünsche dir Glück.« Dann war ich draußen.

Die Region, die sich um mich herum bis zum Horizont erstreckte, hatte einst zur bolivianischen Provinz Antofagasta gehört. Sie war an Unwirtlichkeit kaum zu überbieten und hatte lange Zeit wenig Interesse hervorgerufen. Das hatte sich schlagartig geändert, als Ende des 19. Jahrhunderts enorme Salpeter- und Kupfervorkommen im Boden der Atacama gefunden worden waren. Im »Pazifik-Krieg« schlug Chile sein Nachbarland Bolivien und verleibte sich die Atacama mit ihren Bodenschätzen ein. Bolivien verlor dadurch den Zugang zum Meer, wurde einer der wenigen Binnenstaaten Südamerikas und gleichzeitig zu einem der ärmsten Länder der Welt. Chile hingegen schaffte den Sprung zum Schwellenland und baut inzwischen neben Kupfer auch Lithium in großem Stil ab.

Marie und Adrien, zwei Spanischlehrer aus Paris, schüttelten die Köpfe, als ich sie über diese Geschichte in Kenntnis setzte. Marie war vor, Adrien hinter mir in einer Schlange gestanden, die sich, ausgehend von unserem Reisebus, zu einem kleinen Zollhäuschen gebildet hatte. Die damit verbundene Prozedur kannte ich bereits von meinem nächtlichen Übergang von Argentinien nach Chile. Dass wir innerhalb von Chile erneut eine rigide Kontrolle über uns ergehen lassen mussten, war mir hingegen neu. Wieder hatte ich ausreichend Zeit, meine Leidensgenossen in der Warteschlange kennenzulernen. Und erneut wurde ich einem mürrischen Beamten vorgestellt, beantwortete Fragen zum Zweck meines Aufenthalts, durchwühlte vor den Augen eines Grenzers meinen Rucksack und ging dreimal über einen Jodteppich, der die Bakterien auf meinen Schuhsohlen abtöten sollte. Es hätte mich nicht sonderlich gewundert, wenn man mich zusätzlich in Chlorwasser getaucht oder einen Affen auf mich angesetzt hätte, um mich zu entlausen.

Wie alle Franzosen waren Marie und Adrien sehr offen und freundlich – sofern man französisch mit ihnen sprach. Wir beschlossen, in den kommenden drei Tagen die Atacama-Wüste gemeinsam zu erkunden.

Jack gegen Johnny: Halluzinationen in der Atacama

Eins der wenigen Dinge, an denen in San Pedro de Atacama kein Mangel herrscht, ist Sand. Sand war überall: Der Wind wehte ihn durch die Gassen des Dorfes, häufte ihn an der Seite von Häusern an und trieb ihn nachts durch die Ritzen des Moskitonetzes in mein Zelt. Niemand konnte ihm entkommen. Wir hörten ihn unter unseren Schuhsohlen knacken und schmeckten ihn im Mund, wenn wir Wasser tranken.

Wasser war in San Pedro de Atacama deutlich seltener anzutreffen als Sand. Aus dem Himmel kam es selten; manchmal über Jahre hinweg nicht. Meist wurde es von Lastwagen in das Dorf gebracht und in Flaschen zu fünf Litern verkauft. Am ersten Morgen stolperten wir Wüstenneulinge in den erstbesten Laden des Dorfes und wollten eine dieser Flaschen kaufen. Der Ladenbesitzer runzelte die Stirn und stellte schließlich jedem von uns eine Flasche vor die Nase. »Glaubt mir, fünf Liter pro Person werden kaum ausreichen.« Er sollte recht behalten: Bereits am Nachmittag würde ich zurück in seinen Laden kommen, um Nachschub zu holen.

San Pedro de Atacama gäbe eine gute Filmkulisse für einen Western ab. Man erwartet jeden Moment, dass die Eingangstür eines dieser Häuser, die sich vor der Hitze in den Sand ducken, von einem Fußtritt aufgestoßen wird und zwei hochgewachsene Männer mit wettergegerbten

Gesichtern auf die staubbedeckte Straße treten. Ihre Colts baumeln locker an den Gürteln.
»Okay, Johnny«, sagt einer der beiden mit einem klaren Bass, weil Westernhelden immer Johnny heißen, Johnny oder Jack. »Klären wir also die Sache zwischen uns.«
Wir Passanten hätten natürlich keinen blassen Schimmer, worin »die Sache« besteht. Doch wir ahnen, dass es etwas Furchtbares sein muss, wenn es zwei erwachsene Männer vorziehen, bei dieser Gluthitze in den Staub einer Straße zu treten, anstatt gemütlich am Tresen einer Kneipe zu stehen, in der ein Deckenventilator die Luft in Aufruhr bringt und in genießbaren Portionen durch den Raum schickt. Vermutlich hat Johnny Jack die eben entdeckte Goldader streitig gemacht, so wie Chile die Atacama just in jenem Moment für sich beanspruchte, als Bolivien hier die Kupfervorkommen entdeckte.
Verhielte es sich in dem erdachten Western so, wie es sich in Wirklichkeit zwischen den beiden Ländern zugetragen hatte, trüge Johnny, der chilenische Minenräuber, statt eines Colts ein Maschinengewehr bei sich, während Bolivien-Jack mit einem stumpfen Messer bewaffnet wäre. Lange gefackelt wurde damals wie heute nicht: Chile schoss Bolivien, sinnbildlich gesprochen, kurzerhand über den Haufen und verkauft seither tonnenweise Kupfer und Lithium in die USA und nach Europa.
Gegen Mittag des zweiten Tages, kurz bevor die Sonne ihren Zenit erreicht hatte, warf Marie eine Idee in die Runde. »Lass uns eine Radtour machen! Weiter vorn gibt es einen Laden, in dem man Räder ausleihen kann.«
Adrien schaute sie an, als sei sie eben vom Mond gefallen. »Die Idee ist so verrückt, dass sie schon wieder gut ist«, befand ich hingegen.
Um halb eins waren wir startklar. Unsere Mountainbikes waren mit Satteltaschen ausgestattet, in denen wir jeweils eine Fünf-Liter-Flasche Wasser und diversen weiteren Proviant verstaut hatten.
»Keine Sorge, die Hitze geht gegen sechs Uhr abends zurück«, zeigte sich Marie optimistisch. Wir ließen San Pedro hinter uns und fuhren hinein in eine Gegend, der man den beruhigenden Namen *Valle de la Muerte*, »Tal des Todes«, gegeben hatte. Die Asphaltstraße unter unseren Reifen war, wie alles in dieser Gegend, mit Sand bedeckt. Die Sonne strahlte Hitze aus wie das Oberlicht eines gigantischen Back-

ofens. Zeitweilig kam es mir vor, als zögen wir drei eine Spur aus Schweiß hinter uns her.
Nach anderthalb Stunden bog Marie, die unerklärlicher Weise noch immer voller Energie war, in eine Straße ab, die zu einer Hügelkette führte. Erst als wir den ersten Hügel erreichten, wurde ihr Ehrgeiz jäh gestoppt. Der Schlauch ihres Vorderreifens platzte und ließ dabei ein Geräusch wie ein Peitschenknall hören, dessen Echo die vor uns liegenden Hügel auffingen und weitergaben, als unterrichteten sie sich gegenseitig von unserer Anwesenheit. Sofort blieben wir drei auf der Straße stehen – was nicht besorgniserregend war, da seit unserem Aufbruch nicht ein einziges Auto auf ihr entlanggefahren war. Auch jetzt, um kurz nach drei, stieß die Sonne ihre Strahlen hinab, als wolle sie den Boden durchbohren. Mein Wasservorrat war vollständig aufgebraucht; Marie und Adrien hatten zusammen noch zweieinhalb Liter zur Verfügung – zu wenig, wenn man im »Tal des Todes« gefangen war. Wir traten zusammen und beratschlagten, was zu tun sei.
»Vielleicht hätten wir an Flickzeug denken sollen«, fing Adrien an.
»Eine Luftpumpe wäre auch keine schlechte Idee gewesen«, stimmte ich zu.
»Vielleicht waren wir drei ein bisschen naiv«, fasste Marie zusammen.
Adrien beschloss, zurück nach San Pedro zu radeln. Er würde den Fahrradladen aufsuchen und entweder mit Flickzeug und Luftpumpe zurückkommen oder gleich mit einem Pick-up, auf den wir die Räder laden konnten. Marie und ich würden weiter in das Hügelland hineingehen und unter einem gezackten Felsen auf ihn warten. Es war die einzige Stelle in Sichtweite, die einen kleinen Streifen Schatten aufwies. In drei Stunden müsste Adrien zurück sein. Das Wasser nahm er mit.
Als sich seine Silhouette am Horizont verlor, blickten Marie und ich aus dem Schatten heraus in die Umgebung. Von einer Seite wehte Sand in unseren Unterschlupf hinein.
»Ich hätte euch nicht so nachdrücklich von der Fahrradtour überzeugen sollen«, machte sich Marie Vorwürfe.
»Ach was, bisher war es ziemlich genial«, befand ich. »Ich bin noch niemals durch eine Wüste geradelt.«
Kurz darauf wurden meine Augenlider schwer. Nur mit Mühe konnte ich das Bild endloser ockerfarbener Sanddünen und des ewig blauen Himmels aufnehmen. Die saunaähnlichen Temperaturen um mich herum taten ihre Wirkung. Selbst in unserem Unterschlupf waren es

noch immer weit über vierzig Grad Celsius. Der Felsen, der uns Schatten gewährte, hatte sich fast in meinen Arm gebrannt, als ich ihn versehentlich berührt hatte. Die Szenerie, die sich vor mir ausbreitete, kam mir vor, als versuche die Sonne, die Sandkörnchen wie Popcorn springen zu lassen, während sie der Wind umrührte. Wir waren in einem gigantischen Hochdruckbackofen gefangen.

»Ocker bis zum Horizont«, hörte ich Marie neben mir murmeln, »so was ist doch nicht normal.«

Dann fielen mir endgültig die Augen zu.

Der Sand drückte sich weiter in unseren Unterschlupf hinein. Schon bedeckte er unsere Beine, die, da die Sonne gewandert war, halb aus dem Schatten herausragten. Es war, als wolle die Wüste uns verschlucken, uns nach und nach selbst zu Sand machen, mit dem der Wind ein grausames Fangspiel veranstalten konnte.

Ich weiß nicht, wie lange Marie und ich unter dem Felsen gelegen waren. Irgendwann zog ich langsam, wie in Zeitlupe, den Vorhang des rechten Augenlids auf. Ich stöhnte bei der Anstrengung. Direkt über mir tat der Felsen nach wie vor seinen Dienst. Erbarmungslos glühte alles um uns herum unter dem grellgelben Backofenlicht der Sonne. Beinahe kam ich mir nun selbst wie ein Popcorn vor, das kurz vor dem Zerplatzen war. Mir war klar, dass ich nichts dagegen tun konnte. Ich war sogar zu schwach, eine Hand zu heben oder meinen linken Fuß aus der Sonne heraus in den Schatten zu ziehen. Marie neben mir lag ebenso unbeweglich da. Nur das Heben und Senken ihres Brustkorbs zeigte, dass sie noch lebte. Von Adrien war weit und breit nichts zu sehen. Was mochte passiert sein? Hatte der Fahrradladen geschlossen, weil mittags alle Welt in San Pedro *siesta* machte? War kein Pick-up aufzutreiben? Würde er mit der Polizei zurückkommen? Oder hatte er es vielleicht gar nicht bis San Pedro geschafft?

Ich hörte Marie neben mir stöhnen.

Und dann sah ich plötzlich, wie der Fels über mir die Farbe änderte. Zu den gezackten Rändern hin färbte sich der Fels schwarz. Langsam, doch unaufhaltsam, ergriff eine Feuchtigkeit Besitz von ihm. Sie musste aus seinem Innern gekommen sein. Jetzt breitete sie sich aus wie ein Tintenfleck, der auf ein Taschentuch geträufelt worden war. Ein einzelner Tropfen wanderte langsam zum Rand hin und sammelte sich dort. Er wuchs immer mehr an, dann sprang er plötzlich vom unteren Rand des Felsens herab auf meine Stirn.

Im ersten Moment wirkte es wie ein Messerstich. Fast erwartete ich, ein Zischen zu hören, wie es entsteht, wenn man kaltes Wasser in eine erhitzte Bratpfanne spritzt. Stattdessen zog der Wassertropfen eine kühlende Bahn zu meiner rechten Augenbraue, legte sich anschließend in die Mulde zwischen Auge und Nasenbein und zog weiter über meine rechte Backe, wo er abgelenkt wurde und einen weitläufigen Bogen schlug, um schließlich am rechten Rand meines Mundes anzukommen. Ich tastete mit der Zunge danach und schmeckte etwas so Köstliches, wie es alle Fünfsterneköche der Welt gemeinsam nicht hätten kreieren können.

Kaum war der erste Wassertropfen in meinem Mund versickert, löste sich ein weiterer aus dem Gestein und folgte, deutlich schneller als der vorherige, der Bahn des ersten. Verwundert öffnete ich nun ganz die Augen. Noch immer verteilte die Sonne verschwenderisch grellgelbes Licht aus dem wolkenlosen Himmel heraus. Nun aber war es, als presste sie den Saft aus der Erde, als rufe die gnadenlose Hitze nach einem Korrektiv. Ungeahnte Kräfte sammelten sich unter dem kargen Wüstenboden. Zwischen einzelnen Sandkörnern quollen Wassertropfen aus der Erde. Links und rechts der Straße, die uns hergeführt hatte, waren Kanäle entstanden. Ich rieb mir verwundert die Augen, die feucht waren, feucht von taufrischem Regenwasser.

Einige Ureinwohnerstämme in Südamerika setzen das Wasser mit Gott gleich. Betrachtet man die Ergebnisse »westlicher« Wissenschaftler, könnte man meinen, dass sie damit richtig liegen. Alle Flüssigkeiten auf der Erde ziehen sich zusammen, wenn es kälter wird, und gewinnen dadurch an Dichte. Nur das Wasser hält sich nicht an dieses physikalische Gesetz. Es zieht sich bei abnehmender Temperatur zunächst zusammen, dehnt sich jedoch von vier Grad Celsius abwärts an entgegen jeglicher Erwartung wieder aus. Dank dieser Eigenschaft sinkt null Grad kaltes Wasser im Vergleich zu vier Grad kaltem Wasser nicht auf den Grund eines Sees oder eines Meeres ab. Wäre dies der Fall, würden alle Gewässer vom Grund an zufrieren und wären rasch vollständig zu Eis erstarrt. Sämtliche Pflanzen und Tiere, die in diesen Gewässern leben, würden sterben. Am Grund von Seen und Meeren würden sich mächtige Eisbedeckungen bilden. Bis weit ins Umland hinein würde Kälte von den gefrorenen Gewässern ausströmen.

Stattdessen sehen wir jedoch auch im Winter fließende Bäche – und Nebel über Seen und Meeren. Während die Oberfläche eines Gewäs-

sers zufriert, ist das Wasser darunter wärmer. Der Effekt verstärkt sich noch, weil die zugefrorene Eisdecke ihrerseits ein Schutz gegen die weitere Abkühlung des darunterliegenden Wassers ist.
Wasser verfügt über eine ungewöhnlich hohe Oberflächenspannung. Nur dadurch können Pflanzen die im Wasser gelösten, lebensnotwendigen Nährstoffe durch die Kapillarröhrchen hindurch nach oben ziehen. Innerhalb dieser Kapillarröhrchen verhält sich Wasser wiederum völlig anders als im Freien. Statt einzufrieren geht es bei minus dreißig Grad in einen dickflüssigen Zustand über und verwandelt sich bei minus siebzig Grad in eine eigentümliche glasartige Substanz. Nur dadurch können manche Pflanzen im Winter grün bleiben.
Wasser kann mehr Substanzen aller Art lösen als irgendeine andere Flüssigkeit, ohne dabei giftig zu werden. Dreizehntausend Milliarden Tonnen Wasserdampf in unserer Atmosphäre sorgen dafür, dass Leben auf der Erde möglich ist. Ohne sie würde Eiseskälte auf unserem Planeten herrschen.
Der Stuttgarter Professor Bernd Kröplin ging angesichts der einzigartigen Eigenschaften des Wassers sogar noch einen Schritt weiter. Eigentlich erforschte er die Auswirkungen von Mobilfunkwellen. Dabei stellte er jedoch fest, dass sich Wasser unter Einwirkung solcher Wellen veränderte. Kröplin ließ Wassertropfen verdunsten und untersuchte die entstandenen Rückstände, die erstaunliche Figuren aufwiesen. Bei identischen Versuchsanordnungen ergaben sich verschiedene Figuren, je nachdem, welcher Experimentator die Tropfen bediente. Nach Zehntausenden von Tropfenabdrücken deutete alles darauf hin, dass Wasser die Gefühlslage und den Charakter von Personen widerspiegelt, auch wenn die Ergebnisse aufgrund mangelnder Reproduzierbarkeit vorerst lediglich als ein Indiz gewertet werden können.
Eine weitere Eigenart des Wassers könnte sich hingegen in der Zukunft als äußerst bedeutsam für die Menschheit herausstellen. Zudem erklärt sie vermutlich jene mysteriösen Umstände, die seit 1945 um die Bermudainseln herum beobachtet werden. Bis heute sind in jener Gegend nicht weniger als einhundert Schiffe und sechzig Flugzeuge spurlos verschwunden. Kaum ein Schiff hatte vor dem Verschwinden SOS gefunkt. Die wenigen, von denen Zeugnisse erhalten sind, gaben merkwürdige Gegebenheiten an. »Vor uns liegt weißes Wasser«, hieß es, »Wir geraten in leuchtenden Nebel«, wurde behauptet, und: »Unsere Bordinstrumente spielen verrückt!«. Die meisten aber mussten im

»Bermudadreieck« ohne Vorwarnung in die Tiefe gezogen worden sein. Wer oder was zog sie so plötzlich auf den Meeresgrund?
Im Gegensatz zu einsamen Seefahrern und fantasievollen Filmemachern sind die meisten Wissenschaftler inzwischen zur Überzeugung gelangt, dass die Ursache jener Katastrophen eine seltene Verbindung von Wasser und Methan ist. Methan setzt sich aus Kohlenstoff und Wasserstoff zusammen und bildet sich, wenn organisches Material auf dem Meeresgrund verwest. Verkürzt gesagt umschließen die Wassermoleküle jeweils ein Methangasmolekül und erzeugen so eine eisartige Substanz, die man »Methaneis« nennen könnte. Bis heute wurden »Methaneislager« nicht nur in der Nähe der Bermudas gefunden, sondern auch vor Australien, Japan, Norwegen und Alaska. Allein die bis dato bekannten Vorkommen enthalten geschätzte zwölf Milliarden Tonnen Kohlenstoff – das Doppelte dessen, was in allen Erdöl- und Erdgasspeichern der Welt vorhanden ist. Auf dem Grund der Meere sind folglich Energiespeicher zu finden, die, sollten sie eines Tages wirtschaftlich nutzbar gemacht werden, das Überleben der Menschen sichern könnten.
Auf der anderen Seite könnte eben jenes Methangas unser Überleben entscheidend beeinträchtigen. Erwärmt sich das Wasser in den Tiefen der Meere oder ändert sich der Druck, beispielsweise infolge von Seebeben, so zerfällt das »Methaneis« spontan in seine Einzelteile Wasser und Methangas. Methangas steigt in Blasen zur Wasseroberfläche auf und zersetzt die sonst herrschende Oberflächenspannung. Das Wasser wird leichter und vermag Schiffe nicht mehr zu halten. Sie sinken wie aus dem Nichts heraus auf den Grund. Nicht einmal Schwimmer könnten sich an der Oberfläche des Wasser-Methangas-Gemischs halten. Manche Wissenschaftler halten gar die Freisetzung gigantischer Mengen von Methangas für möglich. »Bermuda« wäre dann überall.
Noch haben wir kaum begonnen, die Bedeutung der »Methaneislager« auf den Meeresböden zu verstehen, ebenso wie uns bis heute die einmaligen Eigenschaften von Wasser verblüffen. Klar ist nur, dass unser Leben unweigerlich mit der Existenz von Wasser zusammenhängt, und dass uns die Welt nur dort ein Lebensraum sein kann, wo genügend von diesem einzigartigen Stoff vorhanden ist.
»Das Wasser ist das Göttliche«, murmelte ich vor mich hin, während um mich herum nach wie vor Tropfen aus der Erde sprossen wie junge Triebe. Ich überlegte, ob ich sie auffordern sollte, das gefälligst sein zu

lassen, da es den bekannten Gesetzen der Physik und der Biologie widersprach, als ich eine vertraute Stimme hörte.

»Wacht endlich auf, ihr Schlafmützen! Wie lange soll ich euch noch Wasser ins Gesicht schütten?«

Ich riss die Augen auf. Vor mir stand Adrien und besprengte uns aus einer Fünf-Liter-Flasche. Auf dem Boden vor ihm lag das ersehnte Flickzeug und die Luftpumpe.

»Das ist ja mal ein Empfang für euren Retter«, beschwerte er sich, während er Marie und mir je eine Fünf-Liter-Flasche herüberreichte, die wir gierig ansetzten.

»Ich bin so schnell wie möglich nach San Pedro zurückgeradelt und in den Fahrradladen gestürzt. Auf dem Rückweg nahm mich ein Lastwagen auf seiner Ladefläche mit, bis zur Abzweigung, an der es auf diese Hügel hier zugeht. Keine drei Stunden habe ich gebraucht, bis ich wieder hier war. Habt ihr die Zeit gut verbracht?«

Adrien fragte, als hätten wir in den vergangenen drei Stunden am palmengesäumten Ufer einer Karibikinsel gelegen statt im kleiner werdenden Schatten inmitten der trockensten Region der Erde. Anstelle einer Antwort zeigte Marie auf ihre Fünf-Liter-Flasche, in der nur noch eine Bodendecke Wasser übrig geblieben war. Dann stand sie langsam auf, klopfte sich den Staub von den Kleidern und begann, ihr Vorderrad aufzupumpen, um die Stelle zu finden, an der ihr Schlauch aufgeplatzt war.

»Was hat sie denn?«, raunte mir ihr Reisepartner zu.

»Die Atacama hat ihr heute eine Lektion verpasst. Und mir auch«, hielt ich fest. »Komm, lass uns die Tour zu Ende bringen und dann nach San Pedro zurückfahren.«

Doch die Wüste war noch nicht bereit, ihre Opfer so schnell loszulassen. Wir besprengten ihren Sand mit unserem Schweiß, als wir durch die Hügellandschaft fuhren. Stetig ging es leicht bergauf. Zum Glück hatte zumindest die Sonne den Großteil ihrer Energie eingebüßt und neigte sich langsam dem Horizont entgegen. Eine weitere Lektion hielt die Atacama jedoch für uns bereit, wie wir merken sollten, als wir um die letzte Kurve der Hügellandschaft bogen, die in ein ausgedehntes Tal mündete. Von hier aus schlug eine asphaltierte Straße einen weitläufigen Bogen zurück nach San Pedro. Mehrere Kilometer lang ging es von hier an bergab.

»Downhill Madness!«, jauchzte Marie auf, was angesichts ihres französischen Akzents richtig putzig klang. Dann ließ sie ihr vor einer Stunde erst geflicktes Rad abwärts rollen. Überhaupt hatten sich ihre Lebensgeister bewundernswert schnell zurückgemeldet. Übermütig schlängelte sie vor Adrien und mir hin und her. Dabei sang sie französische Poplieder, die von schwierigen Beziehungen und außergewöhnlichen Begegnungen in Bars handelten – bis sie zufällig rechts neben die Straße blickte und ihr Rad abrupt zum Stehen brachte.
Ein Windstoß war in den Sand gefahren und wirbelte ihn zu einer zwei Meter hohen Mauer auf, die sich langsam ausbreitete. Noch während Marie diesem Phänomen eher neugierig als ängstlich zuschaute, hatte ich begriffen, was uns unmittelbar bevorstand.
»Ein Sandsturm!«, rief ich, »wir müssen Deckung suchen.«
Mein Vorschlag stieß augenblicklich auf breite Zustimmung, scheiterte jedoch im selben Moment am Mangel an Möglichkeiten. Wir befanden uns mitten in der Wüste; nicht einmal ein Strauch war in unserer Nähe zu sehen.
»Stellt die Fahrräder zusammen. Die geben uns Schutz«, gab ich mich fachmännisch. Etwas Ähnliches hatte ich mal in einem amerikanischen Actionfilm gesehen. Nur dass es sich dort um zwei Motorradfahrer gehandelt hatte, die eine unglaublich gut aussehende Frau aus den Klauen einer fiesen Bande retten wollten, statt auf geliehenen Fahrrädern mal eben durch eine Wüste zu fahren, von deren Gefahren sie, wie sich immer deutlicher herausstellte, keine Ahnung hatten.
Tatsächlich bildeten unsere Räder einen Schutzwall gegen die ersten, vom Wind herbeigewehten Sandkörner. Mit einem hellen Klicken prallten sie auf den Rahmen und die Speichen unserer Mountainbikes. Wenig später steigerte sich das Klicken zu einem Dauergeräusch, das immer lauter wurde, als drehe jemand einen Lautstärkeregler auf. Fünfzehn Minuten nachdem uns der Sandsturm erreicht hatte, entfaltete er seine volle Kraft. Immer neue Windstöße fuhren in den Wüstensand, trieben Geschwader von Körnern vor sich her, die nun trotz der aufgestellten Fahrräder auf unsere Körper prallten wie Nadelstiche.
Der Sand war überall. Er setzte sich in unseren Ohren ab, drang in Mund und Nase ein, durchwühlte unsere Haare, zerrte an den Augenlidern. Wir warfen uns flach auf den Boden und wurden von einer zentimeterdicken Sandschicht bedeckt. Es war schwer zu sagen, wie

lange das ungewollte Peeling anhielt. Vermutlich lagen wir keine zehn Minuten auf der Erde; doch es kam uns vor, als sei eine halbe Stunde vergangen. So plötzlich wie er sich auf uns gestürzt hatte, ließ der Sand von uns ab und machte einer absoluten Stille Platz. Die Sonne tauchte die Landschaft um uns herum in rötliches Licht. Nichts erinnerte mehr daran, dass hier gerade drei reichlich naive Radfahrer mit einer Sandschicht eingedeckt worden waren.

»Wir müssen uns beeilen!«, mahnte ich, als wir aufstanden und uns den gröbsten Sand von den Kleidern klopften. »Die Sonne ist fast untergegangen, und wir haben nicht die nötige Ausrüstung für eine Nacht in der Wüste.«

Nach meinem Vorschlag mit den Fahrrädern hatte ich automatisch das Kommando übernommen – hauptsächlich weil Marie einiges von ihrer Forschheit eingebüßt hatte und Adrien generell ein eher schweigsamer Typ war. Von einer Reise durch Marokko kannte ich die Wüste zumindest ansatzweise und wusste, was eine Übernachtung bedeuten würde: Eingehüllt in drei Wolldecken hatte ich damals eine Nacht in der Sahara verbracht und dabei noch immer gefroren. Erneut sollte ich recht behalten: Als sich die Sonne verabschiedete und San Pedro am Horizont auftauchte, kam erneut Wind auf. Deutlich schwächer als zuvor zwar, dafür aber etwa dreißig Grad kälter. Eine Gänsehaut breitete sich auf meinen Armen und Beinen aus, die nur durch Shorts und ein altes T-Shirt geschützt waren. Zum Glück fehlten nur noch wenige Kilometer.

In San Pedro angekommen fielen wir ermattet in unsere Zelte. Zu diesem Zeitpunkt ahnte ich noch nicht, dass ich in Bolivien eine Fahrradtour unternehmen würde, die um ein Vielfaches abenteuerlicher werden würde als mein heutiger Besuch in der Wüste, und dass ich mir dort um ein Haar wirklich Hals und Bein brechen würde.

Ein deutscher Prediger und eine berühmte Legende

Einer der Vorteile, wenn man mit Franzosen unterwegs ist, besteht darin, dass man in gute Restaurants geführt wird, um sich in illustrer Runde gepflegt über kulinarische Köstlichkeiten, kulturelle Kuriosa und kalauernde Komiker auszutauschen. Nachdem wir den Tag zuvor radfahrend in der Wüste verbracht hatten, gönnten wir uns am nächsten eine Auszeit und ließen das Frühstück gemächlich in ein Mittagessen übergehen, das einige Stunden später zu einem Abendessen mutierte. Zwei junge Reisefotografen aus Marseille hatten uns für verrückt erklärt, als wir ihnen erzählt hatten, wie wir den vorherigen Tag verbracht hatten, und sich uns dann spontan angeschlossen. Wie alle Franzosen, mit denen ich bislang essen gewesen war, entpuppten sich auch diese vier als Meister der subtilen Ironie und sprachlichen Feinheiten. Allerdings musste ich das Gespräch mehrmals von ausschweifenden Schilderungen obelixartiger Gelagen auf Inhalte lenken, die mich interessierten, weil sie mehr mit Chile zu tun hatten. Besonders die beiden Reisefotografen Marc und Philippe kannten sich hierin gut aus.

»San Pedro ist etwas Besonderes«, hielt Philippe fest. »Zwei Wochen sind wir inzwischen hier, dabei wollten wir ursprünglich nur zwei Tage bleiben. Dieser Ort ist eine Fundgrube für Fotomotive.«

»San Pedro de Atacama hat sich mitten in den ockerfarbenen Wüstensand gesetzt, wie ein trotziges Kind, das sich weigert, zu den anderen Städten zu gehen«, fügte Marc hinzu, der eine poetische Ader hatte. »Die harten Bedingungen schweißen die Einwohner zusammen, und ständig liegt ein Hauch von Abenteuer über der Stadt. Mir kommt das vor, als sei San Pedro ein in den Sand geducktes Tier, das auf ein Zeichen wartet, um losspringen zu können.«

»Was mir hier auffällt ist, dass die meisten *buena gente* sind, ›gute Menschen‹, die sich durchs Leben schlagen, ohne anderen über Gebühr zu schaden. Unterwegs habe ich viele ehrliche Blicke gesehen, neugierige auch, manchmal finstere, aber kaum je verschlagene oder hinterhältige. Wenn ich daran denke, wie die Menschen in Paris aneinander vorbeiströmen, ohne sich wahrzunehmen, und sich Leute, die zusammen in einem Haus wohnen, nicht einmal grüßen, frage ich mich manchmal schon, ob wir nicht etwas Grundlegendes falsch machen.« Marc schob seine Augenbrauen ein Stockwerk höher.

»In Südamerika nimmt man sich eher Zeit, um wirklich miteinander zu sprechen«, pflichtete ich ihm bei. »Bei uns zieht man sich dagegen gern zurück, schließt sich in seinen vier Wänden ein und kommuniziert per Telefon, Chat und E-Mail. Seltsam, nicht wahr? Dass ausgerechnet die sogenannten ›Kommunikationsmittel‹ uns in Wahrheit voneinander trennen, indem sie den persönlichen Kontakt ersetzen. Ich frage mich nur, wie das hier in Südamerika weitergehen wird. Werden sich die Menschen hier auch bald lieber in ihre Schneckenhäuser zurückziehen, statt am Leben *en la calle*, »auf der Straße«, teilzunehmen? Wäre das ein Fortschritt? Oder werden wir uns alle ein wenig angleichen, sie uns und wir ihnen, weil wir im Zuge der Globalisierung immer mehr miteinander zu tun haben werden?«

»Letzteres wäre vielleicht gar nicht schlecht«, meinte Philippe. »Wir bringen denen bei, wie man Dinge organisiert, und lernen von ihnen, wie man gelassen reagiert, wenn der Bus mal nicht rechtzeitig kommt oder man einen kurzen Regenguss abbekommt.«

»Organisation gegen Bescheidenheit, das wäre meine Definition von fairem Handel«, bestätigte Marc.

»Wollen wir hoffen, dass es nicht genau andersherum läuft und wir am Ende arrogante Chaoten in Südamerika UND in Europa haben!«, lachte Marie. »Aber es stimmt: Wir können beide viel voneinander lernen. Auch darum wäre es wichtig, sich mehr miteinander zu beschäftigen. Ich verstehe nicht, warum ihr euch in Deutschland dermaßen einseitig von den USA beeinflussen lasst!«

»Das geht mir auch so«, stimmte Adrien ein. »Zumal gerade Chile eines der klassischen Auswandererländer für Deutsche ist. Damit meine ich jetzt nicht die fünfzigtausend ehemaligen NSDAP-Mitglieder, die nach dem Zweiten Weltkrieg in Südamerika Fuß gefasst haben. Und auch nicht jene zweihundert Anhänger des deutschen Predigers Paul Schäfer, die 1961 nach Chile kamen. Etwa dreihundertfünfzig Kilometer südlich von Santiago kaufte Schäfers Clan damals ein Stück Land und errichtete eine Gemeinschaft mit eigenen Regeln. Lange Zeit blieb unklar, ob es sich dabei um eine Kommune mit selbstbestimmten Individuen oder um eine Sekte handelte, die dreihundert Menschen hinter Stacheldraht gefangen hielt. Erst als Mitte der siebziger Jahre einigen aus der Kolonie die Flucht gelang und sie von Folterungen mit Elektroschocks berichteten und vom sexuellen Missbrauch männlicher Kinder durch Paul Schäfer, wurde klar, dass die *Colonia Dignidad*, die »Kolonie der Würde«, diesen Namen zur Verspottung ihrer Mitglieder trug. Doch als die brisanten Details aus dem Süden Chiles bekannt wurden, geschah vorerst nichts, was die Kolonie hätte gefährden können. Augusto Pinochet war Paul Schäfer freundlich gesinnt. Immerhin verfügte dessen Sekte über ein Vermögen von geschätzten zweihundert Millionen US-Dollar. Erst nach dem Sturz Pinochets wurden die Rechte der Kolonie beschnitten.

»Chile ist eben eine Fundgrube – nicht nur für Fotomotive, sondern auch für Geschichten aller Art«, versuchte ich von den deutschen Schandtaten abzulenken. Auf meinen Reisen hatte ich mir diesbezüglich eine gewisse Zungenfertigkeit angeeignet. »Schon der erste Roman, der jemals in englischer Sprache erschienen ist, beschreibt ein Abenteuer, das auf einer chilenischen Insel stattgefunden hat. Im Oktober 1704 lag ein Segelschiff in der Bucht jener Insel vor Anker. Der schottische Segelmeister Alexander Selkirk war zuvor mit dem Kapitän in Streit darüber geraten, ob das Schiff noch seetüchtig war oder nicht. Selkirk war laut geworden und hatte seinem Kapitän gegenüber behauptet, lieber auf der nächsten Insel ausgesetzt werden zu wollen, als weiter auf einem Schiff mitzufahren, dessen Zustand seines Ermessens nach katastrophal war. Daraufhin hatte ihm der Kapitän diesen ›Wunsch‹ gewährt. Obwohl die Insel *Más a tierra*, ›Näher am Festland‹, hieß, fehlten gut sechshundertundfünfzig Kilometer bis zur chilenischen Küste. Über vier Jahre lebte Selkirk mutterseelenallein auf dem Eiland, bevor ihn ein Handelsschiff an Bord nahm und zurück nach England brachte. Der Kapitän jenes Schiffes vermerkte am 2. Februar 1709 in seinem Tagebuch: ›Unsere Pinasse kehrte unverzüglich vom Ufer zurück und brachte Bachkrebse im Überfluss mit, wie auch einen Mann, der mit Ziegenfellen bekleidet war und wilder anmutete als deren ursprüngliche Besitzer. Er hatte vier Jahre und vier Monate auf der Insel zugebracht.‹
Selkirks Geschichte wäre längst vergessen, hätte er nicht sieben Jahre nach seiner Rückkehr einen englischen Journalisten getroffen und ihm seine Geschichte erzählt. 1719 veröffentlichte jener Journalist den Roman, der auf der Geschichte Alexander Selkirks fußt. Da man damals noch Sinn für schwungvolle Titel hatte, nannte Daniel Defoe sein Werk ›The Life and Strange Surprising Adventures of Robinson Crusoe: who lived Eight and Twenty Years, all alone in an uninhabited Island on the Coast of America, near the Mouth of the Great River of Oroonoque; Having been cast on Shore by Shipwreck, wherein all the Men perished but himself. With an Account how he was at last as strangly deliver'd by Pirates. Written by himself.‹ 1970 benannte die chilenische Regierung die Insel *Más a tierra* um – in ›Robinson Crusoe!‹
Wir plauderten noch mehrere Stunden, immer wieder unterbrochen von Darbietungen chilenischer und bolivianischer Musiker, bis die

Sonne einem Vollmond Platz gemacht hatte, der tief über der Atacama hing und ein bizarres, kaltes Licht auf die Landschaft fallen ließ, das sie endgültig zu seinem Eigentum machte.

Hightech in der Wüste

Am folgenden Tag verließ ich Chile, um meine nächste Station zu erreichen: Bolivien, der ärmste Staat Südamerikas, lag vor mir. Als ich kurz vor Sonnenaufgang die rostigen Stufen eines Kleinbusses emporstieg, wusste ich noch nicht, wie anders von hier an alles werden würde. Dass ich mitten hinein in ein Indianergebiet reisen würde, dessen Präsident ein ehemaliger Cocabauer war. Und dass sich die Armut dieses Landes von nun an an meine Fersen heften würde, ohne dass ich sie abschütteln konnte. Sie würde in den Blicken bettelnder Kinder liegen, in den ausgestreckten Händen ihrer Mütter und in den Reden von Angehörigen der weißen Oberschicht. Gleichzeitig sollte mich Bolivien mit einer Reihe von Naturwundern empfangen, wie ich sie niemals zuvor zu Gesicht bekommen hatte.
Kurz hinter San Pedro fuhr unser Bus an einer Armada zwölf Meter hoher Spezialantennen vorbei. Eine japanische Firma baute hier eine der größten Weltraumbeobachtungsstationen auf. Eine Region wie die Atacama-Wüste, in der durchschnittlich ein Fünfzigstel der Regenmenge fällt, die im Death Valley in den USA gemessen wird, und in der Wetterstationen existieren, die in ihrer gesamten Geschichte nicht einen Tropfen Niederschlag verzeichnet haben, eignet sich optimal für wissenschaftliche Forschungen dieser Art. In einem Landstrich fernab jeglicher Straßen, etwa einhundert Kilometer südlich der chilenischen Stadt Antofagasta, dient der über zweieinhalbtausend Meter hohe Berg *Paranal* als Standort mehrerer Teleskope, die zu den größten und genauesten der Welt gehören. Im Auftrag der Europäischen Südsternwarte ESO wurde gar der Gipfel des *Paranal* von zweitausendsechshundertsechzig Metern auf zweitausendsechshundertfünfunddreißig Meter heruntergesprengt. Auf der dadurch entstandenen Plattform horcht das »Very Large Telescope« (VLT) in den Weltraum hinein. Zwei- bis dreimal täglich bringen Tanklastzüge Wasser für die einhundertdreißig Mitarbeiter auf den Berg. Seit das VLT 1999 in Betrieb genommen wurde, sind über eintausend Artikel in wissenschaft-

lichen Fachzeitschriften veröffentlicht worden, die auf Daten des Observatoriums basieren. Unter anderem wurde dort der genaue Durchmesser und die Temperatur des Plutomonds Charon bestimmt, ein schwarzes Loch von etwa einhundert Millionen Sonnenmassen in der Galaxie NGC 1068 nachgewiesen und der am weitesten entfernte Gammablitz beobachtet. Da man sich weitere spektakuläre Entdeckungen erhofft, ist erst vor Kurzem ein neues Teleskop auf fünftausend Metern Höhe errichtet worden. Die trockene dünne Luft auf dem Chajnantor-Hochplateau soll die Bedingungen für das »Atacama Pathfinder Experiment« (APEX) schaffen, mit dem astronomische Beobachtungen im Submillimeterbereich möglich werden sollen.

Eine weitere wissenschaftliche Errungenschaft befindet sich an der nordchilenischen Pazifikküste. *Atrapanieblas*, »Nebelfänger«, nennt man die Netze in knapp eintausend Metern Höhe, die quer zur Windrichtung gespannt sind. Durch sie kondensieren Nebeltropfen, die anschließend in einem Leitungssystem transportiert und gesammelt werden.

Eine Heimat für hochmoderne Spitzenforscher, ein Touristenland, in dem man sich sicher bewegen kann: So in etwa wollen Chiles Politiker ihr Land sehen. Sie arbeiten darauf hin, mit harten Grenzkontrollen und ökonomischer Liberalisierung, mit dem Schutz ihrer Landschaften und geschickten Werbekampagnen in Europa.

Tatsächlich erscheint Chile ruhiger und geordneter als sein östlicher Nachbar Argentinien. So ruhig und geordnet gar, dass Naël sich berufen gefühlt hatte, einem hochrangigen Politiker in der Moneda ins Wort zu fallen, weil ihm die Sache zu langweilig erschienen war. Dennoch hatte ich, unter anderem Dank Maries Temperament, am eigenen Leib erfahren, über welch gefährliche Urkraft Regionen wie die Atacama-Wüste verfügen, wenn man sie auf eigene Faust erkundet. Chile, ökonomisch auf weitaus sichereren Beinen als seine Nachbarn Argentinien, Bolivien und Peru, ist auf dem besten Weg, ein Touristenland zu werden – auch wenn seine Einwohner außerhalb touristischer Oasen wie Viña del Mar noch immer verblüfft auf die Tatsache reagierten, dass ich wahrhaftig vor ihnen stand.

Vielleicht berufen sich Chiles Regierende bei ihrem Bemühen um die Devisen von Touristen auf den Inhalt der Nationalhymne ihres Landes. Pathetisch wie die meisten Nationalhymnen, verweist die chilenische sehr deutlich auf die Schätze und Talente, mit dem das Land wuchern kann und macht klar, warum man Chile auch als »die Schweiz Südamerikas« bezeichnet.

Majestuosa es la blanca montaña
que te dió por baluarte el Señor,
y ese mar que tranquilo te baña
te prometo futuro esplendor.

Dulce Patria, recibe los votos
con que Chile en sus aras juró
que, o la tumba serás de los libres,
o el asilo contra la opresión.

Die majestätischen schneebedeckten Berge
Gab Dir der Herr als schützenden Kranz,
und das Meer, das ruhig Dich badet
zeigt Dir den Weg zu künftigem Glanz.

Sanfte Heimat, höre, was im Treuen
Dir auf Chiles Altären erschallt:
Entweder wirst Du das Grab der Freien
oder ein sicheres Asyl vor Gewalt.

BOLIVIEN

Kapitalismus in Deutschland ist anstrengend. Die verwirrende Auswahl an Möglichkeiten macht es schwer, den eigenen Lebensweg zu definieren. Bevor man sich für etwas entscheiden kann, haben bereits zehn Anbieter »Hier!« geschrien. Ständig sind wir gezwungen, zu definieren, was wichtig und was unwichtig ist. Es ist unsere Aufgabe, die Balance zwischen Genuss und Verzicht zu halten. Ausprobieren, das Einsehen von Irrwegen und das Ausloten der eigenen Grenzen sind elementar für die Entwicklung einer starken Persönlichkeit, werden jedoch zunehmend erschwert in einer Gesellschaft, die Entwicklungen durch Trends ersetzt, medienwirksame Meinungen belohnt und echte Auseinandersetzungen bestraft, und die statt charakteristischem Humor nur konstruierte Witzigkeit anzubieten hat. Würde man allem folgen, was uns angeboten wird, müssten wir atemlos und hakenschlagend hin und her springen. Ein zweiter Blick, ein Verweilen ist nicht vorgesehen. Unsere intimen Wünsche werden gekoppelt an Dinge, die wir kaufen können. Für Werbestrategen, Firmeninhaber, Politiker sind wir Pawlow'sche Hunde, die man konditionieren kann. Jeder Anbieter versucht, sein Produkt mit einem bestimmten Image zu verbinden, um höhere Preise verlangen zu können, ohne dafür eine adäquate Gegenleistung liefern zu müssen.
Die wichtigste Grundregel des Kapitalismus lautet jedoch: Die Erfüllung unserer Wünsche darf in Wahrheit niemals eintreten. Glücklich zu sein sieht unser System nicht vor. Glückliche Menschen sind schlechte Konsumenten. Wer kein Loch in der Seele hat, das erst durch ständiges Einreden aufgerissen worden ist, der kauft kein Auto, das er sich nicht leisten kann, um seine Nachbarn zu beeindrucken. Der wechselt nicht die Kleider, wenn die neue »Sommerkollektion« auf den Markt kommt. Der lässt sich nicht von seinen Kindern von den »coolsten Klingeltönen« zu den »neuen Luftpolster-Turnschuhen« jagen. Der Druck zur Perfektionierung unseres Lebensstils muss zeitlebens aufrechterhalten werden. Greift der Herdentrieb allein nicht, hilft man mit Zwängen nach: Auf einmal passt der alte Fernseher nicht mehr zum neuen Videorekorder, spielt der Computer ohne zusätzliche Software keine CD mehr.
Darum verrichten wir täglich Dinge, die wir eigentlich nicht tun wollen. Statt der Erfüllung unserer Wünsche erfahren wir permanente Selbstverleugnung, die mit den Jahren unsere Kanten abschleift. Wir lassen uns in hierarchische Systeme pressen, von denen wir wissen,

dass sie das Gegenteil dessen sind, was wir als mündige Bürger anstreben sollen.
Der Schweizer Schriftsteller Urs Widmer hat diesen Sachverhalt ungleich kunstvoller formuliert. In seinem Essayband »Das Geld, die Arbeit, die Angst, das Glück« fasst er zusammen: »Es erstaunt mich immer wieder, wie wenig wir uns in der Regel des schreienden Widerspruchs bewusst sind, der unseren Alltag prägt. Nämlich, wir erleben uns als politisch reife Demokraten und wehren uns aus guten Gründen gegen jeden Abbau unserer demokratischen Rechte. (...) Gleichzeitig begeben wir uns jeden Tag in eine Arbeitswelt, in der nichts, aber auch gar nichts demokratisch geregelt ist. Alles läuft streng hierarchisch ab. Der Chef hat recht, auch wenn er unrecht hat, und zuweilen sind wir dieser Chef. Wie halten wir das eigentlich aus, ohne irre zu werden, tagsüber Weisungen zu empfangen und Weisungen weiterzugeben, genau nach Funktionsdefinition, und am Abend ein reifer Bürger zu sein, gleichmäßig am Wohle aller interessiert?«
In Bolivien ist Kapitalismus tödlich. Niemand interessiert sich hier für die Ängste und Nöte der Landbevölkerung. Keine Firma, kein Werbestratege versuchen, ihre Wünsche künstlich zu verstärken. Das System hat keine Verwendung für Menschen ohne Einkommen. Verglichen mit dem, was ich in Bolivien zu sehen bekommen sollte, erschienen mir meine eigenen Probleme als unangenehme Begleiterscheinungen eines umfassenden Luxus. Dennoch sollte ich bald merken, dass die Menschen in Bolivien eigene, originelle Strategien entwickelt haben, um sich in einem Land zu behaupten, dem noch nie eine Chance auf dem Weltmarkt eingeräumt worden ist.

Bolivianische Dimensionen und fehlende Toiletten

An der chilenisch-bolivianischen Grenze hörte die Straße auf und entließ uns in eine karge Hochlandregion, die sich bis zum Horizont vor uns ausbreitete, ohne dass auch nur das geringste Zeichen einer menschlichen Besiedlung zu sehen gewesen wäre. Ein gedrungener Zollbeamter mit kaffeebraunem Vollmondgesicht drückte den Einreisestempel seines Landes in meinen Reisepass. Anschließend stiegen wir in drei bereitstehende Jeeps. Eine Straße würde ich erst wieder in vier Tagen zu Gesicht bekommen.

Wenig später zerkratzte unser Gefährt die makellose Oberfläche des Altiplano. So nennen die Bolivianer das karge Hochland, das knapp zwei Drittel der Landesfläche einnimmt. Das restliche Drittel besteht aus dichtem Regenwald.

Schneebedeckte Bergspitzen lugten über die Horizontlinie, als wollten sie nachsehen, wer ihnen da einen Besuch abstatten kam. Vier bis fünf Stunden lang fuhren wir auf sie zu, ohne dass sich die Landschaft um uns herum veränderte. Sie blieb rau und karg, umrahmt von Fünftausendern, und zeitweilig hatte ich das Gefühl, als habe jemand ein Bild an die Innenscheiben unseres Jeeps gemalt. Kein Dorf kam in Sicht. Kein Auto kreuzte unseren Weg. Ab und zu stoben Lamas und Alpakas, aufgeschreckt vom Motorgeräusch, vor uns auseinander. Vom Beifahrersitz aus konnte ich beobachten, wie unser wortkarger bolivianischer Fahrer José hochkonzentriert auf den kargen Boden vor uns blickte. Alle paar Minuten musste er Unebenheiten umfahren und sich für den besten Weg entscheiden.

In der Reihe hinter mir saßen zwei schweigsame Bolivianerinnen, die *Dolores* und *Soledad* hießen. Immer schon hatte mich die Vorliebe für ausgefallene Vornamen im Spanischen verblüfft. Die Namen meiner beiden Mitreisenden bedeuteten übersetzt »Schmerzen« und »Einsamkeit«. Derartige Bezeichnungen waren in Südamerika ebenso gängig wie im Deutschen zum Beispiel Annette und Monika. Man stelle sich vor, jemand würde uns mit den Worten begrüßen: »Guten Tag, mein Name ist Einsamkeit Müller und das hier ist meine Freundin Schmerzen Meier.« Würde man diese beiden wirklich kennenlernen wollen?

Hinter Einsamkeit und Schmerzen räkelten sich Linda, eine fünfundzwanzigjährige Argentinierin, und ihr Freund Jorge, ein dreißigjähriger Chilene, der nicht müde wurde zu betonen, dass seine Freundin ihren Namen zu Recht trug. Er bedeutet in Südamerika so viel wie »Hübsche«. Den Abschluss bildeten zwei Italiener, die im Kofferraum des Jeeps Platz genommen hatten. Einmal mehr war ich Teil einer illustren Gruppe geworden.

Estamos llegando a la laguna colorada, amigos, »Wir sind bei der bunten Lagune angekommen«, teilte uns José nach einer halben Ewigkeit mit. Als ich aus dem Jeep sprang, erhob sich einer der Fünftausender direkt vor meinen Augen. Seine Spitze war weiß vom ewigen Schnee und Eis, darunter konnte ich dunkelbraunes bis schwarzes Gestein ausmachen. Wo er in die Waagrechte überging war er gelblich-grün. Als ich genauer

hinsah, bemerkte ich, dass sich diese gelblich-grüne Fläche zu bewegen schien. Schwarze Punkte huschten auf ihr hin und her. Als ich leichtfertig andeutete, dorthin gehen zu wollen, um von der Nähe aus zu beobachten, was ich für Hasen hielt, lachte unser Fahrer zum ersten Mal seit unserem Aufbruch laut auf.
»*Gringo*, ihr Europäer seid lustige Leute! Wenn du jetzt loslaufen würdest, wärst du in drei Stunden noch nicht am Fuß dieses Berges angekommen. Das sind keine Hasen, sondern ausgewachsene Alpakas, und bis dorthin sind es noch gut fünfzehn Kilometer. Lass uns lieber zur Lagune gehen!«
Die *Laguna Colorada* trug ihren Namen zu Recht. Ihr Wasser leuchtete schon von Weitem in den verschiedensten Farben. Ein sattes Rosa stach besonders hervor. Als wir am Ufer der Lagune ankamen, merkten wir, warum das so war. »Flamingos!«, riefen die beiden Italiener und ich unisono und zückten hektisch unsere Fotoapparate. Unser Fahrer schüttelte amüsiert den Kopf. Es mussten über zehntausend Vögel sein, ein Teppich aus rosaroten Flamingos, die im schlammigen Grund der Lagune nach Krebsen suchten, von denen sie die rötliche Farbe ihres Gefieders erhielten.
Fünfzehn Kilometer bis zum Fuß eines Berges, der direkt vor meinen Augen zu liegen schien. Zehntausend Flamingos, versammelt in einer Lagune. Drei Tage Fahrt noch bis Uyuni, am Rande des größten Salzsees der Welt. Noch fiel es mir schwer, mich an bolivianische Dimensionen zu gewöhnen.
Seit unserer Ankunft in Bolivien waren wir leicht bergauf gefahren. Kurz vor Sonnenuntergang trafen wir auf eine Art Holzhütte, die mutterseelenallein in der kargen Landschaft stand. Hier erlebte ich zum ersten Mal, wie europäische Ansprüche auf ein bolivianisches Angebot trafen.
»Aah, nach der langen Fahrt freue ich mich schon auf die Dusche!«, rief einer der Italiener aus, als wir unser Domizil betraten. Der Herbergsbesitzer scharrte daraufhin verlegen mit den Füßen und fuhr sich nervös mit der rechten Hand durchs Haar. Die Aufgabe, die ihm bevorstand, war, uns möglichst schonend mit den hiesigen Gegebenheiten vertraut zu machen.
»Nun ja, unglücklicher Weise verfügen wir hier oben über kein allzu warmes Wasser. Genauer gesagt, verfügen wir über gar kein warmes Wasser. Um ganz ehrlich zu sein, gibt es bei uns schlichtweg kein

Wasser, also weder warmes noch kaltes. Wisst ihr, wir sind hier auf knapp fünftausend Metern Höhe, da wäre es äußerst aufwendig, etwas Derartiges bereitzustellen.«

Unser Herbergsvater lächelte entschuldigend.

»Soll das heißen, dass es in dieser Hütte nicht einmal ein Waschbecken gibt?«, hakte der Italiener nach, der seinen Traum von einer Dusche nicht ohne Weiteres loslassen konnte.

»Aber, *señor*, warum sollten wir denn ein Waschbecken bauen, wenn es doch kein Wasser gibt?«

Noch immer lächelte unser Gastgeber. Die Logik war eindeutig auf seiner Seite.

»Schon gut, in Ordnung.« Der Italiener zuckte mit den Achseln. »Wo geht's zu den Toiletten?«

»Einfach zur Eingangstür wieder hinaus, *señor*. Keine Sorge, im Umkreis von vierzig Kilometern gibt es keine Nachbarn, die Sie beobachten könnten.«

Der Hüttenbesitzer deutete mit weit ausladender Handbewegung auf die Umgebung.

»Wisst ihr, wir sind hier auf knapp fünftausend Metern, da ist man nicht sonderlich zimperlich.«

Sein Lächeln wurde breiter. Lustige Leute hatte ihm unser Fahrer da vorbeigebracht, Städter aus Europa. Toiletten, na so was! Diese ausländischen Touristen kamen auf Ideen …

»Schon gut«, befand der Italiener. Die Resignation war ihm anzuhören. »Dann spielen wir eben ein wenig Karten. Wo ist denn der Lichtschalter? Es wird langsam dunkel.«

»Nun ja …«, druckste unser Gastgeber herum, »immer zwei von ihnen bekommen nachher eine Kerze. Strom kann ich ihnen leider keinen anbieten. Wisst ihr, *señores*, wir sind hier auf knapp fünftausend ...«

»Ja, das haben wir inzwischen kapiert!«, schloss der Italiener das Gespräch etwas unwirsch ab, nachdem seine Vorstellung eines gelungenen Abends nach und nach vor seinem inneren Auge zerbröckelt war. »Hoffentlich gewinne ich wenigstens nachher beim Kartenspiel gegen unseren deutschen Mitreisenden.«

Er gewann haushoch und war für den Rest des Abends besänftigt.

Die ganze Nacht hindurch rüttelte der Wind an den Holzplanken unserer Unterkunft. Er warf kleine Steine an die Wände und drang durch Dutzende Ritzen ins Innere. Eingewickelt in meinen Schlafsack und zwei Wolldecken verbrachte ich eine unruhige Nacht. Mehrmals schreckte ich hoch. Als ich gegen drei Uhr morgens an meine Nase fasste, war sie eiskalt, und ich wickelte eine der Wolldecken um meinen Kopf.

Um sieben warf uns José aus den Holzpritschen. Sofort schmierte ich mir fünf Zentimeter Sonnencreme ins Gesicht. Die beiden Bolivianerinnen schauten amüsiert zu, und Jorge fragte scherzend *Hay una guerra pronto?*, »Erwarten wir einen Krieg?« Doch ich wusste, was ich tat. Nicht umsonst war ich in Argentinien auf sechstausend Metern gewesen. Auch wenn es draußen bedeckt war und der Wind noch immer durch die Ritzen des Gebäudes pfiff, war mir klar, dass zehn Minuten Sonnenschein in diesen Höhen genügten, um mir Gesicht und Unterarme zu verbrennen. Als ich eingecremt war, traten wir vor die Hütte – und brachen in herzliches Lachen aus. Keine zwanzig Meter von uns entfernt hatte sich ein Lamapärchen niedergelassen. Offensichtlich hatte es die Phase des Kennenlernens und das einführende Geplänkel bereits hinter sich und war nun dazu übergegangen, für Nachwuchs zu sorgen. Von unserer Anwesenheit ließen sich die beiden in keiner Weise stören. Geradezu gemütlich mutete der Lama-Akt an, ohne ruckartige Bewegungen oder kehlige Geräusche, wie ich ihn mir ursprünglich vorgestellt hatte. Währenddessen schauten die beiden Protagonisten seelenruhig in die Landschaft und knabberten hier und da an einem Busch. Keine Sorge: Sie haben nicht viel verpasst.

Weil Lamas gegenüber Menschen wenig Scheu zeigen, werden sie gern als Nutz- und Lasttiere gehalten. Ihre größeren Brüder, die Alpakas, verfügen über längeres und feineres Fell, außerdem ist ihr Fleisch wohlschmeckender als das der Lamas. Die feinste Wolle liefern die zierlichen Vicuñas, die darum über Jahrzehnte hinweg von Wilderern verfolgt wurden. Heutzutage bekommt man kaum mehr eines von ihnen zu sehen. Guanakos, die vierte in Südamerika heimische Kamelart, erkennt man an den langen Hälsen und der weißen Bauchseite. Wie die Vicuñas haben sich auch die Guanakos nicht domestizieren lassen. Lamas und Alpakas kreuzten hingegen zu Hunderten unseren Weg, als wir weiterfuhren. Mehrmals rannten zudem Nandus – riesige Laufvögel, die an Strauße erinnern – vor unserem Jeep davon. Unablässig rüttelte der Wind an unserem Auto. Er rannte wütend von rechts in unsere Seite und zischte unserer

Motorhaube entgegen. Auf dem Altiplano kann er sich austoben. Hier oben gibt es wenig, das seine Kraft hätte abbremsen können. An jenem Tag in Bolivien wurde mir klar, wie treffend die spanische Redewendung war, die einen Verliebten, der alles für seine Angebetete tun würde, mit den Worten *Bebe los vientos por ella* beschrieb, »Er trinkt die Winde für sie.« Was für eine Erleichterung wäre das hier oben auf dem Altiplano gewesen!

Nach drei Stunden Fahrt hatte uns José zu einer kleinen Lagune auf knapp viertausend Metern Höhe geführt, deren Wasser dreißig Grad heiß war. Übermütig sprangen die beiden Italiener, das südamerikanische Pärchen und ich ins Wasser, prusteten und spritzten eine knappe halbe Stunde darin herum, während die beiden Bolivianerinnen am Ufer standen und verschämt kicherten. Das Bad tat uns gut und entschädigte für die ausgefallene Dusche am vergangenen Abend. Zwei Stunden später schraubte José unseren Jeep erneut auf fünftausend Meter Höhe und parkte vor mehreren Löchern, die mit seltsam brodelndem Schlamm bedeckt waren.

»Was ist denn das?«, fragte ich neugierig und machte ein paar Schritte auf den Schlamm zu, der ein seltsames Zischen vernehmen ließ. Das Bad in der Lagune hatte mir Energie gegeben.

»Geh da bloß nicht zu nah ran!«, rief José mir nach.

»Warum denn nicht?«, wollte ich gerade in bester *gringo*-Manier fragen, als sich das Zischen in einem der Löcher zu einem Fauchen steigerte. Einen Sekundenbruchteil später schoss eine silberfarbene Fontäne drei Meter hoch aus dem Boden.

»*Madre mia!*« Ich machte einen wahren Panthersprung von der zischenden Fontäne weg, um die herum sich jetzt etwas wie Nebel bildete.

»Der Wasserdampf dieser Geysire wird bis zu siebenhundertfünfzig Grad Celsius heiß«, erklärte José inzwischen seelenruhig. Ich stellte mich neben ihn und ergänzte: »Davon sollte man also wirklich die Finger lassen.«

Während wir anschließend von fünftausend Metern hinunter auf dreieinhalbtausend fuhren, verschlechterte sich der Zustand der Böden zusehend. Der Untergrund wurde schlammig und schlüpfrig. Immer wieder musste José Pfützen, Steine und Unebenheiten umfahren. Wir wurden kräftig durchgerüttelt; der alte Jeep ächzte und stöhnte unter der Belastung. Am Nachmittag betrug unsere Durchschnittsgeschwindigkeit noch fünfzehn Kilometer pro Stunde. Wenig später blickte ich zufällig auf die Anzeige unseres Gefährts: Kein einziges Instrument in unserem Jeep funktionierte mehr. Der Tachometer zeigte beharrlich 0 km/h an. Der Tank behauptete permanent, leer zu sein. Die Temperaturanzeige des Motors zitterte bei jeder Bodenunebenheit zwischen Null und Maximum.

»Macht euch deshalb keine Sorgen!«, rief José, der meinen skeptischen Blick auf das Armaturenbrett bemerkt hatte, uns zu. »Wer schaut denn schon auf die Instrumente! Hauptsache, der Motor funktioniert, nicht wahr?«

Fünf Minuten später blies uns der eben noch Gelobte weißen Dampf entgegen. José drosselte ihn, sprang ab und nutzte die Zwangspause, um uns von der Gegend zu erzählen, in der wir uns befanden. Währenddessen hantierte er mit einem immensen Schraubenzieher und vorsintflutlich anmutendem Gerät am Motor herum, als sei dies eine geplante Unterbrechung unserer Reise.

»Alles am Altiplano ist extrem. Zusammengefasst könnte man sagen, dass es hier oben keine Nähe gibt. Alles, was man sieht, erhebt sich in der Ferne. Entweder herrscht absolute Windstille oder der Sturm rammt Wolken in die Flanken der Berge, wirft sie über die Gipfel und fängt sie auf der anderen Seite wieder auf, um sie horizontal über das Hochland zu jagen. Auf den Gipfeln hat er sie mit fingernagelgroßen Schneeflocken bewaffnet. Die kann er dir ins Gesicht werfen, dass dir Hören und Sehen vergeht. Und keine fünf Minuten später bohrt sich die Sonne ein Loch durch die Wolkendecke. Dann kriecht die Hitze aus dem Boden, und die Temperatur der Luft steigt spontan um dreißig Grad. Die trockenen Böden heizen sich in Rekordzeit auf. Nur Spezialisten wie Lamas, Alpakas und Nandus überleben auf dem Altiplano. Die Menschen müssen ihrer Umgebung alles abtrotzen, um Standards zu erreichen, die anderswo völlig selbstverständlich sind. Strom beispielsweise, oder Wasser, wie ihr gestern Abend bemerkt habt. Ah, hier ist ja das Problem!«

Triumphierend hielt José eine kleine Schraube in die Höhe, während wir ihn ungläubig anstarrten, weil er in der vergangenen Minute mehr Worte von sich gegeben hatte als in der gesamten Zeit seit dem Beginn unserer gemeinsamen Reise. Als habe er seine kostbarsten Sätze für ebenjenen Moment aufbewahrt, in dem er an unserem Gefährt herumdokterte.

Da der Motor im Verlauf der weiteren Fahrt noch zweimal den Job quittierte und wir darüber hinaus viermal im Schlamm stecken blieben, war es kurz vor Mitternacht, als wir endlich einen schwachen Lichtschein in der Umgebung ausmachten und José anfing, über das ganze Gesicht zu grinsen.
»Da sind wir, *señores*! Vor uns steht das Salzhotel.«

Ein Spiegel, so groß wie die Schweiz

Der Esstisch in der Mitte des Raums war aus Salz, ebenso alle Wände, Betten und der Boden. Salzblöcke dienten als Stühle. Zündete man eine Kerze an, sah man Kristalle an den Wänden glitzern. Das Salz des Hotels schützte besser vor den Winden des Hochlands als das Holz der Hütte, in der wir gestern Unterschlupf gefunden hatten. Ein reichhaltiges Abendessen und eine ruhige Nacht entschädigten uns für die lange Fahrt hierher.
In den vergangenen zwei Tagen hatten wir, abgesehen von der Holzherberge und dem Salzhotel, keine Anzeichen von Zivilisation entdeckt. Erst am Morgen des dritten Tages stießen wir auf eine Ansammlung lose in die Landschaft gesetzter Häuser. Die Einwohner verschanzten sich, sobald sie unser Gefährt sahen. Die Begrüßung wäre vermutlich kaum anders ausgefallen, wenn statt uns Marsmenschen hierhergekommen wären. Die Verkäuferin im Dorfladen zog sich ängstlich hinter die Kasse zurück, als wir eintraten. Sie war in einen Schleier gehüllt, der nur noch die Augen freiließ, mit denen sie konsequent den Boden vor uns musterte.
»*Tres bolivianos*«, flüsterte sie, als ich eine Flasche Wasser erstand. Ich erwartete jeden Moment, dass sie »Bitte, bitte, tu mir nichts!« hinzufügte. In Gedanken tat sie das vielleicht auch. Ich sprach möglichst sanft, bewegte mich langsam und kontrolliert und versuchte es mit meinem liebsten Lächeln, konnte allerdings nicht beurteilen, ob sie mein Bemühen überhaupt zur Kenntnis nahm: Jede ihrer Reaktionen wurde von dem Ganzkörperschleier verdeckt.
Angesichts dieses Verhaltens war es bereits ein großer Gewinn, dass unser Fahrer überhaupt mit uns sprach. José verließ uns allerdings, da er »im Zentrum des Dorfes« wohnte, wie er sich ausdrückte, und lie-

ferte uns Pedro aus, der uns von hier an mitten durch den größten Salzsee der Welt bringen sollte.
»Ich bin der Einzige, der eine Fahrt quer durch den *Salar de Uyuni* anbietet«, behauptete dieser. »Die anderen Fahrer haben Angst, den See zu durchfahren.«
Pedro zog verächtlich die Mundwinkel nach unten und drückte seinen vom Dreck mehrfarbigen Cowboyhut tiefer ins Gesicht. Eigentlich war er ein sympathischer Bursche, kaum fünfundzwanzig Jahre alt, mit einer spektakulären Narbe im Gesicht, die sich ständig bewegte wie ein lebendiges Tier, weil ihr Träger ohne Unterlass Cocablätter kaute. Seit jeher ranken sich Mythen und Legenden um das Kraut, das hier in Bolivien praktisch jede und jeder kaut. Von den Inkas ist bekannt, dass sie bereits vor achthundert Jahren Cocaöl als Betäubungsmittel bei Gehirnoperationen verwendeten. 1504 beschrieb Amerigo Vespucci, nach dessen Vornamen der Kontinent später benannt werden sollte, die Eingeborenen so: »Ihre Gesten und Körper waren sehr hässlich. In ihre Backen steckten sie ein grünes Kraut, auf dem sie wie Tiere herumkauten.«
Die Eigenart, die Vespucci so despektierlich beschrieben hat, ist in Wahrheit eine Antwort auf die extremen Bedingungen, die auf dem Altiplano herrschen. Das Coca-Kraut hat eine leicht narkotisierende Wirkung und hilft vorzüglich gegen Hunger, Schmerzen, Übelkeit und Kälte. Die Frauen kauen in Bolivien Cocablätter, wenn sie gebären. Coca enthält wichtige Proteine und Vitamine, zudem Eisen, Kalzium und Phosphor. Es stimuliert die Atmung und sorgt für eine bessere Sauerstoffaufnahme und -verbrennung. Dadurch wirkt es so gut gegen die Höhenkrankheit, dass das Auswärtige Amt deutschen Reisenden empfiehlt, nach der Landung auf dem über viertausend Meter hoch gelegenen Flughafen von La Paz eine Tasse *Mate de Coca* zu trinken. Weltberühmt wurde die Cocapflanze im Jahr 1886. Auf der Suche nach einem Getränk, das jeder und jedem schmeckte, wurde der Amerikaner Dr. John Pemberton auf das südamerikanische Kraut aufmerksam. Als Referenz nannte er das Getränk, das er kurz darauf erfand, Coca-Cola.
Wie alle um mich herum stopfte auch ich mir seit zwei Tagen das grüne Kraut in eine Backe, nachdem ich es zuvor mit Carbonat gemischt hatte, mit *llipta* oder *llejía*, alkalischen Substanzen aus Pflanzenasche, die die Nährstoffe und Alkaloide der Cocablätter extrahieren, wodurch

sich ihr anregender Wirkstoff entfaltet. Anschließend kaute und saugte ich an den Blättern herum, deren Geschmack an grünen Tee erinnert, wie ich ihn aus China oder Japan kannte. Pedro, der das Cocaritual in Vollendung beherrschte, schraubte von Zeit zu Zeit das Fenster unseres Kleinbusses herab und ließ lange Fäden grünlichen Speichels die Tür hinabfließen, bevor er sich grinsend eine neue Ladung Cocablätter in die Backe stopfte.

Ohne Coca funktioniert in Bolivien überhaupt nichts. Europäer mögen hinzufügen, dass hier auch mit Coca kaum etwas funktioniert. Doch welchen Stellenwert das grüne Kraut in Bolivien einnimmt, wird einem erst nach und nach bewusst. Hier ist es praktisch undenkbar, dass man einem Bekannten bei einem Besuch keine Cocablätter mitbringt. Im Bergland wird Coca nicht selten als eine Art Hostie betrachtet, mit der man in Verbindung zu Gott tritt. Bolivianische Hexen und Schamanen lesen bis heute die Zukunft aus Cocablättern. Die Weltgesundheitsorganisation WHO hält in einem Bericht über Bolivien fest: »Der Konsum von Cocablättern scheint keine negativen gesundheitlichen Auswirkungen zu haben. Hingegen ist eine positive therapeutische, religiöse und soziale Funktion für die andine Bevölkerung festzustellen.«

»Für das, was vor uns liegt, brauchst du kein Coca«, versicherte mir Pedro nach zwei Stunden Fahrt, als eine Art See vor uns auftauchte. »Was da vor uns liegt, wirkt auch so wie eine einzige große Halluzination.«

Wir waren am Ufer des *Salar de Uyuni* angekommen. Ein Spiegel mit der Ausdehnung der Schweiz breitete sich vor unseren Augen aus, eine endlos scheinende, gleißend weiße Ebene, die von Weitem wie eine Eiswüste anmutete. Die *indígenas* nannten ihn einst »das weiße Meer«. Mehrfach, das wusste ich von Zeitungsberichten und Reiseführern, hatten sich Touristen im *Salar de Uyuni* verirrt. Einige von ihnen waren ertrunken, als sich der Salzsee, normalerweise nur wenige Zentimeter tief, binnen Minuten mit Schmelz- und Regenwasser gefüllt hatte.

Am Uferrand angekommen, fuhr Pedro unseren Kleinbus ungebremst die Uferböschung hinab, mitten in das Wassers des Sees hinein.

Eine salzige Gischt schwappte zur Fensterfront hoch. Einen Augenblick lang suchten die Räder des Kleinbusses nach festem Boden. Unser Gefährt legte sich gefährlich zur Seite. Den beiden Bolivianerinnen entfuhr ein heller Schrei.

Dann ließ Pedro ein zufriedenes *Eso!* hören, spuckte grünliche Speichelfäden aus dem offenen Fenster und griff gleichzeitig mit der Hand nach der Tüte mit den Cocablättern, die auf dem Armaturenbrett lag. Wir fuhren im Wasser, das an dieser Stelle ungefähr kniehoch war. Die Vorderreifen unseres Kleinbusses spritzten das vom Salz weiße Nass halbkreisförmig unsere linke und rechte Flanke entlang.
Este me gusta así, »So gefällt mir das«, ließ Pedro Coca kauend vernehmen. Wir holperten voran, bis das Ufer aus unserem Blickfeld verschwunden war und wir nach allen Seiten hin von hellem Wasser umgeben waren. So ausdauernd blickte die eitle Sonne in diesen riesigen Spiegel, dass uns Schweißperlen auf die Stirn traten. Wir hatten das Gefühl, als käme die Hitze nicht nur von oben, sondern auch von unten, als stiege sie direkt aus den Wellen empor, auf denen die Enden der Sonnenstrahlen tanzten, sobald unser Bus sie zur Seite hin wegdrückte. Fast einhundertfünfzig Kilometer würden wir im *Salar de Uyuni* zurücklegen müssen, um das andere Ufer zu erreichen.
Etwa die Hälfte davon hatten wir geschafft, als unser Motor anfing, heftig zu stottern. Kurz darauf ließ er ein Fauchen hören, das uns durch Mark und Bein drang. Wir kamen unsanft zum Stehen.
»Tja«, sagte Pedro, als hätte er es nicht anders erwartet. »Das ist dann wohl unsere erste Panne.« Routiniert griff er nach einem Werkzeugkasten, der unter dem Fahrersitz lag, und begann, auf dem Motor herumzuklopfen. Ich nutzte die Gelegenheit, um die Tür des Busses zu öffnen. Der Boden unter mir funkelte, als sei er mit Diamanten durchsetzt. Kurzerhand sprang ich aus dem Bus heraus in das Wasser hinein. Der Boden war fest und piekste im ersten Moment ein wenig. Das Wasser reichte mir an dieser Stelle bis knapp über die Knöchel. Ich blickte mich um und sah eine der bizarrsten Landschaften unseres Planeten.
Wohin ich auch blickte: Alles war von einem reinen Hellblau, das nur durch einige Wolken am Horizont unterbrochen wurde. Diese Wolken und die Sonne waren je zweimal vorhanden, und ich konnte nicht unterscheiden, wo der See aufhörte und der Himmel begann. Surreal mutete das alles an. Ich gönnte mir den Spaß und drehte mich mehrmals mit offenen Augen um die eigene Achse. Himmel und Wolken und See verschmolzen endgültig zu einem blauweißen Schlund, der mich verschluckt hatte. In dieser Landschaft konnte man mit Leichtigkeit verrückt werden. Es wunderte mich nicht länger, dass Touristen nicht

mehr aus der Salzwüste herausgefunden hatten. Auch ich hatte komplett die Orientierung verloren, konnte nicht sagen, aus welcher Richtung wir gekommen waren.
Von Schiffbrüchigen im offenen Meer, die meinen, geradeaus zu schwimmen, ist bekannt, dass sie in Wahrheit einen großen Bogen schlagen und manchmal fast an ihren Ausgangspunkt zurückkehren, weil ein Arm immer kraftvoller durchs Wasser fährt als der andere. Ähnliches, so schien mir, könnte auch mit unserem Gefährt passieren. Wusste Pedro wirklich, ob er kerzengerade fuhr? Oder war das Fahrwerk vielleicht eine Spur falsch eingestellt, sodass unser Bus ständig leicht nach links oder nach rechts zog?
Beruhigend klang es jedenfalls nicht, wie unser Fahrer auf den Motor einschlug, der bereits über und über mit Salzrückständen benetzt war. Dabei war er erstaunlich guter Dinge, was am Coca liegen mochte.
Vamonos, hörten wir ihn nach einer knappen Stunde sagen. »Thomas, könntest du bitte aufs Dach klettern und mir die beiden großen Fässer mit Wasser herunterreichen?«, fragte er kurz darauf. Dieses Angebot nahm ich gerne an. Vom Dach unseres Busses mutete die Landschaft um mich herum noch unwirklicher an als vom Boden aus. Es kam mir vor, als schwebte ich im unendlichen Blau, einige Meter über der Erde.
»Thomas, denkst du an das Wasser?«, ertönte Pedros Stimme nach einigen Minuten sanft, doch eine Spur unwirscher als zuvor, von unten.
»Ähm, klar doch!«, beeilte ich mich und riss mich für einen Moment von dem Bild los, das mich umgab, »sehr sinnvoll, dass wir unsere Trinkwasservorräte herunterholen.«
»Um ehrlich zu sein, Thomas, ist das kein Trinkwasser. Wir brauchen die beiden Fässer dringend für unseren Motor. Ansonsten schaffen wir es nicht bis Uyuni. Alles ist total überhitzt. Nun ja, und deine Aufgabe wäre nun, auf der Kühlerhaube mitzufahren und von Zeit zu Zeit einige Liter Wasser über den Motor zu schütten. Hier, nimm ein paar Cocablätter mit, dann erscheint dir sowieso alles einfacher!«
So wechselte ich den bequemen Beifahrersitz mit einem Aussichtsplatz auf der glühend heißen Motorhaube. Alle Viertelstunde reichte mir Pedro, dessen Grinsen nicht mehr verschwinden sollte, eine Fünfliterflasche Wasser nach vorne, die ich über die Kühlerhaube kippte, wo sie sich zischend in weißen Dampf verwandelte.
Mit einer »angedeuteten Verspätung« – wie es Pedro ausdrückte – von sechs Stunden kamen wir um kurz vor Mitternacht in Uyuni an. Die

Fahrt hatte sich am Ende wie Kaugummi in die Länge gezogen. Das ständige Festhalten auf der Kühlerhaube hatte mir einiges abverlangt. Müde fiel ich ins Bett des erstbesten Hotels und wachte erst auf, als die Sonne bereits hoch am Himmel stand.

Bettler auf goldenem Thron

Die Gauner und Glücksritter, die im 16. Jahrhundert über Südamerika herfielen, nannten sich *conquistadores*, Eroberer. Vor ihrer Abreise aus Spanien hatten sie einen Vertrag mit der *Casa de Contratación* geschlossen – einer eigens eingerichteten spanischen Behörde, die in Südamerika Land verteilte, das ihr nicht gehörte. Dieser Vertrag ließ ihnen freie Hand, sofern sie missionierten und ein Fünftel ihrer Erträge als Steuer nach Spanien abführten. *Quinto Real*, »Königliches Fünftel«, wurde diese Abgabe genannt.

In der Neuen Welt vermutete man unermessliche Schätze -, Flüsse voller Gold und Berge aus Silber. Der Mythos von »Eldorado«, einer sagenumwobenen Stadt, die vollständig aus Gold errichtet sein sollte, brachte Zehntausende Abenteurer und Gauner dazu, die Fahrt über den Atlantik zu wagen. Für solche Leute stellte die Anwesenheit der Eingeborenen ein lästiges Problem dar. Indianer galten als »Wilde« und wurden, sofern sie nicht von eingeschleppten Krankheiten dahingerafft worden waren, oftmals ohne Rücksicht auf Frauen und Kinder niedergemetzelt. Zwischen 1500 und 1600 verloren über fünfzig Millionen Indianer auf gewaltsame Weise ihr Leben. Während das sagenumwobene »Eldorado« nie gefunden werden sollte, ging für die spanischen Eroberer bereits im Jahr 1545 ein anderer Traum in Erfüllung: Sie fanden einen Berg, dessen Inneres aus reinem Silber bestand. Unermesslicher Reichtum wartete auf jeden, der rechtzeitig an Ort und Stelle war. Noch im Jahr der Entdeckung wuchs eine Stadt am Fuße jenes Berges heran. Von den Spaniern wurde sie *Potosí* genannt.

Zwischen Uyuni und Potosí liegen etwa zweihundert Kilometer. Ein »Schnellbus« sollte die Strecke bewältigen. Leider war er für Menschen gebaut worden, die kleiner als ein Meter siebzig sind. Bei jeder Bodenunebenheit stieß ich mit dem Kopf an die Decke. Die Straße bestand praktisch nur aus Bodenunebenheiten.

Einen halben Tag stromere ich mit Freunden durch Cachi.

Neugieriger Blick aus dem Schatten heraus: Wer mag der Fremde sein?

»Geborgen im Licht«: 350 Sonnentage im Jahr lassen Cachis Kakteen sprießen.

Cachi besticht nicht durch Sehenswürdigkeiten, sondern durch Kleinigkeiten.

Ein Unwetter geht über unserer Unterkunft nieder.

Lecker: In Argentinien werden gefüllte Teigtaschen (»empanadas de horno«) oft im Lehmofen zubereitet.

Ausgelassene Stimmung: Die Dorfjugend zeigt Touristen ihren traditionellen Tanz.

Die schönste Art, durch Südamerika zu reisen: Blick von der Ladefläche eines Pick-ups.

Salz bis zum Horizont in Chiles größtem Salar

Bei der Fahrt durch die Atacama ändert sich das Bild der Umgebung tagelang nicht.

I want to fly away …

Typische Schnappschüsse: Bergsteigen und Klettern in Chile und Bolivien

Schattenspiele im chilenischen Todestal

Wie eine Fata Morgana erscheinen Personen auf einer Sanddüne.

Lächeln für den Selbstauslöser

Suchbild: Einsamer Wanderer in Chiles größter Sandwüste

Der einzige Schattenplatz im Umkreis von fünfzig Kilometern

Verloren im chilenischen Todestal

»So hatte er sich sein Santiago vorgestellt: brüllende Autobusse; Fußgänger, die sich in die U-Bahn-Schächte ergießen; knallende Auspuffrohre; Angestellte mit Krawatten und Aktenmappen« Antonio Skármeta

Disziplin und Ordnung: Junge Rekruten vor Chiles Präsidentenpalast

Alt und neu im Einklang: Santiagos Kathedrale spiegelt sich in einer Hochhausfassade.

Und – wie gefällt dir Südamerika?

Im größten Salzsee der Welt kann man nicht unterscheiden, was Wasser und was Himmel ist.

Surrealistisch: Im Salar de Uyuni *wartet unser Bus auf seine Gäste.*

Wie kann das sein?

Bisher unbekannte Dimensionen: Zehn Millionen Tonnen Salz unter meinen Füßen

Unser Ausgangspunkt war noch immer in Sichtweite, als der linke Vorderreifen des Gefährts mit weithin hörbarem Knall platzte. Routiniert sprang unser Fahrer auf die Straße und wechselte das Vorderrad in weniger als zehn Minuten aus. Die Szene erinnerte an einen Boxenstopp, wie ich ihn von Liveübertragungen spannender Autorennen kannte. Bei der ersten Panne war ich noch beeindruckt. Ein deutscher Busfahrer hätte einen Reifenwechsel wohl kaum ähnlich schnell durchführen können. Vermutlich hätte er ratlos auf sein Gefährt gestarrt und dann den ADAC angerufen. Auch bei der zweiten Panne – keine halbe Stunde später, diesmal der rechte Vorderreifen – war ich noch guter Dinge. Ich war sogar regelrecht begeistert, weil unsere Fahrt so wunderbar dem Bild entsprach, das ich mir von Bolivien gemacht hatte. Bei der dritten Panne – eine Stunde später, linkes Hinterrad – ließ meine Begeisterung spürbar nach. Als eine weitere Stunde später erneut das linke Vorderrad platzte, schwante mir, dass wir auch heute unser Ziel mit einer »angedeuteten Verspätung« erreichen würden.
Am Ende sollte unser »Schnellbus« knapp acht Stunden für die zweihundert Kilometer benötigen. Wir waren folglich mit durchschnittlich fünfundzwanzig Kilometern pro Stunde unterwegs gewesen. Meine Mitreisenden nahmen dies mit bemerkenswerter Gelassenheit hin. Geduld lernt man in Bolivien von klein an. Aus Geldmangel werden Linienbusse so lange gefahren, bis auch der erfahrendste Fahrer nicht mehr in der Lage ist, das Gefährt zum Laufen zu bringen. So gesehen konnte ich froh sein, überhaupt in Potosí angekommen zu sein. Man konnte den Reifen ihre Streikversuche ohnehin nicht übel nehmen: Über Stock und Stein hatte die Fahrt geführt und mehrmals durch Flüsse und Lamaherden hindurch. Während der ganzen Fahrt hatten bis zum Anschlag aufgedrehte Lautsprecher eingängige und oberflächliche Rhythmen in den Innenraum unseres Gefährts gepresst. Nicht ohne Erleichterung sprang ich in Potosí ins Freie, schnallte meinen Rucksack auf und drehte mich ein letztes Mal zu unserem Höllengefährt um, um herauszufinden, welch abstruse Firma einen derartigen Bus gebaut hatte. »Mercedes Benz«, prangte groß auf der Vorderseite. Der Stern aus Schwaben war deutlich zu sehen.
Die Stimmung auf den Straßen war deutlich anders als in den Ländern, die ich bislang bereist hatte. Während in Argentinien lebenslustige Straßenmusiker Vorführungen gegeben und mir die Menschen in Chile neugierig in die Augen geblickt hatten, empfing mich Potosí mit

der ganzen Kälte einer Industriestadt. Die hereinbrechende Dunkelheit fegte Touristen und Frauen von den Straßen. Kein einziges Kind spielte mehr im Freien. Auf meinem Weg zum Hotel kamen mir ausschließlich Männer entgegen, die meisten in schmutzigen Kleidern, einige torkelten. Keiner von ihnen war älter als fünfzig Jahre. Streunende Hunde trugen Müll über die Straßen. Nirgendwo gab es eine funktionierende Straßenlaterne. Manche der Gassen, durch die ich lief, lagen vollständig im Dunkeln; andere wurden durch Häuserlücken hindurch von einem Mondlicht beschienen, das vorsichtig um Ecken lugte, als habe es Skrupel, diesen Ort zu betreten. Ich hatte das Gefühl, dass meine Schritte durch die Gassen hallten. »*Gringo!*«, »*gringo!*«, verkündeten sie mit jedem Schritt. Plötzlich kamen zwei Schatten frontal auf mich zu. Die Umrisse zweier Männer schälten sich aus ihnen. Als wir uns begegneten, starrten sie mich an wie eine Erscheinung.

»*Buenas noches, señores*«, grüßte ich mit betont fester Stimme und gab mir Mühe, laut aufzutreten. Die beiden blieben stumm; ich drehte mich nicht mehr nach ihnen um. Zum ersten Mal, seit ich in Südamerika war, hatte ich das Gefühl, in echter Gefahr zu sein. An jeder Ecke, so schwante mir plötzlich, konnte ein Überfall passieren. Die Erzählungen derer, denen Ähnliches widerfahren war, klangen nicht beruhigend. In der Regel bekam man ein imposantes Messer an die Kehle gesetzt oder gleich ein mit Betäubungsmittel durchtränktes Tuch ins Gesicht gedrückt. Zuweilen wachte man einen Tag später in einem abgelegenen Park auf, ausgezogen bis auf die Unterhose. Was könnte ich tun, sollte mir Ähnliches in einer abgelegenen Gasse widerfahren? Würde jemand meine Schreie hören? Würde mir jemand zu Hilfe eilen, selbst wenn er meine Schreie hörte? Würde mir die Polizei beistehen, oder steckte sie vielleicht gar mit einigen der Angreifer unter einer Decke?

Mein Herz schlug erst wieder in gewohntem Tempo, als ich die Adresse erreichte, hinter der sich laut Auskunft meines Sitznachbars im Bus ein Hotel verbarg. Zwei Schlüssel wurden je zweimal umgedreht, nachdem ich auf die Klingel gedrückt hatte. Mein Zimmer, das zur Straße zeigte, war mit zweifachen Gitterstäben gesichert.

Presidente Morales en los EE. UU., »Präsident Morales in den USA«, verkündete die Titelseite der lokalen Zeitung am nächsten Morgen voller Stolz. Meine Herbergsmutter hatte sie auf den Tisch gelegt, als ich in den Frühstücksraum gekommen war. Unter der Schlagzeile war eine

Karikatur angebracht. Mit zwei großen Dollarsäcken in den Händen schlich »Uncle Sam« durch Südamerika. Das symbolisierte die US-Firmen, die unter anderem in Bolivien Rohstoffe im großen Stil abbauen ließen und dafür Hungerlöhne bezahlten. In der Karikatur war »Uncle Sam« jedoch kurz davor, auf drei Reißnägel zu treten: Kuba, Venezuela, Bolivien. Seit Jahrzehnten sorgt Kuba in den USA für Verdruss, eine kleine Insel, direkt vor dem Riesen gelegen, die sich weigert, sein Spielzeug zu kaufen. In Venezuela verfangen die linkspopulistischen Parolen von Präsident Hugo Chávez in fast allen Bevölkerungsschichten. Und am 18. Dezember 2005 fand auch in Bolivien ein außergewöhnliches Ereignis statt, angesichts dessen sich die politischen Strategen in Washington vermutlich die Haare rauften. Ein Indianer aus der Unterschicht, ein Lamazüchter und Cocabauer, wurde zum Präsidenten des Landes gewählt und avancierte binnen Tagen zum Hoffnungsträger der Armen in ganz Südamerika. Seit meiner Ankunft in Buenos Aires hatte ich den Namen Evo Morales immer wieder gehört – manchmal schwang Furcht, manchmal Hoffnung mit, dass das bolivianische Beispiel in Südamerika Schule machen könnte. Denn bislang war das höchste Amt in Bolivien grundsätzlich einem Repräsentanten der weißen Oberschicht vorbehalten gewesen, die dank Beziehungen die Schlüsselpositionen im Land innehatten. »Wird unser Präsident den USA ein bisschen Moral beibringen?«, stand provokativ unter der Karikatur, eine Anspielung auf den Nachnamen des bolivianischen Präsidenten. Noch war jener in Washington nicht viel mehr als ein Schreckgespenst. Doch seine erste Ankündigung nach erfolgter Wahl hatte er bereits realisiert: Er hatte damit begonnen, die Ölfirmen zu verstaatlichen.

Vielleicht tut einer wie Evo Morales Bolivien wirklich gut, dachte ich, als ich durch die Straßen von Potosí lief. Nach dem Frühstück hatte ich mich mit der Herbergsbesitzerin unterhalten und einiges über diese Stadt gelernt, die nur darum existierte, weil direkt neben ihr ein Berg stand. Ein Berg, in den man seit dem 16. Jahrhundert über fünftausend Minen gebohrt hatte. Nahezu alles in Potosí erinnert noch immer an jene Zeit. Rundliche Indianerinnen mit enormen Lasten auf dem Rücken teilten sich die schmutzigen Straßen mit Lamas. Zuweilen torkelte ein Angetrunkener aus einer Bar und lallte Unverständliches, falls er nicht gleich der Länge nach hinfiel. Die Häuser bestanden größtenteils aus dunkelbraunem Lehm. Mittags gab die Sonne Potosí so viel

Zuwendung, dass sie sich abends erschöpft zurückzog und die Stadt den Winden überließ. Temperaturstürze von zwanzig oder dreißig Grad innerhalb eines Tages waren keine Seltenheit – immerhin ist Potosí die am höchsten gelegene Großstadt der Welt. Bis heute wird sie in erster Linie von Minenarbeitern bewohnt. Potosí existiert, weil die spanischen Eroberer hier, am Fuße des *Cerro Rico*, meinten, ihrem Traum vom schnellen Reichtum näher zu sein als irgendwo sonst auf der Welt. Dreißig Jahre nach der Gründung der Stadt im Jahre 1545 lebten in Potosí bereits 120 000 Menschen. Im 17. Jahrhundert hatte die Stadt mehr Einwohner als Paris, Rom oder Madrid. Schon damals muss sie einen herben Wildwestcharme verströmt haben. Salons und Theater, Bordelle und Spielhöllen schossen wie Pilze aus dem Boden. Die vergleichsweise kleinen Indianer vor Ort eigneten sich zu ihrem Leidwesen besonders gut dafür, in die Minen des *Cerro Rico* zu kriechen. Sie wurden bei Sonnenaufgang hineingeschickt und erst nach Sonnenuntergang wieder herausgelassen. Geschätzte acht Millionen Tote forderte die Plackerei zu jener Zeit. Mit dem abgebauten Silber hätten die Spanier eine Brücke von Potosí nach Madrid bauen können. Noch heute arbeiten knapp zehntausend Menschen als *mineros* in Potosí. Die Lebenserwartung der Minenarbeiter ist gestiegen – auf durchschnittlich vierunddreißig Jahre! Bis heute verbringen sie praktisch ihr ganzes Leben in der Dunkelheit. In der Regel sehen sie ein Dutzend Jahre älter aus, als sie sind. Sie sterben früh, weil sich der Kieselstaub während der täglichen Arbeit unter Tage nach und nach in ihrer Lunge sammelt und sich dort zu Klumpen verhärtet. Unfälle passieren praktisch täglich; eine soziale Absicherung gibt es nicht. Die Arbeit ist gefährlich, weil das Gestein mit Dynamitstangen gesprengt wird, bevor man es in Schubkarren nach draußen bringt. Wer kräftig und gesund ist, kann es auf eine Schubkarre mit etwa einhundert Kilogramm Gestein pro Stunde bringen, die er in gebückter Haltung durch die engen Minengänge ans Tageslicht schiebt. Dafür erhält er einen Boliviano. Das entspricht etwas weniger als vierzehn Cent und reicht zum Beispiel für drei trockene Brötchen. In aller Regel wird das Geld jedoch für Cocablätter und sechsundneunzigprozentigen Schnaps ausgegeben.

Rau und karg wie die Bergregion, in der ich mich befand, kamen mir die Menschen vor, denen ich begegnete, und ihre Blicke erschienen mir finster wie die Geschichte, die Potosí hinter sich hat. Von meinen Gegenübern, die jeweils einen halben bis einen Kopf kleiner waren als ich und die ihre schwarzen Haare zu Zöpfen gebunden hatten, wurde ich aus zwanzig Metern Entfernung als Ausländer erkannt. Ebenso gut hätte ich mir *gringo* auf die Stirn schreiben können. Der Inhalt meines Geldbeutels entsprach etwa dem Jahresgehalt eines bolivianischen Minenarbeiters, und vom Verkauf meines Fotoapparats könnte er ein halbes Jahr gut leben.

Nachdem mich zwei betrunkene Männer unsanft angerempelt und anschließend auf Quechua beschimpft hatten, wobei der eine bereits in die Tasche seiner Jacke gegriffen hatte, fiel mir eine Stimmungsbeschreibung aus der Feder Franz Kafkas ein, die mich schließlich zum zentralen Busbahnhof führte:

»Du kennst also dein Ziel?«, fragte er.

»Ja«, antwortete ich, »ich sagte es doch: ›Weg-von-hier‹, das ist mein Ziel.«

Es war weniger die Angst, Opfer eines Raubes oder eines Überfalls zu werden, die mich dazu brachte, ein Ticket für den Bus nach Boliviens Hauptstadt Sucre zu buchen. Es war auch nicht die Aussicht, in weniger als einer Woche eine Österreicherin in Santa Cruz de la Selva zu treffen, die ich zuvor in einem Online-Reiseforum kennengelernt hatte.

Es war die feindselige Stimmung auf den Straßen, die düsteren Blicke der Männer und die traurigen der Frauen, die mir klarmachten, dass ich in dieser Stadt nicht willkommen war.

Eine Hauptstadt, süß und klebrig wie Zucker

Fünf Buspannen später kam ich in der bolivianischen Hauptstadt an. Sucre präsentierte sich bereits auf den ersten Blick weitaus angenehmer als die Minenarbeiterstadt Potosí. Weiß gestrichene Kolonialhäuschen dösten in der Nachmittagssonne. In der Nähe der *Plaza de Armas* fand ich ein kleines Hotel, das über geräumige Zimmer und einen pittoresken Innenhof verfügte.

Die typische Stadtkonstruktion in Südamerika hatte mir auf meinen Reisen schon mehrfach aus der Patsche geholfen: Immer dann, wenn ich keine Übernachtungsmöglichkeit in Aussicht hatte, begab ich mich zur *Plaza de Armas*. Dieser zentral gelegene Platz bildet das Herzstück der meisten Städte in Südamerika. In der Regel bietet er eine schattige Ruhezone, um die herum die Kirche, das Rathaus, die Post, die Polizei

und diverse Einkaufsläden gruppiert sind. Die Entfernungsangaben in Südamerika beziehen sich grundsätzlich vom zentralen Platz einer Stadt zu jenem der nächsten.
Eigentlich nur um der Nachmittagssonne zu entgehen, ging ich in das Dunkel einer nahe gelegenen Kirche hinein. Als sich meine Augen an das von Hunderten Kerzen ausgehende Dämmerlicht gewöhnt hatten, bemerkte ich, dass das Gotteshaus bis zum letzten Platz gefüllt war, obwohl im Moment keine Zeremonie stattfand. Die Anwesenden waren in kollektiver Meditation vereint. Mit geschlossenen Augen betete eine Gruppe Frauen zu meiner Rechten Rosenkränze. Ich konnte die Inbrunst der Betenden in der Luft greifen. Einmal mehr wurde mir klar, dass mich auf meinen Reisen insbesondere die Orte faszinieren, an denen sich menschliche Leidenschaft manifestiert. Der gigantische Weihrauchbecher in der Kathedrale von Santiago de Compostela, die sich drehenden Derwische in der Türkei, eine buddhistische Zeremonie im laotischen Hinterland gaben mir eindringlichere Bilder mit, gruben sich tiefer in meine Erinnerung ein als jedes noch so rekordverdächtige Hochhaus, jede schwindelerregende Brücke, jedes imposante, kunstvoll verzierte Denkmal. Auch das Bild der Betenden in Sucre würde lange in mir nachhallen.
Ich ging zurück in die gleißende Glut, die in diesem Land »Abend« genannt wird, schlenderte an freundlich beschienenen Häusern mit verspielten Schnörkeln vorbei, schlängelte mich um entgegenkommende Lastenträger und aufgehaltene Hände herum und gelangte schließlich in einen mit Blumen geschmückten Park, der für bolivianische Verhältnisse geradezu spektakulär gut gepflegt war. In der Mitte des Parks, der – wie könnte es anders sein! – Parque Bolívar hieß, stand ein rostiger, dem Eiffelturm nachempfundener Turm. Mit seinen zehn Metern Höhe und der abblätternden Fassade wirkte er wie das parodistische Zerrbild seines Pariser Pendants. Vielleicht jedoch konnte ich von dort oben einen Blick auf die Stadt werfen?
Das Bauwerk ächzte und schwankte hin und her, als ich die enge Wendeltreppe emporstieg. Als ich die Hälfte des Weges zurückgelegt hatte, sah ich, dass am Fuß des Turms ein Schuhputzer auf meine Rückkehr lauerte. Nach zwei Dritteln des Weges hatte sich ein Straßenverkäufer mit Zigaretten und Feuerzeugen zu ihm gesellt. Als ich schließlich die Spitze erreicht hatte, drehten zusätzlich zwei zerlumpte Zehnjährige ihre Runden um meinen Aussichtspunkt. Kinder, das wusste ich aus

leidvoller Erfahrung, waren am schwersten loszuwerden; sie verfolgten einen manchmal kilometerweit bis in Einkaufsläden und Friseurgeschäfte hinein. Eigentlich hätte ich es mir gleich denken können. Zwar genoss ich von hier oben einen wunderbaren Rundumblick. Gleichzeitig war ich jedoch weithin als leuchtend weißer *gringo* zu erkennen. Es hätte mich nicht gewundert, wenn einer der Verkäufer zu mir heraufgeschnauft wäre, um mir ein Fernglas oder einen Fotoapparat anzudrehen, der auf dubiose Weise in seinen Besitz gelangt war. Stattdessen drehte die illustre Menge ihre Runden um das Türmchen. Irgendwann, so wusste jeder, musste ich wohl oder übel zurück auf die Erde kommen. Die Situation erinnerte fatal an eine Katze, die sich vor einem Rudel Wölfe auf einen Baum gerettet hat. Als der erste Verkäufer begann, seine Preise für Armbanduhren zu mir heraufzurufen, wusste ich, dass ich gut daran tat, möglichst rasch aus den Fängen dieser Meute zu gelangen, die inzwischen auf acht Personen angewachsen war. Ich setzte mein mürrischstes Gesicht auf und nahm beim Herabgehen zwei Stufen auf einmal.

Der Berliner Reisebuchautor Bernhard Lassahn hat einmal beschrieben, wie Gäste nach Ankunft auf einer abgelegenen Insel Schilder kaufen konnten, auf denen »WANT NOTHING« stand. Ein solches Schild hätte ich mir jetzt gern um den Hals gebunden. Allerdings wusste ich, dass diese Abwehrmaßnahme wenig fruchten würde. Zum einen verstanden meine Peiniger nicht genügend Englisch; zum anderen wären sie gewieft genug, mir sogleich eine Armada noch viel schönerer, kunstvoller verzierter »WANT NOTHING«-Schilder anzubieten. So blieb mir nichts anderes übrig, als nach meinem Abstieg ein knappes Dutzend Mal *hola!, no!, gracias!* in die herbeistürzende Menge zu rufen und mir dann durch die enttäuschten Rufe hindurch einen Weg zu bahnen, hinaus aus dem Park und hinein in die erstbeste Fußgängerzone, die eine höhere Dichte an potenziellen Opfern aufwies. Hätte ich auch nur dem Drängen eines einzigen Händlers nachgegeben, hätten mich die anderen durch ganz Sucre hindurch verfolgt wie eine Horde Blutsauger.

Wirft man einen kurzen Blick auf die Geschichte Boliviens, kann man nachvollziehen, warum die meisten Einwohner darauf angewiesen sind, hellhäutigen Touristen hinterherzulaufen. Kein anderes Land in Südamerika wurde häufiger besiegt, exzessiver ausgebeutet, brutaler zerteilt wie dieser Andenstaat. Die verheerenden Auseinandersetzungen

fanden insbesondere dann statt, wenn eine Entdeckung innerhalb Boliviens für einen kleinen Hoffnungsschimmer sorgte. Als zum Beispiel 1825, wenige Jahre nach Boliviens Unabhängigkeit, enorme Kupfer- und Salpetervorkommen an den Küsten entdeckt worden waren, eignete sich Chile das einträgliche Gebiet nach einem kurzen Krieg an. Wenige Jahrzehnte später entriss Brasilien dem jungen Staat ein gewaltiges Gebiet im Osten. Noch heute baut man dort auf über fünfzigtausend Quadratkilometern Kautschuk in großem Stil ab, der zu Gummi weiterverarbeitet wird. Als schließlich 1932 Erdöl im Süden Boliviens gefunden wurde, begann Paraguay einen drei Jahre dauernden Krieg, der über sechzigtausend Tote verzeichnete. Profit daraus zogen in erster Linie andere: Die argentinische Bourgeoisie verkaufte beiden Seiten Waffen und die US-amerikanische Erdölgesellschaft »Standard Oil of New Jersey« brachte es gar fertig, während des Höhepunkts des Krieges bolivianisches Erdöl an die Regierung Paraguays zu verkaufen. Was dem bolivianischen Rumpfstaat ab 1935 blieb, waren lediglich die im unwegsamen Altiplano verborgenen Erze, insbesondere Zinn, Wolfram und Zink.
Doch wie damals, als im *Cerro Rico* Silbervorkommen gefunden wurden, deren Größe die Vorstellungskraft der meisten Menschen überstieg, gingen die Einwohner Boliviens ein weiteres Mal leer aus, als der Verkauf von Zinn Mitte des zwanzigsten Jahrhunderts zum Erfolgsmodell wurde. Simon Iturri Patiño, ein skrupelloser Abenteurer, hatte in den abgelegenen bolivianischen Bergen die größte Zinnmine der Welt entdeckt. Über Nacht wurde er zu einem der reichsten Männer der Welt. Das Zinn aus Bolivien wurde vor allem in den USA und in Europa für Abermillionen Konservenbüchsen benötigt. Am Aufbau einer funktionierenden Industrie zeigte Patiño kein gesteigertes Interesse. Stattdessen war er für Löhne bekannt, die das Existenzminimum unterboten – und dafür, dass seine Arbeiter an Staublunge, Unfällen oder den Konsequenzen der Überanstrengung starben, noch bevor sie das dreißigste Lebensjahr erreicht hatten. Patiño ließ sie aus dem nie versiegenden Heer der Arbeitslosen heraus ersetzen. Als die bolivianische Regierung schließlich im Jahr 1952 eingriff und die Zinnminen verstaatlichte, war es bereits zu spät. Der Zinngehalt im freigesprengten Gestein war auf ein Hundertstel gesunken. Statt satte Gewinne zu machen, war der Staat zum Konkursverwalter maroder Unternehmen geworden. Als darüber hinaus der Weltmarktpreis für Zinn ins Rutschen

kam, legte die Regierung einen Großteil der Minen still und verscherbelte andere an Privatunternehmer. An den Arbeitsbedingungen der Bergleute veränderte sich über die Zeit hinweg so gut wie nichts. Noch 1965 wurden zweihundert von ihnen bei einem Protest gegen die unmenschlichen Umstände der Plackerei erschossen. Keine zwei Jahre später ließ die Regierung am Vorabend einer Gewerkschaftsversammlung prophylaktisch in die friedliche Menge schießen. Über einhundert Männer, Frauen und Kinder starben im Kugelhagel. Das »Massaker der Johannisnacht« ging als eines der traurigsten Beispiele sinnloser Gewaltanwendung in die Geschichte Boliviens ein.

Derzeit liegen die wirtschaftlichen Hoffnungen im Abbau von Lithium, das in einer Region nahe des *Salar de Uyuni* entdeckt worden ist. Man schätzt, dass es an die neun Millionen Tonnen sind, drei Viertel der weltweit bekannten Reserven. Um moralische Verwerfungen beim Abbau dieses Bodenschatzes zu reduzieren, ist ein Joint Venture mit einem US-amerikanischen Unternehmen gegründet worden. Die Wahrscheinlichkeit, dass auch diesmal der Löwenanteil der Gewinne kapitalorientierten Managern in den USA zugutekommt, grenzt an hundert Prozent. In Bolivien bewahrheitet sich in augenfälliger Weise, was Marco in Buenos Aires in Anlehnung an Eduardo Galeano so treffend auf den Punkt gebracht hatte: Die Einwohner Südamerikas sind arm, weil ihr Land unermesslich reich ist – reich an Rohstoffen, Edelmetallen und Öl, das seit jeher die Gier der Eroberer anstachelt. Früher wurde deshalb Krieg geführt. Heute saugen multinationale Konzernriesen, die am Rand der Legalität operieren, das Land aus.

Zugute kommt ihnen, dass Bolivien zwei Jahre nach der Gründung 1825 in ein lang anhaltendes Chaos fiel, das durch den Sturz seines ersten Präsidenten, des Generals Antonio José de Sucre, ausgelöst worden war. In den folgenden hundertsiebenundsiebzig Jahren lenkten hunderteinundneunzig Präsidenten die Geschicke – besser gesagt: die Missgeschicke – des Andenstaats. Ein trauriger Weltrekord, der möglich war, weil sich immer neue Männer auf der Suche nach Macht und schnellem Reichtum durch Intrigen und Morde an die Spitze putschten.

Einer der herrschaftssüchtigsten, Mareano Melgarecho, hatte 1865 noch eigenhändig seinen Vorgänger erschossen und gleich darauf verkündet, dass er so lange regieren werde, wie es ihm beliebe. Aufstände wurden mit Waffengewalt niedergeschlagen, Rebellierende auf dem zentralen Platz von La Paz nach Schauprozessen gehängt. Melgarecho liebte Alkohol, Pferde und Frauen, vermutlich in dieser Reihenfolge, verstand aber so gut wie nichts von Staatsgeschäften. Seine Allgemeinbildung gipfelte in der Aussage, Napoleon sei größer gewesen als Bonaparte. Bekannt war Melgarecho als Organisator ausschweifender Palastorgien. Als auf einem dieser Feste der britische Botschafter das Angebot eines Glases *chicha* ausschlug, zwang ihn Melgarecho, zur Strafe ein volles Fass Schokolade auszutrinken. Anschließend wurde der Diplomat, verkehrt herum auf einem Esel sitzend, durch die Straßen von La Paz geführt und schließlich aus dem Land geworfen. Erzählungen zufolge soll Englands Königin Victoria, als ihr der Vorfall zu Ohren kam, nach einer Weltkarte verlangt und mit weißer Kreide ein Kreuz über Bolivien gemalt haben. »Bolivien existiert nicht«, soll sie dabei gesagt haben.

Den Vorfall mit der abgelehnten *chicha* konnte ich gut nachvollziehen. Neben dem säuerlich-abgestandenen Geschmack, der an eingeschlafene Füße erinnert, ist vor allem die Herstellungsweise dieses südamerikanischen Maisbiers gewöhnungsbedürftig: Die alten Dorffrauen kauen die Maiskörner und vermischen sie dabei mit reichlich Speichel, bis das Ganze zu einem zähflüssigen Brei wird, den sie anschließend in eine große Schüssel spucken. Die Speichelsäfte sorgen dort für die Gärung des Gemischs.

Einer der zahlreichen Präsidenten Boliviens hatte immerhin ehrgeizige, aus heutiger Sicht fortschrittliche Pläne. Victor Paz Estenssoro wollte nach seiner Wahl 1951 die Lage der *indígenas* verbessern und hatte hierfür umfassende Reformen geplant. Gleich nach gewonnener Wahl schickte ihn darum das Militär ins Exil nach Argentinien – das bolivianische Militär dient praktisch ausschließlich dazu, die eigene Bevölkerung zu unterdrücken. Es hat in seiner gesamten Geschichte nicht einen einzigen Krieg gewonnen. Nach tagelangen Protesten seiner Anhänger, in deren Verlauf sechshundert Menschen getötet wurden, kehrte Estenssoro nach Bolivien zurück, verlieh den Ureinwohnern die Bürgerrechte und ließ einige Großgrundbesitzer enteignen. Erst 1964 wurde er, nach sozialen Unruhen, aus dem Amt getrieben.

Für bolivianische Verhältnisse war das eine spektakulär lange Amtszeit, wenn man bedenkt, dass es im Oktober 1970 sechs Präsidenten innerhalb eines einzigen Tages gab. Selbst Pedro Blanco hatte es länger aus-

gehalten: Er durfte sich ganze drei Tage lang Präsident von Bolivien nennen, bevor er in der Silvesternacht 1828 erstochen wurde. Zu frühzeitig, um als Held in die bolivianische Geschichte einzugehen, die seit Bolívar und Sucre entschieden unter Heldenarmut leidet. Am ehesten könnte diese Bezeichnung noch auf Eduardo Avaroa zutreffen, der den Andenstaat 1879 in den Krieg gegen Chile führte. Bolivien verlor die entscheidende Schlacht bei Antofagasta. Als der Ausgang des Krieges ersichtlich wurde, forderten die Chilenen Avaroa auf, sich zu ergeben, woraufhin ihm eine unbestreitbar schlagkräftige Antwort einfiel: *Rendirme? Qué se rinde su abuela, carajo!*, »Ergeben? Von mir aus kann sich Ihre Großmutter ergeben, verdammt noch mal!« Avaroa verfügte über Galgenhumor, was ihm zu Lebzeiten allerdings wenig nützte: Die Chilenen schossen ihn kurz darauf nieder.
Die Tradition, dass Bolivien immer dann von Fremden heimgesucht wird, wenn Hoffnung auf Reichtum aufkeimt, wird bis zum heutigen Tag fortgeführt. Nachdem die wirtschaftlich interessantesten Gebiete im Osten, Süden und Westen von den Nachbarstaaten okkupiert sind und der Abbau sämtlicher Rohstoffe und Edelmetalle fest in der Hand ausländischer Firmen ist, bleibt Bolivien nur noch eine einzige Erfolg versprechende Einnahmequelle. Sie geht zurück auf einen anspruchslosen Strauch, der auf den kargen Böden wächst und bis zu viermal jährlich abgeerntet werden kann. Die Blätter dieses Strauches sind Heilmittel gegen Hunger, Übelkeit, Schmerzen und die Höhenkrankheit und stellen die Basis für Coca-Cola dar. Man kann die Blätter des Cocastrauches allerdings auch mit Kerosin vermischen und anschließend mit Hydrochlorid weiterverarbeiten. Später wird die so entstandene Paste mit Traubenzucker und anderen Stoffen gestreckt, um schließlich als Kokain in die Nasen der Konsumenten zu gelangen. Den großen Reibach machen dabei natürlich nicht die bolivianischen Cocabauern, sondern international tätige Drogenbarone. Ein weitaus größerer Anteil des Reichtums als in allen anderen Wirtschaftszweigen verbleibt allerdings im Herkunftsland, was interessante moralische Fragen aufwirft. Beispielsweise, ob es verwerflicher ist, wenn Konsumenten in reichen Ländern an den Folgen übermäßigen Rauschgiftkonsums sterben, oder wenn die Lebenserwartung einer ganzen Großstadt wie Potosí in einem armen Land unter vierzig Jahre beträgt, weil die Arbeitsbedingungen menschenverachtend sind. Oder, ob man ablehnen sollte, dass durch das »schmutzige« Geld der Drogenbarone

Schulen gebaut und die Familien von Cocabauern unterstützt werden – Maßnahmen also, die der bolivianische Staat nicht zu leisten vermag.
In den Fünfzigerjahren haben die USA diese Fragen in typischer Manier beantwortet. Als eine wissenschaftliche Studie den Anbau von Coca als Hauptgrund für die Armut in Südamerika benannte, erklärte die US-amerikanische Regierung dem Coca »den Krieg« und beschloss, die Pflanzen »auszurotten«. Seither sprühen Einheiten der US-amerikanischen Anti-Drogen-Einheit DEA Vernichtungsmittel über bolivianische Cocaplantagen. In Kauf genommen wird dabei, dass seit Jahrzehnten Fehlgeburten und Missbildungen bei Neugeborenen in der Nähe der Plantagen signifikant höher sind als anderswo. Nicht zum ersten Mal in der Geschichte engagiert sich eines der reichsten Länder der Erde in einem der ärmsten, um dessen Haupteinnahmequelle zu vernichten. Denn das Geschäft mit der Cocapflanze, insbesondere mit Kokain, ist mehr oder weniger der einzige Wirtschaftszweig des Andenstaats geblieben, der Renditen bringt. Die Einnahmen sind bis zu sieben Mal höher als die jeden Alternativprodukts.

Besuch im »Café Aussichtspunkt«

Abends ist Sucre im Vergleich zu anderen Hauptstädten langweilig, was nicht zuletzt daran liegt, dass ganz Bolivien zum Abend hin langweilig wird. Selbst die Hauptstadt des Landes legt sich früh schlafen. Fast scheint es, als drücke sie die Last der Geschichte zu Boden, als kaue sie die Erinnerungen an vergangene Missgeschicke wieder. Nur aus dem *Café Mirador*, dem »Café Aussichtspunkt«, war das Lachen von Gästen zu hören. Sucres auf einem Hügel gelegener *gringo*-Treff ist ganz auf die Bedürfnisse reisender, Rucksack tragender Jugendlicher aus gutem Hause eingestellt. Im Garten des Cafés stehen Tischchen mit je einem Sonnenschutz aus Bambus, von denen aus man einen Blick auf die Stadt werfen kann. Rund um die Uhr ertönt gefällige Musik aus zwei Lautsprechern. Shakira übergibt Ricky Martin das Wort, der es Carlos Santana weiterreicht. Alle Lieder vereint, dass sie zwar einerseits irgendwie »südamerikanisch« wirken – Shakira hinterlegt ihre Popsongs gerne mit angedeuteten Panflöten, Santana streut Salsarhythmen in seine Gitarrensoli, aus Ricky Martins Gesang kann man den Hüftschwung förmlich heraushören –, dass all diese Lieder aber gleichzeitig so sehr auf die gängigen Melodien und Akkordfolgen setzen und in der Folge zu Allgemeingut mutierten, dass sie in Wahrheit ganz und gar ortlos geworden sind. Sie sind die erfolgreichen Produkte einer Globalisierung, die bedienen, was sich westliche Jugendliche unter »Südamerika« vorstellen. Gleichzeitig sind sie darauf bedacht, den Bogen nicht zu überspannen, um ihre Zielgruppe nicht zu erschrecken. Diese verhält sich in etwa wie ein Großstädter, der beim Anblick von Feldern und Hecken ausruft, wie schön die Natur doch sei – während er in einer echten, ungezähmten Natur verloren wäre.

Das *Café Mirador* hat oberhalb des Stadtkerns ein akkurat gepflegtes, künstliches Paradies geschaffen, einen Zufluchtsort, weit entfernt von Sucres bettelnden Kindern. Blickt man von seinem Garten hinunter auf die zu Füßen liegende Stadt, könnte man der Ansicht sein, dass sich Sucre abends friedlich schlafen legt, und dass das größte Problem seiner Einwohner darin bestünde, von dort unten keinen privilegierten Ausblick auf die Sonne genießen zu können, die in diesem Moment orangerot über die Berggipfel streicht. Die Betreiber des »Cafés Aussichtspunkt« hatten messerscharf erkannt, wonach wir Touristen trotz aller Floskeln von »authentischen Erlebnissen« und dem ach so »intensiven Kontakt mit den Einheimischen« in Wahrheit verlangen. Wir suchen einen sicheren Raum, aus dem heraus wir unsere Umgebung beobachten können, ohne allzu sehr von ihren Unannehmlichkeiten betroffen zu sein. Darum wird in La Paz derzeit ein Luxushotel gebaut, in dem sich kein Einheimischer eine Übernachtung leisten können wird. Erst wenn wir keine Kontrolle mehr über unsere Umgebung haben, wenn niemand mehr da ist, der uns dank unseres Geldes irgendwohin fährt, uns Frühstück macht oder unser Gepäck trägt, erst wenn uns keine Möglichkeit mehr gegeben wird, uns in ein sicheres Schneckenhaus zurückzuziehen, wenn wir also wirklich leben müssen wie die Einheimischen, mit all den damit verbundenen Problemen und Sorgen, bekommen wir es mit der Angst zu tun.

Dazu kommt es im *Café Mirador* nie. Hier oben lässt es sich aushalten. Einerseits ist man zwar mitten in Bolivien. Andererseits hätte der Garten des Cafés genauso gut in Italien oder Neuseeland stehen können. Mit heiligem Erschauern nahmen zwei weißhäutige Touristinnen zur Kenntnis, was ihnen ein Rastazopfträger aus Kanada servierte. Sie hörten sich »Fakten aus Bolivien« an, als sei dies ein beliebter Horrorfilm. »Auf dem Land stirbt eines von drei Kindern, noch bevor es das fünfte Lebensjahr erreicht. Zwei Drittel der Bolivianer leben unter der Armutsgrenze, ein Drittel leidet unter mangelnder Ernährung. Zusammen mit Ländern wie dem Sudan oder dem Kongo gehört Bolivien zu den zehn ärmsten Staaten der Welt.«

Der Rastamann gab sich alle Mühe, seine beiden Zuhörerinnen zu beeindrucken. Sie dankten es ihm mit großen Augen und gelegentlichen »Oh my god!«-Zwischenrufen, während sie an ihren Cocktails nippten.

»Kein Wunder, dass die Kinder frühzeitig die Schulen verlassen: Sie müssen rasch zum Lebensunterhalt der Familie beitragen. Darum schlagen sie sich als Schuhputzer, Lastenträger, Straßenverkäufer durch, ohne zu wissen, dass sie sich genau damit alle Aufstiegschancen verbauen.«

Manche wurden auch Musiker, wenn man darunter verstand, dass jemand versuchte, Geld zu verdienen, indem er Töne aus Instrumenten hervorlockte. In diesem Sinne konnte man auch die drei etwa zwölfjährigen Jungen, die sich gerade im Garten des Cafés aufbauten, Musiker nennen. Leider konnte keiner der drei auf seinem Instrument spielen: Der Trommler schlug unregelmäßig auf sein Gerät, die Geige quietschte wie eine Schar junger Ferkel, der Gitarre fehlten drei von sechs Saiten. Der »Gesang« war schiefer als der Turm von Pisa. Für Investitionen in Rhythmusgefühl oder Fingerfertigkeit hatten die »Musiker« keine Zeit gehabt. Stattdessen spielten sie Musik, wie Tausende bolivianische Kinder sie praktizieren: Wer etwas auftreiben konnte, das einem Musikinstrument ähnelte, stellte sich auf die Straße und versuchte, ein paar Münzen zu verdienen. Der Kontrast zu argentinischen Trommelgruppen oder Solokünstlern, die mit Präzision und Lebenslust großartige Musik darboten, konnte kaum größer sein.

Irritiert hielt der Rastamann in seiner Aufzählung des Schreckens inne. Die beiden Touristinnen verdrehten die Augen. Eine der beiden versuchte, das Ärgernis mit der rechten Hand fortzuwedeln. Zugegebenermaßen war das, was sich da ihren Ohren anbot, erbärmlich. Erschwerend kam hinzu, dass Shakiras Meckerstimme aus den Lautsprechern parallel zur Darbietung der drei Musiker noch immer einen unwahrscheinlich simplen Text zum Besten gab. Nach fünf Minuten wurde es der Touristin zu bunt. Sie winkte den Kellner zu sich, flüsterte ihm etwas zu und deutete auf die »Band«. Der Kellner ließ die drei aus dem Garten werfen. Zufrieden lehnten sich die beiden Touristinnen zurück in ihre gepolsterten Stühle. Das Ärgernis war beseitigt. Der Rastamann ergriff seine Chance und fuhr fort, von Boliviens Furchtbarkeiten zu erzählen.

Orte wie das *Café Mirador* gibt es viele. Es sind Oasen inmitten des Chaos, die Gegenwelten erschaffen und uns für die Illusion bezahlen lassen, dass die Welt insgesamt doch irgendwie in Ordnung ist. Gegen klingende Münze bieten sie ein paar Stunden Vergessen.

Noch im Hotelzimmer, das kaum weniger ein Refugium war, an dessen Außenmauern die Wirklichkeit abprallte, dachte ich darüber nach, wie Menschen, die ausschließlich Orte wie diesen aufsuchten, ihren Aufenthalt in Bolivien erleben mochten. War dies in seinem Kern nicht reisen, um die Überlegenheit des eigenen, vertrauten Systems bestätigt zu bekommen? Und: War das besser oder schlechter, als gar nicht zu reisen?

Reiste ich nicht ebenfalls auf diese Weise – auch wenn ich gemeinsam mit Hühnern und Bauersfrauen in engen Bussen fuhr, statt mich von Reiseveranstaltern kutschieren zu lassen; auch wenn ich mich auf Spanisch unterhielt und mit wildfremden Menschen auf der Straße Cocablätter kaute, statt das bei Touristen so beliebte Rumpfenglisch von mir zu geben?

Natürlich hatte ich die Armut in Potosí gesehen. Ich hatte Zwanzigjährige mit abgetrennten Gliedmaßen beobachtet, denen mit Glück noch fünf Jahre blieben, und Frauen *bolivianos* in die Hand gedrückt, deren Kleinkinder hinter ihnen im Matsch des Straßengrabens plärrten. Doch konnte ich deshalb nachvollziehen, was es für diese Menschen bedeuten musste, zu wissen, dass es keinen Ausweg gab und sich ihre Lage nie entscheidend bessern würde? Die Ahnung, dass der größte Erfolg ihres Lebens darin bestehen würde, einige *bolivianos* von einem reichen Touristen zu erhalten, musste sie ihr Leben lang begleiten. Während ich mich jederzeit in ein Flugzeug setzen und zurück in ein Land fliegen konnte, in dem die Ärmsten der Gesellschaft noch immer fünfzehnmal mehr Geld hatten als viele bolivianische Arbeiter, blieb ihnen diese Option zeitlebens verwehrt. Was konnte ich dagegen tun? Was wollte ich dagegen tun?

Vielleicht hatte Marco recht gehabt, als er bemerkte, dass beide Seiten ihre Hausaufgaben noch vor sich haben. Wir Europäer können unseren Teil beitragen, indem wir in Weltläden statt Billigsupermärkten einkaufen und Druck auf unsere Politiker ausüben. Die Menschen in Südamerika können sich zusammenschließen und dafür sorgen, dass die Stimme der Mehrheit statt der Umfang des Geldbeutels entscheidet, wer an die Macht kommt. In Bolivien war mit der Wahl von Evo Morales ein Anfang gemacht worden.

Per »Dino Truck« in Sucre unterwegs

Am nächsten Morgen wachte ich zeitig auf und begab mich zum zentralen Platz der bolivianischen Hauptstadt. Von hier würde heute eine Entdeckungsfahrt der besonderen Art starten.

Sucre hat das Glück, über einen gut erhaltenen Stadtkern zu verfügen. Zudem befindet es sich in einer unvergleichlich günstigen geografischen Lage. Zwischen den kalten Hochebenen der Sierra im Westen und den schwülheißen Regenwaldgebieten im Osten klammert es sich an die Ausläufer der Anden, dass man fast Angst hat, es könne eines Tages die Ostkordillere hinabrutschen. Dennoch fehlte das gewisse Etwas, um sich neben den Touristenmagneten La Paz und Uyuni zu behaupten. Erst im Jahr 1994 wurde es gefunden: Nur wenige Kilometer von Sucre entfernt legten Wissenschaftler aus den USA und der Schweiz die bislang umfangreichsten Dinosaurierspuren der Welt frei. Wie so oft, wenn es etwas zu verdienen gibt, hatte ein Deutscher dabei den richtigen »Riecher« fürs Geschäft. Dreimal täglich lässt Klaus Schütt seinen »Dino Truck« von Sucres Hauptplatz abfahren.

An jenem Morgen sprang ich in diesen »Dino Truck«, auf die überdachte Ladefläche eines Lastwagens, der sich nun mit *gringos* füllte.

»Hi, how are you«, tönte es von überall her. Als wir uns in Bewegung setzten, wehten blonde Haare im Fahrtwind. So seltsam kam mir unsere Erscheinung vor, dass ich die Bauern am Rande von Sucre verstehen konnte, die uns anstarrten, als seien wir eben vom Mond gefallen. Lange genug war ich durch Südamerika gestreift, hatte in volle, braun gebrannte Gesichter geblickt und melodisches Spanisch aus ungeschminkten Mündern gehört. Zum Glück war nach unserer Abfahrt eine junge Dame auf den Truck gesprungen und hatte sich mir gegenübergesetzt. Sie hieß Libertad und war die einzige Bolivianerin unserer Gruppe. Mit aristokratisch anmutendem Stolz hatte sie sich auf den einzigen noch freien Platz gesetzt. Sie hatte allen Grund für dieses Gebaren: Drei Euro kostete die Fahrt. Ein lächerlicher Betrag für uns, dessen Verlust wir kaum bemerkten. Für Libertads Landsleute waren diese drei Euro hingegen die Grenze, die unsere beiden Welten trennte. Ich war erleichtert, dass es sich eine sechzehnjährige Bolivianerin leisten konnte, mit uns zu fahren. Umso mehr, als es ein Vergnügen war, Libertad gegenüberzusitzen. Sie drückte Dinge, die ihr wichtig waren, mit dem ganzen Körper aus. Ihre Augenbrauen schnellten auf und nieder, ihre Hände vollführten unterstreichende Gesten, ihr Rücken richtete sich auf und zog sich kurz darauf wieder zusammen. Sie war offensichtlich froh, jemanden anzutreffen, der ihre Sprache beherrschte.

Der »Dino Truck« brachte uns zu einer Ausgrabungsstätte. Auf einer gigantischen Felswand waren über dreitausend Dinosaurierspuren von etwa dreihundert verschiedenen Tieren zu sehen. Die Professoren Christian Meyer von der Universität Basel, Martin Lockley von der Boulder-Universität Colorado und Giuseppe Leonardi aus Rom hatten 1994 unter anderem die längste erhalten gebliebene Dinosaurierspur der Welt entdeckt. Vierhundertfünfzig Meter lang führen die metergroßen Fußabdrücke diagonal an der Wand entlang. Dem dazu gehörenden Tier hatten die Wissenschaftler mit ihrem speziellen Sinn für Humor den Namen »Johnny Walker« gegeben.

Alfredo, unser Reiseführer, erklärte uns anschaulich, wie die Raptoren, die ihre Bekanntheit insbesondere Steven Spielbergs »Jurassic Parc« verdanken, auf ihre Beute sprangen, die mehrfach größer war als sie selbst. Wie sie mit den Krallen blutige Streifen in die Haut rissen und ihrem Opfer anschließend folgten, bis es einige Kilometer weiter verblutete. Auch heute noch werden praktisch wöchentlich neue Spuren bei Sucre freigelegt.

»Wir warten dann ab, bis die ausländischen Wissenschaftler uns erklären, um was es sich dabei handelt«, bemerkte Alfredo, und in seiner Ironie schwang eine Prise Resignation mit. Ob Kupfer, Lithium, Erdöl oder Dinosaurierspuren: Immer waren ausländische Experten vor Ort, bevor Bolivien Profit aus seinen Ressourcen schlagen konnte. Klaus Schütts »Dino Truck« brachte immerhin einem Fahrer und Archäologiestudenten wie Alfredo Arbeit. Sollte bei den Dinosaurierspuren aber wie geplant ein Museum mit eigenem Shuttlebus eingerichtet werden, wäre der »Dino Truck« rasch obsolet.

»Wir werden bald auch Fossile sein«, erklärte Alfredo mit der ihm eigenen Mischung aus Schmerz und Scherz. Klaus Schütt, der einen ähnlichen Truck in Potosí unterhält, der Touristen in die Silberminen bringt, hat für Sucre bereits neue Pläne. Ein englischer Doppeldeckerbus soll ausländische Touristen zu den Sehenswürdigkeiten der Stadt bringen. Vielleicht helfen Maßnahmen wie diese, Sucres Bild einer beschaulichen Hauptstadt ein wenig aufzupeppen.

Ein weiteres ermutigendes Zeichen bekam ich auf der Rückfahrt mit. Libertads ausladende Gesten, ihr kerniges Lachen und ihr loses Mundwerk begleiteten mich erneut. Eloquent beschrieb die junge Dame ihre Eindrücke. Sie war vor Kurzem in Argentinien gewesen und wollte später in La Paz Medizin studieren. Eine Ärztin wolle sie werden. Sie habe viele Bücher gelesen, könne Blut sehen und werde sich nicht von den Männern ihres Landes von ihren Zielen abbringen lassen. Als sie nach unserer Ankunft am Hauptplatz von Sucre flink von der Ladefläche des Lastwagens sprang, kam ich nicht umhin, ihre resolute und trotzdem charmante Art zu bewundern. Menschen wie sie konnten es schaffen, selbst in Bolivien. Ich winkte ihr noch zu, als sie um eine Straßenecke bog.

Libertad bedeutet übersetzt so viel wie »Freiheit«.

Der Ausflug zu den Dinosaurierspuren hatte meine Abenteuerlust erneut entfacht, und so schloss ich mich einem Schweizer Radfahrerpärchen mitsamt Reiseführer an, das ich am Abend zuvor im Hotel kennengelernt hatte. Radfahren mit Schweizern kann ein gewagtes Unterfangen sein, weil diese Leute immer in der Nähe irgendeines Hanges leben und die Lust an Auf- und Abfahrten praktisch mit der Muttermilch aufsaugen. Luis, unser drahtiger bolivianischer Reiseführer, fuhr denn auch in straffem Tempo zu einem Ort, der *siete arcadas*, »sieben Wasserfälle« genannt wird.

»Wer verrückt genug ist, kann alle sieben Wasserfälle durch das herabstürzende Wasser hindurch nach oben klettern. Von da hat man eine grandiose Sicht auf das Tal«, erklärte er uns nach der Ankunft. Richie, der männliche Part des Schweizer Duos, warf mir einen vielsagenden Blick zu. Jahrelang war er Geräteturner gewesen; seine Freizeit verbrachte er mit Drachenfliegen.

Wenig später zogen wir uns die glitschigen Felsen empor. Richie bewegte sich flink und kraftvoll, manchmal zog er sich mit nur einem Arm durch das tosende Wasser hindurch nach oben. Am Ende standen wir beide nass bis auf die Haut und stolz wie Könige oberhalb der Wasserfälle. Der Weg hinunter verlief schneller als hinauf: Wir sprangen die Wasserfälle hinab ins kühle Nass – eine Wohltat bei geschätzten dreißig Grad im Schatten.

Zwei weitere Tage blieb ich in Sucre und genoss den gemäßigten Rhythmus auf den Straßen. Buenos Aires war wie ein feuriger Tango gewesen, leidenschaftlich und schwer zu durchschauen; Santiago de Chile wie ein moderner Popsong, eingängig und klar strukturiert. Sucre war eine alte Ballade, der ein wenig Schlagzeug zwar guttun würde, deren ausgewogene Rhythmik und angenehme Melodie aber bereits jetzt einnehmend waren.

Dabei hatte Boliviens Hauptstadt einst völlig anders begonnen, mächtig und aufstrebend. Weniger als ein Jahrhundert nach seiner Gründung 1538 wurde eine der ersten lateinamerikanischen Universitäten eröffnet. Aus den umliegenden Ländern strömten Studenten herbei und verbreiteten die Ideen der Aufklärung. *Chuquisaca*, wie die Stadt damals hieß, war Anziehungspunkt für reformfreudige Intellektuelle, die sich nicht länger von der spanischen Verwaltung bevormunden lassen wollten. So wurde sie zum Zentrum des antikolonialistischen Widerstands. 1839 erhielt sie zu Ehren A.J. de Sucre den heutigen Namen. Erst als der gleichnamige Präsident des Landes zwei Jahre nach der Amtseinführung abdankte, fiel Sucre immer mehr in Chaos und rutschte schließlich in völlige Bedeutungslosigkeit ab. Meinen Aufenthalt empfand ich in erster Linie als Verschnaufpause, und gerade weil sich die Stadt bewusst ist, dass sie momentan keine allzu große Rolle in der Weltpolitik spielt, konnte ich hier Entspannung in einem Ausmaß finden, wie ich es in keiner anderen Stadt Boliviens vorfinden würde.

Über das bolivianische Altiplano war ich in die Hauptstadt gekommen, eine extreme Landschaft, flankiert von Sechstausendern, in der die Temperaturen innerhalb eines Tages um fünfzig Grad schwanken konnten. Bis zuletzt konnte ich mich nicht entscheiden, ob das Altiplano verwegen und voller Geheimnisse war, oder einfach nur trostlos und leer. Hingegen merkte ich schnell, wie launisch es war, wie seine Stimmung jede Minute kippen konnte.

Von Sucre aus würde ich in eine andere Extremlandschaft kommen, in die tropischen Regenwälder des Ostens. In Boliviens berüchtigter Großstadt Santa Cruz, die ihren Reichtum praktisch ausschließlich der

Kokainmafia verdankt, würde ich Hannah, eine Österreicherin, vom Flughafen abholen. Vom alpinen Tirol direkt in die bolivianischen Tropen – Hannah schien Mut zu haben.

Hinter den verschmierten Busfenstern sammelte die Stadt Kraft für einen neuen Tag, als ich zum Flughafen von Sucre aufbrach. Schmutzige Kinder erwachten neben Bordsteinen, Händler traten müde auf die Straßen. Ausnahmsweise ertönte keine bis zum Anschlag aufgedrehte Musik aus den alten Lautsprechern des Busses. Stattdessen wetterte ein Professor aus Kuba im Radio gegen die Weltbank und den Internationalen Währungsfonds: »Die Weltbank entspricht den Vereinigten Staaten wie der Donner dem Blitz«, zitierte er Eduardo Galeano, dessen Standardwerk »Die offenen Adern Lateinamerikas« Einzug in sämtliche Universitäten des Subkontinents gefunden hat. »Die USA allein verfügen über ein Viertel der Stimmen in der Weltbank. Alle zweiundzwanzig Länder Lateinamerikas dagegen über weniger als ein Zehntel. Niemand kann behaupten, dass das gerecht ist.« In scharfen Worten beschrieb der kubanische Professor, wie Christoph Kolumbus im Zuge seiner zweiten Reise einige Zuckerrohrwurzeln von den Kanaren mitgebracht und in den Boden eingepflanzt hatte, der heute zur Dominikanischen Republik gehört. Sie keimten schnell auf und gediehen prächtig. Also orderte man Schiffe voller Sklaven aus Afrika, ließ Wälder roden und gigantische Plantagen anbauen. Monokulturen zerstörten die unvergleichliche Vielfalt der Fauna und Flora auf der Insel. Alle auf diese Weise angebauten Pflanzen, zunächst der Zucker, dann der Kakao, die Baumwolle, der Kaffee und der Kautschuk, fielen demselben Schicksal anheim: Sie warfen kurzfristig ungeheure Gewinne ab, die nahezu ausschließlich US-Amerikaner oder Europäer reich machten, um anschließend in Bedeutungslosigkeit abzusinken, wobei sie ein Heer von Arbeitslosen und kilometerlange Halbwüsten zurückließen, auf denen jahrzehntelang nichts mehr gedeihen konnte.

»Fünfundzwanzig Jahre hat Bolivien die Vorgaben des Internationalen Währungsfonds rigoros befolgt. Das Einkommen pro Kopf ist heute dennoch geringer als vor fünfundzwanzig Jahren«, zitierte der kubanische Professor einen weiteren Kritiker der aktuellen Entwicklung, den amerikanischen Linguistikprofessor Noam Chomsky. Die Art, in der sich die Stadt um mich herum an jenem Morgen aufrichtete, ohne die gebückte Haltung vollständig verlassen zu können, belegte die Worte

Chomskys eindrucksvoll. Beinahe unterwürfig hatte sich Bolivien ein Vierteljahrhundert lang an die Regeln des Internationalen Währungsfonds gehalten. Die ökonomische Situation hatte sich im selben Zeitraum dennoch verschlechtert – vielleicht sogar eben darum, wenn man bedenkt, dass die ostasiatischen »Tigerstaaten«, die sich völlig konträr zu den Regeln verhalten hatten, zeitgleich den Sprung von Entwicklungs- zu Schwellenländern geschafft hatten. Bolivien kann dagegen bis heute seine Bevölkerung nicht ernähren, obwohl es dreimal so groß wie Deutschland ist und nur acht Millionen Einwohner hat.

»Ist Lateinamerika ein Teil der Welt, der zur Armut und Demütigung verdammt ist?«, fragte der kubanische Professor mit den Worten Galeanos provokativ, während der Flughafen von Sucre langsam in mein Blickfeld kam. »Verdammt von wem? Hat Gott die Schuld oder vielleicht die Natur? Das erdrückende Klima, die minderwertige Rasse? Oder ist unser Unglück ein Produkt der Geschichte, die von Menschen gemacht wurde und darum auch von Menschen verändert werden kann?«

Man brauchte nicht viel Fantasie, um zu erraten, dass nach Meinung Galeanos und des kubanischen Professors Letzteres zutraf. Unser Busfahrer ließ das Radio weiterlaufen, als wir vor dem Flughafengebäude zum Stehen kamen. Er schien nachdenklich den Kopf auf eine Seite zu legen, aber vielleicht bildete ich mir das auch nur ein und er war in Wirklichkeit noch müde von einer allzu kurzen Nacht. Die letzten Worte, die ich aus Boliviens Hauptstadt mitnahm, waren noch einmal die Galeanos: »Der Abgrund, der in Lateinamerika zwischen dem Wohlstand einiger weniger und dem Elend vieler herrscht, ist unendlich größer als der in Europa oder den Vereinigten Staaten. Darum sind auch die nötigen Maßnahmen, die diesen Abstand aufrechterhalten, unendlich brutaler.«

In Boliviens Drogenhauptstadt

Das Leben scheint sich zum Äquator hin zu potenzieren. Verschwenderisch mutet die Vielzahl an Bäumen, Sträuchern, Gräsern an, die ineinander übergehen, aufeinander aufbauen, symbiotisch und parasitär koexistieren, als habe die Natur Angst, der Platz könne ihr ausgehen, und darum einen Großteil aller Pflanzen in dem schmalen Gürtel an-

gesiedelt, den man die Tropen nennt. Einen halben Meter Flügelspannweite haben hier manche Schmetterlingsarten. Sie segeln durch die hitzegeschwängerte Luft wie kleine Greifvögel. Abends hört man Geräusche in den Böden, Bäumen, Lüften, die sich sammeln zu einem Lärm, als habe jemand den Lautstärkeregler aufgedreht. Überall raschelt und zischt, krächzt und knarzt, schreit und planscht es. Besucher aus gemäßigten Breiten vermuten Gefahren hinter jedem Baum, jedem Strauch, jedem Grashalm. Für sie sind die Tropen der Inbegriff für Fremdes, Unbekanntes, ein Symbol für Leidenschaft, die zu Fieber wird. Sehnsüchtiges Ziel der einen, Horrorvision für die anderen, die sich in der überbordenden Vielfalt verlieren: Verschwenderische Pracht und bittere Not gehen in dieser Region Hand in Hand. Es ist ein Phänomen, dass die Menschen dort am ärmsten sind, wo die Natur am reichsten ist. Die Tropen ziehen einen Gürtel menschlicher Armut um unseren Planeten. Ob in Ecuador und Bolivien, in Gabun und dem Kongo, auf Sumatra und Borneo: Überall auf der Welt sinkt der Lebensstandard, je näher man dem Äquator kommt.
Warum gilt diese Regel so weltumspannend? Kapitulieren wir in den Tropen vor der Übermacht der Natur? Sind wir hilflos in einer Region, die nur intensives Erleben und andauernde Langeweile kennt, Flussdurchquerungen im Dschungel beispielsweise und anschließendes Warten auf besseres Wetter in einer Urwaldhütte? Oder haben wir allzu oft erfahren müssen, dass unsere mühsame Arbeit im Handumdrehen zerstört wurde, das Feld von prasselndem Regen ausgewaschen, das Haus weggeschwemmt, der mit der Machete geschlagene Weg über Nacht von der Natur zurückgeholt?
Es war eine Gegend voller Geheimnisse, in der mich das schwankende Propellerflugzeug absetzte.
Ein scheppperndes Etwas, vor Jahrzehnten vermutlich aus England importiert, das Lenkrad auf der linken Seite, während sich das Armaturenbrett rechts befand, brachte mich ins Zentrum von »Kokain-City«. Der rasante Aufstieg von Santa Cruz von einer Ansammlung heruntergekommener Hütten zu einer Stadt fand in den Siebzigern statt, als gleich mehrere Drogenbosse in die Stadtplanung investierten. Dass Santa Cruz nach wie vor ein gefährliches Pflaster war, insbesondere für hellhäutige Touristen, die ihren Blondschopf leuchtfeuergleich durch die Straßen tragen, sollte ich keine drei Stunden nach meiner Ankunft feststellen.

Ich hatte beschlossen, dem städtischen Zoo einen Besuch abzustatten. Die Auswahl an Sehenswürdigkeiten war eng begrenzt; die einzige sehenswerte Kirche befand sich auf dem Weg. Weit und breit war ich der einzige Nichtbolivianer. In den schmutzigen Straßen bliesen uralte Autos Abgaswolken aus, mitten ins Spiel der Kinder hinein, die, wenn sie jünger als zehn waren, vor mir davonliefen oder mit dem Finger auf mich zeigten. Waren sie älter als zehn, kamen sie auf mich zugerannt und hielten die Hand auf. Von den Kindern abgesehen waren beinahe ausschließlich stämmige Männer unterwegs. Die wenigen Frauen schmiegten sich beim Gehen eng an die Hauswände oder saßen auf dem Boden, um Gebäck anzubieten, das von den vorbeifahrenden Autos mit Abgaswolken umhüllt wurde.

Eigentlich hatte ich vor dem Zoo von Santa Cruz eine Menschenschlange erwartet. Stattdessen war ich anscheinend der Einzige, der heute vorhatte, diesen Ort zu besichtigen. Am Kassenhaus waren die Rollos heruntergelassen. Ein untersetzter Mann trat aus dem Halbschatten des Häuschens auf mich zu.

»Heute ist wenig los; da ist nur der Hintereingang des Zoos geöffnet. Kommen Sie, ich führe Sie hin!«

Noch bevor ich antworten konnte, hatte er sich bereits in Bewegung gesetzt. Im selben Augenblick meldete sich eine Stimme in mir, die mich eindringlich warnte, ihm zu folgen. Es erschien mir seltsam, dass ein öffentlicher Zoo seine Gäste durch den Hintereingang hereinlassen wollte. Außerdem hatte mir mein stämmiges Gegenüber kaum in die Augen geblickt. Nur den Bruchteil einer Sekunde lang hatte er meinen Blick gestreift und sich dann rasch zum Gehen gewandt. Andererseits hatte ich wirklich Lust auf einen Zoobesuch und konnte nicht ausschließen, dass die Dinge in Santa Cruz anders geregelt wurden als in Europa. Könnte der Hintereingang nicht eine Erklärung für die fehlende Menschenschlange sein? Ich beschloss, meinem selbsternannten Reiseführer zu folgen. Seine schmutzbedeckten Turnschuhe passten zwar nicht zur edlen Stoffhose und dem durchgeschwitzten Hemd, doch insgesamt gab er eine passable Erscheinung ab. Allerdings beschloss ich, so viel wie möglich über ihn herauszufinden.

»Wie heißen Sie und woher kommen Sie?«, eröffnete ich mein Fragengewitter.

»Mein Name ist Juán. Ich komme aus Ecuador und bin geschäftlich in Bolivien.«

Das war reichlich vage. Juán war der wohl häufigste Name in Südamerika. Mal sehen, ob »Juán« damit gerechnet hatte, dass ich mich nach meinem sechswöchigen Aufenthalt in Ecuador ein wenig auskannte.
»Das finde ich prima, dass Sie aus Ecuador kommen. In welcher Stadt sind Sie denn geboren? In Guayaquil vielleicht, in Cuenca oder in Machala?«
Er konzentrierte sich auf die Straße, brummte etwas von »gebürtig aus Machala«. Außer uns war zu dieser Zeit kaum jemand unterwegs. Nur vom anderen Ende der Straße schlenderte uns ein Passant entgegen.
»Wie schön, in Machala war ich auch schon!«, gab ich mich hocherfreut. »Wie heißt diese nahe gelegene Insel doch gleich, die man von Machala aus mit dem Boot erreichen kann ...?«
Mein Gegenüber kam um eine ihn entlarvende Antwort herum, weil uns der Passant erreicht hatte. Er war noch stämmiger als mein Begleiter und warf sich sofort vor uns in Pose. Langsam, wie in Zeitlupe, zog er einen Ausweis aus der Tasche, den er mir vors Gesicht hielt. *Policia Nacional*, stand auf dem Dokument.
Vor genau dieser Situation war ich gewarnt worden. Für viele Besucher Boliviens waren Polizisten Respektspersonen, deren Wünschen Folge zu leisten war. Ob es sich um einen echten Polizisten handelte oder um jemanden, der so tat, als sei er von der Polizei, war unerheblich: Immer zog diese Masche am besten. Jetzt ging es nur noch darum, einen triftigen Grund zu finden, um mich in ein Auto zu locken. Meine beiden Begleiter nahmen diese Aufgabe unverzüglich in Angriff.
»Oh, ein Polizist!«, sagte der vermeintliche Ecuadorianer mit schlecht gespielter Überraschung, während sein Komplize die ihm zugedachte Rolle ungleich besser ausfüllte.
»Guten Tag, *señores*. Wir wollen, dass sich unsere Gäste in Bolivien sicher fühlen und führen darum eine Routinekontrolle durch. Dürfte ich um ihre Pässe bitten?«
Sofort ging mein Begleiter mit gutem Beispiel voran und legte dem »Polizisten« seinen Pass in die Hände.
In diesem Moment, so viel wurde mir augenblicklich klar, hatte ein Spiel begonnen, das jederzeit in blutigen Ernst umschwenken konnte. Die beiden mussten versuchen, mich möglichst rasch in ihre Gewalt zu bekommen. Ich hingegen musste unser Gespräch so lang wie möglich hinauszögern – bestenfalls bis mehrere Passanten auftauchten. Unglücklicherweise war bislang weit und breit niemand zu sehen.

Die Not machte mich erfinderisch. Quälend langsam durchsuchte ich meine Taschen nach dem Pass. Gleichzeitig führte ich meine Taktik, die beiden durch konkrete Fragen aus dem Konzept zu bringen, weiter.
»Dürfte ich bitte Ihren Polizeiausweis nochmals sehen?«, beharrte ich.
»Na, so was!«, gab ich mich daraufhin verblüfft, »da steht Ihr Name ja gar nicht drauf! Wie lautet der denn?«
»Pablo Martínez«, brummte mein Gegenüber sichtlich verstimmt über die Verzögerung. Das war ein Name wie bei uns Hans Meier oder Peter Müller. Statt meines Passes zog ich erst mal meinen Notizblock und einen Stift aus der Tasche.
»P-a-b-l-o M-a-r-t-í-n-e-z«, wiederholte ich in Zeitlupe. »Schreibt man ›Martínez‹ mit oder ohne Akzent?«
Meinem Gegenüber riss die Geduldsschnur, und mir wurde klar, dass ich aufpassen musste: Ich durfte den Bogen nicht überspannen.
»Hören Sie«, fauchte der »Polizist«. »Ich muss Sie bitten, mir Ihr Dokument auszuhändigen, wie das von Gesetzes wegen in diesem Staat vorgeschrieben ist!«
Er spielte seine Rolle wirklich nicht schlecht. Mir blieb vorerst nichts anderes übrig, als ihm meinen Pass zu überreichen. Noch immer war weit und breit kein Passant zu sehen. Dafür näherte sich unserem Trio ein Taxi, in dem der Dritte der Bande saß. Der »Polizist« machte eine Handbewegung, als wolle er das Gefährt anhalten, das daraufhin vor uns zum Stehen kam. Die Aktion war zeitlich ein wenig aus dem Ruder gelaufen. Eigentlich hätte er mir bereits jetzt einen Grund nennen müssen, weswegen wir alle unbedingt in dieses Auto steigen mussten. Das versuchte er nun, ein wenig angestrengt, nachzuholen.
»Wo befindet sich Ihr Impfpass, *señor*? Wie Sie wissen, ist es in Bolivien Pflicht, ihn mit sich zu führen. Wenn Sie ihn nicht dabei haben, müssen wir zu Ihrem Hotel fahren, damit Sie ihn holen können. Wo sind Sie untergebracht?«
Eine Sekunde lang drehte der vermeintliche Ecuadorianer seinen Kopf neugierig in meine Richtung. Deutlich konnte ich sehen, wie seine Augen gierig aufleuchteten. Pech für ihn – ich residierte in einer der günstigsten Absteigen der Stadt. Zum Leidwesen des »Polizisten« trug ich zudem auch meinen Impfpass bei mir. Ganz am Ende der Straße tauchte die Figur eines Passanten auf, die sich langsam näherte. Zwei Minuten musste ich noch überbrücken. Inzwischen spielte der »Poli-

zist« seinen letzten Trumpf aus. Er warf dem vermeintlichen Ecuadorianer neben mir einen scharfen Blick zu.
»Jetzt erst erkenne ich Sie!«, rief er aus. »Sie suchen wir doch schon lange!«
Zu mir gewandt fuhr er in barschem Tonfall fort: »*Señor*, Sie reisen mit einem bekannten Kriminellen aus Ecuador. Ich muss Sie beide auffordern, sofort mit mir aufs Polizeirevier zu kommen.«
Er öffnete die Hintertür des Taxis, in das der »Kriminelle aus Ecuador« erstaunlich bereitwillig einstieg. Ich blickte mich um. Was ich für die Figur eines Passanten gehalten hatte, entpuppte sich als zwei Männer, die auf unser Trio zuschlenderten. Noch waren sie außer Hörweite. Ich musste irgendetwas tun, um zu verhindern, dass ich in dieses Taxi gelangte.
»In Ordnung«, vermeldete ich bereitwillig, um die Bande zu besänftigen. »Darf ich fragen, zu welchem Polizeirevier wir fahren? Ich würde gern vorher dort anrufen. Nur zur Sicherheit, natürlich. Immerhin sitze ich während der Fahrt neben einem Kriminellen aus Ecuador. Da kann ja wer-weiß-was passieren!«
Endlich waren die beiden Männer in Rufweite gelangt. Der »Polizist« wurde nervös. Unruhig wechselte er von einem Fuß auf den anderen.
»Schluss jetzt!«, rief er plötzlich und versuchte, mich am Arm zu packen. »Wir fahren jetzt sofort zum Polizeirevier, steigen Sie in das Taxi!«
Einer der beiden Passanten hob neugierig den Kopf. Das war meine Chance. Ich riss dem »Polizisten« meine Papiere aus den Händen.
»Ich glaube nicht, dass Sie Polizist sind! Keineswegs werde ich in dieses Taxi steigen!«, sagte ich betont laut, halb in die Richtung der beiden Passanten.
Die Hand des »Polizisten« fuhr in seine Manteltasche. Ich wartete nicht ab, was er hervorziehen würde, sondern trat mit drei schnellen Schritten von dem Taxi zurück, um mich sofort an die beiden Passanten zu wenden.
»*Buenos tardes, señores*. Können Sie mir sagen, wie ich zum Eingang des Zoos gelange?«, rief ich ihnen zu.
Ich hörte noch, wie hinter mir eine Autotür zugeschlagen wurde. Dann fuhr das Taxi mit den drei erfolglosen Entführern an mir vorbei.
Ohne anzuhalten ging ich zum Haupteingang des Zoologischen Gartens zurück, bezahlte an der mittlerweile geöffneten Kasse und setzte mich auf die erste Bank im Innern des Geländes. Erst hier begann mein

Herz wie wild zu schlagen. Schweiß rann mir links und rechts die Wangen herab. Ich wunderte mich, wie gefasst ich während der vergangenen Viertelstunde gewesen war, und dass ich instinktiv das Richtige getan hatte. Viel, das wusste ich, hatte nicht gefehlt: Um ein Haar wäre ich keine vier Stunden nach meiner Ankunft in Santa Cruz entführt worden. Dabei hatte ich Glück gehabt, dass die Bande mit einem ausgeklügelten Plan versucht hatte, mich zu ködern. Sie hätten mir auch einfach ein Messer an die Kehle setzen können. Was wäre passiert, wenn ich die beiden nicht bis zum Eintreffen der Passanten hätte hinhalten können?
Bei jedem kriminellen Akt existiert ein »point of no return« – ein Zeitpunkt, von dem an es kein Zurück mehr gibt und jede Gegenwehr zwecklos ist. Hätten die drei mir ein Messer an die Kehle gesetzt, wäre dieser Moment schnell erreicht gewesen. In meinem Fall war der »point of no return« der Augenblick, in dem ich in das Taxi gestiegen wäre. Umgeben von drei stämmigen Männern, unterwegs in einer fremden Stadt, mit äußerst eingeschränkten Bewegungsmöglichkeiten, wäre ich ihnen auf Gedeih und Verderb ausgeliefert gewesen. Im günstigen Fall hätten sie mich mit Chloroform betäubt. Einen Tag später wäre ich in einem verlassenen Park aufgewacht, ausgeraubt bis auf die Unterhose. Andere, die auf ähnliche Tricks hereingefallen waren, hatten weniger Glück gehabt. Die Kreditkarte eines österreichischen Pärchens wurde eine Woche lang täglich mit dem Maximalbetrag belastet, ehe man die beiden Entführten mit aufgeschlitzter Kehle auffand.
Trotzdem wurde mir, als ich auf der Bank des Zoos saß, klar, dass sich das Verhältnis zwischen der Dreierbande und mir bereits in dem Moment umgekehrt hatte, als die beiden Passanten in Rufweite getreten waren. Als ich diese dann auch noch angesprochen hatte, war die Situation für die verhinderten Entführer definitiv verloren gewesen. Ab diesem Moment mussten sie auf der Hut vor mir sein. Ich kannte ihre Gesichter. Jede Polizeidienststelle würde meinen Ausführungen Glauben schenken. Auf versuchten Raub oder gar Entführung antwortete Boliviens Regierung mit drakonischen Strafen. Sollte ich den »Polizisten« oder den vermeintlichen Ecuadorianer auf einer späteren Runde im Polizeiauto wiedererkennen, drohte ihnen der Knast für den Rest ihres Lebens.
Als ich aufstand gaben meine Knie noch immer nach. Mein Körper zitterte leicht. Ich überwand den Schock erst, als ich von einem phlegma-

tischen Puma zu einem hektischen Nandu wechselte. Als mich danach eine junge Angestellte des Zoos zum Lamagehege begleitete und mir dabei zugurrte, ich sei »der erste Tourist seit vier Monaten«, hatte ich meine Selbstsicherheit wiedererlangt. Trotzdem blieb mein erster Eindruck von Santa Cruz, dass mich die einheimischen Männer überfallen und die Frauen heiraten wollten – wobei ich zeitweilig nicht einmal wusste, vor was ich eigentlich mehr Angst haben sollte.
Am nächsten Tag sollte die Heiratswilligkeit der einheimischen Damen einen gewaltigen Dämpfer erfahren. Spätnachmittags fuhr mich eine Blechbüchse hinaus zum Flughafen. Bis Lima wollten Hannah und ich gemeinsam durch Bolivien und Peru reisen. Drei Wochen hatten wir dafür veranschlagt, was eine lange Zeit war, wenn man vorhatte, sie Tag und Nacht mit jemandem zu verbringen, den man kaum kannte. Entsprechend neugierig musterte ich die Menschentraube, die sich ins Flughafengebäude ergoss, um anschließend in Zweiergruppen auszufransen. Das Ganze erinnerte mich an ein Memoryspiel. Hatten sich zwei passende Teile gefunden, wurde diese Tatsache per Umarmung bestätigt, bevor man Händchen haltend die Halle verließ. Zusammen mit fünf Bolivianern lehnte ich lässig an einer Wand nahe des Ausgangs, weil das hier so üblich war. Natürlich hatte ich mich zuvor ausgiebiger als gewohnt geduscht und die bessere meiner beiden Hosen angezogen. Zudem war ich frisch rasiert und hatte eine Extraportion Deo auf meinem Körper verteilt. Als eine der Letzten löste sich eine Figur aus der Menge, die größer und schlanker war als die meisten um sie herum. Dann stand das gesuchte Memoryteil vor mir, blond und zu meiner großen Freude deutlich hellhäutiger, als ich es nach zwei Monaten in Südamerika war. In den kommenden drei Wochen würde der Großteil des ungläubigen Staunens und der Neugier der Einheimischen auf meine Reisegefährtin übergehen.

Als blicke man in zwei Widersprüche

Während eines für Bolivien völlig untypischen Frühstücks – Rührei mit Speck, Brot mit Marmelade, Pfannkuchen mit Obstsalat, abgerundet durch eine Kanne Milchkaffee –, beugten wir uns über einen Reiseführer.

»Da gehen wir morgen hin«, beschloss Hannah und deutete mit dem rechten Zeigefinger auf ein Gebiet ihrer Landkarte, in dem ich auf den ersten Blick außer Dschungel nichts erkennen konnte. Erst nach einiger Zeit bemerkte ich einen winzigen schwarzen Fleck in der dschungelgrünen Fläche. Buena Vista, stand so klein daneben geschrieben, dass ich die Augen zusammenkneifen musste, um die beiden Worte entziffern zu können.

Von selbst wäre ich nie auf die Idee gekommen, von allen möglichen Orten in Bolivien ausgerechnet diesen auszusuchen. Hannah verfügte jedoch nicht nur über einen einwandfreien Tiroler Dialekt, der mich an süffigen Wein, schneereiche Alpengipfel und alberne Hüte erinnerte, sondern auch über eisblaue Augen, die Funken sprühten, sobald sie sich etwas in den Kopf gesetzt hatte. Kein Maler hätte diese Augen besser platzieren können: Mal weich, mal resolut blickten sie mich über dezent betonte Wangenknochen hinweg an. In manchen Momenten waren sie sogar weich *und* resolut zur gleichen Zeit. Dann wohnte eine Lebensklugheit ebenso in ihnen wie eine Prise Verrücktheit. In solchen Momenten war es, als blicke man in zwei Widersprüche. Es war also kein Wunder, dass es mir zunehmend schwerfiel, Hannahs Vorschläge zu kontern und gleichzeitig zu versuchen, die Sprache ihrer Augen zu entziffern.

Am nächsten Morgen machten wir uns auf den Weg nach Buena Vista. Einmal mehr hatte uns ein Bus aufgefädelt, der diesen Namen kaum verdiente. Unser Gefährt ratterte die mit Matsch bedeckten Wege entlang, ruckelte derart ungelenkt über die Bodenwellen, dass ich befürchtete, er könnte jederzeit ein elementares Teil seiner selbst an die Umgebung abgeben. Dafür stieg auf der Strecke von Santa Cruz bis Buena Vista nicht ein einziger Passagier zu oder aus, was in erster Linie daran lag, dass es keinen Ort gab, an dem ein solcher hätte wohnen können. Nur dreimal stieg unser Fahrer auf offener Strecke abrupt auf die Bremse und ließ die Tür für je ein knappes Dutzend Marktfrauen öffnen, die sich an Bord unseres Gefährts drückten und mit hellen, ins Schrille gleitenden Stimmen Maisfladen, Maniok, *chicha* und diverse Süßigkeiten anboten. Ich fragte mich, wo diese Marktfrauen hergekommen waren. Hatte sie ein früherer Bus auf die Straße gebracht, die Santa Cruz mit Buena Vista verband? Lebten sie gar in der Nähe dieser Straße, links oder rechts im Dschungel? Hannah war über den ersten Ansturm erstaunt, vom zweiten begeistert und vom dritten genervt.

Was bei ihr nicht ungewöhnlich war, da sie sich unter anderem durch interessante Stimmungswechsel auszeichnete, die für mich aus heiterem Himmel kamen. Ihre katzenartige Launenhaftigkeit hielt eine Grundspannung aufrecht. Nie wusste ich, ob sie mir im nächsten Moment um den Hals fallen oder an die Gurgel gehen würde. Ebenso wenig konnte ich einschätzen, ob sie eine unbedachte Äußerung meinerseits mit einer fundierten wissenschaftlichen Abhandlung quittieren oder mir stattdessen ein Kinderlied vorsingen würde. Die kommenden drei Wochen mit Hannah wurden auf diese Weise zu einer ebenso spannenden wie unterhaltsamen Angelegenheit.

Unsere Blechbüchse spritzte Dampf und ahmte eine Lokomotive nach, als wir Buena Vista erreichten. Alle Fahrgäste außer Hannah und mir blieben sitzen, während der Motor Klopfzeichen gab und schließlich mit Getöse seinen Dienst wieder aufnahm. Wenig später war die ganze Gesellschaft aus dem Dorf gerattert.

Wir blickten dem seltsamen Gefährt nach, bis es um die erste Kurve bog und aus unserer Sichtweite verschwand, während wir noch eine Weile seine Quietschgeräusche hörten. Dann erstarben auch diese. Um uns herum war es absolut still. Kein Lüftchen regte sich. Niemand schien hier zu leben. Ein von der Räude angefressener Straßenköter schlurfte über den Platz, auf dem wir standen. Die Szene erinnerte mich einmal mehr an den Moment, in dem ein Wildwestfilm seinem Höhepunkt entgegenstrebt, und für einen Augenblick bogen meine Gedanken in Abwege ein.

Ein Mann setzt seinen sporenbesetzten Stiefel im Sand des Hauptplatzes ab. Die Kamera fährt im Halbkreis um die staubbedeckte Kutsche herum und zoomt dann auf das wettergegerbte Gesicht mit den stahlharten Augen des Unbekannten, der sich jetzt aus dem Schatten seines Gefährts löst und mit betont langsamen Schritten, sich wiegend im Takt einer unhörbaren Melodie, in irgendeine Richtung läuft. Wohin ist zweitrangig, ebenso, woher die Kutsche gekommen ist. Wichtig ist nur, dass durch jeden seiner Schritte die Unabänderlichkeit des Schicksals hallt. Jeder Zuschauer weiß, dass dieser Mann Entsetzliches erlebt haben muss, sonst würde er nicht dermaßen erdenschwer durch die Gegend laufen, und dass er in diesem einen Moment die einmalige Chance hat, die Dämonen der Vergangenheit zu besiegen, indem er die Sache ein für alle Mal klärt und dadurch zu einem neuen Menschen wird. Um welche Sache es sich handelt, ist zweitrangig. Wichtig ist hingegen, dass sich jetzt die Tür eines Hauses, optimalerweise eines verrauchten Saloons, öffnet, und ein zweiter Mann auf die Straße tritt. Auch er schreitet voran, als habe er seit seiner Geburt gegen furchtbare Gefahren gekämpft. Auch er lächelt nicht. Schon gar nicht, als er sein Gegenüber erblickt und in respektablem Abstand vor ihm stehen bleibt. Exakt in diesem Augenblick bekommt der Wind seinen Einsatz und weht beispielsweise ein wenig Heu zwischen den beiden Männern hindurch. Es genügt auch, wenn er nur ein bisschen mit dem Sand spielt, der auf der Straße zwischen den beiden Kontrahenten herumliegt.

Dann
heben
die Männer
bedeutungsschwer
den Kopf.

Ein besonders pfiffiger Dialogschreiber könnte an dieser Stelle einen der beiden mit rauer Stimme etwas sagen lassen wie »So sieht man sich also wieder, Bill.« Oder: »Jetzt ist der Augenblick gekommen, auf den wir gewartet haben, Jack.« Beides wäre reichlich dämlich, da die Sachlage ohnehin klar ist. Nichts als Smalltalk, wenn man es genau nimmt. Genauso gut hätte Jack zu Bill sagen können: »Ich habe Cowboystiefel an, Bill.« Der Satz ist aber nicht aufgrund seines Inhalts von Bedeutung. Er hat ausschließlich die Aufgabe, die vorhandene Dramatik zu steigern. Was dann geschieht, liegt auf der Hand. Beide zucken Richtung Gürtel, die Pistolenschüsse klingen wie einer, Jack oder Bill fasst sich theatralisch ans Herz, während Bill oder Jack seelenruhig in der Landschaft herumsteht. Dann Torkeln, Röcheln, In-den-Staub-Fallen, mit dem inzwischen seltsamerweise kein Wind mehr spielt. Fanfaren oder traurige Geigen, je nachdem. Ende der Szene, vielleicht noch schnell eine junge Frau, die sich weinend über den gefallenen Bill oder Jack wirft, und zack, Szenenwechsel. War ja auch nur ein Beispiel, um zu verdeutlichen, wie mir unsere Ankunft in Buena Vista vorkam.

»Aus welcher Haustür mag Jack wohl kommen«, murmelte ich mit halb geschlossenen Augen und griff probeweise nach dem zusammengeklappten Schweizer Messer in meiner rechten Jeanstasche. Hannah hatte bereits einen Weg eingeschlagen, der aus dem Dorf hinausführte.

»Lass uns in dieser Richtung nach den *cabañas* suchen«, schlug sie vor. *Cabañas* hießen die Hütten, die unserem Reiseführer zufolge Gästen gern zur Verfügung gestellt werden. Ich wusste nicht, was meine Begleiterin dazu gebracht hatte, die Hütten ausgerechnet in dieser Gegend zu suchen. Weibliche Intuition vermutlich, denn mir erschloss sich keineswegs, warum wir nicht einen beliebigen anderen Weg aus dem Dorf nehmen sollten. Hannah hatte mir jedoch bereits einen weich-resoluten Blick aus ihren eisblauen Augen zugeworfen. Da war nichts zu machen.

Eine halbe Stunde lang folgten wir dem Weg, der uns tief hinein in den Dschungel führte. Weit und breit war nichts zu sehen, was einer Hütte hätte ähnlich sein können. Dafür hatten wir seit unserem Aufbruch Gesellschaft bekommen. Unser Weg war bei den Moskitos ungemein angesagt. Meine verschwitzten Unterarme waren zu einem Hauptlandeplatz mit An- und Abflugfrequenzen wie beim Frankfurter Flughafen geworden. Es schwirrte und summte so laut um uns herum, dass ich das Brummen des nahenden Jeeps erst dann nicht mehr für einen besonders großen Moskito hielt, als er in Sichtweite hinter uns auftauchte. Zwei Minuten später hielt ein mit Schlamm und Staub bedecktes Monstrum neben uns. Ein Weißer streckte seinen Kopf zum Fenster heraus. Unsere Begegnung verlief etwa so:

»¿Hola, puede ayudarme con algo, señor? Es qué estamos buscando las cabañas qué deben estar muy cerca de aquí.«

»Lo siento, amigo. No sé de qué cabañas está hablando. Aquí no hay cabañas ni casas ni algo más. También es muy raro qué hay turistas cómo ustedes en este región. ¿ De dónde venís ustedes ?«

»Somos de Europa y estamos de paso en Buena Vista. Soy de Alemania y …«

»Waas, du bist aus Deutschland? Und sagst das erst jetzt! Ich bin Josef, aus Köln, in diesen Breiten nenne ich mich José. Das hier ist meine Frau Anita.«

»Seine Frau Anita« kurbelte das Beifahrerfenster des Jeeps herunter und schenkte uns ein Lächeln. José betonte in der Zwischenzeit ein knappes Dutzend Mal, dass wir die ersten Touristen seien, die er auf diesem Weg angetroffen habe, und er fahre immerhin seit über zehn Jahren darauf hin und her. Sie hätten in der Nähe ein Grundstück gekauft und ein kleines, bescheidenes Anwesen aufgebaut, fuhr er fort. Wenn wir wollten, könnten wir dort übernachten.

Wenn wir wollten! Ebenso gut hätte man einem Passagier der Titanic nach erfolgtem Tête-à-Tête mit dem Eisberg vorschlagen können, den Rettungsring vor ihm zu ergreifen, sofern er Lust dazu hatte! Wir beeilten uns, in den Jeep zu steigen, während José beiläufig erwähnte, dass die gesuchten *Cabañas* ziemlich genau neunzehn Kilometer entfernt von uns lagen. Wenig später kamen wir auf dem »kleinen, bescheidenen Anwesen« der beiden an. Mit wachsendem Erstaunen folgten wir José von einem mehrstöckigen Haus über eine Wiese bis zu einer kleinen Hütte, die für uns vorgesehen war, um anschließend die Pferdekoppel zu besuchen. Auf dem Anwesen der beiden konnte man sich verlaufen. José war jetzt in seinem Element: Er deutete links und rechts auf seltsame Gewächse und sagte Namen, die mir vertraut vorkamen.

»Hier links wachsen die Papayas. Und da vorne der Kakao. Den Maniok musst du probieren, Thomas! Du schmeckst den Unterschied zu dem, was du im Supermarkt kaufen kannst.«

»Hat er euch alle Pflanzenarten im Detail erklärt?«, fragte Anita eine Stunde später schnippisch, während sie unsere Teller mit Eintopf füllte. »Dann wartet erst mal ab, bis ihr morgen die Kaffee- und Bananenplantagen seht!«

Vor zehn Jahren hatten sich die beiden einen Aussteigertraum erfüllt und dieses Anwesen erworben. Bislang sei alles gut gegangen, fasste José zusammen, obwohl ihnen manche der Eingeborenen nicht freundlich gesinnt seien. Nach der Wahl von Evo Morales zum Präsidenten Boliviens befürchte er jedoch den Aufbau eines Indianerstaats, der mit einer Hatz auf Weiße einhergehen könnte. Ich hörte ihm aufmerksam zu, zog allerdings in Gedanken von den meisten seiner Einschätzungen ein gutes Drittel an Dramatik ab. Auf meinen Reisen hatte ich bemerkt, wie sehr manche Touristen dazu neigen, Dinge, die ihnen fremd sind, negativ herauszustellen. Mehrmals hatten mich Deutsche in Chile davor gewarnt, nach Bolivien oder Peru zu reisen. In Peru könne ich fest davon ausgehen, das Opfer eines Raubüberfalls zu werden, aus Bolivien würde ich ohnehin nicht lebend herauskommen. Meist konterte ich derartige Bemerkungen meinerseits damit, dass ich erwähnte, nach einem ausgiebigen Besuch in Bolivien und Peru auch gleich noch Kolumbien bereisen zu wollen. Nicht dass ich derartige Warnungen ohne Weiteres in den Wind schlagen würde. Doch hatte ich mir unterwegs angewöhnt, zu unterscheiden, welche tatsächlich aus Sorge um mein Wohlergehen ausgesprochen wurden, und in welchen sich stattdessen eine Lust am Gruseln manifestierte.

Dabei war mir aufgefallen, dass vor allem jene Touristen die Zustände in Bolivien, Peru und Kolumbien dramatisch ausschmückten, die in keinem dieser Länder gewesen waren. Aus Josés Ankündigung, ihr Anwesen mit Waffengewalt zu verteidigen, schloss ich jedenfalls, dass es hier und da Reibereien mit den *indígenas* gegeben hatte. Und aus seiner Prophezeiung, man würde bald versuchen, die Weißen aus dem Land zu jagen, folgerte ich, dass die Zeiten, in denen eine weiße Minderheit sämtliche Fäden der Macht in ihren Händen hielt, langsam zu Ende gingen. Dank zahlreicher Gespräche während stundenlanger Busfahrten war mir bekannt, dass es in Bolivien dennoch gefährlich war, die Vorrangstellung der weißen Oberschicht infrage zu stellen. Deren Kinder wurden seit jeher säuberlich von jenen der Unterschicht getrennt. Sie lernten früh Englisch, absolvierten ihr Studium in Europa oder den USA und hatten, sofern sie nach Bolivien zurückkehrten, eine glänzende Karriere in Wirtschaft, Politik oder Militär vor sich. Gleichzeitig waren die Sprösslinge armer Familien gezwungen, die Schule frühzeitig zu verlassen, um zum Lebensunterhalt beizutragen. Sie wurden Bettler, Putzfrau, Straßenverkäufer, Drogendealer, Chauffeur, Kloputzer, Prostituierte, Hausmädchen, Hundeausführer, Parkplatzanweiser, Schuhputzer, Hausmeister, Kofferträger. Meist wurden sie gleich mehreres zugleich und sie blieben es ein Leben lang.

Das nächtliche Konzert von Abertausenden Insekten war noch nicht abgeklungen, als ich am nächsten Morgen erwachte. Der Duft nach frischem Brot lockte mich zur Dachterrasse des Aussichtspunkts, den José erst vor wenigen Wochen angelegt hatte. Dort fand ich meine Reisegefährtin vor. Als ich mich neben sie setzte, merkte ich, wie gut ihre Platzwahl ausgefallen war. Wie ein geducktes Tier lag der Dschungel vor uns. Der lauwarme Morgenwind schickte chaotische Wellen durch die Baumwipfel. Wellen, die in mehrere Richtungen stoben, auseinanderfielen und sich neu sammelten, um schließlich direkt vor unseren Füßen, fünf Meter unter uns, zu verebben. Es war, als liege ein grünes Tier im Fiebertraum, als zuckte es hin und wieder unruhig, ohne dass man seine Bewegungen voraussagen konnte. Darin ähnelte es dem Land, in dem wir uns befanden. Auch Bolivien war permanent in Bewegung, auch seine Bewegungen glichen weniger einem stetigen Auf und Ab als vielmehr einer Aneinanderreihung unberechenbarer Zuckungen. Das machte das Land spannend für alle, die es besuchten, und anstrengend für jene, die darin lebten.

Was für Bolivien galt, konnte man auch auf den vor uns liegenden Dschungel anwenden: Um ihn zu begreifen mussten wir mitten hinein gehen. Von einem gelungenen Frühstück gestärkt, wanderten wir zweieinhalb Stunden auf Trampelpfaden durch den Urwald. Wir wichen Spinnennetzen aus, in denen faustgroße Tiere auf Beute lauerten. Wir sprangen vor Geräuschen zurück, die sich als raschelnde Blätter, als Ameisenkolonne, als auf Ästen landende Vögel entpuppten. Wir umrundeten Baumriesen, deren Stämme wir gemeinsam nicht umfassen konnten. Wir besprühten uns gegenseitig mit Wolken aus Autan, was knapp die Hälfte der Moskitos abhielt. Die anderen ignorierten die Irritation souverän. Zwei besonders große ließen sich in meiner linken Kniekehle nieder und stachen nahezu zeitgleich, wodurch ich für Minuten einen wilden, an einen Schuhplattler erinnernden Tanz aufführte, während sich Hannah vor Lachen bog. Nach zwei Stunden waren unsere T-Shirts durchgeschwitzt. Unser Wasservorrat war aufgebraucht. Als wir die Hacienda von Anita und José erreichten, sprangen wir in den kleinen Pool, der das Anwesen zierte. Im tropischen Flachland hat man grundsätzlich Lust, sich jede Stunde von Neuem zu duschen oder ein Bad zu nehmen. Die Erfrischung hielt auch in unserem Fall nicht lange an: Noch während ich mich abtrocknete, lösten sich erneut Schweißperlen von der Stirn, krochen meine Schläfen entlang und begannen, sich längs meiner Backen abzuseilen.
Anita und José fuhren uns anschließend zu einer Kaffeeplantage, die sich direkt neben den *cabañas* befand, die wir gestern so verzweifelt gesucht hatten. Der nahe gelegene Ort trug seinen Namen *Buena Vista* zu Recht: Eine »Schöne Aussicht« bot er in der Tat. Da er sich auf einer Anhöhe befand, wogte undurchdringlicher Regenwald um ihn herum, dessen Baumspitzen gerade bis zum Fundament der *cabañas* reichten. Man fühlte sich, als schwebe man über den Wäldern. Hier fanden Hannah und ich Zeit, richtig durchzuatmen. Morgen sollte es weitergehen in die bekannteste Stadt Boliviens. Wir waren gespannt auf La Paz.

Entführungsversuch in La Paz

Die größte Stadt Boliviens liegt in einer tiefen, v-förmigen Schlucht, die einst durch gewaltige Wassermassen ausgewaschen worden war. Bis heute ragen imposante Sandsteinformationen rund um die Stadt in den Himmel. Im Gegensatz zu fast allen anderen Städten der Welt leben die Reichen hier nicht in den aussichtsreichen Höhenlagen, sondern inmitten des stickigen Talkessels. Dort unten ist die Luft nicht ganz so dünn, sind die gelegentlichen Winde nicht gar so kalt wie in den ungeschützten Hanglagen. Die Armenviertel von La Paz ziehen sich hingegen die umliegenden Bergflanken hinauf, chaotisch und ungezähmt – das weithin sichtbare Zeichen, dass in dieser Stadt Verschiedenes nicht optimal verlief. Das Wort »Stadtplanung« war ein schlechter Witz in einer Agglomeration, von der niemand mit Bestimmtheit sagen konnte, wie viel Einwohner sich in ihr aufhielten. Niemand hat die Großstädte Südamerikas unter Kontrolle. Die Armenviertel von São Paulo, Bogotá, Lima, La Paz und vielen weiteren wachsen tumorgleich in alle Richtungen.

La Paz ist umgeben von majestätischen Fünftausendern. Die beiden bekanntesten davon stehen eng beieinander. Dem *Murorata* fehlt allerdings der krönende Gipfel seines Nachbarn *Illimani*, wodurch er ständig zu jenem aufzublicken scheint. Er endet in einem breiten, flach ansteigenden Felshang, der aufgrund seiner Steinabgänge bei Bergwanderern und Kletterern berüchtigt ist. Nicht zufällig bedeutet der Name *Murorata* übersetzt so viel wie »Der Geköpfte«. Einer Legende der Ureinwohner Boliviens nach sind beide Berge Brüder, und der *Murorata* war dereinst der Mächtigere der beiden. Stolz erhob er sein Haupt über dem seines kleineren Bruders, der unter diesem Makel ebenso litt wie unter seiner Eitelkeit. Eines Tages, als sein Bruder schlief, schlug sein Schmerz in Zorn um. Er holte weit aus, rief »Geh fort!« und schlug seinem Bruder mit einem Schwert den Kopf ab. Dessen Haupt fiel in das Tal, wodurch die Mulde entstand, in der sich heute La Paz befindet, und rollte anschließend südwärts, wodurch er das Altiplano formte. Er kam erst dort zum Stillstand, wo sich heute der imposante Vulkan *Sayama*, eben »Geh fort!« auf Quechua, befindet. Mit seinen über sechseinhalbtausend Metern ist er der höchste Berg Boliviens – und wenn sein ebenmäßig geformter Kegel, der ganzjährig von Schnee umrahmt wird, einst tatsächlich das Haupt des *Murorata* gewesen ist, kann man den Neid seines Bruders nachvollziehen.

Schnell merkten wir, dass in La Paz, ähnlich wie in Potosí, die Nacht den Männern gehörte. Kaum hatte die Sonne die Stadt aus dem Visier verloren, verschwanden Frauen und Kinder in den Häusern und machten untersetzt wirkenden, breit gebauten Figuren Platz, die sich wie Schatten durch die dunklen Gassen schoben. Eine latente Abneigung schwang in ihren Blicken mit. Hier galten wir als wohlhabende Weiße, deren einziges markantes Merkmal ihr gefüllter Geldbeutel war. Niemand interessierte sich wirklich für uns.

Die abweisende Stimmung der Stadt färbte ab. Eine Traurigkeit holte mich ein, als ich nach geglückter Hotelsuche erneut durch die Straßen von La Paz lief, um ein Abendessen für uns beide aufzutreiben. Rechts von mir stritten zwei Hunde mit fortgeschrittener Räude um ein paar Müllreste.

Erst als mir der Kellner in einem nahe gelegenen Café einen Cocktail kredenzte und mich zusätzlich zu einem *Submarino* einlud, besserte sich meine Stimmung. Ein knapp vierzigjähriger Mann saß mir schräg gegenüber. Er war so vertieft in die Lektüre der lokalen Zeitung, dass er nicht bemerkte, wie seine langen, gezwirbelten Haare dem vollen Cocktailglas auf dem Tisch gefährlich nahe kamen. Erst als ich meine in heißer Milch ertränkte Schokoladentafel genossen hatte, legte er die Zeitung beiseite und warf mir einen prüfenden Blick zu. Einen Moment lang überlegte ich, was er wohl in mir sehen mochte. Einen Blondschopf mit ernstem, für seine Verhältnisse braun gebranntem Gesicht, dessen schmutziges T-Shirt nachlässig über der Hose hing, und dessen Blick zwischen einem Reiseführer und einem Notizzettel hin- und herwanderte. Ein Tourist, der bereits einige Wochen in dieser Region verbracht hatte und nun seine Weiterreise plante. Als ich ihm kurz zulächelte, nahm er seinen Cocktail in die Hand und fragte, ob er sich neben mich setzen dürfe.

Bereits bei seiner Frage merkte ich, dass mein Gegenüber aus Spanien kam. Statt des in Südamerika vorherrschenden melodischen Singsangs sprach er stakkatoartig und abgehackt. Auch lispelte er, wenn er ein »c« oder »z« aussprach – vor allem als er erklärte, dass er Garcia hieß und aus Zaragoza stammte.

»Interessant, dass man gerade diese Stadt »Der Friede« – *La Paz* – nennt, nicht wahr? In den vergangenen vier Wochen bin ich dreimal überfallen worden. Man gewöhnt sich daran. Beim ersten Mal bekommt man noch einen Schreck, beim zweiten Mal hat man bereits weniger Angst. Ich denke, der zehnte Überfall wird einfach nur ein Überfall für mich sein, wie alle anderen zuvor auch.«

Garcia lachte auf, mit dieser für viele Südvölker typischen Mischung aus tief sitzendem Schmerz, der mit Hinweisen auf die Launen des Lebens und die Scherze des Schicksals bekämpft wird.
»Viele Bolivianer finden keine Orientierung«, fuhr mein lispelnder Gesprächspartner fort. Offensichtlich hatte er befunden, dass er mir gegenüber sein Herz ausschütten konnte. »Sie haben sich auf dem Weg von den traditionellen Werten zu den neuen Idealen verirrt. Was ich verstehen kann: Wie würdest du dich fühlen, wenn du beobachtest, wie die Geschichte über deine Eltern und ihre Erziehung hinwegfegt? Wenn die Zurschaustellung von Reichtum plötzlich »cool« wird und der Ehrliche der Dumme ist? Und wenn dann ein Tourist durch dein Dorf spaziert, der aus einem Land kommt, in das du niemals reisen können wirst? Um ehrlich zu sein, habe ich beim dritten Überfall fast etwas wie Sympathie für die beiden jungen Männer empfunden, die mich um meine Brieftasche erleichterten.«
Garcia ließ erneut sein von latentem Schmerz geprägtes Lachen hören. Ich musste ihm recht geben. Ich wüsste nicht, wie ich mich als bolivianischer Landarbeiter verhalten würde, wenn ein reicher Tourist vor meiner Nase herumspazierte. Auch spürte ich, dass sich die Stimmung zunehmend verdüstert hatte, seit ich von Chile nach Bolivien gekommen war. Und nichts erinnerte mehr an die Ausgelassenheit argentinischer Nächte. Dafür hatte die Exotik zugenommen. Die Männer, denen ich begegnete, waren klein, kompakt, ihre asiatisch geschnittenen Augen glichen Abgründen. Viele Kinder konnten kaum Spanisch, weil sie zu Hause nur Quechua sprachen. Die Frauen waren zumeist dick, ihre Gesichter rund, ihre Hände rau von der täglichen Arbeit. Ihre Gesichter waren milchkaffeefarben bis kakaobohnenbraun. Alle trugen die traditionelle Kleidung, die im andinen Hochland Boliviens, Perus und Ecuadors üblich ist und, was die meisten Touristen und nicht wenige der Einheimischen nicht wissen, ursprünglich aus Spanien stammt, vor allem aus der Extremadura und dem Baskenland. Sie wurde den Inkas einst aufgezwungen. Darum ähneln die Kleider der Frauen, die oben eng anliegen und nach unten hin in einen weiten Rock übergehen, dem, was junge Spanierinnen bei traditionellen Festen anziehen. Nur dass die Kleider im andinen Hochland meist mit einer wollenen Jacke bedeckt werden, über die ein langer Schal gewickelt wird, der auch als Trage dienen kann. Immer wird der Anblick gekrönt von einem Hut, aus dem heraus zwei pechschwarze Zöpfe herab-

baumeln. Einen solchen Hut hatte unter anderem Charlie Chaplin in vielen seiner Filme getragen. Ursprünglich war der *bombin* denn auch für Männer gedacht gewesen, die auf den Feldern Sonne und Regen ausgesetzt waren. Als eine fehlgeleitete Schiffsladung jedoch bei einem findigen Geschäftsmann in La Paz ankam, ließ jener das Gerücht verbreiten, dass die Hüte den Frauen außerordentlichen Kinderreichtum garantierten. Kurze Zeit später war sein gesamtes Lager leer gekauft.
»Vielleicht wird Bolivien in zehn oder zwanzig Jahren relevante Einnahmen durch den Tourismus haben«, riss mich Garcia aus meinen Gedanken. »Es ist ein Land der Superlative. Hier gibt es den größten Salzsee der Welt und die höchstgelegene Großstadt, auch wenn Potosí keine Perle ist. Des Weiteren hat Bolivien nicht zu Unrecht den Ruf eines Abenteuerlandes. Wenn nur die Kriminalität nicht so ufer- und so folgenlos wäre. Und wenn die Infrastruktur einen nicht ständig überraschend irgendwo liegen ließe.«
Garcia schüttelte bedächtig den Kopf, dann bestellte er sich ebenfalls einen *Submarino*. Vermutlich war er ein netter Kerl, nur schleppte er eine diffuse Schwere mit sich herum, eine ständige Erinnerung daran, dass etwas Entscheidendes in seinem Leben noch immer ungelöst war.
»Eigentlich bin ich eine Art Clown«, fasste Garcia zusammen, als ich schließlich aufbrach, um Hannah das Abendessen ins Hotel zu bringen. *Estoy combatando la tristeza adentro con chistes*, »Mit meinen Witzen versuche ich, die Trauer in mir zu bekämpfen.«
Der Mann sollte Bücher schreiben. Er hatte definitiv die Probleme eines echten Künstlers.
Auf dem Weg zum Hotel wählte ich die breiteren Straßen, in denen zumindest ab und zu einige Menschen unterwegs waren. Das Licht des Mondes beschien Häuser aus der Kolonialzeit, die direkt neben Baracken standen. Nur eine Straße vom Hotel entfernt trat der Schatten eines Mannes aus einem Hauseingang und versperrte mir den Weg. Unvermittelt befand ich mich genau in der Situation, die ich hatte vermeiden wollen. Ich trat betont fest auf und wechselte gleichzeitig wie zufällig die Straßenseite. Doch der Mann, ein stämmiger Vierzigjähriger, hatte die Überquerung mitgemacht.
»*Señor*«, rief er mir zu, »nur eine Frage, *señor*!«
Breitbeinig blieb er vor mir stehen. Was konnte ich machen? Mir blieb nichts anderes übrig, als entschlossen auf ihn zuzugehen und dabei bereits von Weitem ein Gespräch mit ihm anzufangen, das vielleicht ei-

nige Anwohner oder Passanten dazu bringen würde, Anteil am Geschehen zu nehmen.
»Was gibt's?«, rief ich meinem Gegenüber mit lauter Stimme zu, als wir noch knapp zwanzig Schritte auseinander waren.
»Sehen Sie, ich stamme aus Ecuador«, begann dieser, was mich fatal an den missglückten Entführungsversuch in Santa Cruz erinnerte. »Ich habe mich verlaufen und weiß nicht, wo der Bahnhof von La Paz ist.«
Da näherte sich bereits ein Auto aus der Seitenstraße. Noch ehe der angebliche Ecuadorianer ausgesprochen hatte, war ein Mann aus diesem herausgesprungen, der rasch auf uns zutrat. Schon griff er in seine linke Hosentasche, zog einen Polizeiausweis hervor.
Der dritte Überfall jagt einem bereits keinen Schock mehr durch die Knochen, hatte Garcia vorhin gesagt. Ob dies auch auf Entführungsversuche zutraf, konnte ich nun herausfinden. Denn noch in Santa Cruz hatte man mit einer ähnlichen Masche versucht, Hannah und mich in ein Taxi zu locken. Damals konnte ich den Versuch parieren, weil mir der Trick bekannt war. Zugute war mir gekommen, dass er in einer belebten Straße stattgefunden hatte, keine zehn Meter von unserem Hotel entfernt. Hier war hingegen außer uns dreien niemand zu sehen.
Ich beschloss, die Sache offensiv anzugehen. Das hatte mir bereits in Santa Cruz geholfen. Vermutlich hatte ich es nicht mit den allerschlimmsten Gangstern zu tun. Die Tatsache, dass sie versuchten, mich durch ihr Straßentheater in ein Auto zu locken, zeugte davon, dass sie Skrupel hatten und vermutlich nicht bis zum Äußersten gehen würden. Wer hätte sie davon abhalten können, mir stattdessen einfach eine Pistole auf die Brust zu setzen oder zu versuchen, mich niederzuschlagen?
Als eine Frau im zweiten Stock des gegenüberliegenden Hauses einen Rollladen zuzog und die beiden kurz emporblickten, kratzte ich meinen Mut zusammen und rief ihnen, ohne meine Schritte zu verlangsamen, im Vorbeigehen zu: »*Señores*, ich weiß nicht, wo der Bahnhof ist, und wir beide wissen genau, dass Sie kein Polizist sind. Ich schlage vor, dass Sie nach anderen Touristen Ausschau halten, denn Ihre Masche kenne ich und werde nicht darauf hereinfallen. Einen schönen Abend noch.«
Es mag an meiner Unverfrorenheit gelegen haben, vielleicht auch an meinem entschlossenen Auftreten oder schlicht daran, dass die Frau

kurz zu uns herüberschaute. Jedenfalls wich der angebliche Ecuadorianer zwei Schritte zurück, während sein Kumpel mich mit offenem Mund anstarrte. Ich war bereits an den beiden vorbeigegangen und schritt zügig auf eine Straßenecke zu, als sie sich wieder bewegten. Erst als ich um die nächste Ecke gebogen war, gab ich Fersengeld und rannte schnurstracks zum Hotel. Dort angekommen, atmete ich erleichtert auf.
»Waren Sie etwa allein da draußen?«, fragte der Portier missbilligend und schüttelte den Kopf. »Sie sollten ein Taxi nehmen um diese Uhrzeit.«

Schamanismus versus Wissenschaft

Am nächsten Tag lernten Hannah und ich eine Absonderlichkeit von La Paz kennen, die bis weit ins Umland hinein bekannt ist. In keiner anderen südamerikanischen Großstadt ist der Glaube an Hexen, Geister und Schamanen verbreiteter als hier. Ins Fundament öffentlicher Gebäude, dem Rathaus etwa oder den zahlreichen Kirchen, sind getrocknete Lamaembryos einzementiert, um Dämonen fernzuhalten. Am besten kann man den tief verwurzelten Glauben an Übersinnliches auf dem *Mercado de las Brujas*, dem »Hexenmarkt« von La Paz, kennenlernen. Hier feilschen junge Bolivianerinnen um den Preis für Kräutermischungen, die ihren Liebhabern besondere Ausdauer verleihen sollen. Lamaembryos, getrocknete Hühnerküken und abstrus riechende Päckchen wechselten vor unseren erstaunten Augen den Besitzer.
»Das ist ein Markt der leeren Versprechungen«, meinte Hannah, die ihre Einschätzungen zumeist auf rationalen Gründen aufbaute. Da sie ihre Brötchen als Assistenzärztin verdiente, versuchte ich es mit einem Vergleich.
»Nun ja, Placebos wirken doch auch, sofern man an sie glaubt. Das ist dann auch eine Art »Hexenmarkt«, nur eben mit wissenschaftlich klingenden Sätzen überreicht. Vom Prinzip her ist es aber dasselbe, auch wenn du vielleicht eher Dinge sagst wie »Nehmen Sie davon dreimal täglich zehn Tropfen« und nicht »Dieser getrocknete Fötus wird die Dämonen des Windes aus ihrem Kopf vertreiben«.
Ich hatte nicht nur Lust, meiner Reisepartnerin von Zeit zu Zeit zu wi-

dersprechen, sondern spürte tatsächlich das Bedürfnis, den Hexenzirkus um uns herum ein wenig zu verteidigen. Nicht nur, weil ich wusste, dass Hexen und Schamanen in ganz Bolivien als ehrenhaft galten. Hier war man eben nicht nur Lehrerin oder Hausfrau, sondern auch Hexe oder Zauberer. Auch wenn damit verbunden war, dass man Meerschweinchen aufschnitt und die Innereien nach Hinweisen auf zukünftige Ereignisse erforschte. Perus ehemaliger Präsident Alberto Fujimori suchte neben Politikern, Beratern und Lobbyisten regelmäßig einen Hexer auf. Auch wenn ich diesem Hokuspokus, vor allem in seinen marktrelevanten Ausprägungen, nicht per se Glauben schenkte, spürte ich doch, dass hinter unseren rationalen Denkmustern, hinter unseren Gesetzen von Logik und Kausalitäten, kurz: hinter unseren Versuchen, die Welt um uns herum zu durchschauen und dadurch kontrollierbar zu machen, Dinge wirkten, die über das, was wir begriffen, hinausreichten. Während ich Hannah im Verdacht hatte, zu glauben, dass uns die Wissenschaft und die Aufklärung das Licht der Erkenntnis geliefert hatten, gefiel mir die Vorstellung, dass dieses Licht in Wahrheit wie der Schein einer Taschenlampe war, mit dem wir ins Dunkel unserer Unkenntnis hinausleuchteten. Einen Ausschnitt konnten wir erkennen. Dort wirkten die Gesetze, die wir erkannt hatten. Im Dunkel rundherum konnten wir die Gegebenheiten hingegen nur erahnen. Und nicht wenige Gesetze wirkten, ohne dass wir den Mechanismus erkennen konnten. Wer also konnte mit Sicherheit ausschließen, dass der Fötus eines Lamas gegen Krankheiten half oder einen Hausbrand verhinderte? Ich jedenfalls hörte neugierig zu, als sich zwei ältere Marktfrauen angeregt über die besten Arten der Geistervertreibung unterhielten.

Die Käuferin drei Stände weiter hatte indessen allen Grund, sich zu beschweren. Gestern Nacht hatten es die Dämonen in ihrem Haus besonders toll getrieben. Sie hatten Stühle verrückt und Messer fallen lassen und dabei einen solchen Lärm gemacht, dass sie mehrmals aus ihren Träumen emporgeschreckt war. Sie erstand eine tote Eule und eine seltsam verdrehte Figur, die durch ihre Hässlichkeit den Dämonen signalisieren sollte, dass bereits einer von ihnen im Haus war. Für den Fall, dass dies alles nichts half, nahm sie noch ein Fläschchen Baldrian mit, zur Beruhigung. Ich ließ es geschehen, dass der von der Käuferin zum Ausdruck gebrachte Aberglaube auf meine Denkmuster prallte, die europäisch, in Teilen gar schwäbisch, geprägt waren. Mir schien es, als sei ich Zeuge eines Aufpralls, der zukünftig vielen widerfahren würde: Waren die unterschiedlichen Denk- und Erfahrungswelten zu Zeiten, in denen die spanischen Eroberer über Südamerika herfielen, noch sauber getrennt gewesen, fransten sie heutzutage im Zuge der Globalisierung mehr und mehr ineinander aus.

»Lass uns La Paz von oben betrachten!«, riss mich Hannah in ihrer gewohnt forschen Art aus meinen Gedanken. Konkret bedeutete dies, dass sie bereits ein Taxi herbeigewunken und mit dem Fahrer einen Preis ausgehandelt hatte. Vielleicht war auch das Ausdruck zweier Welten; vielleicht hätte ich in den ersten Tagen meiner Reise ähnlich gehandelt: schnell und effizient. In den vergangenen Wochen hatte ich mich allerdings der hiesigen Geschwindigkeit angepasst – was in erster Linie bedeutete, dass ich drei Gänge zurückgeschaltet hatte. Mit meiner Bedächtigkeit und meinem zeitweiligen Abgleiten in Gedanken, beispielsweise über die Wirkungsweise von toten Eulen, schien ich meiner tatendurstigen Reisepartnerin manchmal auf die Nerven zu gehen. Wenn es aber darauf ankam, war ich stets bereit, mitzugehen, vor allem, wenn die Sache mit sportlicher Aktivität und einem Quäntchen Verrücktheit verbunden war. Wir würden schon sehen, wer auf den um La Paz herumgruppierten Viertausendern länger durchhielt, meine hinreißende Mitreisende oder ich!

»Nach *El Alto*?«, fragte unser Taxifahrer verdutzt, als hätte ich ihm einen beliebigen Mondkrater als Fahrtziel angegeben. Das kleine Dorf, von dem aus man einen privilegierten Blick auf La Paz genießt, hat nicht zu Unrecht den Ruf eines gefährlichen Pflasters. Wir beiden Blondschöpfe mussten auf der Hut sein, auch tagsüber. Wir fuhren an einer Ausgrabungsstätte vorbei, in der man Überreste der Inkastadt Choqueyapu gefunden hatte, auf deren Fundamenten La Paz 1548 von den Spaniern errichtet worden war. Anschließend passierten wir das Regierungsgebäude, in dessen Mauern noch immer die Kugeln eines Aufstands steckten, dessen Ablauf typisch für das Land gewesen war. Am ersten Tag des Aufstandes feuerten Polizisten auf Geheiß des Präsidenten wahllos in die Menge. Am zweiten Tag entschied sich die Polizei, auf die Seite der Demonstranten zu wechseln, woraufhin der Präsident die Armee holte, um auf die Polizisten zu schießen, was den Aufstand schließlich beendete. Kurz nach dem Ortsausgang kroch unser Taxi die steile Bergstraße nach *El Alto* empor. Unser Fahrer entließ uns mit den Auflagen, besonders gut auf uns aufzupassen und ihn anzurufen, wenn uns etwas passieren sollte. Wir hatten ohnehin beschlossen, *El Alto* schnurstracks zu verlassen und stattdessen auf die umliegenden Berge und anschließend zurück in die Stadt zu laufen. Unserem Fahrer dieses Ansinnen zu erklären wäre vergebliche Mühe gewesen: Er hätte nur ungläubig den Kopf geschüttelt, weil es partout nicht in ebendiesen hineingehen wollte, dass zwei reiche Touristen freiwillig zu Fuß auf Bergen herumspazierten. Wozu um alles in der Welt sollte das gut sein? Die beiden konnten es sich doch leisten, in einer warmen Wohnung zu sitzen und fernzusehen oder ein Vier-Gänge-Menü in einem geschmackvoll eingerichteten Restaurant zu genießen. Das wäre seine Vorstellung eines gelungenen Nachmittags gewesen, sein Traum vom süßen Leben! Was einmal mehr die These unterstreicht, dass wir nach Dingen streben, die unerreichbar sind, und dass wir uns als ewig Strebende, gesegnet und verflucht mit einer Hoffnung, die zuletzt stirbt, grundsätzlich weder rational noch besonders klug verhalten.

Wie dem auch sei. Ich verschwieg unserem Fahrer jedenfalls unser Vorhaben vor dem Hintergrund, dass es in Bolivien für Leute, die Geld hatten, verpönt war, sich anzustrengen. Stattdessen schworen wir, gut auf uns aufzupassen und machten uns anschließend auf den Weg zum ersten Gipfel. Dort angekommen bestätigten sich zwei Dinge, die ich auf dem Weg herauf bereits vermutet hatte. La Paz war, von oben betrachtet, weitaus schöner als von innen heraus. Harmonisch fügt es sich in die Talmulde ein. Und die Häuser wurden in der Tat schlechter, je weiter sie die Berghänge emporkrochen. Unten, im Zentrum der Stadt, waren sie noch geschmückt und verwiesen auf die Kolonialzeit. In den höher gelegenen Außenbezirken wurden sie zweckmäßiger. Manchen fehlte eine Fensterscheibe, anderen einige Dachziegel. Hatten sie erst die Höhen erklommen, standen sie in der Landschaft wie eine verlorene Vorhut, die vorsichtig über die Bergkämme lugte, um mitzubekommen, was sich dahinter tat. Sie waren endgültig zu Hütten aus Lehm und Adobe mutiert. Manche Tür war eine mannshohe Wellpappe, schräg vor das Eingangsloch gestellt und notdürftig mit Eisendraht gesichert – weniger um auszuschließen, dass Unbefugte ins Haus drangen, als um zu verhindern, dass die »Tür« nicht einfach weggeweht wurde. Bisweilen nämlich konnten die Bewohner solcher Hütten zusehen, wie sich die Fallwinde von den umliegenden Vier- und Fünftausendern lösten. Wie sie sich zu Lawinen aus Luft zusammenballten und die Berghänge hinabdonnerten, um mit Getöse über ihre Hütten herzufallen. Die eiskalten Hochgebirgswinde waren der Hauptgrund, warum alle, die es sich leisten konnten, lieber auf den schönen Ausblick und die smogfreie Luft verzichteten und in die Innenstadt zogen. Einen weiteren Grund begannen wir zu spüren, als wir den nächstgelegenen Gipfel in Angriff nahmen: Auf über viertausend Metern kamen wir schnell aus der Puste. Mein Herz kam mit Pumpen kaum nach, weil alle Organe und Glieder gleichzeitig nach mehr sauerstoffreichem Blut verlangten. Ich stellte mir das in etwa vor wie Vogelnester, in denen mehrere kleine Biester gleichzeitig die Hälse in die Luft reckten und jämmerlich zirpten, sodass die Eltern mit dem Stopfen kaum nachkamen. Vermutlich hätte Hannah eine weitaus bessere Erklärung parat. Doch darum ging es momentan nicht. Es ging vielmehr darum, dass ich meinen Vorteil, nach meiner Besteigung eines Sechstausenders und dem längeren Aufenthalt auf dem Altiplano an die Höhe gewöhnt zu sein, heute selbst einer Tirolerin gegenüber ausnutzen konnte. Schwungvoll schritt ich voran und ignorierte meine gesteigerte Herzaktivität. Wenig später kamen uns zwei Bolivianerinnen entgegen. Sie standen kurz vor dem Ende ihrer Pubertät. Eine von ihnen trug einen Papagei auf der Schulter.

Hola, grüßte ich höflich und erntete nervöses Kichern in Stereo, nur der Vogel echote mit kratzender Stimme. Von den dreien war er bei Weitem der gesprächigste. Ich fragte, ob es einen Weg von den Bergen nach La Paz hinab gebe. Eine der beiden verfiel daraufhin wieder in glucksende Geräusche. Die andere nahm all ihren Mut zusammen.

»Ja, es gibt einen Weg. Ihr müsst diese beiden Gipfel dort hinauf, dahinter führt euch eine steile Straße hinunter in die Stadt«, flüsterte sie.

»In die Stadt, *hola*«, bekräftigte der Papagei, und nickte übertrieben stark mit dem Kopf.

Auf dem Weg zum ersten der beiden Gipfel kamen wir an einem alten Mann vorbei, der Coca kauend auf dem Kiesboden kauerte. Beinahe hätten wir ihn übersehen, so sehr passte sich sein dunkelroter Poncho den lehm- und kupferfarbenen Felsen an.

Buenos tardes, cómo esta, señor, grüßte ich höflich, und sein zerfurchtes Gesicht hellte sich augenblicklich auf. Mit einem Mal erschien er zehn Jahre jünger als zuvor. Seine Stimme klang hell und war fest, als er meinen Gruß erwiderte. Vermutlich wurde er selten mit *señor* angesprochen, schon gar nicht von Touristen, die er ohnehin kaum zu Ge-

sicht bekam. Boliviens Hochlandbewohner waren zwar bei der ersten Begegnung grundsätzlich zurückhaltender als die ausgelassenen Lebenskünstler an den Küsten. Hatte man ihre harte Schale jedoch geknackt, warteten sie mit einer überbordenden Gastfreundschaft auf.
Junge Männer zeigten, unabhängig von ihrer Herkunft, weniger Scheu – besonders wenn sie Alkohol getrunken hatten. Den tranken sie eigentlich immer. In Gruppen standen sie an den Ecken von Kreuzungen, um den Ausschank einer Bar, am Rande eines Fußballfelds, und tranken. Selbst hier oben, kurz vor dem Aufstieg zum zweiten Gipfel, stolperten wir in eine solche Gruppe junger Männer hinein. Natürlich musste ich zunächst Bier und anschließend *chicha* trinken und wurde mit Fragen zu Europa überhäuft. Natürlich wurde Hannah nach ihren Erfahrungen mit Kängurus befragt, weil unsere Gastgeber »Austria« und »Australia« nicht auseinanderhalten konnten. Wir waren unbestreitbar die Hauptattraktion des Tages und hätten uns vermutlich Stunden mit ihnen unterhalten können. Nachdem ich drei Becher Bier getrunken und gleichzeitig klargestellt hatte, dass ich mir keinen Mercedes leisten konnte, obwohl ich aus Deutschland kam, nachdem ich zudem in Erklärungsnot gebracht worden war, warum ich denn mit knapp dreißig Jahren noch immer keine Kinder hatte, beschlossen wir, unseren Weg allen enttäuschten Ausrufen und Einladungen zu weiteren Chichabechern zum Trotz fortzusetzen. Wir taten gut daran, vor Einbruch der Dunkelheit in La Paz zu sein. Der gestrige Abend hatte mich vorsichtig gemacht. Mein Schutzinstinkt Hannah betreffend war erwacht und drängte zur Eile. Wir verließen unsere angetrunkenen Gastgeber mit Verweis auf die späte Stunde und unsere weiteren Ziele, nicht ohne uns darüber klar geworden zu sein, dass wir heute mehrfach auf eine offene Gastfreundschaft und ein ehrliches Interesse gestoßen waren, und das an Orten, denen man im Allgemeinen nichts Gutes nachsagte – während ich gestern Abend in der Stadt viel eher ein mulmiges Gefühl in der Magengegend verspürt hatte.
Ich musste an den Jungen an der Rezeption unseres Hotels in La Paz denken, der auf die Frage zweier französischer Gäste, ob es in den Höhenlagen um die Stadt herum nicht besonders gefährlich sei, mit großem Ernst geantwortet hatte, man täte gut daran, seine Furcht der Realität anzugleichen. Von den wirklich Armen habe man wenig zu befürchten. Meist freuten sie sich gar, wenn ein Tourist mit dem gebotenen Respekt auf sie zuging. Hingegen lohne es sich, Angst vor denen

zu haben, die nicht zu den Allerärmsten gehörten. Denn die seien nicht selten auf dubiosen Wegen zu etwas Geld gekommen und hätten unterwegs einen Großteil ihrer Skrupel verloren. Vor denen, die sich mit gekauften Anzügen tarnten und am Ende gar ein wenig Englisch sprachen, sollte man auf der Hut sein. Die wirklich Armen hingegen seien in der Regel nicht kriminell. Sonst nämlich wären sie nicht länger arm.

Sturzfahrt auf der Todesstraße

Der Ausflug in die Höhen um La Paz war wie ein Blasebalg gewesen, dessen Luft in die Glut meiner Abenteuerlust gefahren war. Allzu lang hatte sie vor sich hingeschwelt. Einige Wasserfälle emporklettern hier, ein paar Entführungsversuche dort, das war ja nichts. Jetzt galt es, Gefahren aufzusuchen, sich in Situationen zu begeben, in denen die Kontrolle ein Seiltänzer war, der jederzeit abstürzen konnte!
Gleich in der Nähe von La Paz wurde ich fündig. Während sich Hannah anschickte, ihren ersten Fünftausender zu besteigen, beschloss ich, dem *Camino de la Muerte* einen Besuch abzustatten. Folgende Gründe sprachen dagegen, dass ich die »Todesstraße« auf einem ausgeliehenen Mountainbike herunterbretterte:

1. Die »Todesstraße« stürzt auf vierundsechzig Kilometern Länge die Ostflanke der bolivianischen Anden hinab, von viertausendsiebenhundert auf eintausendvierhundert Meter. Von den Vereinten Nationen ist sie zur »gefährlichsten Straße der Welt« gekürt worden. Zu Beginn wartet sie mit Eis und Schnee auf, die der Bergwind die felsigen Hänge hinauf- und hinuntertreibt. Dann überspringt »the world's most dangerous road« kurzerhand die gemäßigte Klimazone und stürzt direkt in das tropische Tiefland. Genauer gesagt in die *yungas*, die Nebelwälder, die ihren Namen zu Recht tragen: Über ihnen bilden sich jeden Tag dichte Regenwolken, zumindest jedoch feuchte Nebelbänke.
2. Die Unzulänglichkeiten einer bolivianischen »Straße« werden von der »Death Road« noch übertroffen. Straßenschilder fehlen ebenso wie Markierungen. Die einzigen Hinweise auf menschliche Eingriffe sind die weißen Kreuze, die entlang der »Todesstraße« an Verunglückte erinnern. Im Jahr 2003 geschah der bislang schwerste

Unfall: Ein Bus mit vierzig Personen an Bord rutschte bei einem Ausweichmanöver über die Böschung. Keiner der Insassen überlebte den Sturz in den dreihundert Meter tiefen Abgrund.

3. Auf der einen Seite der »Todesstraße« erhebt sich eine gezackte Felswand, die für ihre Steinschläge und Erdrutsche bekannt ist. Auf der anderen Seite geht es zuweilen anderthalbtausend Meter senkrecht nach unten.
4. Die »Todesstraße« ist praktisch das Gegenteil einer asphaltierten Straße. Kleine Flüsse kreuzen ihren Weg und münden direkt danach in imposante Wasserfälle. Manchmal sind notdürftig ein paar Bretter über sie gelegt. Meist jedoch muss man mitten durch sie hindurch. Im oberen Abschnitt besteht der Boden aus halbgefrorener Erde, die neben Eis und Schneeresten auch mit Geröll und Felsbrocken bedeckt ist. Auf ihrem Weg hinunter in die Nebelwälder geht er dann mehr und mehr in eine Mischung aus Lehm und Schlamm über.
5. Die »Todesstraße« ist einspurig, was weniger an der fehlenden Fahrbahnmarkierung liegt, als vielmehr daran, dass für mehrere Spuren einfach kein Platz ist. Als einzige Straße in Bolivien wurde hier der Linksverkehr eingeführt. Sollte es während der Fahrt regnen, würde sich der Boden in eine glitschige Mischung aus Schlamm und Geröll verwandeln. Bäche aus abfließendem Wasser würden abwärts stürzen. Erfahrungsgemäß regnet es täglich.
6. Auf dieser Straße fuhren genau die Lastwagen und Busse hinauf und hinunter, die in Europa und in den USA vor fünfzehn Jahren ausgesondert worden waren. In der Regel waren sie übervoll beladen; nicht selten ragte ihre Ladung links und rechts über die Karosserie hinaus. Sie brachten beispielsweise Bananen nach La Paz oder Stoffe und Kunsthandwerk hinunter in die Dörfer der *yungas*. Begegneten sich zwei Busse oder Lastwagen unterwegs, musste der obere von ihnen mit den linken Rädern über den Abgrund hinausfahren, damit sie aneinander vorbei passten. Oft geschah dies mit einer gewissen Beherztheit, weil
7. insbesondere die jungen Fahrer Mutproben bei ihren Freunden abzuliefern hatten und dabei gerne mit Alkohol, in jedem Fall jedoch mit Coca nachhalfen, ehe sie sich auf die »death road« wagten.
8. Ob das ausgeliehene Fahrrad einer kritischen Überprüfung standhalten würde, war mehr als fraglich. Tatsächlich sollte sich schon

kurz nach der Abfahrt herausstellen, dass die Hinterbremse nicht funktionierte.

9. Bei sorgfältiger Betrachtung der oben genannten Punkte verriet mir mein gesunder Menschenverstand, dass es sicherer war, mich zum Beispiel vor einen Zug zu werfen.
10. Besonders zu schaffen machte mir, dass es wenig originell war, auf einer Straße zu sterben, die die »Todesstraße« genannt wird. So hatte ich mir mein mögliches Ableben, mal abgesehen vom Zeitpunkt, nicht vorgestellt. Lieber hielt ich es mit dem australischen Tierfilmer und »crocodile hunter« Steve Irvin, der jahrelang Krokodile mit bloßen Händen fing, sich an die giftigsten Schlangen der Welt schmiegte, mit Taranteln befreundet war und sich am Ende als zweiter Mensch überhaupt von einem erschreckten Stachelrochen ins Herz stechen ließ.

Den genannten Einwänden standen allerdings ebenso relevante Argumente gegenüber, die dafür plädierten, dass ich »the world's most dangerous road« mit einem Mountainbike abwärts rasen sollte:

1. Sollte ich heil ankommen, würde ich unten ein T-Shirt mit der Aufschrift »Death Road Survivor« erhalten.
2. Seit gut einer Woche reiste ich in Begleitung einer jungen Dame. Betrachtet man die Hintergründe von Feldzügen, die Höchstleistungen von Sportlern und Künstlern und die Szenen in Hollywoodfilmen, stellt man fest, dass die bloße Anwesenheit eines weiblichen Wesens die Bereitschaft der Männer, dumme Dinge zu tun, exponentiell steigert. Interessanterweise führt hingegen die Anwesenheit eines Mannes keineswegs zu ähnlichen Aktionen bei den Damen, höchstens zu lang anhaltendem Kichern, wenn sie jung sind, und zu besonders barschen Tönen, wenn sie Temperament vortäuschen wollen. In meinem Fall kam erschwerend hinzu, dass meine Reisebegleiterin abenteuerlichen Aktionen keinesfalls abgeneigt war, was meinen Ehrgeiz anstachelte.
3. Es war ohnehin mal wieder Zeit für eine sportliche Betätigung.
4. Was nicht tötet, härtet ab und macht stärker. Kommende Herausforderungen würden an Schrecken verlieren und an Reiz gewinnen. Außerdem gab es
5. in ganz Bolivien keinen Zug, vor den ich mich hätte werfen können.

Wir waren eine seltsam anmutende Armee, angetreten kurz nach Sonnenaufgang, um in die Schlacht gegen unsere Angst zu ziehen. Vom Veranstalter hatten wir schmutzübersäte Fahrräder bekommen, und auch eine Uniform, die aus einem blaugelben T-Shirt, einem Fahrradhelm, dicken Fäustlingen und einer grünroten, windabweisenden Regenjacke bestand. Neben mir war ein Dutzend *gringos* aus Kanada, den USA, Frankreich, Spanien, Italien, Deutschland, der Schweiz, Österreich und Ungarn aufgereiht – kein Bolivianer käme auf die Idee, eine derart gefährliche Straße freiwillig herunterzufahren. Schon gar nicht mit einem Fahrrad, das hier in Bolivien als Symbol der Armut gilt. Wer etwas auf sich hält und es sich leisten kann, fährt mit einem Auto, selbst wenn es zwanzig Jahre alt sein sollte.

»Mal sehen, wie viele von uns unten ankommen!«, frotzelte Marc, der aus Wisconsin kam und versuchte, seine Furcht zu bekämpfen, indem er pausenlos witzige Bemerkungen absonderte.

Listo?, »bereit?«, rief unser bolivianischer Anführer, dann saßen wir auf und folgten ihm in die erste Nebelwand hinein.

Ich war als Vierter gestartet. Gleich nach dem Start überholte ich eine Schweizerin, die sich noch an die Löcher im Asphalt gewöhnen musste. Kurz darauf ließ ich auch Marc rechts hinter mir zurück. Jetzt befand sich nur noch Christian zwischen mir und unserem bolivianischen Führer. Ich ließ beide Bremsen los. Das Geräusch der Reifen, die sich immer schneller auf dem Teerbelag drehten, schwoll an, bis es die Lautstärke eines Motors erreichte.

Unseren Führer konnte ich nur hören. Er musste direkt vor mir sein, blieb jedoch von dichtem Nebel verschluckt. Links huschten gezackte Felsen vorbei, überzogen von schmutzigbraunen Schneefeldern, aus denen heraus Rinnsale quer über die Straße flossen. Ich preschte durch sie hindurch, ohne sie genauer wahrzunehmen. Um mich herum wirbelten Schneeflocken; manchmal stieß mich eine Böe derb in die rechte Flanke.

Was für ein verrückter Tanz am Rand des Abgrunds! Ich überholte spuckende Traktoren und rostübersäte Lastwagen. Mein Vorderrad schlang Boden in sich hinein, spuckte ihn hinter sich wieder aus. Wäre Hannah jetzt bei mir, hätte sie mir vermutlich erklärt, dass in ebendiesem Moment das Mark meiner Nebenniere vermehrt ein vasokonstriktives Catecholamin mit Namen Adrenalin herstellte. Sie hätte mir erläutert, dass dieses Adrenalin die Muskelphosphorylasen über Beta-

rezeptoren und auch das Adenylatcyclasesystem aktiviert und gleichzeitig die Fettsäurenoxidation anregt, was einen erhöhten Sauerstoffverbrauch nach sich zog. In diesen Höhen sei mir das ebenso wenig zuträglich wie der gleichzeitige Blutdruckanstieg, zumal die Nierendurchblutung zeitgleich eingeschränkt werde. Nicht verkneifen würde sie sich den Hinweis, dass all dies dafür sorgte, dass meine Libido eine Pause einlegte. Zu meinem Glück werde das Adrenalin aber rasch durch Catechol-O-Methyltransferase abgebaut und als 3-Methoxy-4-hydroxymandelsäure mit dem Harn ausgeschieden. Da Hannah jedoch nicht bei mir war, blieben mir diese Vorgänge allesamt verborgen. Ich nahm nur wahr, dass mein Herz wie wahnsinnig klopfte, dass ich nach Atem hechelte, und dass mir alles unglaublich viel Spaß bereitete. Ich schrie und jauchzte die Felswände an; jubelte auf Deutsch und Spanisch in die Nebel hinein. Bis ich plötzlich an einem grünroten Farbfleck vorbeischoss, der mir irgendetwas hinterherschrie. Das war unser Reiseführer gewesen. Als ich mich umdrehte, war er bereits im Nebel verschwunden. Sofort zog ich beide Bremsen an. Die Vorderbremse reagierte unverzüglich und verbiss sich in das Gummi des Reifens. Die Hinterbremse tat es ihr vorerst nach, lockerte dann jedoch unvermittelt ihren Biss und sprang auf. Sofort geriet das Fahrrad unter mir ins Schlingern. Ich musste auch die Vorderbremse lösen. Ungleich sachter zog ich den Bremsgriff anschließend zum Lenker hin, bis mein Gefährt nach einer gefühlten Ewigkeit zum Stillstand kam. Mein Bremsweg betrug über einen halben Kilometer.
»Eine Schraube ist heruntergefallen«, bemerkte unser Reiseführer lapidar, als er mich nach knapp zehn Minuten eingeholt hatte. Ich machte ihn darauf aufmerksam, dass diese Schraube ein zugegebenermaßen kleines, nichtsdestotrotz aber wichtiges Teil der Hinterbremse gewesen war, und dass ich die »Todesstraße« nicht ohne eine solche herunterbrettern wollte. Unser Reiseführer murmelte unverständliche Worte.
»Da hast du recht!«, gab er sich schließlich verständig. »In deinem Tempo würdest du auf keinen Fall heil unten ankommen! Da ich nicht annehme, dass du die Geschwindigkeit drosseln willst, geben wir dein Rad einfach dem langsamsten Teilnehmer. *De acuerdo*, einverstanden?«
Das war eine echt bolivianische Lösung. Zum Glück war die letzte Teilnehmerin, eine Französin, die mit weit aufgerissenen Augen in den Nebel starrte, gerne bereit, ihr Rad mit meinem zu tauschen. Auf diese Weise habe sie einen Grund mehr, langsam zu fahren, betonte sie. Als

ich sie fragen wollte, weshalb sie dieses Wagnis überhaupt eingegangen war, hatte unser Reiseführer bereits wieder sein *listo?* gerufen und mir einen Wink gegeben.

Bei meinem Neuerwerb griffen beiden Bremsen problemlos – was ein guter Grund für mich war, sie vorerst nicht zu benutzen. Weit über den Lenker gebeugt, preschte ich die »Todesstraße« hinab. Farben und Formen huschten an mir vorbei; in den immer häufiger werdenden Nebellöchern wehte mir der Wind Landschaft in die tränenden Augen. Der Boden wurde zunehmend weicher; Lehm und Matsch nahmen Geröll und Kieseln immer mehr Terrain ab. Längst hatte ich unseren Reiseführer überholt und lieferte mir ein Wettrennen mit Christian, der ebenso besessen war wie ich, immer wieder von Neuem gerade bis an den Punkt zu gehen, an dem man die Kontrolle verlor. In einer besonders engen Linkskurve ging ich gar eine Spur über diesen Punkt hinaus. Ein winziges Quäntchen nur, aber das genügte vollauf.

Ein Felsbrocken lag auf der Straße. Ich sah ihn eine halbe Sekunde, bevor er den Schlauch meines Vorderrads aufgeschlitzt hätte. Seine gezackten Ränder erinnerten an die Zähne eines Raubtiers. Ich riss mein Rad rechts an ihm vorbei. Weg, nur weg vom Abgrund links von mir, schoss es mir durch den Kopf. Durch das Ausweichmanöver geriet ich in eine Mischung aus Lehm und Matsch, die mein Rad sofort in eine Schräglage schob. Plötzlich war der Boden ganz nah. Er flog auf mein Gesicht zu, das mit Matsch besprenkelt wurde. Geistesgegenwärtig warf ich mich auf die rechte Seite, wodurch sich mein Rad kurzfristig wieder aufrichtete. Dafür geriet es im schlammigen Untergrund ins Schlingern. Links und rechts brach es aus, schlitterte mit dem Hinterrad über den Boden und verhakte sich schließlich an einem besonders großen Kiesel. Ich bemerkte noch, wie der Lenker meines Fahrrads plötzlich unter mir war und fragte mich, was er dort zu suchen hatte; er gehörte doch definitiv nicht an diesen Platz. Dann bekam ich einen herben Schlag auf den Kopf. Ein Schwarz zog vor meinen Augen auf. Als ich sie wieder öffnete, saß ich in einem kniehohen Bach. Christian rief mir immer wieder etwas zu. Mein Rad lag zehn Meter weiter auf der Straße. Mein rechtes Schienbein gab ohne Unterlass Blut an das umgebende Wasser ab. Es breitete sich aus und entwarf interessante Muster an der Oberfläche. In meiner rechten Hand hatte ich kein Gefühl mehr. Christian stieg jetzt vom Rad und rannte auf mich zu.

»Bist du okay?«, rief er. Seiner Schilderung nach hatte ich mich während meines unfreiwilligen Abstiegs vorbildlich verhalten. Solange es ging, hatte ich gebremst, dann hatte es mich nach vorn über das Rad geschlagen. Ich hatte es im entscheidenden Moment von mir gestoßen und mich nach meiner Begegnung mit dem Boden gekonnt zur Seite gerollt. Dabei hatte ich unglaubliches Glück gehabt: Der Bach hatte meinen Sturz aufgefangen. Wäre dasselbe Ereignis weiter oben passiert, dort, wo der Boden noch gefroren war, hätte ich mir mit Leichtigkeit einige Knochen brechen können. So jedoch hatte es von Christians Warte aus den Anschein gehabt, als wisse ich genau, was ich tat, ja fast, als hätte ich nie etwas anderes gemacht als auf glitschigen Straßen vom Fahrrad zu stürzen.

Unser Reiseführer sah den Vorgang etwas anders. Ich musste mir eine Standpauke anhören und ihm versprechen, in Zukunft hinter ihm zu bleiben.

»Weißt du, was passiert wäre, wenn du nicht auf die rechte, sondern auf die linke Seite gestürzt wärst?«, fragte er herausfordernd. Er führte mich zum linken Straßenrand, von dem aus sich der Bach in eine Leere ergoss, die erst tausend Meter tiefer durch die Baumgipfel des Nebelwaldes gefüllt wurde.

»Deine Chancen standen fifty-fifty. Bislang ist übrigens noch keiner meiner Mountainbiker auf die linke Seite gestürzt. Ich möchte, dass dies auch so bleibt.«

Er konnte es sich nicht verkneifen, mir bei diesen Worten zuzublinzeln. Ich war in seiner Achtung gestiegen, weil ich, genau wie er, meine Grenzen verschieben wollte. Er ging normalerweise auch aufs Ganze, war bereits zweimal an derselben Stelle gestürzt. Einmal hatte er sich zwei Rippen auf der »Todesstraße« gebrochen, dreimal musste ihm ein Bein eingegipst werden. Dies alles erfuhr ich allerdings erst auf der Rückfahrt.

Natürlich raste ich trotz blutendem Schienbein und geschwollenem Handgelenk weiter die »Todesstraße« hinunter und wurde von den anderen nach meiner innigen Begegnung mit der bolivianischen Flussflora *el alemán loco*, »der verrückte Deutsche«, genannt.

Seit meinem Purzelbaum hatte sich die Landschaft verändert. Links der Straße begannen Sträucher vorbeizurasen, später gar Bäume. Die Wasserfälle trafen nicht länger Hunderte Meter weiter unten auf Grund, sondern bereits mitten auf der Straße. Mehrmals mussten wir direkt durch sie hindurch, wobei unser Reiseführer jedes Mal betonte,

die Dusche sei im Preis inbegriffen. Dann führte uns die Straße hinein in die Nebelwälder. Dicht an dicht stehende Giganten schluckten die Wolken, die die Ostflanke der Anden hinabglitten, und spuckten sie als Nebel wieder aus. Kolibris umschwirrten uns, als wir in das satte Grün fuhren. Adler kreisten über uns, und ein rotgelbgrüner Papagei drehte erst ab, als wir ihn fast über den Haufen gefahren hatten. Es kam mir vor, als wolle die Natur hier unten all das nachholen, was sie im kargen Hochland nicht vollbringen konnte. Von allen Seiten wucherte, rankte, platschte, raschelte, zirpte, schwirrte und schrie es. Manchmal wussten wir nicht, ob wir in einen Garten Eden gelangt waren oder doch versehentlich die Abzweigung zu einer lärmenden, pulsierenden Hölle genommen hatten. Wir waren die üppige Vielfalt der Tropen nicht gewöhnt. Gleichzeitig wussten wir, dass der Wind keine zehn Kilometer Luftlinie entfernt Eisbrocken auf gefrorene Böden legte und alles über den Haufen pustete, was sich ihm in den Weg stellte.
Unser Reiseführer bog in eine Hotelanlage ab. Christian und ich folgten ihm und hielten auf den Gebäudekomplex zu. Die anderen waren weit abgeschlagen. Die Französin mit meinem ersten Fahrrad sollte erst drei Stunden später ankommen. So blieb Zeit genug, ausgiebig zu duschen, uns durch ein Sonnenbad von den Strapazen zu erholen und anschließend das aufgebaute Büfett zu plündern, das wir uns mit zwei besonders dreisten Papageien teilen mussten. Ich gönnte mir eine Extraportion *Ceviche*, sushiähnliche Rohfischstücke, gefolgt von einem gut durchgebratenen Lamasteak, dessen Geschmack leicht an Leber erinnert. Erst als die ersten Baumkronen begannen, sich vor die Sonne zu schieben, trommelte unser Reiseführer zum Aufbruch. Ein klapperndes Scheusal, das einem Bus vor vielen Jahren ähnlich gesehen haben mochte, brachte uns die »Todesstraße« wieder hinauf und zurück nach La Paz. Es war kurz vor Mitternacht, als ich das Hotelzimmer betrat, in dem Hannah bereits halb eingeschlafen war.
»Und«, fragte sie mit halb geschlossenen Lidern und jenem nörgelnden Tonfall, der den Müden gemein ist, »wie war dein Tag? Hast du etwas Besonderes erlebt?«

Carnaval de Oruro

Am nächsten Morgen war Hannah wieder wie gewohnt in Topform. »Jetzt fahren wir nach Oruro, ja?«, ließ sie mit blitzenden Augen verlauten, während ich meine gerade erst aufschlug. In der vergangenen Stunde hatte sie sich geduscht, ihre Sachen gepackt, war einkaufen gewesen und hatte zwei Reiseführer durchgelesen. Oruro stand auch auf meiner Prioritätenliste ganz oben. Nicht dass dieses bolivianische Städtchen mit herausragenden Sehenswürdigkeiten oder einer spektakulären Umgebung aufwarten konnte. Doch an fünf Tagen im Jahr verwandelt sich Oruro zum Zentrum des ganzen Landes. Dann schwillt die Stadt auf die fünffache Größe an. Pauken und Trommeln, Posaunen und Trompeten, Schreie und Gesänge wehen dann Tag und Nacht durch die Straßen. Aus den tropischen Regenwäldern, den nebligen *yungas*, von den kargen Hochebenen strömen Menschen zusammen. Der Präsident des Landes ist dabei, und meist auch mehrere Minister. Die jährliche Massenekstase nennt sich *Carnaval de Oruro* und erinnert stark an jenen, der fast zeitgleich in Rio de Janeiro stattfindet. Aus allen Teilen des Landes kommen Tanz- und Musikgruppen, um eine Woche lang die größte Party der Geschichte zu feiern. Genau wie in Rio steigt die Zahl ungewollter Schwangerschaften signifikant an. Der Hauptunterschied zur brasilianischen Veranstaltung besteht darin, dass den Karneval von Oruro praktisch keine Touristen aufsuchen.

Um uns herum wogte ein Meer aus schwarzen Haaren, dunklen Augen, braunen Gesichtern. Die jungen Frauen hatten sich in Regenmäntel gehüllt – obwohl die Sonne vom Himmel brannte, als wolle sie Oruro zu einer großen Pfütze zusammenschmelzen. Dass die Kleiderwahl der einheimischen Damenwelt die richtige war, sollten Hannah und ich sehr bald zu spüren bekommen.

»Der Karneval greift unsere uralten Traditionen auf und hält sie lebendig«, hatte Evo Morales, der neu gewählte Präsident Boliviens, tags zuvor verkündet. Eine dieser Traditionen bestand darin, Wasser und Schaum um sich zu spritzen; manchmal waren auch Farbbeutel darunter. Die Spielregeln dieser Tradition begriffen wir rasch: Frauen schossen vorzugsweise auf Männer, meist nachdem sie vorher in Kichern ausgebrochen waren; Männer schossen vorzugsweise auf Frauen, meist unmittelbar aus einem Hinterhalt heraus; und Kinder schossen auf alles, was sich bewegte. Auf blonde *gringos* schossen ausnahmslos alle. Noch ehe wir die *Avenida 6 de Agosto* erreichten, auf der die Vorführgruppen entlangmarschierten, füllte ein grinsender Bolivianer mein rechtes Ohr mit Schaum. Drei Schritte später durchtränkten zwei Wasserbomben mein T-Shirt, während meine Hose von vier lächelnden Damen unter Beschuss genommen wurde. Hannah gab ein ebenso wunderbares Ziel ab. An ihrer Bluse rannen Wasserfäden herab; Papierschnipsel flogen ihr bei jedem Schritt aus den Haaren. Als uns eine Gruppe Jugendlicher von zwei Balkonen herunter ins Visier nahm, dämmerte mir, dass die gestrige Abfahrt auf der »Todesstraße« harmlos gewesen war im Vergleich zu einem echten, derben, schmutzigen, bolivianischen Karneval.

»Wo sind wir hier nur hereingeraten?«, schrie ich Hannah zu. Ihre Antwort konnte ich nicht verstehen, weil mein rechtes Ohr noch immer mit Schaum gefüllt war, während mein linkes zeitweilig von einer Wasserbombe außer Gefecht gesetzt wurde.

Es mochte daran liegen, dass wir unter all dem Schaum, den Luftballonfetzen, den Papierschnipseln immer weniger als *gringos* zu erkennen waren: Als wir die *Avenida 6 de Agosto* erreichten, ließ die Intensität der Bombardements stark nach. Was in erster Linie bedeutete, dass wir nicht mehr jede Sekunde, sondern nur noch jede Minute mit irgendetwas beworfen wurden. Vor uns defilierte Boliviens Karnevalelite vorbei: Männer in aufwendigen Kostümen, gefolgt von freizügig gekleideten Damen, denen Bauersfrauen in traditionellen Gewändern hinterherliefen, immer wieder unterbrochen von lärmenden Musikgruppen und auf und ab springenden Narren. Es war in der Tat ein Fest der Farben, Formen und Verrücktheiten.

Mehrere Stunden bejubelten wir verschiedene Karnevalgruppen, wehrten Wurfgeschosse und *chicha*-Angebote ab und nahmen Einladungen auf ein oder zwei Bier an, die wir unsererseits mit ebensolchen Einladungen an die jeweilige Gegenseite konterten. Am Ende sog ich *chicha* durch einen Vorhang aus gekauten Cocablättern, was man sich als eine Mischung aus grünem Tee, schal gewordener Cola und abgestandener Hefe vorstellen kann. Kurz: Wir amüsierten uns prächtig, umarmten wildfremde Menschen, riefen sinnloses Zeug und verhielten uns dabei ganz konform mit der Menge.

Erst als ein kleiner Junge, der mir zu Beginn, sozusagen als Begrüßung, eine Wasserbombe auf den Bauch geworfen hatte, zu mir aufsah und

seine Frage *Cómo es Alemaña*, »Wie ist Deutschland?«, wiederholte, mit wachen, erwartungsvollen Augen, als würde ich ihm von einem fremden Planeten erzählen, kippte meine Stimmung ins Ernsthafte. Was sollte ich auf eine solche Frage antworten?
»In Deutschland arbeiten wir hart und machen doch mehr Ferien als anderswo. Es gibt zu viel Werbung in unserem Land. Niemand von uns spricht Deutsch; stattdessen benutzen wir Dialekte und zuweilen ein jämmerliches Rumpfenglisch, über das unsere großen Vorbilder aus den USA lachen würden. Wir regen uns schnell über Dinge auf, ganz besonders in Schwaben, und haben es gern, wenn alles nach Plan und Regeln verläuft. Man kann uns ziemlich leicht regieren und lenken. Vielleicht hatte Karl Marx recht, als er sagte, dass, wenn eine Revolution von einem deutschen Bahnhof ausginge, sich die Teilnehmer erst noch eine Fahrkarte kaufen würden. Trotz aller Versuche, uns von Bürgern zu Konsumenten zu machen, werden viele von uns die Nachdenklichkeit nicht los, die wir seit Jahrhunderten mit uns herumschleppen. Das macht uns letztendlich doch wieder irgendwie sympathisch, nicht wahr?«
Ich war dem Jungen keine Hilfe. Er machte große Augen, und ich fürchtete bereits, dass er nicht genügend Spanisch verstand.
»Ich weiß nicht, wie Deutschland ist«, fasste ich meine Ausführungen zusammen, nachdem ich ihm noch ein wenig von den Alpen und der Nordsee, von Bier und Mercedes, vom Erfindertum und den Philosophen, von Claudia Schiffer und Oliver Kahn erzählt hatte. *Pero digame: Cómo es Bolivia entonces?*, »Doch sage mir, wie ist denn Bolivien?«, fragte ich ihn abschließend herausfordernd. Da trat ein Glanz in seine Augen, und er deutete mit einer pathetisch anmutenden Handbewegung um sich.
Bolivia es mí país, »Bolivien ist mein Heimatland«, erklärte er stolz.
Die Party um uns herum dauerte vier Tage und Nächte. Ohne Pause, ohne Ermüdungserscheinungen tanzten die Einwohner und Gäste von Oruro, schrien Parolen, spritzten mit Schaum um sich und tranken *chicha*. Fünf Tage lang belegten sie die *alojamientos*, einfache Unterkünfte, die in den letzten Tagen wie Pilze aus dem Boden geschossen waren. Wer immer ein Zimmer, eine Abstellkammer, einen Flur hatte, der hängte in der Karnevalszeit ein mit diesem Wort beschriftetes Pappschild vor die Tür. Für eine durchlöcherte Matratze, manchmal auch nur für ein Stück Boden, zahlten die angereisten Gäste Preise,

die etwa halb so hoch waren wie die in Deutschland – und damit für bolivianische Verhältnisse einem Vermögen gleichkamen. Eine Armada von Garküchen, Essensständen, Marktschreiern, zehnjährigen Schuhputzern und in Lumpen gekleideten Bettlern flutete die Stadt. Von allen Seiten hielt man uns in Fett gebackene Teigfladen mit einer zentimeterdicken Schicht Puderzucker ins Gesicht. Das dazu passende dunkelrote Gewürzgetränk bestand gut zur Hälfte aus Zucker. Es enthielt zudem eine zähflüssige Substanz, die an Honig erinnerte. Das Ergebnis schmeckte wie eine Mischung aus Honig und Glühwein, die man kräftig mit Zucker und Sahne angereichert hatte. Ein solcher Teigfladen, kombiniert mit dem zähfließenden Zuckermonster, konnte einen für Stunden außer Gefecht setzen. Ein Gegengewicht zu dieser verdichteten Masse an Kalorien boten die Fruchtsäfte, die von rundlichen, braun gebrannten Marktfrauen angeboten wurden. Selten hatte ich so frische, geschmacksintensive Früchte gegessen oder getrunken. Papayas, Mangos, Melonen, Bananen, Pfirsiche, Äpfel: In rauen Mengen waren Köstlichkeiten auf den Marktständen aufgereiht. Man konnte sie frei kombinieren. Es genügte, dass man auf zwei oder drei der Einmachgläser deutete, in denen sie aufbewahrt wurden. Mit gönnerhaftem Lächeln leerte sie eine Marktfrau in einen Mixer, fügte Milch und gelegentlich ein Ei hinzu und reichte anschließend einen halben Liter Fruchtsaftmischung herüber, die ihre Frische gleich nach dem ersten Schluck eruptiv freisetzte, die Geschmacksknospen auf unseren Zungen in einen Rausch versetzte und dafür sorgte, dass wir beschwingt weiterliefen.
Erst am Sonntag war all dies vorbei. Die *alojamientos*-Schilder verschwanden, die Läden schlossen, nur die Apotheken hatten geöffnet. Tabletten gegen Kopfweh und Magenschmerzen fanden reißenden Absatz. Sobald die letzten Gäste die Stadt verlassen hatten, fiel Oruro zurück in seinen Alltag. Es verschwand aus den Abendnachrichten, den Titelseiten der Zeitungen, den Reiseplänen versprengter Touristen und den Gesprächen in den Bars und fiel in einen Dornröschenschlaf, der ziemlich genau dreihunderteinundsechzig Tage andauerte. Bis Oruro im nächsten Jahr erneut für vier Tage das Zentrum Boliviens sein würde.
Auch wir verließen Oruro an jenem Sonntag, um die nördlichste Stadt Boliviens aufzusuchen. Unser Ziel trug den vielversprechenden Namen Copacabana. Um genau zu sein *versuchten* wir, jenen Ort zu erreichen, was sich bald als unerwartet schwieriges Unterfangen herausstellte. An

diesem Tag sollte sich uns Bolivien nämlich mehr denn je so präsentieren, wie wir es uns vor unserem Besuch vorgestellt hatten: nichts würde funktionieren. Doch am Ende wären die Umwege, die wir unternahmen, einmal mehr spannender als die ursprünglich geplante Strecke.

Es begann damit, dass sich Hannah und ich in einen Minibus pressten, der daraufhin knapp anderthalb Stunden in irgendeiner Straße herumstand. Vor, hinter und neben uns saßen und standen *indígenas*, die Tücher um die Schultern trugen. Sie – die Tücher wie auch ihre Trägerinnen – waren vollgestopft mit Cocablättern. Manche führten zudem Bananen, Maniok, Quinua-Getreide und zappelnde Hühner mit sich. Natürlich stand unser Bus in der gleißenden Sonne, die die Schweißperlen auf unserer Haut zum Tanzen brachte. Selbstverständlich pustete uns das voll aufgedrehte Radio die immer gleiche bolivianische Musik in die Ohren – in einer Lautstärke, die uns hoffen ließ, dass die alten Lautsprecher des Busses bald in einer kleinen Stichflamme aufgingen. Der Grund für all dies war, dass unser Fahrer der Meinung war, dass unser Bus nicht voll beladen sei. Um Missverständnisse auszuschließen: Es befanden sich etwa doppelt so viele Menschen an Bord, wie sich ein deutscher Busfahrer in seinen Albträumen vorstellen konnte. Doch erst als sich fünf weitere Fahrgäste in das Gefährt gezwängt hatten, und es den Anschein hatte, als kämen wir beim Anfahren nicht mehr vom Fleck, erst als wir alle Fenster aufreißen mussten, um genügend Luft zu bekommen, und erst als unser Bus bedrohlich quietschte, sobald einer von uns seine Position änderte, setzte der Fahrer das Prunkstück in Bewegung.

Unsere Fahrt dauerte etwa vierzig Minuten. Auf einer malerischen Landstraße, umgeben von weitem Land, meilenweit entfernt von Oruro oder Copacabana, beschloss unser Gefährt, den Wahnsinn nicht länger mitzumachen. Unerbittlich hatte es unser Fahrer zuvor im ersten Gang einige Hügel emporgejagt. Dreimal hatte es versucht zu erklären, dass dies nicht seiner Vorstellung eines gemütlichen Sommerausflugs entsprach, indem es zunächst den Motor in einem Röcheln untergehen ließ, anschließend den linken Vorderreifen abtrennte und schließlich eine schwarze Rußwolke ausstieß, die seitdem die Umgebung hinter uns einnebelte. Nichts hatte unseren Fahrer davon abhalten können, sich nach einigen Handgriffen erneut hinter das Lenkrad zu setzen, den Blick starr auf die Straße gerichtet, und den Bus weiter im ersten

Gang die Hügel hinauf und im Leerlauf wieder hinunter zu jagen. Bis die Quälerei endgültig zu Ende war.
Der Motor ließ ein lautes Zischen hören. Dann warf er weißen Wasserdampf um sich. Als unser Fahrer die Motorhaube öffnete, spritze ihm heißer Dampf entgegen, der sofort das Wageninnere ausfüllte. Gleichzeitig gab der Motor einen lauten Knall von sich. Kinder begannen zu weinen, Frauen riefen panisch, jemand möge die Tür öffnen, Männer starrten mit finsteren Blicken um sich.
Hannah blieb bewundernswert gefasst. Sie sagte etwas, das wie »Aha, mal wieder eine Panne« klang und im allgemeinen Tohuwabohu unterging. Nach und nach verließen alle den Bus, der nun keinen Mucks mehr von sich gab. Unser Fahrer machte eine entschuldigende und gleichzeitig resignierte Geste. Einzelne Passagiere hielten vorbeifahrende Autos an, um weiterzukommen. Die Nacht kroch über den Horizont und drängte die Sonne auf der anderen Seite herab. Ein seltsames Ringen war das. Es blieb Hannahs Augen verborgen.
»Komm, wir gehen zelten«, rief sie bereits von der Spitze des ersten Hügels, während ich noch unschlüssig war, ob wir nicht doch besser ein Auto anhalten sollten. Als *gringos* hätten wir unschlagbare Erfolgschancen. Doch meine Begleiterin winkte bereits begeistert in die Landschaft hinaus.
Im einsetzenden Dunkel streiften wir über die ersten Hügel. Wir waren zwei seltsame Pfadfinder und steuerten auf ein Licht zu, das wir in der Ferne ausmachten. Hannah war in Hochstimmung; das war offensichtlich ein Abenteuer nach ihrem Geschmack. Das Licht entpuppte sich schließlich als Kerze, die aus dem Fenster eines Bauernhauses herausleuchtete. Wir fassten uns ein Herz und klopften dreimal laut an die Tür.
Síííí...?
Eine bestimmt achtzigjährige Frau hatte die Tür einen Spalt geöffnet. Obwohl das Kerzenlicht sie von hinten anstrahlte, erkannte ich sofort, dass sich tiefe Linien in ihr Gesicht eingegraben hatten, während ihre Augen dreißig Jahre jünger als ihre Trägerin wirkten; sie sandten wache, aufmerksame Blicke um sich. Im Augenblick hatte unsere potenzielle Gastgeberin allerdings gute Lust, sie ungläubig zu reiben. Zwei weißhäutige, blonde Wesen standen vor ihr, gekommen aus einer Welt, die sie niemals zu Gesicht bekommen würde. Die Wesen trugen immense Rucksäcke auf dem Rücken, der eine zudem Bartstoppeln im Gesicht.

Jetzt galt es, schnell irgendeine Art von Brücke zu bauen.
»Guten Abend, *señora*«, packte ich mein bestes Spanisch aus. »Bitte entschuldigen Sie, dass wir Sie so spätabends stören. Wir waren auf dem Weg nach Copacabana, als unser Bus eine Panne hatte und liegen blieb. Wir wollen Ihnen nicht zur Last fallen und nur fragen, ob wir hier in der Nähe unser Zelt aufschlagen dürfen.«
Unser Gegenüber hielt den Kopf leicht geneigt, um besser zuhören zu können. Als ich mein Plädoyer beendet hatte, blickte sie mir forschend ins Gesicht, drehte sich dann um und rief etwas ins Innere des Hauses. Ein Mann trat ins Licht und begab sich an ihre Stelle.
»Guten Abend, *señor*«, spulte ich mein Programm ab. »Bitte entschuldigen Sie, dass wir Sie so spätabends stören. Wir waren auf dem Weg ...«
»Schon gut, schon gut!«, lachte er und hob abwehrend beide Hände. »Ich habe von hinten heraus zugehört. Herzlichen Glückwunsch zu Ihrem Spanisch. Leider waren Ihre Worte meiner Mutter gegenüber vergebliche Liebesmüh. Sie spricht ausschließlich Quechua. Aber kommen Sie doch erst mal herein!«
Etwas düpiert, aber dennoch dankbar für die Einladung, betrat ich die Wohnung. Den Wortlaut der Erwiderung unseres Gastgebers übersetzte ich Hannah wohlweislich nicht; dafür malte ich den Glückwunsch zu meinen Spanischkenntnissen umso mehr aus. Vermutlich ahnte sie ohnehin, was Sache war. Im Einschätzen von Situationen legte sie echte Könnerschaft an den Tag.
Das Domizil, in das wir nun traten, als ärmlich zu bezeichnen, wäre eine starke Untertreibung. Zunächst fiel mir auf, dass der Boden weder aus Fließen noch aus Linoleum oder irgendeinem anderen Baustoff bestand, sondern schlicht aus Mutter Erde mit all ihren Unebenheiten, Rissen und Unkrautansätzen. Mein zweiter Blick galt der Decke, durch die an mehreren Stellen Mondlicht fiel. In einer Ecke lag ein schwarzes Metallgerüst, das unser Gastgeber als »Bett« bezeichnete. Das war das Wohn- und Schlafzimmer. Der restliche Raum diente als Küche, Bad und Abstellkammer. Die Toilette befand sich hinter dem Haus und war nichts weiter als ein Loch im Boden. Aus dem Dunkel lösten sich nacheinander fünf Kinder, eine Frau und ein langhaariger Hund, dessen Fell fast so blond war wie unsere Haare. Stolz präsentierte uns José, unser Gastgeber, seine Angehörigen, die sich kaum trauten, uns anzusehen.

»Du hast also fünf Kinder, José?«, fragte ich.
»Oh nein, insgesamt habe ich acht! Die beiden Ältesten sind schon aus dem Haus, einer in La Paz, die andere in Sucre, und der Jüngste ist noch zu klein, um euch gebührend zu begrüßen.«
José verkaufte tagsüber Früchte in Oruro; deshalb kam er häufiger in Kontakt mit Reisenden aus Europa und »fremdelte« weniger als seine Angehörigen, die keinen Mucks hervorbrachten.
»Ihr könnt bei uns übernachten, wenn ihr wollt«, schlug er vor, und ich verkniff mir die Frage, wo in diesem Haus dafür noch Platz sein sollte, neben ihm und seinen sechs Angehörigen.
»Danke, José, doch ich möchte gern mein Zelt ausprobieren«, entgegnete ich wahrheitsgemäß.
Anschließend baute ich unter den wachsamen Augen von fünf Kindern, zwei Erwachsenen, einem Hund und zwei Katzen mein Prunkstück auf. So viel Sorgfalt verwendete ich auf den Aufbau, dass Hannah mir bereits zuzischelte, mein Zelt müsse keine Misswahl gewinnen.
»Das nicht, *señorita*, und gegen dich hätte es ohnehin nicht die geringste Chance«, pfefferte ich ein Kompliment in ihre Richtung ab. »Aber ich bin hier so etwas wie der Botschafter meines Landes und habe die Aufgabe, den Ruf Deutschlands als technisches Eldorado zu verteidigen. Außerdem könnte doch ein Sturm aufkommen!«
Hannah verzog sich kopfschüttelnd ins Innere, während mir die Familie noch immer mit großen Augen beim Errichten meines Wunderwerks zusah. Später sollte es eine der schönsten gemeinsamen Nächte werden, die mit ironischem Bettgeflüster begann und erst endete, als die ersten Strahlen der Sonne unsere Nasen kitzelten.
Achtzehn Augen, wenn man jene der beiden Katzen und des Hundes mitzählte, schauten gebannt zu, als ich das Stoffwunder aus »Eu-Ro-Pa« am nächsten Morgen zur Minimalgröße zusammenfaltete und an die Unterseite meines Rucksacks band. Drei der fünf Kleinen waren über Nacht mutig geworden: Sie sprangen um uns herum, deuteten mit den Fingern auf uns und wollten pausenlos, dass wir mit ihnen Fangen spielten.
»Ihr kommt zurecht?«, fragte José anstelle eines Abschieds. »Zu dieser Zeit fahren viele Autos nach Copacabana.«
Unseren Exotenbonus nutzend hatten wir bereits beim zweiten Auto Glück: Ein Pick-up machte seinem Namen Ehre. Er pflückte uns vom Straßenrand und führte uns weit in den Norden, bis ich Hannah auf-

geregt am Ärmel zupfte und nach vorne deutete. Vor unseren Augen schob sich die blaue Oberfläche des Titicacasees ins Bild.

Die grausame Hochkultur

Inti der Gleißende, der Strahlende. Inti, dessen Macht unendlich ist. Inti, der den Bergen, Steinen, Böden, Pflanzen, Tieren und allen Menschen Leben gibt. Inti, der unvorstellbar großzügig und grausam ist. Inti, von dem alles stammt. Inti, auf den alles zurückführt. Inti, auf den alles hindeutet. Inti, der Leben gibt und zu sich nimmt. Inti, dessen Gesetze gelten für alle Zeit.

Inti, in seiner Großmut und Weisheit, die weit über die Menschen hinausreicht, ließ Pachamama aus den Tiefen des Titicacasees emporsteigen. Sie richtete sich auf und nahm die Gestalt der Anden an. Fruchtbar war Pachamama, Nahrung bot sie allen Lebewesen. Die Erde bevölkerte sich. Pflanzen schlossen sich zu bunten Teppichen zusammen. Vögel glitten durch die Luft. Jede Bewegung, jede Farbe, jede Form geschah zu Intis Ehren.

Dennoch fehlte etwas in diesem bunten Reigen: Es fehlte eine Ordnung, eine durchdachte, umfassende Struktur, die das Leben in höhere Dimensionen führen würde, wo es noch bunter, noch schillernder, noch freier sein würde, denn es würde endgültig im Einklang mit Intis Gesetzen sein.

So schickte Inti, in seiner Voraussicht, die Jahrtausende umfasst, ein Geschwisterpaar auf die Erde. Den ersten Boden, den Manco Cápac und Ogllo berührten, war jener der Sonneninsel, die sich im Titicacasee erhebt. Von hier aus gingen sie auf Wanderschaft. Einen goldenen Stab hatte Inti ihnen mitgegeben. Wo es ihnen gelang, diesen Stab mit einem Schlag in die Erde zu treiben, sollte ihr Wohnsitz sein. Im Jahr 1200 unserer Zeitrechnung verschwand der goldene Stab nach einem einzigen kräftigen Hieb im Boden. An jener Stelle begann sich eine Stadt zu entfalten. Es sollte nicht lange dauern, und Cuzco würde das Zentrum des aufkommenden Inkareiches sein.

So erzählen es bis heute die indianischen Schamanen; so lernen es die Stammeskinder von klein auf. Von Inti, ihrem höchsten Gott, den sie mit der Sonne gleichsetzten, fühlten sich die Inkas beauftragt, der Welt Ordnung zu verleihen. Ihr Siegeszug war umfassend und nachhaltig.

Auf dem Höhepunkt ihrer Macht erstreckte sich Tawantinsuyu, das »Land der vier Gebiete«, vom heutigen Kolumbien bis hinab ins mittlere Chile und vom Pazifik über die Anden bis in die tropischen Amazonasgebiete. Größe und Bedeutung des Inkareichs waren mit jenen des römischen Imperiums vergleichbar. Und sein Mittelpunkt war Cuzco, der »Nabel der Welt«.

Copacabana empfing uns in gelöster Stimmung. Den drei Städten, die wir bisher besucht hatten, war eines gemeinsam gewesen. Santa Cruz hatte uns mit seinen Geheimnissen geködert. La Paz hatte uns finster angeblickt, als wir es abends durchstreiften. Oruro hatte uns einen farbenfrohen Karnevalstaumel beschert. Auf ihre Art hatten alle drei eine Grundspannung in uns wachgehalten: Permanent hatten wir auf der Hut sein müssen. In Copacabana konnten wir uns hingegen zum ersten Mal richtig entspannen. Zwar zogen versprengte Karnevalsgruppen durch die Stadt, warfen manche Kinder Passanten noch immer Wasserballons hinterher. Doch all das geschah mit deutlich geringerer Intensität, als es in Oruro der Fall gewesen war. Die Aufmerksamkeit verteilte sich zudem wohltuend auf mehrere Touristen. Hier, so beschlossen Hannah und ich, würden wir einige Tage bleiben, bevor wir in den Süden Perus fahren würden, um von Arequipa aus über Cuzco und Nazca die peruanische Hauptstadt Lima zu erreichen. Da Hannah eine gute Zuhörerin war, fuhr ich fort, ihr vom Reich der Inka zu erzählen.

Vom 13. bis zum 16. Jahrhundert kontrollierten die Inka ein gigantisches Reich. Sie hatten es auf blutige Weise erobert. Zu Beginn wurden benachbarte Völker schlicht ausgerottet. Dann gingen die Inka zu einer neuen Taktik über. Sie sandten Kundschafter aus, die andere Völker vor die Wahl stellten: Entweder kooperierten sie mit den Invasoren, oder diese würden ihre Gesellschaftsstruktur für immer zerschlagen. Im zweiten Fall wurden sämtliche Häuptlinge getötet und das Volk versklavt, um in Steinbrüchen und Bergwerken zu schuften. Die meisten Nachbarvölker entschieden sich für die erste Option, bei der sämtliche Würdenträger ihre Position behalten konnten – ein kluger Schachzug der Inka, durch den die Herrschenden in direkte Abhängigkeit von ihnen gerieten und mäßigend auf das eigene Volk einwirkten. Dieses wiederum musste einen nicht geringen Teil jeder Jagdbeute und aller

landwirtschaftlichen Erzeugnisse an die Inka abgeben. Zudem waren die unterlegenen Völker dem »mita« unterworfen, einem Zwangdienst, der die Verteidigung des Landes ebenso umfasste wie die Instandsetzung von Straßen und Brücken.
Wie im Zeitraffer wuchs Cuzco so zum funkelnden Machtzentrum heran. Und das im wahren Sinne des Wortes: Seine Tempel, Paläste und Hausdächer waren mit Gold verkleidet. Cuzco, der »Nabel der Welt«, sollte den Glanz der Sonne spiegeln, den Glanz Intis. Knapp einhunderttausend Tonnen Gold und eine Viertelmillion Tonnen Silber wurden für den Bau der Hauptstadt verwendet. Den zentralen »Platz der Freude«, Huacaypata, der mit Sand aus allen Teilen des Reiches ausgelegt war, umspannte eine zweihundertfünfzig Meter lange Kette aus purem Gold. Sie wog mehrere Tonnen und symbolisierte die Macht der Inka in der göttlichen Unendlichkeit. Dabei hatten die Edelmetalle für die Inka eine rein spirituelle Bedeutung. Sie fanden keine Verwendung als Zahlungsmittel – im Reich der Inka war Tauschhandel angesagt –, sondern spiegelten die Macht der Sonne und des Mondes wider. Was aus Gold oder Silber hergestellt worden war, lobpreiste Inti. »Das Gold ist der Schweiß der Sonne«, »das Silber ist das Erz des Mondes«, sagten die Inka respektvoll. Und sie bauten ihre Städte derart prunkvoll aus, dass ihr Glanz in den Augen schmerzte, wenn die Sonne daraufschien.
Zweieinhalb Jahrhunderte hielten sich die Intipchurin, die »Söhne der Sonne«, in Südamerika an der Spitze der Macht. Mitte des 15. Jahrhunderts lebten in Cuzco über zweihunderttausend Menschen. Von Anfang an hatten die Inkaherrscher erkannt: Um eine derartige Machtfülle zu verteidigen und um ihr riesiges Reich zusammenzuhalten, mussten eindeutige Regeln definiert und durchgesetzt werden. Das Inkaimperium musste kontrolliert und verwaltet werden.
»Ama khella, ama sua, ama llulla« – »Sei nicht faul, stehle nicht, lüge nicht« – lautete der einfachste Grundsatz. Wer sich nicht daran hielt und erwischt wurde, wurde mit aller Härte bestraft. In der Regel beinhaltete dies, dass nicht nur der Schuldige getötet wurde, sondern auch gleich seine gesamte Familie, manchmal gar das ganze Dorf. Gefängnisse gab es im Inkareich keine; die Frage war lediglich, wie grausam der Tod sein würde. Mörder wurden gern am rechten Fuß aufgehängt, wodurch der Tod erst nach Tagen eintrat. Andere hatten mehr Glück. Man sperrte sie in einen Käfig, in dem Giftschlangen

oder Pumas warteten. Staatsbeamten, denen eine Verfehlung nachgewiesen wurde, warf der Henker einen großen Stein aus einem Meter Höhe auf den Rücken. Wer nicht sofort starb, blieb sein Leben lang ein Krüppel.
Bestrafungen dieser Art machten allen deutlich, was passierte, wenn jemand seiner Aufgabe nicht nachkam. Jede und jeder war nach Lebensalter in eine von zehn Klassen eingeteilt. Die erste und die letzte Klasse waren die Einzigen, denen keine Arbeit zugedacht war. Sobald ein Kind laufen konnte, musste es erste Aufgaben übernehmen. Eine Frau sollte mit achtzehn Kinder in die Welt setzen, während ihr Mann Krieger oder Kurier werden sollte. Die wichtigste Altersklasse war die siebte. Alle Bürger zwischen fünfundzwanzig und fünfzig waren verpflichtet, Abgaben an den Staat zu leisten – von der Mais-, Kartoffel- und Quinuaernte zum Beispiel zwei Drittel. Ohne jene Zwangsabgaben wäre der Inkastaat nicht lebensfähig gewesen. Sie dienten den Soldaten bei Eroberungsfeldzügen als Verpflegung und wurden bei Hungersnöten durch Lamakarawanen zu einzelnen Dörfern gebracht. Cuzco war zu jener Zeit eine rege Handelsstadt: Ständig kamen und gingen Lamakarawanen mit verschiedensten Waren. Trotzdem hatten die Umstände für die unterjochten Völker, aber auch für die Inka selbst, nichts mit einer Art Schlaraffenland gemein. Ein großer Teil des Reiches lang oberhalb von dreitausend Metern. Die kargen Böden gaben wenig her, mussten mühsam bearbeitet werden. Die Nahrung bestand beinahe ausschließlich aus Kartoffeln und Mais; nur zu festlichen Anlässen gab es »charci«, gedörrtes Lamafleisch, oder »cuy«, Meerschweinchen. Ein Menschenleben galt nicht viel; das Interesse richtete sich auf Staatsstrukturen. Aufstände wurden konsequent niedergeschlagen – so beispielsweise jener der Aymara, die sich 1438 gegen die Inka erhoben.
Die Aymara bevölkerten das fruchtbare Land um den Titicacasee. Ihr Anführer Chuchi Capac war nicht gewillt, den Inka diese ertragreiche Gegend kampflos zu überlassen. Er ließ ihnen ausrichten, sie sollten versuchen, die Aymara zu unterwerfen, er selbst werde den Schädel des Inkaherrschers als Becher benutzen, um auf den Sieg seines Volkes anzustoßen. Mehrere blutige Schlachten später hatten die Inka die Aymara besiegt. Chuchi Capac hatte das Pech, seinen Feinden lebend in die Hände zu fallen. Er musste miterleben, wie die Überlebenden seines Volkes nach Cuzco getrieben wurden. Sie waren nackt und

mussten ihre toten Kameraden tragen, aus denen man »menschliche Trommeln« gemacht hatte. Ihre Leichname hatten die Inka mit Gras ausgestopft. Anschließend wurden die Arme der Toten vor dem Körper gekreuzt, damit sie bei jedem Schritt auf den Bauch des Toten schlugen, was einen dumpfen Ton erzeugte – eine originelle und besonders perfide Abschreckungsmaßnahme für andere Völker. In Cuzco angekommen, wurden alle führenden Familien der Aymara bei lebendigem Leib den Raubtieren im Zoo vorgeworfen. Die übrig gebliebenen Kriegsgefangenen wurden zu lebenslanger Arbeit in den Steinbrüchen verurteilt. Chuchi Capac musste alle Demütigungen seines Volkes mitansehen und wurde schließlich auf dem Hauptplatz von Cuzco enthauptet. Da ihm die Idee gefallen hatte, ließ der Inkaherrscher aus seinem Schädel einen Becher herstellen. Aus seinen Knochen wurden Flöten geschnitzt. Nach jenem Sieg hielten sich weitere Aufstände gegen die Inka in Grenzen.
Ein einziges Volk schaffte es, den Inka während ihrer gesamten Herrschaft die Stirn zu bieten: Die Mapuche verhinderten, dass sich die Inka in den Süden Chiles hinein ausbreiteten. Sie leisteten später auch den Spaniern erbitterten Widerstand und erhielten darum im 18. Jahrhundert einen Sonderstatus.

Zeugnisse der zweieinhalb Jahrhunderte währenden Herrschaft der Inka sieht man in Copacabana wenige. Markant ist lediglich, wie harmonisch sich das Städtchen in die Landschaft einfügt. Betrachtet man es von einem der umliegenden Hügel, hat man den Eindruck, als habe die Landschaft auf eine Stadt wie diese gewartet, eine Stadt, die sich auf drei Seiten an die Hügel lehnt und sich auf der vierten Seite sanft an die Küste des Titicacasees schmiegt.
Einen Vormittag lang erkundeten Hannah und ich die beiden Hügel, die Copacabana in die Zange nehmen. Auf dem einen tobten wir uns aus, indem wir die griffigen Felsen emporkletterten. Den anderen erklommen wir auf einem steilen Weg, der in vierzehn Stationen das Leiden Christi nacherzählte und in eine Aussichtsplattform mündete. Oben verbrachten wir mehrere Stunden. Die Sonne träufelte Wärme auf uns und verlieh dem Steinfeld unter uns eine besondere Energie.
Am folgenden Tag brachte uns ein Schiff über den Titicacasee, der einmal mehr mit Superlativen aufwartete. Auf durchschnittlich dreitausendachthundert Metern über dem Meeresspiegel gelegen, ist er der

höchstgelegene schiffbare See der Welt. Er ist zwölfmal größer als der Bodensee und wird an vierzig Stellen von Inseln durchbrochen, deren größte wir an diesem Tag aufsuchten. Die *Isla del Sol*, die »Sonneninsel«, lebt von der alten Inkalegende der Herkunft aller Menschen. Touristen werden mit Booten von Copacabana aus hierher verschifft. Zu sehen gibt es eigentlich nichts; dafür wartet dieser Flecken Erde mit einer Armada von Verkäufern, Bettlern und Touristenfängern auf, die für ein »Foto mit Lama« Geld haben wollen. Eine angebotene »Führung« dauerte acht Minuten. Während Hannah und ich noch etwas ratlos über die Insel streunten, ließ unser Schiff bereits wieder ein lautes Hupen ertönen. Um 16 Uhr musste die Insel verlassen, wer zurück nach Copacabana wollte. Danach fuhr kein Schiff mehr dorthin. Warum das an einem dermaßen touristischen Ort so war, wusste niemand zu sagen. Nachfrageorientiert war das System jedenfalls nicht. Kurz nachdem wir auf das ablegende Schiff gesprungen waren, um buchstäblich im letzten Augenblick von der »Sonneninsel« herunterzukommen, drehte ich mich nochmals zu dem Eiland um, das gleichgültig im türkisblauen Wasser des Titicacasees dümpelte wie ein lang gezogener Walrücken. Seltsam, schoss es mir durch den Kopf, Bolivien hat doch unglaubliche Naturreichtümer zu bieten, Lagunen, die sich in Farben, deren Existenz man bezweifelt hätte, hätte man sie nicht mit eigenen Augen gesehen, bis zum Fuß eines schneebedeckten Sechstausenders ziehen, oder von Lama- und Alpakaherden flankierte Geysire, die sich eruptiv entladen. Wer Derartiges erlebt hat, vergisst es nicht mehr. Und während all dies fast unbeachtet existiert, ballen sich die Touristen auf einer kargen Insel, die außer erhöhten Preisen wenig Außergewöhnliches bieten kann.

Zum Ausgleich sprang ich nach dem enttäuschenden Besuch der Sonneninsel an jenem Abend in den Titicacasee. Die Sonne ertränkte sich zwischen zwei Bergspitzen, die sechseinhalbtausend Meter hoch aufragten. Das Wasser war wunderbar klar und so kalt, wie man es von einem See erwarten kann, der sich auf knapp viertausend Metern Höhe befindet. Ich hielt es eine Viertelstunde darin aus.

Cuzco mochte das politische Zentrum des Inkareichs gewesen sein – der mystische Ort, den man bis heute am engsten mit der damaligen Denkweise verbindet, bleibt der Titicacasee. Man kann es nachvollziehen, wenn man sieht, wie rein sich die Sonne in ihm spiegelt, wenn man seiner tiefblauen Oberfläche mit den Augen bis zum Horizont folgt und seine Ufer entlanggeht, an denen Kartoffeln, Mais und Gemüse wachsen wie nirgendwo sonst in Bolivien. Was für eine Erleichterung muss es gewesen sein, wenn ein Kurier nach Tagen und Wochen im kargen Hochland des Altiplano am Ufer dieses Sees ankam! Was für ein Labsal, wenn der Blick, der bislang nichts als das Gelb der ausgedörrten Steppe und das Grau der massiven Berge gesehen hatte, auf diese Oberfläche traf, deren Blau reiner ist als das aller anderen Seen der Welt. Bis heute wird der Titicacasee von einigen Indianerstämmen als Quelle der Schöpfung gesehen, wofür er von den Inka seit jeher gehalten wurde. Vor dem Altiplano hatten sie Ehrfurcht, aber den See verehrten sie. Dieses Hochplateau, das ich in den vergangenen vier Wochen so intensiv kennengelernt hatte, diese von den Elementen trockengelegte Ödnis – mit Winden bestrichen, die Böden hart vom Frost bis weit ins Frühjahr hinein, mit Staubkörnern in der schneidend kalten Luft und kaum je einem Baum oder Strauch, an den sich der Blick halten könnte –, diese urgewaltige Landschaft Südamerikas machte es leicht, sich das Wirken einer göttlichen Kraft vorzustellen; gerade an einem der unwirtlichsten und unerbittlichsten Orte der Welt. Für die Inka waren Berge, Felsen und Steine des Altiplano »huacas«, heilige Orte, in denen gewaltige Kräfte hausen. Bis heute fehlt auf kaum einem andinen Höhenpass die Pyramide aus Steinen, zu der jeder Reisende einen weiteren dazulegt – als Dank dafür, dass die Berggötter ihn bislang geschützt haben, und als Bitte darum, dass sie ihn weiterhin beschützen mögen.

Staunend steht der heutige Besucher vor den Überresten inkaischer Baukunst. Er rätselt, wie es dieses Volk geschafft haben mochte, tonnenschwere Steine perfekt aneinanderzureihen, sodass sie ohne jeglichen Mörtel zusammenhielten. Die auf diese Weise entstandenen Bauwerke waren erdbebensicherer als die späteren Bauten der Spanier. Ein architektonisches Wunder war die Festung oberhalb von Cuzco, deren Mauern einst sechshundert Meter lang und zehn Meter hoch gewesen sind. Ein unterirdisches Labyrinth verband die Festung mit der darunterliegenden Stadt. Bei Gefahr konnten mehrere Tore des inkaischen Befehlszentrums durch riesige Steinblöcke geschlossen werden – all das Jahrzehnte bevor die Inka Kenntnis von der Erfindung des Rades erlangten.

Vor allem aber blickt man – insbesondere wenn man die Beschaffenheit heutiger Wege am eigenen Leib erfahren hat – neidvoll auf das

Straßennetz zurück, das seinerzeit zu den fortschrittlichsten der Welt gehörte. Zwanzigtausend Kilometer umfassten die »staunenswertesten Werke«, wie sie Alexander von Humboldt genannt hatte. Ein fünftausend Kilometer langer Königsweg, »Capac Nan« genannt, führte vom ecuadorianischen Quito über Cuzco bis hinab in den Norden Argentiniens. Eine vergleichbare Strecke würde in Europa von Stockholm durch Dänemark, Deutschland, Frankreich und Spanien hindurch bis weit nach Marokko hinein reichen. Der Königsweg war durchgehend gepflastert und über sechs Meter breit. Eine ähnliche Nord-Süd-Route führte parallel dazu an der Küste entlang. Die beiden Hauptwege waren durch zahlreiche Trampelpfade und wackelige Hängebrücken über spektakuläre Schluchten verbunden. Die Inkapfade dienten nicht nur dazu, Armeeeinheiten rascher zu bewegen, als Feinde es vermochten. Sie waren auch für die »chasqui« da.

So nannte man die durchtrainierten Läufer, deren Stationen alle fünf Kilometer auf den beiden Hauptwegen angebracht waren. Im Dauerlauf trugen diese Kuriere Nachrichten zur jeweils nächsten Station. Meist geschah dies mündlich. Für die Übermittlung von Zahlen und Mengenangaben wurden »quipú« verwendet, Schnüre, deren Knoten beispielsweise Enteerträge oder Lamabestände anzeigten. Sein Nahen kündete ein Läufer mit dem Muschelhorn an. So konnte ihm der nächste entgegenlaufen, damit keine Pause entstand. Bis zu zweihundert Kilometer legte eine auf diese Weise weitergegebene Nachricht im Verlauf eines Tages zurück. Um Falschangaben zu verhindern, drohte man den Kurieren bei Unachtsamkeit mit schlimmsten Strafen. Wer eine Nachricht vergaß, wurde durch fünfzig Keulenschläge auf den Kopf hingerichtet. Einem zu langsamen Läufer wurde nach dessen Tod beide Beine abgehackt. Für die Inka stellte dies die Höchststrafe dar, da ihrem Glauben zufolge niemand mit zerstückeltem Körper ins Jenseits gelangen konnte.

Einem weiteren inkaischen Ritual verdanken wir spannende Szenen in Abenteuerfilmen und Kitschromanen – wobei die Opfer in aller Regel durch hysterisch schreiende, blonde weißhäutige Frauen mit annähernd Optimalmaßen ersetzt wurden. Die Wirklichkeit war noch weitaus grausamer gewesen.

In Sichtweite des zentralen Platzes von Cuzco stehen der Palast des Hohepriesters und das Schloss der Sonnenjungfrauen. In Eintracht leben dort der oberste Schamane der Inka und Hunderte der schönsten Kinder des Landes zusammen. Bis eine religiöse Zeremonie beide Parteien auf eine Weise zusammenbringt, die Ersterem einen imposanten Machtzuwachs bringt, Letzteren hingegen den Tod. Während der »capacocha« bringt man zweihundert dieser Kinder auf den zentralen Platz. Es sind die schönsten und reinsten ihrer Art. Gleich nach der Geburt hat man sie ausgewählt. Ihre ersten Jahre haben sie sorgenfrei im Schloss verbracht. Im Gegensatz zu anderen Kindern mangelt es ihnen an nichts. Sie sind vor allen Gefahren geschützt, von jeglicher Arbeit befreit. Vermutlich sind sie ahnungslos und verhalten sich friedlich, als man sie auf den Hauptplatz führt, wo sich eine riesige Menschenmenge versammelt hat, um sie zu sehen. Manche mögen sich gefragt haben, was die Aufregung soll. Andere schauen vielleicht etwas ratlos in die neugierigen Gesichter. Bis der Hohepriester, der heilige Schamane, der allwissende Seher, auf den Platz tritt, und das allgemeine Gemurmel jäh verstummt.

Geschmückt ist er, Felle hängen von seinen Schultern, Federn zittern auf seinem Haupt. Ehrfürchtig lauschen die Umstehenden, als er ein leises Gemurmel anstimmt, mit dem er Kontakt zu Inti aufnimmt. Vielleicht schauen ihm einige Kinder mit einer Mischung aus Neugier und Belustigung zu. Vielleicht fragen sie sich, was der alte Mann da veranstaltet.

Immer heftiger werden dessen Worte, stoßweise fallen sie von seinen Lippen, in Gruppen sammeln sie sich in der Luft, regnen schließlich auf die Zuhörer hinab. Der Hohepriester zittert jetzt am ganzen Leib. Er springt auf, Trommeln setzen ein. Er tanzt, dreht sich im Kreis und lobpreist Inti; er tanzt, schreit Formeln zum Himmel, zur Sonne; er tanzt, als ob es kein Morgen gäbe.

Für die zweihundert Kinder, aufgewachsen im Schloss von Cuzco, inmitten von Gold und Silber, für die schönsten Kinder von Cuzco, die nichts wissen von den Sklaven, die in den Steinbrüchen schuften, von den Kämpfen an den Rändern des Riesenreichs, für die unschuldigen Kinder, die in Reinheit aufgewachsen sind, würde es tatsächlich kein Morgen geben.

Auf dem Höhepunkt der Zeremonie, wenn sich die Trommelschläge wie ein Platzregen anhören, wenn sich der Hohepriester im Kreis dreht und den Namen des Inkagottes zum Himmel schreit, in ebenjenem Moment werden zweihundert Kindern von Cuzco die Sinne mit Pflan-

zen benebelt. Und während ein Gewitter aus Schlägen auf die Trommeln einprasselt, während sich der Hohepriester endgültig mit Inti vereint und sich die elektrisierte Menge auf und nieder wiegt, erdrosseln Henker die Kinder, die keine Gegenwehr leisten. Kurz nach dem Höhepunkt bricht die Zeremonie jäh ab.
Inti hat sein Opfer erhalten. Er verlangt nach dem Besten, was das Volk ihm geben kann. So ist es im Glauben der Inka verankert.

Bolivia perdida?

Als wir Bolivien verließen wurde mir klar, dass dieses Land noch immer mit sich selbst hadert. Gleichzeitig hatte ich die unbändige Lebensfreude während des Karnevals in Oruro erlebt und gesehen, wie beim Anblick eines Brotlaibs ein Funkeln in die Augen eines Mädchens gefahren war, die so rein waren, als käme es nicht von dieser Welt mit all ihren Unzulänglichkeiten. Ich hatte ein Land voller Widersprüche kennengelernt, das ich erst ganz am Schluss, als sich bereits die peruanische Grenze in mein Blickfeld schob, zu fassen bekam. Nur auf einen Grundsatz konnte man sich in diesem Land verlassen: Was funktionieren sollte, funktionierte mit Sicherheit nicht. Bolivien bot optimalen Nährboden für Murphys Gesetz.
Aus gegebenem Anlass – der Besuch einer bolivianischen Garküche empfiehlt sich nur, wenn bei fortgesetztem Hungern akute Gefahr für Leib und Leben besteht – fragte ich, ob der Bus nach Arequipa über eine Bordtoilette verfügte. Die Kioskbesitzerin von Copacabana sah mich beleidigt an, als hätte ich sie eben gefragt, ob ihre vielen Falten schon vor zehn Jahren da gewesen waren, als sie noch fünfzig gewesen war.
»Selbstverständlich gibt es in unserem Bus eine Toilette. Außerdem sind die Sitze rückklappbar und wir werden während der Fahrt einen spannenden Film zeigen. Das ist ein Bus für Touristen!«
Zehn Minuten später saßen Hannah und ich in jenem »Bus für Touristen«, der natürlich – wir hatten Ähnliches vermutet – einmal mehr ein klappriger Minibus war, dessen technische Ausstattung die einer Pferdekutsche nur unwesentlich überstieg. Es gab weder einen Film zu sehen, noch hätte man aufstehen und auf die Toilette gehen können, weil (a) eine solche nicht existierte und wir uns (b), hätte es eine gege-

ben, kaum einen Weg an den Marktfrauen mit ihren Hühnern und an den Coca kauenden Männern vorbei hätten bahnen können, die dicht aneinandergepresst im Gang standen. Wir waren der Verkäuferin nicht sonderlich böse. Für sie war das Verhandeln ein Spiel. Zudem verbot es ihre Höflichkeit, uns mit einem »Nein«, das darauf hindeutete, dass unsere Frage absurd gewesen war, vor den Kopf zu stoßen. Es war ihr lieber, uns bis zuletzt unseren Illusionen zu überlassen, statt uns sofort mit der Wahrheit zu konfrontieren. Letztere würden wir ohnehin früh genug erfahren. Da eine solche Haltung nicht nur in Bolivien, sondern in ganz Südamerika ungemein populär war, hatte ich mit der Zeit gelernt, von den großspurigen Anpreisungen etwa zwei Drittel abzuziehen und bei Busreisen den angegebenen Zeiten ein Drittel hinzuzufügen. Mit den daraus resultierenden Schätzwerten fuhr ich ganz gut. Trotzdem wäre es mir manchmal lieber gewesen, wenn man den Mut gehabt hätte, von Anfang an mit offenen Karten zu spielen.

Vier Wochen lang war ich durch ganz Bolivien gereist. In Jeeps, in Bussen, auf der Ladefläche von Lastwagen, per Fahrrad und zu Fuß war ich Wege entlanggekommen, die sich zu europäischen Asphaltstraßen verhielten wie ein morbides Moped zu einem funkelnden Ferrari. Nicht einmal mit einem europäischen Feldweg waren viele bolivianischen »Straßen« vergleichbar gewesen. Auf europäischen Feldwegen gibt es keine Wintereinbrüche mit Temperaturen von minus fünfzehn Grad mitten im Hochsommer. Es gibt keinen Lehmbelag, der sich bei Regen in eine Rutschbahn verwandelt, keine Flüsse, die quer über die Wege verlaufen, keine tausend Meter steile Abhänge ohne Leitplanken.

Und dennoch, vielleicht weil es so wohltuend anders war, hatte ich all dies unendlich genossen. Ich hatte das bolivianische Chaos in mich aufgesogen, das achselzuckende »shit happens« internalisiert.

Überall hatte es Zwangspausen gegeben. Nach meinem verfrühten Aufbruch von Potosí, der ersten südamerikanischen Stadt, die mir unheimlich geworden war, ebenso wie vor meiner Ankunft in Sucre, das ich als schönsten bolivianischen Zwischenstopp in Erinnerung behalten würde. Zwischen der Drogenhauptstadt Santa Cruz in den Tropen und La Paz auf knapp viertausend Metern Höhe, das von Weitem vielversprechender aussieht, als es ist, mussten Hannah und ich ebenso mehr Zeit einplanen wie auf der Weiterfahrt über die Karnevalhoch-

burg Oruro bis nach Copacabana, das wir mit einem Tag Verspätung erreichten, wo wir uns als Ausgleich allerdings bestens erholt hatten. Als wir am Südufer des Titicacasees westwärts fuhren, um über Arequipa nach Cuzco zu gelangen, kamen wir dem Gravitationszentrum des einst so mächtigen Inkareichs immer näher. Quechua, die Sprache der Inka, hat sich überall in Bolivien, Peru und Ecuador gehalten. Ganze Dörfer sprechen bis heute kein Spanisch. Viele Denkmuster der Inka wurden bis in das heutige indianische Gedankengut getragen. Die Sonne, die Muttererde Pachamama, die Berge und einzelne Steine werden auch heute noch von vielen Indianern als göttliche Energie- und Fruchtbarkeitsspender verehrt. Die terrassierten Berghänge, die man überall in den nördlichen Anden antrifft, sind ebenso auf die Inka zurückzuführen wie die Kanalsysteme zur Bewässerung und die speziellen Speicher, in denen Mais, Kürbisse, Kartoffeln, Erdnüsse und Paprika gelagert werden. Nach wie vor werden Lamas, Alpakas und Meerschweinchen gerne als Haustiere gehalten und verspeist. Das Christentum, das ganz Südamerika in einem grandiosen Siegeszug eingenommen hat, war und ist auch darum so erfolgreich, weil es sich vielerorts mit den alten Religionen verbündet hat. Nicht selten wurde der christliche Gott einfach in den Reigen der anderen Götter aufgenommen oder durfte ihm vorsitzen.
Vielleicht nimmt das Christentum im öffentlichen und privaten Leben Boliviens auch darum einen so großen Raum ein, weil das Land auf eine Religion der Hoffnung angewiesen ist. Das erste Wort, das ich in Bolivien gehört hatte, war aus dem Mund eines zerlumpten, knapp zehnjährigen Jungen gekommen. Als wir das Zollhäuschen verließen, kam er auf uns zugerannt.
Hambre, rief er uns zu, und streckte uns schon im Näherkommen die offene Hand entgegen. Das spanische Wort für »Hunger« lernen Touristen in Bolivien schnell. Die Kinder rufen es in der Straße, die Bettler flüstern es ihnen entgegen, die Männer tragen es in ihren verschlossenen Blicken. Blicke, die keine Fragezeichen enthalten, kein neugieriges »Kennenlernen-Wollen«, nur Ausrufezeichen, als forderten sie mit Nachdruck eine Gerechtigkeit ein, die ich ihnen nicht zu geben vermochte. Der spanisch-französische Sänger Manu Chao, der Südamerika wie kaum ein Zweiter bereist hat, lässt seine südamerikanischen Erlebnisse immer wieder in seine Lieder einfließen. In einer Mischung aus Lebensfreude und Melancholie, wie sie in ähnlicher Form in ganz

Südamerika vorkommt, greift Manu Chao die Leiden auf, denen er auf seinen Reisen begegnet ist – *pachamama te veo tan triste, pachamama me pongo a llorar*, »Muttererde, ich sehe dich so traurig, Muttererde, ich fange an zu weinen« – um gleich darauf ein Gegenkonzept zu dieser Traurigkeit zu präsentieren – *mamacita, te invito a bailar*, »Mütterchen, ich lade dich ein zu tanzen«. Eines seiner häufigsten Worte ist *perdido* beziehungsweise »perdu«. Dieses »verloren« bezeichnet weniger eine bloße Einsamkeit als vielmehr eine umfassende Orientierungslosigkeit, ein »Sich-Wundern« über eine Welt, die mehr Fragen aufwirft, als sie Antworten zu geben vermag. *Perdido en el siglo*, »verloren im Jahrhundert«, bringt Manu Chao sein Unbehagen auf den Punkt. Ebenjenes Verlorensein, jenes Unbehagen angesichts einer Welt, die keine Chancen bereithält, angesichts einer Entwicklung, die über einen hinwegbraust, ebenjene Orientierungslosigkeit hatte ich in den Blicken der Bolivianer gesehen.

Viele Frauen reagierten hilflos oder apathisch darauf, manche Männer abwehrend und aggressiv. Vielerorts kam es mir vor, als wollten sie alle, auf ihre Art, gar nicht so genau wissen, woher ich kam und wie es bei mir zu Hause zuging. Vielleicht war es ihnen lieber, nicht allzu viel von den Häusern, den Autos, den Computern zu erfahren, die sie ihr Leben lang nicht zu Gesicht bekommen würden. Hatte ich bislang auf meinen Reisen darauf gebaut, dass wir uns alle ziemlich ähnlich waren – zwei Augen und Ohren, einen Mund und ein seltsames Faible für alles, was wir nicht erreichen können –, deuteten die Menschen in Bolivien von Anfang an teils dezent, teils aggressiv auf den Graben, der zwischen uns lag.

»We're worlds apart«, »wir sind Welten voneinander entfernt«, behaupten wehleidige Schnulzensänger gerne mit schmachtender Stimme. Hier in Bolivien traf das tatsächlich zu.

Und doch haben es einige von ihnen geschafft. Sie haben sich den miserablen Anfangsbedingungen zum Trotz emporgearbeitet, die Chance ergriffen, als sie sich ihnen bot. Der bekannteste von ihnen wurde 1959 in der Nähe von Oruro geboren. Ehe er zehn war, hatte ihm das Altiplano, das seine Bewohner wie Eindringlinge behandelt, vier seiner Brüder genommen. Während der Schulzeit verkaufte er Süßigkeiten, arbeitete obendrein als Gehilfe in einer Bäckerei; dennoch ging er nach der sechsten Klasse von der Schule ab, weil ihn die minimalen Einnahmen nicht länger über Wasser hielten. Neben mehreren

Berufen fand er Zeit, sich politisch zu engagieren. 1997 wurde er zum Abgeordneten gewählt. Als Mitglied des MAS (*Movimiento al Socialismo*) brach er mit dem neoliberalen Kurs der anderen Parteien, die größtenteils mit den Vorgaben der Weltbank und des Internationalen Währungsfonds konform gingen. Vermutlich nicht ohne Einflussnahme des US-amerikanischen Botschafters Manuel Rocha, der die Interessen der USA in Gefahr sah, wurde er 2002 angeklagt und seines Sitzes im Kongress enthoben. Die Anklage wurde kurz darauf fallen gelassen. Sie bot den Führern der anderen Parteien jedoch eine Steilvorlage, um den bei den *indígenas* populären Konkurrenten öffentlich zu diskreditieren. Der konterte mit einem Fernsehauftritt, bei dem er die wahren Machtverhältnisse aufdeckte: »Der Einzige, mit dem ich diskutieren möchte, ist Botschafter Rocha – ich ziehe es vor, mit dem Eigentümer des Zirkus zu sprechen statt mit den Clowns.«
Der erwähnte »Zirkus« war zu jener Zeit ein Land, dessen unfassbare Bodenschätze über Jahrhunderte hinweg von den Spaniern geplündert worden waren, dessen Erdgasfirmen fest in der Hand ausländischer Investoren und Gastarbeiter waren, und dessen einzige relevante Einkommensquelle, insbesondere der indigenen Bevölkerung, darum der Anbau und Verkauf von Coca war. Das MAS sträubte sich gegen den von den USA geführten »Krieg gegen die Cocapflanze«. Ihrem Anführer kam es befremdlich vor, dass ein Land, das tonnenweise Waffen in die ganze Welt exportiert, einem anderen Land die Ausfuhr von Coca mit dem Hinweis auf dessen mögliche narkotische Wirkung verbieten will.
Am 22. Januar 2006 wurde jener Anführer, dessen Kindheit und Jugend so beschwerlich gewesen waren, als erster indigener Präsident Boliviens vereidigt. Kurz darauf erfüllte Evo Morales sein Wahlversprechen und verstaatlichte den bolivianischen Erdöl- und Erdgassektor. Er wurde weit über Bolivien hinaus zum Hoffnungsträger.
Die Hoffnung ist dort am größten, wo der Schmerz am intensivsten ist. Dass ausgerechnet von Bolivien, Südamerikas Armenhaus, das Signal eines Aufbruchs ausgeht, sorgt für enorme Schlagkraft. Vielleicht ermöglichte der Wahlsieg von Evo Morales gar die darauf folgende Entwicklung: Noch im selben Jahr wurde Hugo Chávez, Venezuelas linker Populist, im Amt bestätigt. Einen Monat später rutschte gar das traditionell konservative Chile nach links, als Michelle Bachelet als erste Frau ins Präsidentenamt gewählt wurde. Fast zeitgleich wurde der

sozialistische Präsident »Lula« da Silva in Brasilien wiedergewählt, während die konservativen Regierungen in Ecuador und Nicaragua durch linke aus dem Amt gedrängt wurden. Argentinien und Uruguay werden inzwischen ebenfalls von linken Parteien gesteuert.
Zum ersten Mal ist in Südamerika eine breite Front denkbar, die mit der Vergangenheit brechen kann. Einer Vergangenheit, die blutiger war als jene der meisten anderen Staaten. Militärdiktaturen, Putsche und Gegenputsche, Folterungen, Massengräber, das »Verschwinden« von politischen Gegnern, Sportstadien, die zu Massengefängnissen umfunktioniert wurden: Südamerika, der unruhige Kontinent, hat über Jahrzehnte hinweg Leid an Leid geknüpft. Noch gibt es die viel beschworene »Linksfront« nicht. Noch halten Eigeninteressen die Staatsführer in Argentinien, Brasilien, Bolivien, Chile, Ecuador, Uruguay und Venezuela von der Beantwortung einer großen Frage ab: Kann Südamerika ohne die Unterstützung durch den Norden existieren?

Doch als das Mädchen am Straßenrand ...

Es ist ein faszinierendes Paradox, dass dort, wo die Natur mit den schönsten Gaben ausgestattet worden ist, der Mensch in bitterster Armut lebt. Umgekehrt funktioniert der Zusammenhang ebenso. Nehmen wir das Ruhrgebiet. Nicht dass kohlegeschwängerte Luft und sich hinziehendes Betongrau nicht über einen gewissen Industriecharme verfügen würden, den man entdecken kann, wenn man den Schock des ersten Anblicks überwunden hat. Nur wirkt eine solche Region neben einem bolivianischen Sechstausender oder dem tropischen Regenwald doch reichlich blass. Dafür können ihre Bewohner täglich frisches Fleisch essen, ihre Zimmer einzeln bewohnen und ihre Autos mit allerhand Schnickschnack vollstopfen. In Bolivien steht hingegen der Anmut der Natur die Armut der Bewohner gegenüber, der Urgewalt der Landschaft die Ohnmacht der Menschen, ihr Leben zu ändern.
Was hatte mir dieses Land vor Augen geführt! In allen Farben leuchtende Lagunen hatte ich gesehen und vom Wind glatt geriebene Ebenen, die sich bis zu den Füßen mächtiger Sechstausender hinzogen. Ich hatte Geysire aus dem Boden brechen sehen und mich auf dem Salzsee von Uyuni verirrt wie in einem Traum. Doch als ...

Lamaherden hatte ich gesehen, dunkelbraune Punkte, die das Altiplano bis zum Horizont besprenkelten. Nandus, riesige straußähnliche Vögel, waren vor unserem Jeep geflüchtet. Sie bewegten ihren Kopf vor und zurück, bis wir alle Tränen in den Augen hatten vor Lachen. Doch als das Mädchen ...

Die »Todesstraße« war ich hinuntergebrettert und hatte mich während meines Sturzes für die richtige Seite entschieden. Mit Hannah war ich durch den tropischen Regenwald gestreift und hatte mich von den Ausgeflippten Oruros während des Karnevals mit Wasser und Schaum bespritzen lassen. Doch als das Mädchen am Straßenrand ...

Zum Titicacasee war ich schließlich gelangt, dem heiligen See der grausamen Hochkultur, die man die Inka nennt. Trotz dutzender Pannen war ich in vier Wochen kreuz und quer durch ganz Bolivien gefahren. Auf dem Altiplano hatte ich nachts gefroren und tagsüber geschwitzt. In den *yungas* war ich Kolibris hinterhergeradelt, hatte Papageien gefüttert. In den Tropen hatte ich seltsame kleine Dörfer und Kaffeeplantagen erkundet.

Doch als das Mädchen am Straßenrand, keine sieben Jahre alt, in den Armen seiner Mutter erwachte, als es langsam, ganz langsam den Kopf hob, als ich an ihm vorbeigehen wollte, und als es mich keine zehn Schritte von der Grenze zu Peru entfernt anblickte, mit funkelnden Augen, die ein Drittel seines Gesichts für sich beanspruchten – Augen, in denen sich Hunger eingenistet hatte; Augen, die er nie mehr verlassen würde – und die eine Urkraft ausstrahlten, eine Gewissheit, dass bessere Zeiten kommen werden, deren Intensität mich taumeln ließ, da war es, als sei in diesem einzigen Augenblick all das gebündelt, was dieses Land ausmacht, das ich im Begriff war zu verlassen.

Das unermessliche Leid, das Bolivien seit Jahrhunderten im Griff hat, ebenso wie die Lebensfreude, die ihm seine Bewohner entgegensetzen. Der Reichtum und die Vielfalt dieses Landes, die Tatsache, dass beides seit jeher in Gefahr war, die Fähigkeit seiner Einwohner, eine große Hoffnung aufrechtzuerhalten und das schockierte Staunen darüber, dass ein ganzes Land einfach durch die Maschen des sozialen Netzes fallen kann, dass seine Bewohner von einem auf immer mehr Kapitalanhäufung fixierten System einfach links liegen gelassen werden.

Perdido en el siglo.
Verloren im Jahrhundert, das nicht das ihre ist.

PERU

Atahualpa

Ein Windhauch fuhr über den zentralen Platz von Cajamarca. Spielerisch hob er einige Sandkörner in die Luft und ließ sie wenige Meter weiter zu Boden fallen. Er wehte einen Duft nach verkohltem Fleisch den nahe gelegenen Hügel hinauf, Zeugnis eines Gelages, das die fremden Männer heute Mittag veranstaltet hatten. Vielleicht hätte jener Bratengeruch Atahualpa warnen sollen. Hätte der Inkakaiser die Botschaft richtig gedeutet, wäre ihm unter Umständen der größte Fehler seines Lebens erspart geblieben. Doch Atahualpa rümpfte nur kurz die Nase und dachte einen Augenblick lang angewidert an die barbarischen Sitten der Eindringlinge, die sich, ohne um Erlaubnis zu fragen, in seinem Reich niedergelassen hatten. Noch wusste er nicht, dass dieses riesige, über Jahrhunderte hinweg stabile Reich an ebendiesem Tag zerfallen würde. Das Inkaimperium, das im Verlauf seiner Existenz Sieg an Sieg aneinandergereiht hatte und über einen beispiellosen Grad an Organisiertheit verfügte, würde wie ein Kartenhaus in sich zusammenfallen, und Atahualpas Fahrlässigkeit würde der Auslöser dafür sein.
Neugier mischte sich in die grimmige Entschlossenheit, mit der Atahualpa beobachtete, wie die am Fuß des Hügels gelegene Stadt größer und größer zu werden schien, je näher er ihr kam. Einen Moment lang löste er seinen Blick von der Stadt und ließ ihn voller Stolz seinen Thron entlanggleiten. Dessen Gold glitzerte und funkelte in der Sonne. Er sandte seinen Glanz bis in die Stadt hinab. Zufrieden blickte Atahualpa gen Himmel. Inti würde es gefallen, dass der Anführer aller Inka, der mächtigste Herrscher weit und breit, ihm eine derart große Ehre erwies. Der Blick des Gottkaisers ruhte kurz auf seinen Trägern. Die stärksten Männer seines Volkes hatte er für diesen Dienst ausgesucht. Ihre Rücken glänzten vor Schweiß, beinahe ebenso wie das Gold des Thrones. Hinter ihnen folgten fünftausend Krieger.
Atahualpa wandte seinen Blick wieder der vor ihm liegenden Stadt zu. Wer könnte ihm und seinem Volk jemals etwas anhaben? Wer könnte die tapferen Männer besiegen, die ihn im Umkreis von einem Kilometer umgaben, und die den gesamten Hügel bedeckten, sodass es von Weitem aussehen musste, als sei der Berg lebendig geworden? Wer konnte das unermesslich große, kampferprobte Inkareich, das Gravitationszentrum der Macht, gefährden? Bestimmt nicht jene einhundertachtundsechzig Männer, von denen ihm seine Späher berichtet

hatten! Sollte sich der Feind weigern, sein Reich zu verlassen, stünden jedem Eindringling dreißig Inkakrieger gegenüber. Atahualpa zweifelte keine Sekunde daran, an diesem Tag einen weiteren großen Sieg zu erringen, der ihn in den Augen seines Volkes mehr denn je zu einem gottähnlichen Wesen machen würde.
Dennoch entging ihm nicht, wie gereizt er war – er, dessen Leben bislang nur aus Schlachten und Eroberungen bestanden hatte. Eine Unruhe trieb ihn um, die er in diesem Ausmaß niemals zuvor an sich wahrgenommen hatte. Seine Späher hatten ihm nicht nur die Anzahl der Gegner mitgeteilt. Sie hatten zudem Dinge berichtet, die Atahualpa beunruhigten. Demzufolge war die Haut der Eindringlinge weiß wie der Schnee auf den Berggipfeln rund um Cuzco. In ihren Gesichtern hing ein Büschel schwarzer Haare, das ihren Mund und ihr Kinn bedeckte. Die Kleidung der Fremden schillerte silbrig in der Sonne und schepperte bei jedem Schritt. Manche der Fremdwesen hatten gar zwei Köpfe – einen mit dem schwarzen Haarbüschel darin und einen zweiten, lang gezogenen, der etwa auf halber Höhe angebracht war und in Nüstern überging, die ähnlich denen eines Lamas oder Alpakas waren. Diese seltsamen Wesen klopften bei jedem Schritt ihrer vier Beine weithin hörbar auf den Boden und schleiften dicke Rohre hinter sich her, die auf drehende Scheiben montiert waren.

Pizarro

Zufrieden richtete Francisco Pizarro sich auf, nachdem er den Männern um ihn herum seine Strategie erklärt hatte. Es war ein Plan ganz nach seinem Geschmack: So wild, so leidenschaftlich und größenwahnsinnig, dass er allein darum funktionieren musste, weil er die Vorstellungskraft des Feindes sprengte. Pizarro drückte sich vielleicht simpel aus; niemand hatte ihm beigebracht, wohlfeile Worte zu benutzen. Er war darum ein bisschen gekränkt gewesen, als einer seiner Kameraden gescherzt hatte, ob es Kaiser Karl V. in Europa nicht Angst machen müsste, wenn heute er, ein ehemaliger Schweinehirt, der weder lesen noch schreiben könne, den obersten Inka im Kampf besiegte. Da alle Umstehenden in ungehemmtes Gelächter ausgebrochen waren, hatte er wohl oder übel mitgelacht und das Gesicht des Redners anschließend gekonnt mit eben jenen Schweinen verglichen, die er in der Alten Welt gehütet hatte. Die Ähnlichkeit sei frappierend, die Geräusche beim Essen wären kaum voneinander zu unterscheiden. Pizarro hatte zufrieden bemerkt, dass das darauffolgende Gelächter noch lauter gewesen war als das vorherige. Auch wenn er nicht zur Schule gegangen war, fand er doch immer den richtigen Ton, um die Männer um sich herum auf Linie zu bringen. Dass ihm das nicht schwerfiel, hatte einen Grund: Wegelagerer waren seine Kampfgefährten in Spanien gewesen, Herumtreiber und Vagabunden, die sich mit Diebstählen und Überfällen über Wasser gehalten hatten. Wenn er in ihre Gesichter blickte, in ihre funkelnden Augen, auf ihre ungewaschenen Bärte, in denen noch Reste des vorigen Gelages hingen, erschrak er beinahe, so ähnlich waren sie seinem eigenen.

Doch in der Schlacht wusste Pizarro, worauf es ankam. Es war ihm nicht entgangen, dass sämtliche Abläufe im Inkareich auf den Sonnenkaiser Atahualpa ausgerichtet waren. Entfernte man den obersten Inka, hätte man das durchorganisierte Reich im Handumdrehen in einen orientierungslosen Haufen verwandelt. Zudem hatte Pizarro bemerkt, dass die Indianer weder Pferde noch Kanonen kannten. Auf seinem Weg nach Cajamarca hatte er außerdem erfahren, dass viele Indianer nur halbherzig Partei für die Inka ergriffen, die ganze Völker ausgerottet hatten und andere zu Sklaven machten.

All das hatte er seinen Männern eingebläut – und hatte doch bemerkt, dass viele von ihnen mit den Gedanken bereits bei dem kommenden Überfall waren oder noch immer dem Gelage nachhingen. Vielleicht war die Idee, den Männern heute Mittag ein ausschweifendes Essen zu gestatten, das zugkräftigste aller Argumente gewesen, dachte Pizarro einen Augenblick lang grimmig. Gleichzeitig wusste er, dass der bevorstehende Handstreich nur mit Männern wie diesen gelingen konnte. Mit Abenteurern, die einfach draufhauten, und die keine Sekunde damit verschwendeten, an die Gefahren oder Konsequenzen zu denken.

Als Francisco Pizarro ein Funkeln auf dem nahe gelegenen Hügel wahrnahm, gab er seinen Männern den Befehl, sich in den Hinterhalt zurückzuziehen. Sie bezogen Posten hinter Hausecken, Steinen und Bäumen um den zentralen Platz herum.

Pizarro schnaubte verächtlich, als der Trupp der Inka näher kam. Ihr Anführer ließ sich auf einem goldenen Thron in die Stadt tragen. Er, Francisco Pizarro, würde ihn schon zurück auf den Boden holen.

Ein Schweinehirt tötet den Gottkaiser

Am 16. November 1532 versammelten sich in der südperuanischen Stadt Cajamarca fast fünftausend Inkakrieger um ihren Anführer Atahualpa. So sicher war sich der Sonnenkaiser seiner Sache, dass er seinen Kriegern den Befehl gegeben hatte, ihre Waffen zurückzulassen.
Und wirklich: Von den Feinden war weit und breit nichts zu sehen. Hatten diese Feiglinge die Flucht ergriffen, als sie den schillernden, reich geschmückten Trupp der Inka erblickt hatten, der bis in die endlosen Wälder des Ostens und die Wüstengebiete des Südens hinein gefürchtet wurde?
Da trat ihnen ein Mann entgegen, der sich als Vicente de Valverde vom Stamm der Dominikaner vorstellte.
Vicente de Valverde trat vor Atahualpa. In der einen Hand die Bibel, in der anderen ein Kruzifix, so erklärte er ihm das Wort Gottes und forderte ihn schließlich auf, sich dem Papst und Kaiser Karl V. zu unterwerfen, denn jene seien die mächtigsten Herrscher der Welt. Für den Inkakaiser, von Geburt an daran gewöhnt, dass sein Wort als Naturgesetz behandelt wurde, stellte dieses Vorgehen eine unglaubliche Provokation dar. Einen Augenblick lang dachte er daran, den dreisten Eindringling einfach erschlagen zu lassen. Stattdessen forderte er ihn auf, ihm dieses seltsame Ding zu geben, das er in der einen Hand hielt, und das seiner Aussage nach das Wort Gottes enthielt. Atahualpa nahm die Bibel und hielt sie an sein Ohr. Als kein einziges Wort herauskam, warf er sie zornig auf den Boden, in den Staub des zentralen Platzes von Cajamarca, Vicente de Valverde vor die Füße.
Damit hatte Pizarro seinen Vorwand für den Angriff gefunden. Von diesem Augenblick an überschlugen sich die Ereignisse.
¡Fuego!, »Feuer!«, rief Pizarro mit aller Kraft. Ein mächtiges Donnergrollen brach über die Inka herein. Die Kanonen der Spanier zielten in die Masse; die Kugeln konnten ihre Ziele nicht verfehlen. Binnen Sekunden lagen Dutzende Indianer tot oder blutend auf dem Boden. Dann stürzten die Eindringlinge aus dem Hinterhalt hervor. Sie ritten die unbewaffneten Feinde nieder, spießten sie mit ihren Lanzen auf, hieben mit Schwertern und Säbeln auf Fliehende ein.
Weniger als eine Stunde dauerte das Gemetzel. Die einst so stolzen Inka wurden wie Vieh durch Cajamarca getrieben und ohne Ausnahme niedergestreckt. Unter Triumphgeheul zerrten die Spanier Atahualpa

vom Thron und brachten ihn vor Francisco Pizarro. Der gottgleich verehrte Kaiser wurde vor die Füße des ehemaligen Schweinehirten geworfen. Atahualpa rief aus, er wolle einen ganzen Raum mit Gegenständen aus Gold und Silber auffüllen lassen, wenn ihn der Spanier nur am Leben ließe. Pizarro, zunächst verblüfft von diesem Vorschlag, fand alsbald Gefallen daran.

Aus allen Gegenden des Inkareichs wurden Schätze herbeigebracht, bis ein Raum bis oben hin mit sechs Tonnen Gold und dreizehn Tonnen Silber aufgefüllt worden war. Der Gegenwert entspräche heute knapp fünfzig Millionen Euro.

Pizarro hatte genug Schlachten geschlagen, um zu wissen, was eine Freilassung des Inkakaisers bedeuten würde: Atahualpa würde ihn mit sämtlichen Kriegern wenn nötig bis an sein Lebensende verfolgen, um die Schmach seiner Gefangennahme auszulöschen. Kaum war der Raum gefüllt, ließ Pizarro einen Gerichtshof einberufen. Atahualpa wurde des Götzendienstes, der Vielweiberei und des Brudermordes angeklagt. Im Februar hatte er eine verlustreiche Schlacht gegen seinen Bruder, dem der gemeinsame Vater einen Teil des Inkareichs zur Herrschaft überlassen hatte, siegreich zu Ende geführt. Atahualpa hatte die gesamte Verwandtschaft seines Bruders kopfunter an Pfählen aufhängen lassen. Da der Inkakönig nach seiner Gefangennahme befürchtete, sein Bruder könnte sich an ihm rächen, ließ er die Order ausgeben, seinen Bruder zu ermorden, was seine Gefolgsleute in die Tat umgesetzt hatten. Atahualpa wurde von dem von Pizarro einberufenen Gericht schuldig gesprochen und zum Tod auf dem Scheiterhaufen verurteilt. Um diesem Schicksal zu entkommen und um seine Seele zu retten, die nach dem Glauben der Inka vom Feuer ausgelöscht wird, konvertierte Atahualpa kurz vor seiner Hinrichtung zum Christentum. Pizarro ließ ihn daraufhin »aus humanitären Gründen« mit dem Würgeeisen erdrosseln, einem zur damaligen Zeit weitverbreiteten Mordinstrument, das den Kehlkopf durch eine Schraubendrehung zerdrückt. Zehn Wochen später ritt Francisco Pizarro in die Inkahauptstadt Cuzco ein, ohne auf Widerstand zu stoßen. Unterwegs hatten sich viele Stämme auf die Seite der Spanier geschlagen. Das Inkareich hatte endgültig aufgehört zu existieren. Der mumifizierte Leichnam des Mannes, der ein Reich von sechs Millionen Einwohnern mit einhundertachtundsechzig Gefährten eroberte, wird in der Kathedrale von Lima aufbewahrt.

An dieser Stelle könnte die Geschichte vom gottgleichen Inkakaiser und dem analphabetischen Schweinehirten, vom Aufbau und Zerfall des Inkareichs, von der Niedertracht und Gier der Konquistadoren zu Ende sein – wenn sie nicht, wie alle guten Geschichten, noch einen Haken schlagen würde, eine ironische Pointe bereithielte, die einmal mehr vor Augen führt, dass das Leben über mehr Fantasie verfügt als alle Romanschreiber zusammengenommen.
Pizarros Expedition ins heutige Peru konnte nämlich nur stattfinden, weil sein langjähriger Weggefährte Diego de Almagro ihm Männer zur zur Verfügung gestellt hatte. Zusammen mit dem Pfarrer Hernando de Luque hatten die beiden 1526 einen Vertrag geschlossen, der besagte, dass alles in den eroberten Gebieten gleichmäßig unter ihnen aufzuteilen sei. Als sich Pizarro in der neu gegründeten Hauptstadt Lima niederließ, forderte sein Weggefährte Almagro darum Cuzco von ihm. Pizarro, der auch in fortgeschrittenem Alter ein ausgefuchster Stratege war und allein im Glanz der Geschichte stehen wollte, ließ Almagro kurz nach dessen Forderung gefangen nehmen und durch das Würgeeisen hinrichten – genau wie es Atahualpa ergangen war. Drei Jahre später fiel ein Dutzend Anhänger Almagros über Pizarro her und ermordete ihn in seinem Palast in Lima durch das Schwert. Auf diese Weise hatten sich die beiden Scheusale, die es geschafft hatten, einen Subkontinent zu erobern, die es aber nicht fertiggebracht hatten, ihn unter sich aufzuteilen, am Ende gegenseitig ermorden lassen.

Eine surreal anmutende Busfahrt

Ich schlug den Reiseführer zu, weil ich wusste, was nach dem Einzug von Pizarros Männern in Cuzco geschehen war. Viele Indianer hatten die Weißen freundlich empfangen. Ihrer Legende zufolge war Viracocha, der Liebe und Güte unter die Andenbewohner gebracht hatte, ein weißer Mann mit Bart, Sandalen und weiten Gewändern. Nicht wenige glaubten in den hellhäutigen Männern, die auf großen Schiffen an der Pazifikküste gelandet waren, die Reinkarnation ihres Gottes zu erkennen. Doch diese Männer waren keine Heilige, sondern Krieger, die sich zusammengerottet hatten, um im Namen der spanischen Krone Reichtümer zu sammeln und im Auftrag der katholischen Kirche »Wilde« zu missionieren.

Erneut wurden die Hochlandbewohner versklavt. Sie mussten in ihre heiligen Berge kriechen, um Edelmetalle für die Fremden zu schürfen. Wer sich erhob, wurde von Pferden zu Tode geschleift, seine Familie ermordet. Frauen und Mädchen wurden vergewaltigt. Männern und Knaben wurden die Hoden abgeschnitten; auf jedes Paar war ein Preisgeld ausgeschrieben, um die Einheimischen gezielt auszurotten. Was die europäischen Barbaren nicht fertigbrachten, das schafften die Bakterien und die Viren. Gegen Pocken und Wundstarrkrampf, gegen Typhus, Lepra, Gelbfieber und Zahnfäule hatten die Indianer keine Antikörper, da es diese Erreger ursprünglich auf dem amerikanischen Kontinent nicht gegeben hatte. Innerhalb von Jahrzehnten starben neun von zehn Ureinwohnern an den Folgen der spanischen Eroberung. Europa hingegen blühte dank des in Amerika geraubten Goldes und Silbers auf und entwickelte sich schneller als alle anderen Weltregionen.

Nach dem Tod Atahualpas – dessen Name übersetzt so viel wie »tapferer Truthahn« bedeutet – leistete nur noch ein einziger Nachkomme der Inka den spanischen Eindringlingen nennenswerten Widerstand. Nach jenem Nachkommen benennen sich bis heute Weltläden und Panflötengruppen, Kooperativen und Splitterbewegungen am linken Rand des politischen Spektrums in aller Welt.

1572 ritt Túpac Amaru auf seinem weißen Pferd in die von den Spaniern besetzte Stadt Tungasuca ein und verkündete unter Trommelwirbeln, dass er den königlichen Landvogt Antonio Juán de Arriaga zum Tode durch den Galgen verurteile. Alle Steuern seien abgeschafft. Zigtausende schlossen sich Túpac Amaru an, der von diesem Moment an zum Hoffnungsträger aller entrechteten und geknechteten Indianer geworden war. Als die von ihm angeführte Rebellion an Fahrt gewann, wurde er von einem seiner Befehlshaber verraten, anschließend verhaftet und den spanischen Truppen in Ketten vorgeführt. Gemeinsam mit seiner Frau, seinen Söhnen und einigen seiner Anhänger wurde Túpac Amaru auf dem zentralen Platz von Cuzco gefoltert und schließlich hingerichtet. Man schnitt ihm die Zunge ab, band Arme und Beine an vier Pferde, die in verschiedene Richtungen davonstoben. Anschließend wurde er geköpft. Zur Abschreckung brachte man seinen Kopf nach Tinta, einen seiner Arme nach Tungasuca, den anderen nach Carabaya, ein Bein nach Santa Rosa und das andere nach Livitaca. Sein Rumpf wurde verbrannt, die Asche anschließend in den Fluss Watanay gestreut. Man begann mit der Ausrottung seiner Nachkommenschaft bis zum vierten Grad.

In Südamerika haben sich die Menschen mit kaum zu überbietender Grausamkeit gegenseitig niedergemetzelt, dachte ich, als unser Bus durch den Süden Perus zuckelte, Arequipa entgegen. Und Peru war immer das Zentrum der Macht gewesen. In Cuzco war das Inkareich offiziell gegründet worden, in Cajamarca bekam es den Todesstoß versetzt, in Tinta und Tungasuca scheiterte der letzte Aufstand gegen die spanischen Besatzer.
Angesichts der historischen Grausamkeiten war ich mit gemischten Gefühlen nach Peru gekommen, auch wenn sich auf den ersten Blick wenig von den Gegebenheiten in Bolivien unterschied. Zwar versucht man hier, im Gegensatz zum bolivianischen Nachbarn, etwas Ähnliches wie Ordnung zu schaffen. Das »Nicht rauchen!«-Schild im Bus konnte ich noch nachvollziehen; »Urinieren verboten!« kam mir hingegen ein wenig übertrieben vor, auch wenn ich nicht überprüfen konnte, ob nur darum niemand von seinem Sitz aufstand und sich im vollbesetzten Busflur erleichterte, weil eben jenes Schild dort vorne hing. Ansonsten jedoch blieb vorerst alles beim Alten. Der Müll wurde weiterhin einfach aus dem Busfenster hinaus in die Landschaft geworfen. Die Menschen waren nach wie vor herzlich und nannten Fahrtzeiten, die nicht stimmten.
Um halb neun hätten wir in Arequipa sein sollen. Angaben dieser Art kannten wir von Bolivien und stellten uns vorsorglich auf elf Uhr abends ein.
Der voll aufgedrehte Fernseher sendete ein Schneebild. Seit einer guten halben Stunde dröhnte sein Rauschen gleichmäßig durch den Bus. Niemanden schien zu stören, dass kein Programm gezeigt wurde; manche starrten sogar interessiert auf den Bildschirm, auf dem ohne Unterlass grauweiße Flocken herabrieselten. Langsam senkte sich rings um uns die Nacht herab, als nähme uns ein riesiger schwarzer Schlund auf, dem wir erst am nächsten Morgen wieder entkommen würden. Nach einer Stunde gleichmäßigen Rauschens und Dröhnens taten es Hannah und ich den anderen Passagieren gleich und fielen in einen unruhigen Schlaf. Um Viertel vor neun, kurz nach unserer avisierten Ankunftszeit in Arequipa, stieg unser Fahrer auf offener Strecke aus und schlug mit einem Vorschlaghammer auf den Motor ein. Nach

zehnminütiger Aktivität kletterte er zurück ins Fahrerhäuschen, verstaute den Hammer neben seinem Sitz und fuhr weiter, als sei nichts geschehen. Vielleicht hatte er nur Dampf ablassen wollen, weil er sich über den kaputten Fernseher ärgerte.

Um 21:22 Uhr schreckte ich aus dem Halbschlaf auf, weil der Fernseher unvermittelt Dialogfetzen durch das permanente Schneebild sendete. Staunend lauschte ich den Worten, die wie Funkmeldungen aus dem Rauschen drangen. Das Störbild wackelte, es wurde im Sekundentakt von Gesichtern durchbrochen, die von oben nach unten durch das Bild fielen. Um uns herum war alles stockdunkel. Kein Licht, kein Dorf, kein entgegenkommendes Auto war zu sehen. Fast kam es mir vor, als habe sich die Welt ringsum aufgelöst, als dringe sie nur noch durch diese Funkmeldungen zu uns durch. Sie klangen wie verzweifelte Kontaktversuche. Jeglicher Anhaltspunkte, sämtlicher Farben und Formen außerhalb unseres Busses beraubt, wusste ich nicht länger, ob wir vorwärts fuhren oder rückwärts, oder ob wir gar über der Straße schwebten. Ich schlief erst wieder ein, als die Dialogfetzen nach gut einer Viertelstunde ausblieben und der Fernseher sein gewohntes Rauschen fortsetzte.

Um 22:41 Uhr stieß mir Hannah den linken Ellbogen in die Seite. Ich fuhr hoch und wollte ihr gerade kräftig die Meinung sagen, als ich sah, dass sie sich lediglich umgedreht hatte. Sie war in zwei Pullis gehüllt und atmete regelmäßig. Da sie noch immer zu frieren schien, deckte ich sie zusätzlich mit meiner Regenjacke zu, bis nur noch ihre Nasenspitze unter der Pulli-Regenjacken-Kombination hervorlugte. An den Busscheiben hatten sich Eispartikel festgesetzt. Draußen musste es klirrend kalt sein.

Um 23:26 Uhr schreckte ich erneut hoch, weil ein zugestiegener Passagier aus Versehen sein mit Coca gefülltes Stofftuch auf meinem linken Oberschenkel abgesetzt hatte. Noch immer fuhren wir zügig voran. Inzwischen waren wir drei volle Stunden über der Zeit. Es gab keine logische Erklärung dafür, dass wir nicht längst in Arequipa angekommen waren. Mutmaßen konnte man hingegen vieles. Wollte der Busfahrer einen Freund besuchen, der weitab der eigentlichen Strecke wohnte? Hoffte er, dass wir den Umweg in der Nacht nicht bemerken würden? Drehte er einige große Bögen um Arequipa, damit wir, wie wir es von Bolivien gewohnt waren, mit mindestens drei Stunden Verspätung ankamen? Oder waren wir vielleicht in ein Zeitloch gefallen,

in einer Dauerschleife hängen geblieben, was die Fernsehstörungen erklären würde?
Zu jenem Zeitpunkt, übermüdet von der langen Reise, abgestumpft vom ständigen Rauschen des Fernsehers, glitt ich in einen seltsam gleichgültigen Zustand. In Deutschland hätte sich in einer solchen Situation längst ein bürokratischer und basisdemokratischer Busfahrerabsetzungsausschuss gebildet und ein dreißigseitiges Statut entworfen. In Frankreich hätten wir gestreikt, ein philosophisches Manifest niedergeschrieben und als Zeichen unseres Protestes einen brennenden Bussessel aus dem Fenster geworfen. In den USA wäre unser Busfahrer mit einer Flut von Gerichtsklagen überschüttet und schließlich von einem wütenden Mob wegen unpatriotischem Verhalten geteert und gefedert worden. Russische Fahrgäste hätten sich wohl aus Frust über die Verspätung mit einer Überdosis Wodka ins Koma katapultiert oder ausgelost, wer von ihnen den Fahrer von hinten ermeucheln durfte. Hier in Peru blieben die Insassen hingegen vollkommen stoisch in den Sesseln sitzen. Sie schauten weder konsterniert auf das Schneebild des Fernsehers noch auf die Uhr, sondern verhielten sich unisono, als geschähe nichts Außergewöhnliches. Mitternacht statt halb neun Uhr abends, was spielte das schon für eine Rolle? Vielleicht waren sie nicht gern, wo sie herkamen und auch nicht, wo sie hinfuhren, und es gab für sie keinen Grund, ungeduldig zu sein, auch wenn Hermann Hesse dies vermutlich anders sehen würde. Ich wusste jedenfalls, dass ich ungleich weniger Anhänger finden würde als Túpac Amaru, sollte ich heute Abend im Bus nach Arequipa eine Revolution gegen den Fahrer oder dessen Firma anzetteln.
Um uns herum hatte das Schwarz seine Diktatur errichtet, gegen die nichts und niemand rebellierte. Von Arequipa war weit und breit nichts zu sehen. Unter Umständen gab es diesen Ort gar nicht. Vielleicht hatten wir auch längst den Orbit unserer Atmosphäre verlassen und schwebten – völlig losgelöst von der Erde, völlig schwerelos – durch irgendeinen gottverlassenen Winkel unseres Universums. Zumindest aber zappelten wir definitiv im Netz der Zeit, dessen Fäden so dünn gespannt waren, dass wir sie nicht sehen konnten und eben darum in ihnen hängen blieben.
Alles, was ich sah, war der vom Schneebild grotesk angestrahlte Innenraum unseres Busses. Alles, was ich hörte, war das dröhnende Rauschen

des Fernsehers und das gelegentliche Seufzen oder Hochschrecken eines Schläfers. Die Welt war auf einen lang gezogenen Flur zusammengeschrumpft, links und rechts von Sitzreihen flankiert. Zusammengeringelte Schatten lagen darauf.
Um Viertel nach zwölf hielten wir zum etwa zwanzigsten Mal an. Zwei Polizisten kletterten an Bord, leuchteten den Schlafenden ins Gesicht, wühlten in den Säcken zweier Indianer herum.
Als wir eine halbe Stunde später erneut anhielten, reagierte zunächst keiner der Passagiere. Zu sehr hatten wir uns an die Zwischenstopps gewöhnt. Unser Fahrer musste sich erst mit einem breiten Grinsen im Gesicht zu uns umdrehen und über das Dröhnen des Fernsehers hinweg *Arequipa, Arequipa* rufen.
Dreizehneinhalb statt sieben Stunden hatte die Fahrt gedauert. Wir torkelten schlaftrunken auf die Straße. Natürlich gab es für die Verspätung keine Erklärung, geschweige denn eine Entschuldigung. Worüber sollte man sich auch aufregen? Immerhin waren wir tatsächlich am vereinbarten Ziel angekommen – und das, so wussten Hannah und ich mittlerweile aus eigener Erfahrung, war weder in Bolivien noch in Peru selbstverständlich.

Besuch bei »Koksnase«

Arequipa könnte schön sein. Seine Lage auf zweitausenddreihundert Metern sorgt für ein angenehm gemäßigtes Klima – eine Wohltat, ob man nun vom kargen Andenhochland des Ostens oder vom heißen Küstenstreifen im Westen kommt.
Leider jedoch präsentierte Arequipa sich uns nicht von seiner besten Seite. Einmal mehr lagen leer gefegte Straßen im Dunklen. Sie strömten eine Mischung aus Angst und Gier aus, trugen eine Abgeschiedenheit zur Schau, die nichts gemein hatte mit jener einer schönen Waldlichtung oder eines menschenleeren Strandes. Stattdessen durchwühlten räudige Hunde die Abfallhaufen, die sich zu beiden Seiten der Straßen hinzogen. Aus einer noch geöffneten Garküche auf dem Hauptplatz drang penetranter Geruch nach ranzigem Fett und billigem Bier. Wir beschlossen, das erstbeste Hotel anzusteuern. Dort fanden wir einen Zwanzigjährigen vor, dem wir vom ersten Augenblick an den Spitznamen »Koksnase« gaben. Sein Auftritt entschädigte uns für die

Mühen der langen Herfahrt und das wenig einladende Erscheinungsbild der Stadt.
»Na, wer klopft denn so spätabends noch an unsere Tür?«, tönte uns zunächst seine Stimme entgegen. Sie klang wie ein verstimmtes Cello, weil Koksnase bei jedem Vokal ein kurzes Tremolo intonierte. Als er kurz darauf die Tür öffnete, blickten wir in zwei glasige Augen, die unruhig flackerten, ohne einen bestimmten Punkt dauerhaft fassen zu können. Koksnase setzte ein Grinsen auf, das freundlich wirken sollte, aber reichlich schief geriet und am ehesten an ein wieherndes Pferd erinnerte. Der Hoteljunge war offensichtlich bis oben hin zugedröhnt. Ob es wirklich Koks war, ob er eine Überdosis Haschisch oder Crack intus hatte oder sich mit selbst gebrauten Alkoholika die Kante gegeben hatte, war schwer zu sagen. Ich musste mich zurückhalten, Hannah um eine eingehende Diagnose zu bitten. Was immer Koksnase intus hatte: Er sollte definitiv weniger davon nehmen. Zweimal stolperte er über seine Füße, als er uns die engen Stufen hinauf zu unserem Zimmer führte. Beide Male fand er seine Ungeschicktheit witzig, fuchtelte mit den Armen und lachte lauthals, mit rauer, zuweilen überschnappender Stimme. Diese begleitete uns noch durch die Zimmertür, als wir schließlich in unsere Betten sanken und erst erwachten, als die Sonne bereits hoch am Himmel stand. Eine Sonne wie aus dem Bilderbuch, wie wir nach einem Blick aus dem Fenster bemerkten, und eben das hatten wir uns von Peru erhofft.
Im ehemaligen Kernland der Inka wird der Sonne bis heute auf verschiedenste Weise gehuldigt. Jede und jeder trägt einige davon mit sich: *Soles* nennt man hier das Münzgeld. Manchen gilt die dadurch zum Ausdruck gebrachte Fixierung auf die Inka als schlechtes Zeichen. Sie sehen es als böses Omen für das Land an, dass bis heute eine Kultur verehrt wird, die auf spektakuläre Weise untergegangen ist. Generell hat Peru keinen guten Ruf in der Welt; im Land selbst schon gar nicht. Sein berühmtester Künstler, der aus Arequipa stammt, zog es alsbald vor, im spanischen Exil zu leben. Bereits der erste Roman von Mario Vargas Llosa wurde wegen »unpatriotischer Äußerungen« öffentlich verbrannt. Nachdem sich viele der neoliberalen Positionen, die er im Gegensatz zu fast allen Intellektuellen seiner Zeit formuliert hatte, bewahrheitet hatten, galt er 1990 bei den Präsidentschaftswahlen als haushoher Favorit, unterlag jedoch dem japanischstämmigen Alberto Fujimori.

»Für mich ist Peru eine unheilbare Krankheit«, fasste Llosa seine Erfahrungen zusammen, »und meine Gefühle gegenüber dem Land sind heftig, voll von Verbitterung und jener Gewalt, die charakteristisch ist für Leidenschaft.«

Vielleicht fliehen einige Bewohner Perus vor diesem Selbstbild, vor den Schatten der Vergangenheit und der ökonomischen Dauerrezession in schillernde Gegenwelten. In einer solchen befand sich zumindest Koksnase auch an diesem Tag. Sein spätmorgendlicher Gesang klang nicht mehr nur wie ein verstimmtes Cello, sondern bereits wie ein komplettes Orchester aus miauenden Katzen und jaulenden Hunden. Vermutlich hatte er gleich nach dem Aufstehen eine kräftige Prise seiner Droge eingenommen, um die geträumte Welt nicht zugunsten der weitaus graueren Realität verlassen zu müssen.

Hannah und mich lockte ein anderes Orchester auf die Straße: Unsere Mägen stimmten vor Hunger ein Duett an. Zunächst stolperten wir in eine Hinterhofkneipe und versuchten unser Glück, indem wir nach Rührei fragten. Die Bedienung, eine bestimmt sechzigjährige *indígena*, schaute uns fassungslos an, als hätten wir gut durchgebratene Kinder in Aspik bestellt. Sie winkte eine weitere Bedienung an unseren Tisch, die noch etwas älter war als sie selbst und uns, nachdem ich unseren Wunsch wiederholt hatte, ebenso verständnislos beäugte. Erst als die knapp achtzigjährige Köchin aus dem Nebenraum zu unserem illustren Quartett getreten war, um zu fragen, was hier los sei, und nachdem ich unseren Wunsch mit diversen Gesten unterstrichen hatte, indem ich unter anderem ein Eier legendes Huhn nachahmte und das Ergebnis anschließend pantomimisch in eine Schüssel schlug, erhellte sich das runzlige Gesicht der Köchin. Sie sagte etwas in einer fremden Sprache zu den beiden Bedienungen, die daraufhin in lang andauerndes Kichern ausbrachen.

»Sie wollen Rührei haben«, fasste die Köchin schließlich, zum Glück auf Spanisch, zusammen und brachte unseren Wunsch damit auf geniale Weise auf den Punkt.

»Tut mir leid, so etwas haben wir hier nicht«, wiegelte sie jedoch gleich darauf ab. Ich konnte förmlich hören, wie der Hunger in meinem Magen aufschrie. Hannah schien Ähnliches vernommen zu haben, denn sie stand abrupt auf und verließ wortlos den Raum. Ich brummelte der Köchin noch schnell eine Entschuldigung zu, dann waren wir wieder draußen.

Erst auf dem Hauptplatz wurden wir fündig. Die gesamte Front des Platzes war erstklassigen Restaurants vorbehalten. Alle befanden sich im ersten Stock und boten einen Balkonblick über den gesamten Platz. Vor jedem Restaurant stand eine Gruppe junger Menschen, die betucht aussehenden oder weißhäutigen Passanten mit Speisekarten zuwinkte und ihnen erklärte, warum gerade das von ihnen beworbene Restaurant das beste von allen sei. Angesichts dieser Ballung von Speisekartenwedlern und Wohlgerüchen war es kein Wunder, dass wir in Rest-Arequipa kein vernünftiges Restaurant hatten finden können. Hier waren sie alle, und unser Hunger ließ uns das nächstgelegene wählen, was ein triumphierendes Lächeln auf die Gesichter der zugehörigen Gästefänger zauberte. Es fehlte wohl nicht viel, und sie hätten ihren Konkurrenten eine Nase gedreht.
Wenig später trat der Koch an unseren Tisch und bedeutete mir mit geheimnisvoll gesenkter Stimme, ihm den langen Flur entlang in die Küche zu folgen. Während das Licht der Balkonfensterfront links und rechts an mir vorbeiströmte, füllte mein Vordermann den Flur voll und ganz aus. Sein enormer Leib strich an beiden Wänden entlang. Auch in der Küche war wenig Platz für einen Koch mit seinem Leibesumfang. Dafür unterschied sich die Einrichtung gewaltig von allen Küchen, die ich bislang in einem Restaurant gesehen hatte. Rundherum waren zwar die typischen Kochutensilien an Haken aufgehängt, und beim Eintreten stießen Schöpflöffel an Kellen und diese wiederum an Schlachtermesser. Kochplatten oder einen Backofen gab es hingegen nicht. In der Mitte des Raumes flackerte ein offenes Feuer, in dem Steine lagen. Um die Feuerstelle herum wuselten Meerschweinchen. Manche richteten sich auf und quiekten, als wir den Raum betraten. Mit ruhiger Hand griff der Koch ins Feuer und drehte einen der Steine um. Ein Meerschweinchen lag platt gedrückt darunter. Es war von den heißen Steinen gegrillt worden. Sein Fell war an mehreren Stellen angesengt; seine Glieder gingen in kleine Krallen über und deuteten in alle vier Richtungen. Aus dem verschmorten Gesicht heraus blickten mich zwei schwarze Knopfaugen an.
»Das ist deines«, versprach mir der Koch gönnerhaft. Obwohl der Anblick ungewöhnlich war und die Artgenossen des Gebratenen im Raum herumtollten, war ich keineswegs schockiert. Hasen oder Fische wurden in unseren Breiten kaum anders präsentiert. Der Koch schien sein Handwerk zu verstehen. Durch seine Art der Zubereitung blieben

die Tiere bis zuletzt Teil der Erde, erklärte er mir. Bei diesem Meerschweinchen habe er sich entschuldigt, bevor er es erschlug, und ihm erklärt, warum er es töten müsse. Ein einziger Schlag auf den Kopf habe genügt; die Schmerzen seien kurz gewesen. Ähnliches konnte ich in Bezug auf die heimischen Hasen und Fische nicht behaupten – von Schweinetransporten, Massentötungen von BSE-verseuchten Rindern und Käfighaltung von Hühnern ganz zu schweigen.

Zurück am Tisch bereitete ich Hannah auf den kommenden Anblick unseres Essens vor; danach aßen wir mit Genuss und, natürlich, mit unseren Händen, so wie es bei den *indígenas* üblich ist. Ob es an der Art der Zubereitung gelegen hat oder an unserem übermäßigen Hunger – uns jedenfalls schmeckte das Meerschweinchen ausgezeichnet. Sein Fleisch erinnerte mich an besonders fein gegrilltes Hähnchen. Fünfzig Millionen Meerschweinchen werden pro Jahr in Peru verspeist. Während wir aßen, war der Koch mehrmals an unseren Tisch gekommen. Er hatte uns einen Schnaps spendiert und von seiner Heimatgegend geschwärmt, die uns bereits von mehreren Peruanern ans Herz gelegt worden war. In der Nähe von Arequipa gebe es eine Schlucht, einen gigantischen Riss, um einiges tiefer als der Grand Canyon in den USA. Wer sich dort hinuntertraute, bliebe verschont von Touristen und Verkäufern und erlebe stattdessen das echte, unverfälschte Peru. Man könne dort Kondore beobachten, fuhr unser Koch mit verschwörerischer Miene fort, und wenn man Glück habe, begegne man gar einem Puma. Die Mehrzahl der Touristen, die sein Lokal aufsuchten, seien auf dem Weg zum nahe gelegenen Vulkan Misti. Auch wenn sich dessen Kuppel spektakulär erhebe und manchmal von einem Wolkenrand umgeben sei, der an den Ring des Saturn erinnere, auch wenn sein Name so viel wie »ja, bleib!« bedeute, auch wenn ganz Arequipa aus weißem Vulkangestein bestehe: Das gewaltigere Naturschauspiel, die größeren Wunder gebe es dennoch in der Colcaschlucht. In zwei Stunden fahre ein Bus dorthin.

Wir hatten Vertrauen zu unserem redseligen Koch gefasst. Wir mochten die ruhige, souveräne Art, mit der er seine Worte wählte, und die Schilderungen seiner Heimat, die gerade in ihrer Schlichtheit schön wirkten. Zudem hatten wir Lust auf ein wenig Abgeschiedenheit.

Nachdem wir uns herzlich von unserem Gastgeber verabschiedet hatten, holten wir das Gepäck bei Koksnase ab und fuhren Richtung Colcaschlucht.

Ist Hitler in deinem Land ein Held?

Unser Ziel, der Ort Chivay, ist ein Dörfchen fernab jeglicher Handelsströme oder Tourismusrouten. Fast schien es, als sei es aus der Welt gefallen, als strömten sämtliche Ereignisse, die Einzug in eine Zeitung oder das Fernsehen hätten finden können, an diesem Ort vorbei. Es war mit anderen Worten genau jenes Fleckchen, das Hannah und ich suchten.

Ich traute meinen Ohren kaum, als sich der Fahrgast eine Sitzreihe vor uns, der sich als Geschichtslehrer vorgestellt hatte, zu uns umdrehte und mich fragte, wie es sei, unter Hitler zu leben. Ob er seine Frage wiederholen könne? Er konnte – und meinte sie offensichtlich ernst. Als ich ihm erklärte, dass Hitler vor über sechzig Jahren Selbstmord begangen habe, wirkte er beinahe enttäuscht.

»Aber ist er wenigstens ein Held in deinem Land?«, beharrte er.

Ich bot ihm eine einstündige Nachhilfe in deutscher Zeitgeschichte, bat ihn, das Gehörte möglichst auch an seine Schüler weiterzugeben und schloss meine Ausführungen damit, dass zurzeit sogar eine Frau an der Spitze meines Staates stehe, genau wie in Chile. Er war aufrichtig schockiert.

Das komme davon, wenn ein Staat wie Peru kein Geld für Bildung ausgibt, wetterte er. Dabei könne man froh sein, wenn die Kinder überhaupt zur Schule gingen. Acht der dreißig Millionen Einwohner hätten dies nicht getan. Solange vierzig Prozent der Bevölkerung unterernährt blieben, sei keine Besserung der Situation zu erwarten.

»Dafür pflegen wir unsere Bräuche und Traditionen wie kaum ein anderes Volk«, fuhr er fort. »Vielleicht liegt das daran, dass in Peru weniger als zehn Prozent Weiße leben. Zu unseren Ritualen gehört ein Ereignis der besonderen Art. Einmal im Jahr treffen sich die Bewohner zweier Nachbardörfer. Sie ziehen Lose, dann prügeln jeweils die beiden »Gewinner«, angefeuert von der umstehenden Menge, aufeinander ein. Frauen und Kinder sind eingeschlossen. Da Verlieren als Schande gilt, gibt es fast jedes Jahr Tote. Die blutenden Gewinner humpeln zurück in die Menge, um ihrerseits die nächsten Kämpfer anzufeuern. Diese archaischen Überbleibsel mögen euch etwas seltsam vorkommen. Aber unter der Oberfläche unserer Sitten und Bräuche sind wir genauso wie ihr: Wenn wir jung sind, streben wir nach Abenteuern und Heldentaten, später nach erfüllter Liebe und schließlich nach Ruhe und Sicher-

heit. Nur Letzteres ist bei uns wohl ein wenig schwieriger zu erreichen als bei euch.«
Bei diesen Worten grinste unser Sitznachbar mit einer Mischung aus Wehmut und Belustigung, die mich einmal mehr an das erinnerte, was der französisch-spanische Sänger Manu Chao so gekonnt als *malegria* bezeichnete: *Una tristeza que se combate con una sonrisa*, »eine Traurigkeit, die bekämpft wird mit einem Lächeln« – eben das hatte uns der nicht ganz sattelfeste Geschichtslehrer in Reinform vorgeführt, ehe er sich zufrieden in den Sitz zurücklehnte.

Rufinas spektakuläre Pfannkuchen

Um uns herum war Abgrund; Steilhänge neben senkrechten Wänden und gezackten Vorsprüngen, durchzogen von einem schmalen Grat. Ein zwei Meter breiter Fußweg zog uns spiralförmig nach unten, hinein in ein Wolkenmeer. Wohin wir blickten, ging es steil bergauf oder Hunderte Meter bergab.
Eine Tausende Meter hohe Felswand kam uns entgegen, von der anderen Seite des Risses, der einst mit brachialer Gewalt entstanden sein musste. Was für Kräfte waren nötig gewesen, um einen solchen Abgrund zu schaffen! Schweigend, staunend, respektvoll liefen Hannah und ich in die Wolken hinein, die uns, aufstrebend, entgegenkamen, um schließlich über den Rand der Schlucht hinwegzugleiten und sich zum Himmel hin aufzulösen.
Am Nachmittag erreichten wir das erste von drei Dörfern in der Colcaschlucht. Es lag etwa auf halber Höhe zwischen dem Canyonrand und dessen tiefstem Punkt und nannte sich San Juán. Originell waren die Dorfnamen in Südamerika nicht gerade. Dafür gab es hier brauchbare Brötchen, was uns unmittelbar für San Juán einnahm. Wir bestellten zwei mit Käse, gefolgt von zweien mit Ei und einem weiteren für mich. Auf dem gesamten Weg hierher waren uns zwei Personen begegnet.
Am selben Abend fanden wir Unterschlupf in Cosnihua. Unsere Gastfamilie kümmerte sich rührend um uns. Die beiden Söhne arbeiteten tagsüber »an den Hängen« und versuchten, den Böden ein wenig Maniok, Quinua oder Mais abzuringen. Das Wasser mussten sie täglich aus dem tausend Meter tiefer gelegenen Fluss heraufholen. Ihre Eltern

waren fünfzig Jahre alt und sahen aus wie siebzig. Man sah ihnen an, dass ihr Leben aus körperlicher Arbeit bestanden hatte. Jeden Erfolg hatten sie sich hart erkämpfen müssen. Eine Tochter, vier Jahre alt, bewohnte das geräumigste Zimmer des Hauses. Auf sie setzten die Eltern den Großteil ihrer Hoffnungen. Wer weiß, vielleicht würde es ihr gelingen, diesen Ort zu verlassen. Vielleicht würde sie nach Arequipa gelangen, nach Lima gar oder noch über Peru hinaus. Vielleicht würde sie eines Tages so mystische Orte wie »Miami« sehen können. Ihren Brüdern würde dieses Privileg nie zuteil werden.
Nach einem herzhaften Abendessen und einer warmen Dusche – der einzigen in der Colcaschlucht, wie die beiden Brüder nicht müde wurden zu betonen – löschten Hannah und ich eine unruhig flackernde Kerze und fielen in ein hartes Steinbett, das unserem Schlaf dennoch bis zum aufziehenden Morgen eine Grundlage bot.
Es hatte sich gelohnt, am nächsten Morgen aufzustehen, noch bevor sich die Sonne über die Felswand schob. Nebelfetzen glitten an der gegenüber aufragenden Felswand entlang, wurden von der aufkeimenden Wärme des Morgens emporgetrieben. Auf unserer Seite war die Luft hingegen so rein und klar, dass ich wie ein Fisch nach ihr schnappte. Jeder Zug, den ich einatmete, war wie ein kräftiger Schluck Leben, eine neue Dosis Energie. Ähnliches hatte ich bislang nur erlebt, wenn mir nach einem Dauerlauf im Hochsommer die ersten Schlucke Wasser die Kehle hinabrannen. Im Schneidersitz, den Notizblock auf meinen Knien, saß ich auf einem Felsen und konnte mich nicht sattsehen an dem, was sich vor mir ausbreitete.
»Nur manchmal schiebt der Vorhang der Pupille sich langsam auf. Dann geht ein Bild hinein«, hat Rainer Maria Rilke einst in seinem berühmt gewordenen Gedicht »Der Panther« geschrieben, um dann zu beenden: »geht durch der Glieder angespannte Stille und hört im Herzen auf zu sein.«
Rilke hatte ein eingesperrtes Raubtier im Pariser Jardin des Plantes vor Augen. Hier jedoch, fernab allen Eingesperrtseins, das Wunder eines spektakulär heraufziehenden Morgens vor Augen, hier dachte ich, dass ein einziger solcher Augenblick genügen konnte, um das Leben kostbar werden zu lassen. Ja, schoss es durch meine Gedanken, ritzte es der Stift in die Seiten meines Notizblocks, manchmal genügte es, wenn ein einziges Bild den Vorhang der Pupille überwand und hineinging – es musste nur das richtige sein.

Hannah musste Ähnliches erfahren haben an jenem Morgen – auch wenn sie nicht der Typ war, der Rilke las und unsere Stimmung vermutlich eher auf eine gesteigerte Endorphinproduktion infolge ungewohnter Anstrengung und neuartiger aerealer Bestandteile zurückführen würde. Dennoch trat sie quietschfidel aus unserer Schlafhütte und begrüßte mich überschwänglich. Überhaupt hielt sie gut mit meinem Tempo mit; der gestrige Abstieg hatte sie kaum mehr angestrengt als mich. Auch mit den hiesigen Gegebenheiten hatte sie erstaunlich wenig Probleme. Dass am Ast des Baumes, direkt über dem improvisierten Waschbecken, eine tote Schleiereule und zwei getrocknete Mäuseembryos baumelten, um Dämonen und Geister fernzuhalten, nahm sie neugierig zur Kenntnis. Und dass die Küche von einem ausgestopften Marder geschmückt wurde, dass dort quiekende Meerschweinchen umherliefen, ein Küken Samen vom Lehmboden pickte und Undefinierbares in den verdreckten Töpfen brutzelte, entlockte ihr nichts als ein kurzes Stirnrunzeln. Als das Frühstück aufgetischt wurde, stellte Hannah zudem unter Beweis, dass sie nicht nur beim Abstieg in eine Schlucht mit mir mithalten konnte, sondern auch beim Verdrücken von Rufinas selbst gebackenen Pfannkuchen. Diese waren allerdings auch so gut, wie ich sie zuvor niemals gegessen hatte – und ich stamme immerhin aus Schwaben, der Urheimat aller Pfannkuchen! Vielleicht lag es auch daran, dass ihre Überbringerin sie mit einem so herzlichen Lächeln überreichte, dass sie schlagartig zwanzig Jahre jünger und damit ihrem wahren Alter entsprechend aussah. Unsere Gastgeberin wusste, womit sie uns eine Freude machen konnte, dachte ich, während ich meinen fünften Pfannkuchen dick mit Marmelade bedeckte. Immerhin hatte sie zwei Söhne großgezogen.

Das Sexualleben der Kondore

Überschwänglich verabschiedeten wir uns von unserer Gönnerin, packten unsere Rucksäcke und gingen weiter hinab – dorthin, wo ein Fluss die Schlucht durchschnitt. Kakteen wucherten um uns herum; die Vegetation wurde immer üppiger. Als wir den Fluss erreichten, bemerkte ich endlich eine kleine Schwäche bei Hannah: Während sie munter senkrechte Felswände emporkletterte und bei platt gedrückten Meerschweinchen zum Mittagessen nicht mit der Wimper zuckte, konnte sie Hängebrücken nicht ausstehen. Das Schaukeln war ihr zuwider; ständig hatte sie Angst, in den darunter durchrauschenden Fluss zu fallen und fortgeschwemmt zu werden. Natürlich half ich ihr, ganz Gentleman, sicher über alle Brücken. Endlich konnte ich meinen Schutzinstinkt ausleben. Ganz unten in der Schlucht, an der einzigen etwas breiteren Stelle, erreichten wir die Oase Sangalle.

Zwei *indígenas* lagen rücklings im Gras. Sie bemerkten uns nicht, als wir an ihnen vorbeigingen. Erst als ich sie fragte, wo es etwas zu trinken gebe, richtete sich der eine mühsam auf und blickte mich entrückt an. Er kramte seine Stimme hervor und war über deren tiefen, kratzigen Klang wohl ebenso erstaunt wie ich. Dass tief in ihm Joe Cocker steckte, hatte er nicht gewusst. Mehrmals schüttelte er den Kopf, dann richtete er sich stöhnend auf. Wortlos ging er ins Innere einer Hütte, aus der heraus anschließend fünf Minuten lang ein Scheppern und Klirren zu hören war. Dann taumelte der Indianer mit breitem Grinsen ins Freie. In einer Hand hielt er ein Sandwich, in der anderen eine Flasche Wasser. Der andere hatte sich in der Zwischenzeit nur einmal bewegt, indem er sich vom Rücken auf den Bauch gedreht hatte. Jetzt lag er mit dem Gesicht auf der Erde, was ich mir nicht angenehm vorstellte; die Grashalme mussten ihn in der Nase kitzeln. In seiner Verfassung dürften ihm derartige Kleinigkeiten allerdings nebensächlich vorkommen. Vermutlich fragte er sich gerade eher, auf welchem Planeten er sich befand, wo die vielen Sterne hingegangen waren, die vor Kurzem noch über ihm gehangen waren, und wer zum Teufel ihn eigentlich kopfunter hier abgelegt hatte – ins Gras, das doch einzig und allein zum Rauchen da war.

Wir überließen die beiden Indianer ihrem Schicksal. Das erste Mal war es vermutlich nicht, dass sie, weggespült vom Drogenrausch, in einer Gegend erwachten, in der sie eigentlich hätten arbeiten sollen. Den Verlust ihres Stolzes versuchen viele *indígenas* mit Drogen zu bekämpfen, die ihnen zeitweise den Eintritt in eine Scheinwelt verschaffen.

In sengender Hitze machten wir uns an den Aufstieg nach Cabanaconde, das über uns thronte – kaum hundert Meter Luftlinie von uns entfernt, aber zweieinhalbtausend Meter über uns. Nun blieb Hannah doch zurück. Ich beschloss, vorzusteigen, in Cabanaconde eine Flasche Wasser zu kaufen und ihr anschließend entgegenzugehen. Jetzt lohnte sich meine Besteigung des Sechstausenders in Argentinien und die Fahrradtour mit Marie und Julien in der chilenischen Wüste. Trotz unerbittlicher Hitze und dem sich steil emporwindenden Weg kam ich gut voran, besser gar als der Bauer, der auf seinem Maultier aufwärts ritt. Als ich ihn überholte, wollte er unbedingt meinen Hut gegen seinen Stock tauschen, was ungünstig für mich gewesen wäre – nicht nur, da mir sein Stock herzlich wenig gegen die Sonne nützen würde, sondern auch, weil Hannah diesen Hut in Copacabana mit sicherem, weiblichen Wesen vorbehaltenem Gespür unter Tausenden ausgesucht hatte.

Kurz bevor ich den Rand der Schlucht erreichte, hörte ich ein Rauschen direkt über mir. Ein Schatten sprang die Felswände entlang. Er bestand fast nur aus zwei riesigen Flügeln. Als ich emporblickte, kreiste keine zwanzig Meter über mir ein gewaltiger Kondor. Ein zweiter schickte sich an, von einem Felsvorsprung aus zu starten. Kaum war er in der Luft, nahm ihn der Aufwind mit sich, führte ihn über den Rand der Schlucht hinaus. Imposant, majestätisch gar, schwebten die Greife in der Luft.

Ich wusste, dass sie auf der Erde dagegen recht unbeholfen wirken und zudem einen hässlichen Hals haben. Ihr Sexualleben war geeignet, jeden BILD-Journalisten in Verzweiflung zu stürzen: In der Regel leben sie monogam, reproduzieren sich langsam und bleiben einander ihr Leben lang treu. Es war ein Privileg, dass ich gleich zwei dieser Giganten erblickte. Kondore würden sich aufgrund ihrer Lebensweise gut als Wappentier aller Aussteiger eignen. Sie leben extrem zurückgezogen in den schwer zugänglichen Höhen der Anden und fliehen normalerweise, sobald sie einen Menschen sehen. Fast scheint es, als trainierten sie hier oben, auf über fünftausend Metern, von wo aus sie sich von den Winden in noch dünnere Luftschichten emportragen lassen, um eines Tages der Erde gänzlich zu entfliehen.

Von den anwesenden Kondoren, Pumas und Bären hatte ich selbst in der Abgeschiedenheit der Colcaschlucht wenig zu befürchten. Wie fast überall galt auch hier die Faustregel: je kleiner, desto gefährlicher. Am gefährlichsten waren die Bakterien und Viren, die im Wasser, in Eiswürfeln und Salaten hausten. Vor diesen musste ich mich in Acht nehmen – und zudem vor weiterem Getier wie der *vinchuca*, die sich in morschem Holz versteckt hält und die Chagas-Krankheit überträgt. Ihren Biss spürt man kaum; vielleicht wischt man die lästige Wanze im Schlaf mit einer Hand weg und vergisst den Vorfall kurz darauf. Vier bis fünf Jahre lang spürt man nicht das Geringste, macht weiterhin Sport, trifft sich mit Freunden, hat vielleicht längst weitere Reisen unternommen. Von einem Tag auf den anderen werden die Krankheitserreger im Körper aktiv, blähen das Herzvolumen rapide auf und sorgen, wenn die Symptome nicht schnellstens medikamentös behandelt werden, für den sofortigen Tod.

Erdverbundenheit im »Feuertal«

Capanaconde ist ein Dorf aus Lehm, das man kaum von der es umgebenden Landschaft unterscheiden kann. Tief duckt es sich in eine Talmulde. Es kennt weder Strom noch Beton. Sein ganzer Stolz ist der zentrale Platz, von dem stündlich ein Bus nach Chivay fährt, dem größten Dorf der Colcaschlucht. Zumindest zwischen sechs Uhr morgens und zwei Uhr nachmittags ist das so. Danach fährt bis neun Uhr abends gar nichts mehr. Um neun Uhr fahren dafür gleich zwei Busse gleichzeitig ab.

Die Bäckersfrau, bei der ich Brot, Zitronenkuchen und Wasser erstand, brachte mir diese Informationen mit einem Achselzucken nahe. So war das hier nun mal geregelt. Inzwischen war es halb fünf Uhr nachmittags. Uns blieb also genügend Zeit für einen gemütlichen Abend. Ich packte meine Beute zusammen und lief wieder in die Schlucht hinab zu Hannah, die das Wasser dankbar entgegennahm. Anschließend postierten wir uns in unmittelbarer Nähe des Hauptplatzes, in einer Taverne namens *Valle del Fuego*, dem »Feuertal« also.

In viele Bars und Restaurants war ich im Lauf meines Lebens getreten. Im Budapester »Alcatraz« war mir das bestellte Essen von Schlagstock tragenden Kellnern in eine vergitterte Gefängniszelle gebracht worden. In einem Schwarzwalddorf war mir rohes Fleisch auf einen heißen Stein gelegt worden. Auf dem Jakobsweg war ich in eine keltische Höhle getreten, deren Inhaber frappierende Ähnlichkeit mit dem Räuber Hotzenplotz aufwies. Keiner dieser Orte reichte jedoch an die Stimmung heran, die im *Valle del Fuego* herrschte.

Es lag weniger daran, dass das Restaurant über keinen Fußboden verfügte, sondern einfach auf der lehmigen Erde errichtet worden war. Auch nicht daran, dass es nur durch einen dunkelblauen Vorhang von einem Hinterhof getrennt war, von dem aus wir das Gackern von Hühnern vernahmen. Nicht einmal das Angebot – Lama- oder Alpakasteak – machte die besondere Exotik aus. Und an die über den Boden huschenden Meerschweinchen hatte ich mich inzwischen gewöhnt.

Stattdessen war es die seltsame und seltene Verdichtung der Stimmung, die Intensivierung aller Gedanken und Gefühle, die einsetzte, als sich die Nacht über Capanaconde senkte. Strich für Strich wurde es dunkler, als bepinsele ein überlebensgroßer Maler das bunte Bild um uns herum von oben nach unten mit schwarzer Farbe. Der Barbesitzer entzündete ein Kaminfeuer, das aufzüngelte und den Raum mit einem Flackern benetzte, das von der Decke über uns zurückgegeben wurde, während es im lehmigen Boden versank. Es war, als wären tausend Schatten erwacht, die an den Wänden auf und ab kletterten und kopfüber die Decke entlangglitten.

Als das Feuer zu einer Glut abgebrannt war, verschwanden die Tische und Stühle um uns, die Theke des Barbesitzers rutschte ins Dunkel, das bald den gesamten Raum ausfüllte. Alle paar Minuten leuchtete ein roter Punkt auf, wenn der Barbesitzer an seiner Zigarette zog. Es war das einzige Anzeichen dafür, dass er überhaupt noch da war. Bevor das Feuer abgebrannt war, hatte er eine Stereoanlage in die Mitte des Raumes gestellt. Den Strom lieferte ein Generator, der im Hinterhof stand. Je dunkler es wurde, desto unmittelbarer drang die epische Musik zu uns durch. Sie bestand aus lang gezogenen Tönen, unterbrochen von dramatischen Trommelwirbeln, durchsetzt von Adlerschreien.

Hier, in Capanaconde, am Rand eines Abgrunds, der größer war als alle, die ich in meinem Leben gesehen hatte, in einem Dorf, aus Lehm und Dreck gebaut, das auf nicht nachvollziehbare Weise von Bussen besucht wurde, hier erhielt ich einen Eindruck davon, wie das Leben der Indianer gewesen sein könnte, bevor die spanischen Eroberer ihnen das Land gestohlen hatten. Eine Verbundenheit mit der Erde stieg im »Feuertal« auf, eine Glückseligkeit, die auf den Augenblick konzentriert war und alle Gedanken an Alltägliches, Ablenkendes negierte. Selten, das spürte ich, war ich dem eigentlichen Wesen dessen, was mich umgab, so nahgekommen.

Vielleicht war es das, was der Barbesitzer bezweckte. Vielleicht wollte er uns einen kleinen Ausschnitt der Welt zeigen, die vor vielen Hundert Jahren existiert hatte und in den Köpfen einiger weniger weiterlebte.

Von draußen schickte das Dorf Hunde zu uns herein, wedelte aufkommender Wind mit dem Vorhang, als wolle er uns daran erinnern, dass es eine Außenwelt gab. Sie hatten keine Chance, kamen nicht gegen das Dunkel und die aufwühlende, gleichzeitig gelassen machende Musik an. Nicht an diesem Abend. Hier herein kam der Alltag nicht. Erst als Stimmen vom Hinterhof zu uns drangen, von Ferne erst, dann immer näher, und als ein weiterer Indianer den Kopf durch den Vorhang steckte und dem Barbesitzer durch die Musik hindurch etwas auf Quechua zurief, erwachten wir aus unserer Trance. Hannah blickte auf die Uhr und fuhr hoch. Es war vier Minuten vor neun. Eiligst suchten wir im Dunklen unsere Sachen zusammen, sprangen hinaus auf die Straße, rannten zwei schwachen Lichtern entgegen – den Vorderlichtern des Busses, der uns zurück nach Chivay bringen sollte.
Ein Dorfbewohner war, außer uns, der einzige Passagier. Er fragte, was meine Reise durch Südamerika bisher gekostet hatte. So lange beharrte er darauf, bis ich etwas von »zweitausend Dollar« murmelte, um ihn ruhig zu stellen.
»Zweitausend oder zwei Millionen?«, fragte er zurück, und mir war im selben Augenblick klar, dass er es ernst meinte. Beides war für ihn eine unfassbare Summe. Darum nahm er den Unterschied zwischen diesen beiden Zahlen kaum wahr. Es war in etwa so, wie es mir gleichgültig sein konnte, ob eine Galaxie zwei Millionen oder zwei Milliarden Lichtjahre von der Erde entfernt war. Beides überstieg mein Vorstellungsvermögen um ein Vielfaches. Dasselbe Prinzip kam zum Tragen, als unser Busnachbar behauptete, dass es im Juli einen Ansturm von Touristen gebe; dann nämlich nähmen bis zu vier pro Tag den Bus von Capanaconde nach Chivay. Ich unterließ es, ihm mitzuteilen, dass beispielsweise Schloss Neuschwanstein an guten Tagen zweitausend Gäste und mehr verbuchte. Die Weltfremdheit unseres Mitreisenden hatte etwas entwaffnend Naives. Sie enthielt aus meiner Sicht ein kleines Stück heiler Welt fernab jeglicher Optimierungsanalysen und Effizienzsteigerungsplanungen.

In Trance

Ein Dorf lag zwischen Arequipa und Cuzco; das war so klein, dass ihm niemand einen Namen gegeben hatte. Darin stand eine hölzerne Hütte, in der Hannah und ich übernachten wollten. Wir waren die ermüdenden Busfahrten inzwischen leid. Die Aneinanderreihung von Pannen, die ich zu Beginn meiner Reise amüsiert beobachtet hatte, weil sie mir wie ein Indiz für die Exotik eines fremden Landes erschienen war, zerrte an unseren Nerven.

Thorsten, der einzige deutsche Mitreisende, stieg mit uns aus. Ein peruanisches Pärchen folgte ihm. Wenig später saßen wir gemeinsam um von den Eignern der Hütte hervorgezauberte Lamasteaks herum. Obwohl sich unser Gastgeber alle Mühe gab, uns zu unterhalten und dafür sogar eine Panflöte aus der Hosentasche zog und uns indianische Melodien vorträllerte, waren Hannah und ich weniger ausgelassen als an den meisten Abenden zuvor. Thorsten klagte über eine Magenverstimmung. Seit zwei Wochen war er im Land, aber nur, um seinen ersten Sechstausender »zu machen«. So drückte er es aus, und in den vergangenen vierzehn Tagen hatte er wenig anderes getan, als schroffe Anhöhen hinauf- und wieder hinabzusteigen, »um powermäßig das Grundlevel zu erreichen«. Dass ihn sein Magen nun zu einer mehrtägigen Pause zwang, warf seine Pläne gehörig durcheinander und entzog seinen Ambitionen vorerst die Grundlage.

»Dieses verdammte Essen«, grummelte er und schob seinen Teller weit von sich, »Meerschweinchen und Lama, Lama und Meerschweinchen! Kein Wunder, dass es einem da schlecht wird.«

Da er schon dabei war, holte er gleich im Anschluss zu einem Rundumschlag gegen alles aus, was er in Peru vorgefunden hatte.

»Ständig warnen mich die Leute davor, überfallen oder zumindest ausgeraubt zu werden. Dabei sind die Bewohner hier, verglichen mit uns, in Wahrheit Weichlinge! Gut, natürlich müssen sie kämpfen, um Dinge zu erreichen, die zur Grundausstattung jedes Europäers gehören, natürlich haben sie keine Handys, und ihre Autos und Busse ... na ja, ihr wisst ja Bescheid. Aber innerlich sind die Menschen hier doch viel naiver, kindlich fast, aus unserer Sicht. Vergleicht einen halblegalen Taxifahrer aus Peru, der vielleicht ab und zu den doppelten Fahrpreis von einem ahnungslosen Touristen fordert, mit den Bankern im Frankfurter Börsenviertel! Oder mit dem Mitarbeiter einer Unternehmens-

beratung! Wo es um Planzahlen und strategische Ausrichtungen geht, schrumpfen Menschen zu Kostenfaktoren. Um auf der Karriereleiter eine Stufe höher zu klettern, nimmt man den Schaden anderer nicht nur in Kauf, sondern akzeptiert ihn als Voraussetzung für das eigene Fortkommen. So wird es uns von jeher eingetrichtert, nicht wahr? Wir müssen hart sein und unseren Weg gehen, egal was es kostet. Immer allein. Würde man sich im deutschen Wirtschaftsleben so verhalten wie die meisten hier, dem Persönlichen verhaftet, konzentriert aufs Konkrete, dem Leben statt der Arbeit zugewandt, würde man einfach weggefegt werden. In Deutschland muss man sich immer erst behaupten, während einem hier schon per se Respekt entgegengebracht wird – und sei es nur, weil es die Menschen um einen herum ja auch zu nichts gebracht haben. Und das Schlimmste ist, dass ich nicht einmal weiß, welche dieser beiden Einstellungen besser ist als die andere!«
Thorsten schlug die Hände über dem Kopf zusammen, während ihn das peruanische Paar mit großen Augen ansah. Zugegeben: Er hatte die Dinge etwas drastisch ausgedrückt. Doch vieles von dem, was er gesagt hatte, deckte sich mit meinen Beobachtungen. So hatten sich die meisten Gespräche schnell auf persönliche Dinge und »weiche« Themen konzentriert: Ich war gefragt worden, ob ich Vater sei, verheiratet oder wenigstens verliebt, ob ich Diego Maradona möge und wie mir das Lama, das Alpaka oder die Burritos schmeckten, die ich gerade aß. Sobald es jedoch um abstraktere Themen, zum Beispiel um das Bild der Deutschen in Bolivien ging, begannen meine Gesprächspartner herumzudrucksen, und spätestens bei Gedanken über Religion oder über die richtige Art zu leben stiegen sie endgültig aus und ließen unser Gespräch in einem entschuldigenden Lächeln verenden. Würde man beiden Welten, deren Unterschiede Thorsten mit so markanten Worten beschrieben hatte, idealtypische Charaktere zuordnen, so wäre Südamerika eine junge Tänzerin, in deren Bewegungen bei aller Lebensfreude gleichzeitig auch immer eine Trauer mitschwingt. Und Europa wäre ein alter Wissenschaftler, der vor einem Laptop sitzt und über die Probleme der Welt grübelt.
Um nicht selbst zu einem grüblerischen Wissenschaftler zu werden, stieß ich die Tür der Holzhütte auf und ging hinaus in die Nacht. Bevor wir in die Hütte getreten waren, hatte der Wind den Klang von Trommeln herübergeweht, der, von Brisen getragen, mal lauter und glasklar, dann wieder leiser und verschwommen zu mir vorgedrungen

war. Als ich vor die Hütte trat, bemerkte ich, dass die Trommeln noch immer da waren. Sie setzten sich gegen das Geräusch des einsetzenden Regens durch.
In der Zwischenzeit musste ein Riese vorbeigekommen sein. Er hatte eine Tube Tusche gegen den Himmel geworfen, deren Inhalt jetzt wie ein gigantischer Fleck über mir hing und langsam herabfloss.
Die Trommeln lieferten die Basslinie für die Regentropfen, die rhythmisch auf die staubtrockene Erde prallten und dort ein Ballett aufführten, ehe sie schließlich in den Bodenritzen verschwanden. »Komm! Zu! Uns!«, flüsterten mir die Trommelschläge aus der Ferne zu.
Ich folgte einem schmalen Pfad, der mich in Richtung der rhythmischen Töne führte. Je lauter die Musik wurde, desto größer wurde meine Abenteuerlust. »Komm! Zu! Uns!«, tönte es mir, immer verständlicher, entgegen.
Ich erklomm einen Hügel, hinter dem ein Lichtkegel glühte. Als ich den höchsten Punkt erreicht hatte, sah ich unter mir vier Häuser, in deren Mitte ein Fußballplatz lag. Unterwegs hatte ich gelernt, dass ein Dorf in Südamerika nicht zwangsläufig über eine Kirche verfügen musste; es konnte zudem weder Wasser noch Strom besitzen; aber ein Fußballplatz war immer dabei. Der Fußballplatz zu meinen Füßen wurde von zwei Dutzend Kerzen erhellt, die zum Schutz vor dem Regen unter den Dächern der nächstgelegenen Häuser aufgereiht worden waren. Ihr flackerndes Licht fiel auf ein Dutzend Indianer, die im Regen tanzten. In ihrer Mitte befand sich ein kleiner Holztisch, auf dem ein abgehackter Lamaschädel lag. Die Zunge hing schlaff über den Rand des Tisches herab. Das Blut des Tieres war auf dem Tisch getrocknet. Eine Art Orchester hatte sich im Halbkreis um die Tänzer gruppiert.
Was ich sah, zog mich an wie ein Magnet. Ich konnte nicht anders, als hinunterzugehen, auf die Tänzer zu. Zunächst wunderte ich mich, dass mir das versammelte Dorf nicht entgegenstürzte, als ich auf den Platz trat. Bis ich die Musiker und die Tänzer genauer betrachtete. Ein Indianer, kaum zwanzig Jahre alt, wiegte sich im Takt der Musik so nah an mir vorbei, dass er den Saum meiner Jacke streifte. Dennoch bemerkte er mich nicht. Seine Augen waren verdreht, sein Kopf wackelte hin und her, seine Beine führten ihn taumelnd über den Platz. Hinter ihm folgte ein Siebzigjähriger, dessen grüner Poncho bis auf die Erde reichte. Auch seine Augen waren verklärt. In der rechten Hand hielt er

eine kleine weiße Fahne, die er ohne Pause wild um sich schwenkte. Das musste der Dorfälteste sein, eine Respektperson also, und die kleine Fahne war das Zeichen seiner Autorität.
In Trance, schoss es durch meine Gedanken, sie haben sich in Trance getanzt. Auch die Musiker, die sich hin und her wogen, wurden ausschließlich vom Takt angetrieben. Ihr Gehirn hatte längst keine Macht mehr über sie. Immer wieder bewegten sie sich von einem Ausgangsmotiv weg, das sie kurz darauf wieder einholten. Ihre Musik war wie ein pausenloser Looping. Ohne Anfang. Ohne Ende.
In nächsten Moment wurde mir klar, dass ich einem einzigartigen Augenblick beiwohnte: einem kollektiven Fluchtversuch, der darin bestand, der permanenten Kontrolle durch das Gehirn ein Schnippchen zu schlagen, sich für Minuten aus der Umklammerung der Logik und Rationalität zu lösen, nichts mehr wahrzunehmen, und stattdessen einzutreten in ein neues, fremdes Land – um plötzlich zu schweben, zu schweben, zu schweben, emporgehoben von einem Teppich aus monotonen, hymnischen Tönen, einem Rhythmus, leicht wie ein Aufwind und dennoch zäh genug, um sich in ihn fallen zu lassen.
Zugegeben: Die Cocablätter, die alle in den Backen trugen, und der reichliche Alkohol, auf den Hunderte kleiner Plastikbecher hindeuteten, die auf dem Boden verstreut lagen, dürften den Prozess der Loslösung vom Alltag begünstigt haben. Als ich auf dem Fußballfeld stand, inmitten der Tänzer, juckte es mich am ganzen Körper, in diesen Kreis zu springen, mich einzureihen und mitzutanzen, mich hin und her zu wiegen, bis ich den Regen nicht mehr spüren würde, bis ich gar nichts mehr spüren würde, vielleicht nicht einmal mehr wüsste, ob ich bei meinem wahren Ich angekommen sein und eine höhere Form von Wahrheit schauen würde, oder im Gegenteil in einem fremden Land umhertappte und am nächsten Tag mit einem furchtbaren Kater statt einem Bündel neuer Einsichten aufwachen sollte. Doch irgendetwas hielt mich davon ab. Obwohl ich seit fast drei Monaten in Südamerika unterwegs war, spürte ich unvermittelt, wie sich der Europäer in mir streckte. Wie der alte Wissenschaftler erwachte und sich verwundert die Augen rieb.
Was machte ich hier, am späten Abend, inmitten einer Gruppe fremder, ekstatisch tanzender Indianer? Wie würden sie es auffassen, wenn ich mir nichts dir nichts mitten in ihr Ritual platzte? Woher wusste

ich überhaupt, was das für ein seltsamer Tanz war? Was hatte er zu bedeuten?
Langsam zog ich mich rückwärts in die Dunkelheit zurück, ging den Hügel hinauf und zurück zur Holzhütte. Kalte Regentropfen schlugen mir ins Gesicht.

Aymarischer Karneval

»Das waren die Aymara«, erklärte mir Jorge, unser Gastgeber, am nächsten Morgen. »Das ist ihre Art, Karneval zu feiern. Seit zwei Tagen und Nächten tanzt das Dorf, unterbrochen nur von den Pausen Einzelner, die sich etwas zu Essen holen, sich neue Cocablätter in die Backen stopfen und ihre Chichabecher auffüllen. Zwei weitere Tage und Nächte wird das Fest andauern. Es ist ein Fieberwahn. Das Lama, das du gesehen hast, ist Pachamama geopfert worden, damit sie über das Dorf wacht und die Erde fruchtbar macht. Fast alle hier in der Gegend sind Lamazüchter. Und Cocabauern, natürlich.«
Jorge lachte hell auf und blinzelte mir zu. Er war selbst ein Aymara, hatte jedoch vor Jahren mit den Traditionen gebrochen. Die Schamanen befragte er dennoch von Zeit zu Zeit.
Alle urtümlichen Kulturen haben Rituale geschaffen, um den Verstand zurückzudrängen. Nichts schafft eine engere Gemeinschaft als das gemeinsame Erleben von Extremsituationen. Buddhistische Mönche singen sich in eine kollektive Meditation. Türkische Derwische drehen sich bis zur totalen Erschöpfung um die eigene Achse. Und die Aymara tanzen fünf Tage im Jahr ohne Pause zu den rhythmischen Klängen mystischer Musik.
Vielleicht haben wir gegenüber diesen Kulturen etwas verloren, dachte ich einen Augenblick lang – nicht nur die Gewissheit, zu einer Gemeinschaft zu gehören, die uns Platz für Erfahrungen dieser Art lässt, sondern mehr noch das Streben danach, zum wahren Wesen der Welt vorzudringen, und sei es nur für einen Augenblick, um im Bruchteil einer Sekunde zu erkennen, was die Welt, nach Goethes »Faust«, »im Innersten zusammenhält«.
Vielleicht waren die Menschen in dieser Gegend in Wahrheit reich. Reich an Erfahrungen, an Lebenslust und Ausdrucksstärke. Dieser Gedanke drängte sich mir auf, als ich die gestrige Veranstaltung mit eu-

ropäischen Pendants wie dem Münchner Oktoberfest verglich, und die entrückten Gesichter der Indianer mit jenen eines überarbeiteten deutschen Managers, eines Steuerfachangestellten oder einer ausgebrannten Sachbearbeiterin.

Andererseits: Als Jorge und Thorsten vor mir in den Bus stiegen, der uns ein halbes Dutzend Pannen später in Cuzco abliefern würde, spann ich in Gedanken ihre potenziellen Lebensläufe weiter: In zwei Jahren wird Thorsten sein BWL-Studium abgeschlossen haben und in eine Firma eintreten. Sein Kaffeekonsum wird ansteigen. Seine Blicke werden müde sein, wenn er abends nach Hause kommt. Jorge wird noch immer mit dem Bus in die nächstgelegene Stadt fahren, um Kleinkram auf dem Hauptplatz anzubieten.

In zehn Jahren hat sich Thorsten an Krawatten gewöhnt, und daran, dass er Arbeiten delegieren kann. Vermutlich hat er die Firma gewechselt und sich ein größeres Auto gekauft. Seinen Sommerurlaub verbringt er »all inclusive« in Dubai oder Agadir. Jorge wird noch immer mit dem Bus in die nächstgelegene Stadt fahren. Vielleicht hat er sein Angebot um Schokoriegel oder Leseheftchen erweitert. Ansonsten bleibt bei ihm alles beim Alten.

Jorges und Thorstens Lebensläufe führten diametral auseinander. Beide waren Angehörige ihrer Welten, die sich nur kurz hier begegnet waren, in einer Holzhütte zwischen Arequipa und Cuzco, an einem Ort fernab jeglicher Touristenpfade, der mir in der vergangenen Nacht eine nicht mehr auszulöschende Erinnerung geschenkt hatte.

Der »Nabel der Welt«

Vom Glanz vergangener Zeiten ist wenig übrig geblieben. Dieser Gedanke stand Hannah und mir ins Gesicht geschrieben, als wir durch die Gassen der ehemaligen Inkahauptstadt liefen. Cuzcos Charme hat Risse bekommen; er ist herb und morbide geworden. Wer verendete Hunde am Straßenrand für Indizien eines bodenständigen, kernigen Lebens hält und sich nicht daran stößt, wenn dem eben auf dem Markt gekauften Huhn noch schnell der Kopf abgerissen wird, kommt hier auf seine Kosten. Daran, dass diese Stadt fast eintausend Jahre lang das unangefochtene Zentrum Südamerikas gewesen ist, erinnern lediglich die Touristen, deren Häufigkeit in konzentrischen Kreisen zum Stadtzentrum hin zunimmt. Die Kommunikationsfreude der Straßenhändler war selbst für uns Südamerika-Erprobte erstaunlich. Im Minutentakt sollten wir T-Shirts und Süßigkeiten, Selbstgenähtes und Selbstgemaltes, Regenschirme und Sonnenhüte kaufen, uns gleichzeitig die Schuhe putzen lassen und für Versehrte und Taubstumme spenden. Von Zeit zu Zeit hielt uns ein entgegenkommender Passant auch lediglich die offene Hand hin. So selbstverständlich geschah dies zuweilen, dass uns das Betteln wie eine Art Begrüßung erschien. Einmal mehr wurde uns bewusst, dass Südamerika eine Region ist, in der Mangel direkt neben Überfluss gedeiht. Wer etwas Geld hat, kann hier leichter ein bequemes Leben führen als in Deutschland. Dass dennoch weniger Waren einen Kunden finden als in Europa, liegt nicht nur daran, dass die große Mehrheit keine ausreichende Kaufkraft hat. Mehr noch ist dieser Befund darauf zurückzuführen, dass Angebot und Nachfrage in Südamerika nur selten zusammenpassen. Bei fünfunddreißig Grad im Schatten und strahlendem Sonnenschein möchte ich einfach keinen Regenschirm kaufen. Und mir einen verzierten Rucksack anzubieten, nachdem ich gerade freudestrahlend mit einem ganz ähnlichen Exemplar aus einem Geschäft getreten bin, ist von vornherein vergebliche Liebesmüh. Die Menschen in Peru haben nur selten Zeit und Geld für Marktbeobachtungen und Umfragen. Sie versuchen zu verkaufen, was sie gerade in den Händen halten. So gleicht das Ganze einem gigantischen Flohmarkt, bei dem man sich durch glitzernden Ramsch wühlen muss, um einige Perlen zu finden.

Auf allen meinen Reisen und auf allen fünf Kontinenten ist mir aufgefallen, dass die nachhaltigsten Erlebnisse, die authentischsten Begegnungen in der Regel an Orten stattfinden, die abseits ausgetretener Touristenpfade liegen. Natürlich versucht Cuzco zu vermarkten, was es einst war. Doch der Ausritt auf zwei lethargischen Pferden zu einer »Inkafestung« entpuppte sich als Flop: Der klägliche Rest einer Mauer lag in der Landschaft. Der nahe gelegene »Tempel« bestand aus einem Dutzend loser Steine.

Schön ist Cuzco nur in der Abenddämmerung. Dann verschluckt die herabsinkende Nacht die Müllberge an den Straßenrändern. Die Händler werden müde. Die Lichter der in die umliegenden Hügel gebauten Häuser ziehen sich die Hänge hinauf. Über die Stadt legt sich eine wohltuende Unaufgeregtheit, zuweilen unterbrochen vom kehligen Röhren eines entfernten Lamas.

Für die Mehrzahl seiner Gäste ist Cuzco nichts weiter als ein Ausgangspunkt. Hier beginnen die meisten Ausflüge zur sagenumwobenen Inkaruine Machu Picchu. Nachdem deren Überreste über vierhundert Jahre lang von Urwald verdeckt waren, legte man die nahezu unversehrt gebliebenen Stadtüberreste 1911 frei. Beobachter können sich eine Vorstellung vom damaligen Leben machen. Daraus schöpft Machu Picchu seine geheimnisvolle Faszination.

Alle Anzeichen sprechen dafür, dass Machu Picchu einst eine autarke Stadt war, mit eigener Wasserversorgung, terrassierten Berghängen und allen für die Inka wichtigen Gebäuden, dem Sonnentempel beispielsweise und dem Haus der Sonnenjungfrauen. Wozu aber hatte diese Stadt gedient? War sie eine Art Sommerresidenz der Inkaherrscher gewesen? Die letzte Bastion gegen die spanischen Eroberer? Oder war Machu Picchu in Wahrheit das religiöse Heiligtum eines Volkes gewesen, das hier noch vor den Inka gelebt hatte? Nachgewiesen ist zumindest, dass die Stadt auf den Grundmauern einer weitaus älteren Kultur errichtet worden ist.

Nach vier Tagen in Cuzco inklusive des Rituals eines abendlichen Restaurantbesuchs, bei dem uns Erbsen in warmer Milch nicht auf das darauffolgende feuerrote Chili vorbereiteten, beschlossen wir, eine weitere, im Vergleich zu Cuzco noch mysteriösere Gegend aufzusuchen, und stiegen in den Nachtbus Richtung Nazca.

Hätten wir gewusst, was uns in den bevorstehenden vierundzwanzig Stunden erwarten sollte, hätten wir uns ohne zu zögern für das viermal teurere Flugzeug entschieden.

Die Wüstenlinien von Nazca

Dabei fing alles gut an. Wir hatten einen Bus *con cama* gewählt, die Luxusvariante der Reisebusse, mit Ledersesseln, die man bis fast in die Waagrechte zurückklappen konnte. Als wir Cuzco hinter uns ließen, ohne dass eine Panne die Weiterfahrt behindert hätte, waren wir zuversichtlich, dass wir Nazca pünktlich um sechs Uhr am nächsten Morgen erreichen würden. Inzwischen hätten wir es besser wissen müssen.

Eindrücke von der gefährlichsten Straße der Welt

In zwei Stunden von 4700 auf 1400 Meter

Angetreten gegen die eigene Angst

Geysire auf dem Altiplano, Bolivien

Im bolivianischen Hochland haben die extremen Konditionen surrealistische Landschaften erschaffen.

Die Klarheit der Luft sorgt für kilometerweite Sicht und ermöglicht spektakuläre Spiegelungen.

Der Geist des Abenteuers – unterwegs in Bolivien

Viertägiger Farbenrausch: Der Karneval von Oruro, Bolivien

Ein Land tanzt sich in Trance.

»Bewahrung der Tradition«: Wasser- und Schaumschlachten in Oruro. Hellhäutige Touristen sind das bevorzugte Ziel der Einheimischen.

Hühner, T-Shirts, Zauberkräuter: Marktszenen in Bolivien

Von der Hand in den Mund: Oruros Markt erlebt man mit allen Sinnen.

Dinosaurierspuren bei Sucre, Bolivien

Über La Paz

Eine Autopanne kann willkommener Anlass für ein Gespräch sein.

Auf dem Hexenmarkt (»mercado de las brujas«*) von La Paz werden Lamaembryos und Liebeskräuter verkauft.*

Darstellung des Abendmahls mit Meerschweinchen

»Cuy«, *das traditionelle Meerschweinchengericht in Bolivien und Peru*

Mischung aus Skepsis und Neugier: Unsere bolivianische Gastfamilie beäugt den Auf- und Abbau meines Zeltes.

Schön wie ein Traum:
Copacabana und der Titicacasee

Stolz: Über den Wolken der Colcaschlucht, Peru

Schläfrig: Nickerchen in der Colcaschlucht-Oase Sangalle

Eine tote Schleiereule soll Geister und Dämonen vertreiben.

Eindrücke von der Colcaschlucht im Süden Perus

Astronaut

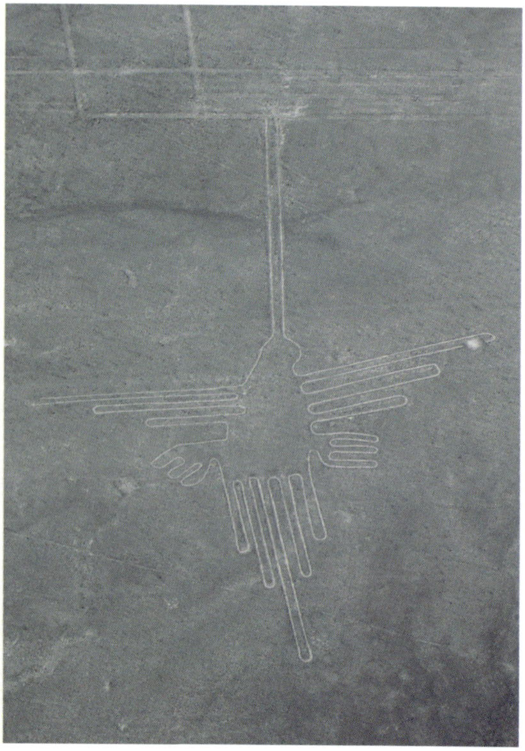

Kolibri

Die Wüstenlinien von Nazca geben ihr Geheimnis bis heute nicht preis.

Nach Wochen in Höhen, deren dünne Luft entweder eisig kalt oder brennend heiß war, konnte ich es kaum erwarten, hinab in die vor uns liegende Wüste zu gelangen. Doch das Altiplano wollte mich so schnell nicht gehen lassen. In dieser Nacht hielt es mich fest wie eine eifersüchtige Ehefrau ihren unternehmungslustigen Gatten.

Kurz nach ein Uhr nachts stellte unser Fahrer den Motor unseres High-Tech-Gefährts ab – was, wie wir aus schmerzhafter Erfahrung wussten, in der Regel nichts Gutes bedeutete.

Ein gewaltiger Erdrutsch blockierte die Straße. Vor und hinter uns zogen sich aufgereihte Busse und Lastwagen am Straßenrand hin. Der Mond lugte neugierig hinter einer Wolke hervor. Er warf milchiges Licht auf die aufgereihten Riesen, zwischen denen Menschen wie Ameisen herumwuselten. Wir stiegen aus dem Bus in eine laue Nacht hinaus, die uns klarmachte, dass wir bereits einiges an Höhe verloren haben mussten. Wären wir unter anderen Umständen hier, hätten wir die Umgebung idyllisch nennen können. Durch die Steinwand zu unserer Linken kämpften sich Blumen, surreal beschienen vom Mondlicht. Rechts von uns murmelte ein Fluss seine Geschichten. Hätten wir uns diesen Ort ausgesucht, wären wir angetan gewesen von seiner unaufdringlichen Poesie. Allerdings beschlich uns eine Ahnung, dass wir länger hierbleiben würden, als uns lieb war.

Langsam arbeiteten wir uns zur Spitze der wartenden Ungetüme vor. Das Mondlicht warf die verzerrten Schatten der Lastwagen an die Felswand zu unserer Linken. Wir gingen an einem Viehtransporter vorbei. Von innen hämmerten Tiere panisch gegen die Wände; aus mehreren Löchern floss Urin auf die Straße. Vermutlich waren sie seit Tagen unterwegs, eingepfercht in diesem engen, stockdunklen Raum. Eine Viertelstunde später erreichten wir den Tatort: Haushohe Felsbrocken, meterhoher Matsch und eine Lawine aus Lehm und Kieselsteinen hatten sich über die Straße verteilt. Der Anblick war furchterregend: Selbst ein Ungetüm wie unseren Bus hätte ein solcher Erdrutsch mit Leichtigkeit die Böschung hinabgefegt.

Mit drei Schaufeln, einer Hacke und den bloßen Händen versuchte ein Dutzend Männer, den Haufen abzutragen. Ebenso gut hätte man versuchen können, ein Hochhaus mithilfe eines Taschenmessers einzureißen. Nach anderthalb Stunden ließ der letzte Arbeiter das sinnlose Unterfangen sein und schlurfte zu seinem Lastwagen zurück. Nach wie vor proklamierte der Brei aus Matsch und Steinen sein Recht, hier

zu sein. Trotzig setzte er seinen Sitzstreik fort und scherte sich nicht darum, dass er sich eigentlich zehn Meter höher befinden sollte.
Erst gegen halb vier Uhr morgens gelang ein Durchbruch. Ein schnittiger »Gol« war auf die matschige Fläche zwischen Erdrutsch und Fluss ausgewichen. Er war mehrfach gefährlich nahe in Richtung des Wassers geschlingert, hatte es schließlich aber geschafft, das Hindernis zu umfahren. Triumphierend ließ sein Fahrer den Motor aufheulen und schlug immer wieder auf die Hupe ein. Mehrere Männer klopften anerkennend auf sein Dach und die Motorhaube. Eine Stunde später wagte der erste Lastwagen dasselbe Unterfangen – und auch das gelang! Ein Ungetüm nach dem anderen machte sich daran, dem Erdrutsch ein Schnippchen zu schlagen. Gegen sechs Uhr morgens sahen wir schließlich, wie unser Doppeldecker auf dem Matsch entlangschlitterte. Er zog Schlieren durch die Erde, bekleckerte die Scheiben mit Dreck – doch er schaffte es. Mit triumphalem Grinsen winkte uns der Busfahrer zu sich. Unsere Reise konnte weitergehen.
Über fünf Stunden hatte uns der Erdrutsch gekostet – und den beiden Franzosen, die hinter uns saßen, zudem die Kameras. Alle Reißverschlüsse meines Rucksacks waren aufgezogen worden. Offensichtlich hatte jemand während unserer Nachtwanderung nach Verwertbarem gesucht. Zum Glück war ich inzwischen Südamerika-erprobt und hatte Hannah eingetrichtert, es mir gleichzutun und sämtliche Wertsachen nicht im Handgepäck, sondern im großen Rucksack zu verstauen, der sich im Gepäckraum des Busses befand. Sicher war diese Methode indessen auch nicht: Manchmal kringelte sich ein Dieb in einem Koffer oder einer großen Reisetasche zusammen, ließ sich auf diese Weise im Gepäckraum einsperren und durchsuchte schließlich in aller Ruhe sämtliche Rucksäcke und Reisetaschen, während die ahnungslosen Passagiere oben ihr Handgepäck an sich pressten.
Als die Sonne über den Horizont lugte, sahen wir, dass wir das Altiplano endgültig hinter uns gelassen hatten. Um uns herum erstreckte sich eine staubtrockene Wüstenlandschaft, deren Farben zwischen ocker und dunkelbraun oszillierten. Gegen neun Uhr erhob sich eine Hitze vom Boden. Sie umgab zunächst unseren Bus und kroch dann in den Innenraum, der leider keine Gegenmaßnahmen anzubieten hatte. Nicht einmal ein Fenster konnten wir öffnen. Zwei kleine Luken im Dach waren das Einzige, was uns etwas Kühlung verschaffte. Vor drei Stunden hätten wir in Nazca ankommen sollen. Gegen elf Uhr

war es nochmals fünf Grad heißer geworden. Die Schweißporen der Passagiere sprangen auf und verströmten einen Geruch, der sich auf ungute Weise mit den Essensresten der vergangenen Nacht und einer ausgelaufenen *chicha* vermischte. Erleichtert sprangen wir kurz gegen 13 Uhr in Nazca aus dem Bus.

Dann ging alles sehr schnell. Ein Touristenfänger nahm uns unter seine Fittiche und führte uns zum »einmaligen Sonderpreis, der eigentlich nur besten Freunden vorbehalten ist«, zum nahe gelegenen Flughafen. Dort wurden wir nach zähen Verhandlungen in eine Cessna gepresst, die an mehreren Stellen Rost angesetzt hatte. Man wies uns an, die Gurte anzulegen. Zwanzig Minuten nach unserer Ankunft in Nazca hoben wir ab und schwebten über die mysteriösen Linien hinweg, die zu sehen wir in dieses Wüstennest gekommen waren.

Einer Deutschen ist es zu verdanken, dass die in den Wüstenboden geritzten Linien weltweit Beachtung fanden. Praktisch ihr gesamtes Leben lang hat die Dresdnerin Maria Reiche die mysteriösen Figuren erforscht, die teilweise so groß sind, dass man sie noch vom Weltall aus erkennen kann. Seltsame Gerüchte kursieren um die Linien; Spekulationen über Außerirdische machten die Runde. Maria Reiche galt lange als *la gringa loca*, »die verrückte Weiße«, obwohl sie wissenschaftlich vorzugehen versuchte und unter anderem herausfand, dass einzelne Figuren exakt mit den Linien übereinstimmten, die die Sonne am Firmament zieht. Als sie 1998 im Alter von fünfundneunzig Jahren starb, trauerte halb Peru um die deutsche Forscherin, die unter anderem mit dem *Orden del Sol*, einer der höchsten Auszeichnungen des Landes, bedacht worden war. Bis heute jedoch kann niemand erklären, welchen Zweck die Linien von Nazca haben – und schon gar nicht, wie eine untergegangene Kultur vor Hunderten von Jahren derart feine, unverwüstliche Linien im Wüstensand anbringen konnte.

Dienten die Linien als gigantischer Kalender? Waren es religiöse Kultstätten, an denen man Göttern Opfergaben brachte? Zeigten sie vielleicht Fundstätten von Wasser auf, die in der Wüste lebenswichtig sind? Oder haben am Ende doch »Aliens« ihre Spuren hinterlassen? Was wollten sie uns in diesem Fall sagen?

Unglaublich klar waren die Linien von der Höhe aus zu sehen. Manche von ihnen waren Dutzende Kilometer lang. Fußgänger würden über sie hinweggehen, ohne die Figuren erkennen zu können, zu denen sie sich vereinigten.

»Wir überfliegen jetzt den Wal«, unterbrach der Pilot meine Gedanken. Tatsächlich: Dort unten war ein Wal in den Wüstenboden geritzt. Er war deutlich zu erkennen, obwohl eine Straße mitten durch ihn hinduchführte. Ein Wal mitten in der Wüste! Etwas Derartiges hatte ich bisher nirgendwo gesehen. Doch es sollte noch befremdlicher werden.

»Zu unserer Rechten befindet sich jetzt der Astronaut«, kündigte unser Pilot an. Wir überflogen eine gigantische Figur, die tatsächlich aus einem amerikanischen Science-Fiction-Film hätte stammen können. Aus einem totenkopfähnlichen Schädel starrten zwei überdimensionierte Augen zu uns empor. Den rechten Arm hielt das Wesen wie zum Gruß erhoben. Ich konnte nicht verhindern, dass mir ein Schauer den Rücken hinablief.

»Jetzt seht ihr unter uns den Affen«, erklärte unser Reiseführer wenig später, um uns zu besänftigen. Ein gesichtsloser Affe mit fein entworfenen Händen und Füßen kauerte sich unter uns zusammen. Sein Schwanz war zu einer Spirale zusammengekringelt. Die ganze Erscheinung wirkte bis zu unserer Cessna herauf keck und agil.

Eine riesige Spinne und ein Kolibri rundeten die Tierschau ab. Was wir sahen, blieb unerklärlich. Gern wäre ich länger in dieser seltsamen Wüstenstadt geblieben, doch Hannah mahnte zum Aufbruch. Ihr Flieger würde sie in zwei Tagen von Lima aus zurück nach Österreich bringen – und ich gab ihr recht darin, dass man nie wissen konnte, wie lange die Fahrt zur peruanischen Hauptstadt dauerte.

Ungenützte Potenziale

Nach einem kurzen Mittagessen enterten wir einen wartenden Bus. Wenig später hechtete ein dunkelbrauner Küstenbewohner hinein, eroberte elegant den Fahrersitz und drückte das Gaspedal voll durch. Unser Fahrer behandelte seinen Bus wie einen mehrfach tiefer gelegten Sportwagen. Besonderes Vergnügen bereitete es ihm, kurz vor einer Haarnadelkurve abrupt auf die Überholspur zu wechseln – sofern eine solche auf den Boden gezeichnet war – und die Kurve dann scharf anzuschneiden, wobei die Reifen unseres Busses jedes Mal quietschten wie eine Schar junger Ferkel. Neben seinem Fahrerhäuschen baumelte ein Bildnis der Jungfrau Maria, daneben stand in großen roten Lettern

Qué díos nos protege, »Möge Gott uns beschützen«. Manche Passagiere dürften diesen Spruch während der Fahrt wie ein Stoßgebet vor sich hingemurmelt haben. Zum ersten Mal, seit ich mit Hannah unterwegs war, benötigten wir für eine Busfahrt weniger als die angegebene Zeit. Bereits auf dem Weg in die peruanische Hauptstadt fiel mir ein Stimmungswechsel auf. Seit wir vom Altiplano herunter in die westlichen Ebenen gefahren waren, wirkten die Menschen um uns herum frischer und aktiver, aufgeweckter und humorvoller. Das Leben hatte an Fahrt gewonnen. Zusteigende Passagiere sprangen in den fahrenden Bus, sprachen laut und gestikulierten raumgreifend. Ihre Blicke ruhten länger auf uns, waren offener, wärmer. Etwas wie Neugier lag greifbar in der Luft. Verglichen mit dem, was wir in Lima vorfanden, schien sich das Leben im andinen Hochland in Zeitlupe abzuspielen.
Woran mochte das liegen? Warum wirkt dieser Mechanismus länder- und kulturübergreifend, ob man nun einen schweigsamen Hochlandindianer neben einen im Vergleich dazu hektisch wirkenden Küstenbewohner stellt, oder beispielsweise einen südbayerischen Dorfbewohner neben einen Berliner. Hat es damit zu tun, dass man in den Bergen jeden Schritt mit Bedacht ausführt? Neigen Bergbewohner darum zum Konservativen? Liegt es daran, dass Berge unverrückbar erscheinen, während sich das Meer pausenlos bewegt? Liegt die Ursache vielleicht gar darin, dass die Endlosigkeit des Meeres auch für eine Weite und Offenheit der Gedanken sorgt, während der Blick im Hochland schnell an die unüberwindbare Barriere eines Berges prallt und somit zwangsläufig auf das eigene Tal konzentriert ist? Oder rührt die unterschiedliche Verhaltensweise daher, dass es, vor allem in südlichen Ländern, in Küstennähe üblicher ist, Dinge draußen zu erledigen, besonders in den lauen Abendstunden; hat man darum mehr Kontakt mit anderen, ist man gewöhnter an heiße Blicke und zufällige Berührungen?
Vielleicht ist die vergleichsweise behäbige Stimmung in den Bergen auch nur darauf zurückzuführen, dass es dort weniger Platz für große Städte gibt, während die Wüste an der peruanischen Pazifikküste eben das im Überfluss aufwies: Platz bis zum Horizont, genug für ein Zehn-Millionen-Monstrum wie Lima.
Böse Zungen behaupten, dass Francisco Pizarro, berauscht vom Sieg über die Inka und höchstwahrscheinlich auch vom Alkohol, nicht ganz Herr seiner fünf Sinne gewesen war, als er die Lage Limas mit einem

Stock in den Sand malte. Wie sonst hätte er auf die Idee kommen können, die Hauptstadt seines Reiches in einer lebensfeindlichen Wüste anzusiedeln?

Ciudad de los Reyes, »Stadt der Könige«, nannte der jeglicher Selbstzweifel unverdächtige Kriegsherr die Stadt, und natürlich hatte er sie im typischen Schachbrettmuster angelegt.

Heute ist Lima eine Stadt *con diversión*, mit einem reichhaltigen Vergnügungsangebot also, und gerne nahmen wir die Kinos, Restaurants und Andenkenläden in Anspruch. Vor allem abends, wenn die Sonne ihren Würgegriff ein klein wenig lockert, steigt das Stimmungsbarometer in der peruanischen Hauptstadt.

Meine weitere Reise würde mich in das berüchtigtste und mysteriöseste Land Südamerikas führen: In Kolumbien wollte ich zehn Tage bei einer Freundin unterkommen. In Lima hatte ich nochmals die Gelegenheit, mehr über das Land zu erfahren, in dem ich mich aufhielt. Ich hätte Passanten ansprechen können, wie ich es oft getan hatte, und vermutlich spannende Anekdoten erzählt bekommen. Doch diesmal wollte ich es genauer wissen.

Ich duschte ausgiebig, ließ mir von einem Jungen den Staub von den Schuhen wischen und zog mein besterhaltenes T-Shirt an. Dann läutete ich an der Pforte der deutschen Botschaft und trug einem uniformierten Wachposten mein Begehr vor. Wenig später saß ich dem Botschafter der Bundesrepublik Deutschland gegenüber.

Er war ein groß gewachsener Mann, der mich sogar im Sitzen um einen Kopf überragte. Seine Statur dürfte gewaltig Eindruck auf die Peruaner machen. Als ich ihn fragte, ob er Angst habe, dass ihm etwas Ähnliches widerfahren könne wie dem deutschen Botschafter Wöckel, lächelte er nachgiebig. Vermutlich war ihm diese Frage nicht unbekannt.

Vor zehn Jahren fand in Lima eine der spektakulärsten Geiselnahmen in der Geschichte des Landes statt. Damals stürmten fünfzehn Anhänger des *Movimiento Revolucionario Túpac Amaru* das Gebäude der japanischen Botschaft. Zu den Gefangenen der Rebellen gehörten der Bruder des amtierenden Präsidenten Alberto Fujimori und der erwähnte Botschafter Wöckel. Ein Lösegeld lehnten die Geiselnehmer ab; stattdessen forderten sie die Freilassung inhaftierter Kameraden und eine Reformierung der Politik Fujimoris, der das Land quasi diktatorisch beherrschte, seit er die Verfassung zu seinen Gunsten geändert

hatte. Vier Monate hielten die Rebellen das Botschaftsgebäude besetzt, ehe es von der peruanischen Armee gestürmt wurde. Sämtliche Geiselnehmer wurden an Ort und Stelle erschossen.
Inzwischen habe sich das Land verändert, betonte mein Gesprächspartner. Die knapp dreihundert übrig gebliebenen Anhänger des linksradikalen *Sendero Luminoso* seien weitgehend marginalisiert und lebten zurückgezogen in den Bergen. Schwieriger sei die ungleiche Machtverteilung zwischen Weißen, *indígenas* und Mestizen, die die eigentliche Ursache vieler Konflikte sei. Dennoch habe er auf die vier Leibwächter seines Vorgängers ebenso verzichtet wie auf die gepanzerte Limousine.
Ich hatte in diesem Moment den Eindruck, dass er Vertrauen hatte in die Menschen hier, Vertrauen in Peru. Der Fortschritt sei nicht zu übersehen, fuhr er fort, auch wenn die Entwicklung unstet verlaufe. Etwas Geradliniges wollte auch nicht zu einer so lebendigen Region wie Südamerika passen, dachte ich bei mir. Doch in seinen Grundzügen funktionierte das System. Als Beispiel dafür mag der Werdegang des aktuellen Präsidenten Alejandro Toledo dienen. Er stammt aus dem kleinen Andendorf Ferrer, hielt sich mit Gelegenheitsjobs und Fußball über Wasser, wurde vom Dorfpfarrer für die Politik gewonnen. Fünfzehn Jahre später beerbte er Alberto Fujimori als mächtigster Mann des Landes, setzte demokratische Freiheiten wieder in Kraft und verlieh dem Pluralismus neues Gewicht. Seine Regierungszeit bleibt dennoch von ungeschicktem Verhalten und Skandalen überschattet. Dazu gehört, dass Toledo sich ein Monatsgehalt von umgerechnet knapp fünfzehntausend Euro gönnt, während ausgebildete Lehrer in Peru mit knapp achtzig Euro monatlich auskommen müssen.
Ich fragte den Botschafter, warum es Peru trotz ähnlicher Anstrengungen und einer fast parallel verlaufenden gesellschaftlichen Entwicklung im Gegensatz zu Chile nicht geschafft hat, dauerhaft ökonomisch stabil zu werden. Fünf Jahre lang war mein Gegenüber in Chile gewesen, bevor er als Botschafter nach Lima versetzt wurde. Kaum jemand durfte die beiden südamerikanischen Staaten so gut kennen wie er. Dennoch kam er kurz ins Grübeln. Natürlich sei Peru exzessiver ausgebeutet worden als Chile. Natürlich verzeichne Chile mehr Immigranten aus Europa, die Know-how und Ehrgeiz ins Land bringen. Wer es schafft, Peru zu verlassen, um sein Glück in den USA oder in Spanien zu suchen, bleibe in der Regel dort, während rückkehrende

Chilenen hohe Verwaltungspositionen besetzten. Doch war dies Ursache oder Folge der ökonomischen Situation? Unumstritten sei, dass sich Peru schlecht vermarkte. Während beispielsweise Bolivien ehrgeizige Tourismusprogramme in Gang setze und es Chile gelänge, mit seinem Ruf als sicherstes Land in Südamerika mehr und mehr Gäste anzulocken, stammten die Haupteinnahmen Perus nach wie vor aus dem Bergbau. Der Tourismus konzentriere sich nahezu ausschließlich auf Machu Picchu. Das Land habe jedoch das Potenzial, eines Tages den Status eines Schwellenlandes zu erreichen, schloss der Botschafter das Gespräch.

Lima sei in den vergangenen Jahren sauberer und sicherer geworden, bestätigte der Leiter des Goethe-Instituts in Lima das Gesagte. Dennoch seien aktuellen Umfragen zufolge drei Viertel der Peruaner entschlossen, auszuwandern. Sie fühlten sich im Stich gelassen von einem Staat, der die Hälfte der geleisteten Arbeit steuerlich nicht zu erfassen vermag.

Statt das Land zu reformieren, konzentrierten sich Perus Verantwortliche lieber auf den Kleinkrieg mit Chile. Zwei Chilenen, die Graffiti auf eine Wand in Lima gesprüht hatten, seien im Schnellverfahren abgeurteilt worden; die chilenische Regierung habe sie für hunderttausend Dollar vom Gefängnis freikaufen müssen, erzählte er weiter.

Am Ende waren womöglich beide Einschätzungen richtig – die Beschreibung der problembehafteten Gegenwart ebenso wie das Postulat eines großen Potenzials, das bisher latent ist und darauf wartet, adäquat genutzt zu werden.

Vamos, vamos, vamos!

Die Fahrt zu Limas Flughafen war geeignet, jegliche Sentimentalität zurückzudrängen, die angesichts des bevorstehenden Abschieds von Hannah hätte aufkommen können. Unser nervöser Taxifahrer wechselte ständig von einer Spur auf die andere und zeigte uns alle paar Sekunden eine Schar gelblicher Zähne. Mit beiden Händen versuchte er, vor ihm fahrende Verkehrsteilnehmer zur Seite zu wedeln.

»Übermorgen wird mich der Alltag eingeholt haben«, prophezeite Hannah, während unser Fahrer einen Kleinbus umschlängelte.

»Zehren wirst du schon von den zurückliegenden drei Wochen«, versuchte ich sie aufzumuntern, als wir kurz darauf an der Stoßstange eines Taxis klebten.

»Peng!«, schrie unser Fahrer auf und schoss das Taxi mit der ausgestreckten Hand ab, ehe er es mit quietschenden Reifen überholte.

»Tropischer Regenwald, fünftausend Meter hohe Berge, eine gigantische Schlucht und Wüste bis zum Horizont«, zählte meine Begleiterin auf, »mir kommt es vor, als seien wir durch vier verschiedene Länder gereist!«

»*Idiota, hijo de puta, chinga tu madre!*«, rief unser Fahrer währenddessen, was an dieser Stelle unübersetzt bleiben soll. Er hupte einen Gegner von der Spur.

»Und die Zeit mit dir ist auch nicht schlecht gewesen!« Hannah warf mir ein neckisches Lächeln zu, während sie in einer Kurve an die gegenüberliegende Fensterscheibe gedrückt wurde. Jetzt wäre ein guter Zeitpunkt gewesen, um sich tief in die Augen zu schauen und etwas Unvergessliches zu sagen, doch just in diesem Moment brachte unser Fahrer das Taxi mit qualmenden Reifen vor der Eingangstür des Flughafens zum Stehen. Hannah bestand darauf, sofort einzuchecken; sie war keine Freundin langer Abschiede. Keine fünf Minuten nach unserer Ankunft am Flughafen war meine ehemalige Reisepartnerin im Getümmel der anderen Passagiere verschwunden.

Für die Rückfahrt zum Hotel boten sich mehrere Möglichkeiten an. Die einfachste wäre, mich in eines der wartenden Taxis zu setzen und dem Fahrer anschließend fünfundzwanzig *soles*, umgerechnet etwa sieben Euro, in die Hand zu drücken. Stattdessen ging ich einige Schritte weiter und stieß am Rand eines achtspurigen Asphalt-Highways auf eine Bushaltestelle. Eine Traube dunkelhäutiger Hauptstadtbewohner hatte sich eingefunden. Die Fahrt würde anderthalb *soles* kosten, wie mir ein älterer Herr auf meine Frage hin mitteilte. Vor allem jedoch würde sie mir gratis einen Einblick in die peruanische Mentalität vermitteln.

»Ein gelbes R, er muss ein gelbes R haben!«, rief mir der Alte noch zu, ehe er mit einer Behändigkeit, die ihm niemand zugetraut hätte, in einen Mikro sprang. Alle zehn Sekunden löste sich einer dieser klapprigen Busse aus dem vorbeiziehenden Verkehrsknäuel. Er preschte auf uns zu, der Beifahrer riss die Bustür auf, noch bevor das Gefährt angekommen war, und die erste Linie unserer Traube drückte sich in den Innenraum des Mikros, der bereits wieder angefahren war.

Plötzlich hielt ein Mikro keinen Meter von meinen Schuhen entfernt. Er trug ein hellgelbes »R« auf dem rechten Rückspiegel! Ich hechtete durch die aufgerissene Eingangstür ins Wageninnere. Hinter mir drängten fünf weitere Passagiere herein. Sofort waren alle Plätze belegt. Ein drahtiger Mann mit Vollmondgesicht sprang auf, ließ einen Fuß im Freien baumeln. Ich bemerkte noch, dass er ungewöhnlich kompakt war mit seinen kurzen muskulösen Oberarmen und den breiten Oberschenkeln.

»*Vamos, vamos, vamos!*«, schrie er dem Fahrer mit heiserer Stimme zu, die auf Kehlkopfkrebs binnen der nächsten fünf Jahre schließen ließ. Vermutlich übernahm er die Aufgabe des Einpeitschers nicht zum ersten Mal.

Kaum waren die Worte verklungen, bäumte sich der Mikro auf, machte einen Satz nach vorn und saugte Asphalt ein. Wir preschten durch Lima, als sei der Leibhaftige hinter uns her. Den Straßenkurven wurde die Aufgabe zuteil, unseren Reifen möglichst hohe Töne zu entlocken. Andere Autofahrer waren Konkurrenten, die auf ihre Plätze verwiesen werden mussten. Jede rote Ampel war eine Gelegenheit, zu überprüfen, was die Bremsen aushielten. Häuser, Bäume, Autos flogen links und rechts vorbei. Mein Sitznachbar betonte auf meine Frage hin, er könne nichts Ungewöhnliches an unserer Fahrt feststellen. Tatsächlich waren die anderen Mikros im selben halsbrecherischen Tempo unterwegs wie wir. Bei jedem von ihnen waren zwei Personen der Beförderungsfirma an Bord. Einer war dafür verantwortlich, den Passagieren den Magen umzudrehen, indem er seinen Kleinbus mit knapp einhundert Sachen durch Lima jagte, abwechselnd auf allen vier Spuren an schimpfenden Taxifahrern, hupenden Lastwagen und hilflosen Polizisten vorbeischnellte und bei jeder roten Ampel dafür Sorge trug, dass der ihm anvertraute Mikro erst im allerletzten möglichen Moment zum Stehen kam. Bei jedem Anfahren ebenso wie bei jedem Bremsvorgang ließ er die äußerste Gummischicht der Reifen auf dem Asphalt zurück. Abrupt riss er das Lenkrad bei voller Fahrt hin und her, schrie anderen Mikrofahrern Grüße zu und sang zuweilen lautstark die Gassenhauer mit, die aus dem Radio dröhnten. Der Zweite hatte die Aufgabe, die Schiebetür des Busses bei voller Fahrt aufzureißen, sobald er einen Fußgänger sah, und eine Salve Worte abzufeuern, die ich bei den ersten zwanzig Mal beim besten Willen nicht verstand.

Mi flores tienen valor!, glaubte ich zunächst zu hören. Nur: Warum sollte unser Einpeitscher den Passanten immer wieder »Meine Blumen sind wertvoll« zurufen? War er ein Straßenpoet, der seine von Verlaines »Blumen des Bösen« abgewandelte Botschaft heute unter die Meute streute? Bereute er, Leute zur Beute zu machen?
Nach dem dreißigsten Mal mutierte, was ich von seinem Gebrüll verstand, zu *Mira el regalo!*, »Schau dir das Geschenk an!«. Dabei kostete die Fahrt doch anderthalb *soles*.
Erst nach einer Viertelstunde schaffte ich es, seine Worte zu entschlüsseln. *Miraflores, el Ovalo!*, das ovalförmige Gebäude im Stadtteil *Miraflores*, das also schrie er den Passanten ständig entgegen. Hatte er auf diese Weise ein Opfer gefunden, klopfte er mit der flachen Hand auf die Karosserie des Mikros und schrie dem Fahrer über das voll aufgedrehte Radio hinweg zu, dass jemand einsteigen wollte. War dieser jemand eine Frau, kam der Bus für wenige Sekunden zum Stehen. Männer mussten auf das fahrende Gefährt aufspringen, wenn sie mitgenommen werden wollten.
Nach einer halben Stunde erkannte ich die Straße meines Hotels. Ich klopfte dem aus Leibeskräften Brüllenden von hinten auf die schweißnasse Schulter und rief ihm ein *aquí, po' favor*, »hier, bitte« zu – in der Hoffnung, dass man den Wunsch, auszusteigen, auf diese Weise kundtat. Tatsächlich ohrfeigte er sofort die Karosserie des Mikros.
Vale, Señor, vale!, schrie er mir ins Gesicht.
Er riss die Schiebetür auf und ich sprang, da männlich, aus dem fahrenden Bus. Zur Sicherheit rief mir der Einpeitscher dabei ein anfeuerndes *baja, baja, baja!* hinterher, »steig aus, steig aus, steig aus!« Vermutlich hatte ihn die Arbeit zu einem kommunikativen Menschen gemacht; anscheinend schaffte er es nicht mehr, ein Wort nur einmal auszusprechen. Es würde mich nicht wundern, wenn er nach Feierabend seinen Nachbarn mit »Hallo, hallo, hallo!« begrüßen würde.

Mit einem Lächeln kämpfen

Wie bereits in Bolivien, sollte es auch in Peru ein Augenblick sein, der sich mir, kurz bevor ich das Land verließ, ins Gedächtnis brannte. Einmal mehr fasste dieser Augenblick einen Großteil dessen zusammen, was ich während meiner bisherigen Reise erlebt hatte.

Als schmelze er die Stimmungen, die diese Region kennzeichnen, zusammen.

Es geschah aus einem Mikro heraus, der mich wie eine Pistolenkugel über den Highway trug. Am vorletzten Stopp sah ich ihn, durch aufgewirbelten Staub hindurch, vor dem Hintergrund einer Häuserfront, die an einen Hochsicherheitstrakt erinnerte. Soldaten mit Maschinengewehren liefen vor Stacheldrahtzäunen auf und ab, damit sich jene, die es sich leisten konnten, in den abgetrennten Bereich dahinter zurückziehen konnten, an dessen Mauern die Ängste und Nöte aller anderen Tag für Tag brandeten.

Er, einer dieser anderen, saß im Schotter des Straßengrabens. Eine helle Narbe zog sich diagonal durch sein schmutzigbraunes Gesicht, in das sich Furchen eingegraben hatten. Ein knappes Dutzend grauer Haarsträhnen hielt wacker die Stellung auf seinem Kopf, während ihre untreuen Kameraden nach und nach Fahnenflucht begangen hatten. Sein T-Shirt musste vor langer Zeit einmal weiß gewesen sein. In cocacolafarbenem Rostrot dürfte einst »GREETINGS FROM THE BIG APPLE« daraufgestanden haben, obwohl sein Träger nicht den Anschein erweckte, jemals auch nur in die Nähe New Yorks gekommen zu sein. Die Ironie wollte, dass sich der Dreck der vergangenen Jahre über fast alle Buchstaben gelegt hatte, weshalb man auf den ersten Blick nur noch »EAT BIG« auf seiner Brust lesen konnte. Das wiederum dürfte seinen aktuellen Wünschen nahekommen.

Ich weiß nicht, ob es an diesem T-Shirt lag: Etwas brachte mich dazu, den Mann anzustarren. Als er meinen Blick bemerkte, griff er nach zwei auf dem Boden liegenden Stöcken und zog sich mühsam daran hoch. Da erst sah ich, dass das rechte Hosenbein seiner Jeans schlapp herabhing. Vielleicht hatte ihm eine Kriegsgranate, abgefeuert von einem *guerillero* oder *paramilitar*, das Bein abgerissen. Vielleicht hatte auch nur ein unachtsamer Moment beim Überqueren der Straße genügt – die halbe Sekunde, die er einen heranbrausenden Bus früher hätte sehen sollen; jene halbe Sekunde, über die er seitdem immer wieder nachdenken musste.

Während mich ein Flugzeug in wenigen Stunden in ein anderes Land bringen würde, würde er Peru, vielleicht sogar Lima, zeit seines Lebens nicht mehr verlassen. Unsere Leben zeigten diametral auseinander, und es hätte mich nicht gewundert, wenn er einen seiner Stöcke in meine Richtung geworfen hätte.

Stattdessen löste er bedächtig die rechte Hand von seinem Stock, führte sie zum Mund und umfasste eine brennende Zigarette. Von da an wusste ich: Es war die Art seiner Bewegungen, die mich fesselte. Den Glimmstängel hielt er beispielsweise nicht affektiert zwischen Mittel- und Zeigefinger, wie es die meisten Europäer taten, sondern lässig, den Daumen Mittel- und Zeigefinger stützend gegenübergestellt, wie es Heranwachsende überall auf der Welt zelebrierten, wenn sie ihresgleichen gegenübersaßen. »Ich genieße es, die ein oder andere Zigarette zu rauchen, während ich die Financial Times lese«, drückt in etwa die erste Art aus, »Ich bin cooler als Grönland und zäher als Klapperschlangenhaut, baby!«, die zweite.

Ein Glitzern trat in seine Augen. Seine Lippen zogen sich zu einem Lächeln zurück, das die goldbraunen Reste eines ehemaligen Gebisses offenlegte. Wie Stalagmiten und Stalaktiten in einer nikotinverräucherten Höhle standen sie sich gegenüber.

Buen viaje!, »gute Reise!«, rief er zu mir herüber. Seine Stimme klang kratzig, als schrubbten die Worte seinen Hals entlang, als stolperten sie auf dem Weg nach draußen, ehe sie sich durch den Mund pressten. Mit der rechten Hand, in der er noch immer die Zigarette hielt, winkte er mir zu.

Noch ehe ich etwas erwidern oder auch nur zurückwinken konnte, hatte der Einpeitscher unseres Mikros die Schiebetür mit einem Rums zugezogen. Unser Fahrer ließ den Motor in einer Wolke aus Staub und Schotterresten explodieren und katapultierte uns zurück auf die Straße.

Als das Flugzeug oberhalb von Lima eine Schleife in die Luft legte, blickte ich in einem Anflug von Irrationalität aus dem Bullauge der Boeing. Für Sekunden hoffte ich, dort unten im Häusermeer einen Mann zu sehen, dem das Schicksal eine gerade Rechte verpasst hatte. Einen Mann, der jedes Mal, nachdem er niedergestreckt worden war, wieder zurück in den Ring trat, um seinen Gegner provozierend anzulächeln, mit seinen Stalagmiten und Stalaktiten, die Zigarette tragende Rechte kampfbereit erhoben.

Eines hatte er mir klargemacht: Seit zehn Wochen reiste ich durch eine Region, in der die Menschen gelernt hatten, mit einem Lächeln zu kämpfen.

KOLUMBIEN

Beim Konzert der »Voodoo Souljah's«

Bewahrt ein Ort die Erinnerung an Geschehnisse, die dort stattgefunden haben? Wären die Erde, die Luft, die Steine, das Gras bei Auschwitz von einer furchtbaren Ahnung umgeben, auch wenn es dort keine Gedenkstätte gäbe? Schwebt über dem Obersalzberg noch immer der Größenwahn des Diktators? Sind die Sitze im Londoner »Wembley Stadium« bis heute besetzt von der Erinnerung an grandiose Fußballsiege und legendäre Konzerte?

Sollte die Theorie stimmen, dass Orte die Erinnerung an vergangene Ereignisse behalten, so ist Kolumbien eines der Länder, in dem die Orte am meisten zu berichten haben.

Mafiöse Strukturen, die durch den Verkauf von Drogen aufrechterhalten werden, gibt es auch in Russland, Süditalien und Hongkong. Dass die Drogenmafia jedoch in der Nähe der Landeshauptstadt ein dreißig Meter langes U-Boot baut, zehntausend Kilogramm Kokain hineinstopft und es anschließend Hunderte von Kilometer durch den Dschungel trägt, ist bisher nur in Kolumbien vorgekommen. Ebenso, dass es Drogenschmuggler fertigbrachten, die Präsidentenmaschine zu präparieren, ehe diese den Präsidenten zur UN-Generalversammlung nach New York flog. Unlängst gab die milliardenschwere US-Firma Chiquita bekannt, sieben Jahre lang insgesamt 1,7 Millionen Dollar Schutzgeld an eine paramilitärische Organisation bezahlt zu haben, um das Leben ihrer Mitarbeiter in Kolumbien zu schützen.

»Im Osten Kolumbiens gibt es Regionen, in die sich der Staat nicht hineintraut. Dort versuchen Guerillagruppen und Paramilitärs die Kontrolle über die einträglichen Drogenmärkte zu erlangen. In Bogotá ist man hingegen relativ sicher, wenn man bestimmte Viertel meidet, in die richtigen Taxis einsteigt und sich nicht allzu forsch gegenüber der Regierung äußert. Kolumbien ist eben ein Land im Bürgerkrieg. Aber ansonsten ist alles okay.«

Anne warf einen halb schelmischen, halb prüfenden Blick zu mir herüber. Das konnte sie schon damals gut, als ich sie beim Spanischkurs in Quito kennengelernt hatte. Ihr Kurs war gerade zu Ende gegangen, meiner hatte einen Tag zuvor begonnen. Obwohl wir nur zwei Tage gemeinsam in Ecuador verbracht hatten, waren wir schnell Freunde geworden. Dass wir ähnliche Vorlieben und Abneigungen teilten und über dieselben Dinge lachen konnten, fanden wir später heraus, als

uns der Zufall kurz nacheinander nach München verschlagen hatte.
»Wenn man, wie wir gerade, durch die *septima* schlendert, sich die Eis essenden Leute anschaut und über ein Straßentheater lacht, könnte man meinen, dass Kolumbien ein Land wie jedes andere ist – mit hartnäckigen Bettlern und unfreundlichen Taxifahrern zwar, aber ansonsten relativ normal. Aber so ist es nicht.« Anne schüttelte ihre dunkelblonde Mähne.

An beiden Rändern der *septima* waren Schnellrestaurants aufgereiht. Dort lagen Dinge zum Verkauf aus, deren Namen ich erst nach Tagen würde aussprechen können. Mit den *arepas*, Teigfladen mit Käsefüllung, hatte ich rasch Freundschaft geschlossen. Schwieriger gestaltete sich meine Beziehung zu den *obleas*, die an jeder Straßenecke des Altstadtkerns angeboten wurden. Diese kolumbianische Spezialität besteht aus zwei pappsüßen Waffeln, zentimeterdick mit einer milchigen Karamellcreme bestrichen und obendrein mit Kirschmarmelade gefüllt. Schon der erste Biss in eine solche *oblea* deckte den Tagesbedarf an Zucker. Die Hauptstadtbewohner scheinen erhöhten Bedarf an derlei Süßigkeiten zu haben: Alle paar Meter wurden uns Waffeln, Kekse, Eis und Kuchenstücke entgegengestreckt. Viele Restaurants auf der *septima* boten ausschließlich Nachtische an. Bogotás Zahnärzte dürften sich die Hände reiben.

In Bogotá trägt keine Straße einen Namen. Von Nord nach Süd ziehen sich die *carreras* durch die Stadt. Sie sind von Westen her durchnummeriert, von dort also, wo sich die kolumbianische Hauptstadt an die Andenkordillere schmiegt. Die Querstraßen zu den *carreras* werden *calles* genannt und tragen nach Norden hin ansteigende Nummern. Hat man sich erst einmal an die Zählweise gewöhnt, findet man sich schnell zurecht.

Anne kniff jetzt die Augen zusammen und bedeutete mir, zum Eingang der gegenüberliegenden Mcdonald's-Filiale zu blicken. *Fuera yankees*, »Amis raus«, hatte jemand mit blutroter Schrift auf den halb geschlossenen Rollladen des Geschäfts geschmiert. Die Fensterscheibe daneben war von einem Stein durchschlagen worden. Eine Armada bis an die Zähne bewaffneter Polizisten marschierte vor dem Laden auf und ab.
»Statt mit Graffiti zu sprühen, hätten die doch einfach einen Lebensmitteltester dort hineinschicken können«, schlug ich vor. »Dann hätte man sich den ganzen Aufwand mit den Polizisten sparen können!«
»Das sind keine Polizisten. Schau genauer hin!«, zischelte Anne.

Da erst erkannte ich, dass die martialisch wirkenden Bürger-, nein: Burgerschützer!, allesamt ein selbst genähtes Emblem trugen, in dem etwas von »Verbreitung der Ehre des Vaterlandes« stand. Einmal mehr sorgte die spanische Sprache für eine ironische Wendung: Die Aufschrift konnte leicht als »Verbreitung des Grauens im Vaterland« gelesen werden, weil sich die Worte *honor* und *horror*, auf Stoff gestickt, kaum voneinander unterscheiden ließen. Vermutlich gibt es wenige Sprachen, die Motivationen und Verhaltensweisen derart zuverlässig entlarven wie das Spanische. Die Big-Mac-Verteidiger gehörten einer paramilitärischen Gruppe an. Das bedeutete in erster Linie, dass sie vermutlich schon als Kinder mit den Versprechungen eines spannenden Lebens und eines bombastischen Machtgefühls geködert und kurz darauf rekrutiert worden waren, statt eine Ausbildung abzuschließen. Die Organisation stellte Maschinengewehre und Handgranaten, Pistolen und Springmesser zur Verfügung und sorgte dafür, dass der Magen einmal am Tag gefüllt wurde. Vor allem aber verschaffte sie ihren Mitgliedern Respekt. Wer in die Organisation aufgenommen wurde, war kein dummer Schuljunge mehr, auf dessen Kosten andere Witze machten. Jene anderen verhielten sich nämlich ganz anders, wenn man eine geladene Maschinenpistole mit sich herumtrug. Innerlich war man vielleicht noch immer ein Schuljunge auf der Suche nach Zugehörigkeit. Äußerlich aber war man ein Soldat geworden, der für hehre Ziele kämpfte – und sei es für den freien Zugang zu den Cheeseburgern von Bogotá!

»Ein Ende des derzeitigen Bürgerkriegs wäre nicht rentabel«, bemerkte Anne lapidar, als wir Richtung Goldmuseum gingen. »Die Guerilla müsste ihre Kokaingeschäfte einschränken. Die *paras* wären gezwungen, sich aufzulösen und normalen Berufen nachzugehen. Der Staat wäre seinen wichtigsten Feind los, dessen Existenz der Hauptgrund ist, dass so viele Menschen hinter ihm stehen, obwohl er in mehrerlei Hinsicht miserabel agiert. Finanziell würden alle verlieren: Die Guerillas und die *paras*, weil ihnen die Einnahmen aus dem Drogenhandel wegbrechen. Der Staat, weil noch mehr Menschen arbeitslos werden. Und die USA, weil ihre Einnahmen flöten gehen, die sie erwirtschaften, indem sie sowohl den Guerillagruppen als auch den Paramilitärs Hunderttausende Waffen verkaufen. In Wahrheit hat niemand Interesse daran, die FARC oder die ELN zu zerschlagen.«

Seit jeher hatte mich Anne mit ihrer Scharfsicht beeindruckt. Am besten gefiel mir, wenn sie sich in ein Thema verbissen hatte und beschrieb, warum bestimmte Menschen bestimmte Dinge taten.

Mit ihrer Analyse der politischen Situation hatte Anne die beiden bedeutsamsten Guerilla-Organisationen Kolumbiens en passant vorgestellt. Die erste Guerillagruppe des Kontinents formierte sich 1948, kurz nachdem der populäre Linkspolitiker Jorge Eliecer Gaitán in Bogotá erschossen worden war, weil er eine Gefahr für die herrschende Oligarchie darstellte. Es folgte eine Hetzjagd nie gekannten Ausmaßes gegen jeden, der im Ruf stand, in irgendeiner Weise »links« zu sein. Dörfer, in denen die liberale oder gar die kommunistische Partei eine Stimmenmehrheit erhalten hatte, wurden ausradiert. Andere wurden vom Militär umstellt; anschließend zogen Patrouillen ein, die Bewohner anhand von Listen identifizierten und an Ort und Stelle erschossen. Gewerkschafter »verschwanden« über Nacht. Liberale Politiker wurden exekutiert. Ursprünglich als Selbstschutz gegen derartige Übergriffe bildeten sich Dutzende von Guerillagruppen, deren bedeutsamste die *Fuerzas Armadas Revolucionarias de Colombia* war, die »Revolutionären Streitkräfte Kolumbiens« also, oder kurz: die FARC. Die FARC verstand sich in erster Linie als militärischer Arm der kommunistischen Partei. Mit den Umsturzplänen Ché Guevaras und der Revolution auf Kuba hatte sie wenig am Hut. Dieses Feld überließ sie dem *Ejército de Liberación Nacional.* Das »Nationale Befreiungsheer«, kurz ELN genannt, avancierte kurz nach seiner Gründung 1964 zur zweiten großen Guerillaorganisation in Kolumbien.

»Auch wenn in der Hauptstadt mit aller Macht versucht wird, Normalität zu suggerieren, sind die Kriegshinweise eindeutig«, fuhr Anne fort, als wir am Haus von *el tiempo*, der größten kolumbianischen Zeitung, vorbeiliefen. »Nicht nur die verschiedenen *paras* verdeutlichen die angespannte Lage. Symptomatisch ist auch, dass gleich am zweiten Tag meines Aufenthaltes ein Student während einer Demonstration erschossen wurde. Wie ärgerlich, lautete die Reaktion zweier Damen auf der Straße, dann kommt der Bus heute wieder später, weil er sich erst noch durch das Getümmel kämpfen muss. Die Gewalt ist so alltäglich geworden, dass sie nicht weiter auffällt.«

Die Zahlen, die rot aus meinem Reiseführer hervorleuchteten, gaben Anne auf ganzer Linie recht: Platz eins für Kolumbien, was die Anzahl der Morde pro Einwohner betrifft – selbst in Südafrika, das den zweiten Platz in der Weltrangliste belegt, finden durchschnittlich ein Drittel weniger Morde statt. Mit 121 Entführungen pro Million Einwohner ist das Risiko, verschleppt zu werden, in Kolumbien zehn Mal so hoch wie in Mexiko, das den zweiten Platz belegt. Die Eingangsfrage meines Reiseführers lautete: »Kann man Kolumbien überhaupt bereisen?« Und eines der erfolgreichsten kolumbianischen Sachbücher der vergangenen Jahre nennt sich *grandes fugas de las cárceles colombianas*, »Bedeutsame Ausbrüche aus kolumbianischen Gefängnissen«.

»Ein interessantes Land, nicht wahr?«, befand meine Freundin, als ich ihr diese Details mitgeteilt hatte. »Auch wenn man keine Abermillionen Dollar aus Drogengeschäften herausholen könnte, wäre hier einiges los. Dafür sorgt bereits die Zusammensetzung der Bevölkerung aus Weißen, die vor allem in Bogotá leben, *mestizos*, die über die Hälfte der Bevölkerung stellen, *paisas* aus den Dschungelwäldern im Osten und *costeños* an der Atlantikküste. Dazu kommen dann noch achtzig ethnisch verschiedene Indianergruppen, die in den *resquardos* leben, den vom Staat eingerichteten Gebieten mit indianischer Selbstverwaltung. Eine solche Zusammensetzung der Bevölkerung kann spannend sein. Aber sie kann auch dafür sorgen, dass kleine Probleme schnell zu größeren Auseinandersetzungen werden.«

Bereits am Abend des folgenden Tages hatte ich Gelegenheit, die angesprochene Mischung aus Ethnien, Kulturen und Verhaltensweisen kennenzulernen. Da Annes Freund Bass spielte, waren wir zum Konzert seiner Gruppe eingeladen. Die »Voodoo Souljah's« sollten um acht in einer angesagten Kneipe aufspielen. Das zweite Wort ihres Namens wurde zwar wie »soldiers« ausgesprochen, das Kürzel »Jah« war jedoch gleichzeitig eine vor allem in Lateinamerika und der Karibik gängige Abkürzung von »Jahwe«. In Gedanken stellte ich mir unwillkürlich vor, wie der dazugehörende Sänger, ein Rastafari wie aus dem Bilderbuch, nach dem Genuss einer ungesunden Menge *peyote* vor dem Himmelstor steht. Wie er seine regenbogenfarbene Mütze schwenkt und »Hey yo, Jah, mein Freund!« ruft, »lass mich rein zu deiner ewigen Party!«

Um acht standen die versammelten Mitglieder der »Voodoo Souljah's« vor der Kneipe, um den dritten Joint unter sich kreisen zu lassen. Sie strotzten vor Energie, lachten ohne Unterlass und ließen Anne und mich gerne an ihren Gesprächen teilhaben. Meist ging es darum, wie man »sein Ding machen« und »in Bobbys Fußstapfen treten« könne.

Gemeint war Bob Marley, dem in ganz Lateinamerika huldvolle Verehrung zuteil wird. Nur der Gitarrist, ein Zwanzigjähriger mit Rastazöpfen, ganz in Schwarz gekleidet, war uns offensichtlich nicht wohlgesonnen.
»Der ist auf einem anderen Trip«, erklärte mir Anne fachmännisch. »Über Jahrhunderte hinweg wurden Schwarze und Indianer von Weißen unterdrückt. Jetzt meinen manche, das Machtverhältnis solle auf den Kopf gestellt werden. Solche Ideen kursieren besonders unter den Rastafaris. Manche bezeichnen das als ›umgedrehten Rassismus‹.«
Tatsächlich waren Bogotás Buchläden voll von Theorien über »black power«, es kursierten gar Werke, die von »gutem Rassismus« sprachen. In Deutschland hatte ich ähnliche Argumente in einem anderen Zusammenhang gehört. Hier sprachen sich manche Feministinnen für einen »positiven Sexismus« aus.
Meine Antwort war indessen immer dieselbe. Es gibt keinen »guten« oder »umgedrehten« Rassismus oder Sexismus. Es gibt nur Rassismus oder Sexismus, oder eben keinen Rassismus oder Sexismus. Die Frage, die sich stellt, ist einzig und allein, ob jemand die Idee befürwortet oder ablehnt, dass eine Bevölkerungsgruppe einer anderen gegenüber per se bevorzugt behandelt werden soll.
Um halb zehn verließen Anne und ich die Bandmitglieder, die auch anderthalb Stunden nach dem avisierten Konzertbeginn seelenruhig auf der Straße standen, und gingen ins Innere der Kneipe. Mestizen (Mischlinge zwischen Europäern und *indígenas*), Mulatten (Mischlinge aus Weißen und Schwarzen) und Kreolen (Nachkommen eingewanderter Europäer) hatten sich unter die vielen Schwarzen gemischt. Alle tanzten zu wummernden Bässen und eingängigen Rhythmen, die wütend ausgespuckte Satzfetzen der zurzeit angesagten Rap- und Reggaeton-Hits untermalten. Von oben betrachtet würde man ein Knäuel schwitzender, leicht bekleideter Körper sehen, das hin und her wogte, ohne unterscheiden zu können, ob die einzelnen Mitglieder im Gleichklang schwangen oder sich ineinander verbissen hatten.
Ich trank einen Cocktail, spülte den Nachgeschmack mit Bier hinunter und begann, mich auf die ausgelassene Stimmung einzulassen. Braun gebrannte Männer, bis zum Hals tätowiert, klopften mir auf die Schulter. Junge Frauen warfen Blicke nach mir aus. Sie legten keinen übertriebenen Wert darauf, ihre Reize zu verstecken. Alle hatten glatte schwarze Haare, schmale Gesichter und trugen hautenge Oberteile.

Wenn sie tanzten, dann tanzten sie mit ihrem ganzen Körper. Unwillkürlich fiel mir ein, was Anne mir gesagt hatte: In keiner anderen Region der Welt werden mehr Schönheitsoperationen durchgeführt als in Südamerika. Gutes Aussehen ist entscheidend. Es kann die Eintrittskarte zu einem besseren Leben sein.
Um halb elf war ich in einer Endlosschleife aus rhythmischen Bewegungen und geschrienen Wortwechseln gefangen. Ich wogte mit der Menge nach links und nach rechts, schrie die einfachen Parolen der Lieder mit und wurde Freunden von Freunden von Freunden vorgestellt, deren Namen mir zunehmend abstrus vorkamen. Dass Eltern ihre Sprösslinge in diesem Teil der Welt *Dolores*, »Schmerzen«, oder *Soledad*, »Einsamkeit«, nennen, daran hatte ich mich im zurückliegenden Vierteljahr mehr oder weniger gewöhnt. Auch dass einige südamerikanische Frauen wie eine deutsche Automarke heißen, *Mercedes* nämlich, erstaunte mich nicht besonders – das war zumindest besser, als »Opel« oder »Volkswagen« zu heißen. Um kurz vor elf wurde ich allerdings von einem leicht angetrunkenen *Milagros*, »Wunder«, umarmt, und kurz darauf rempelte mich ein tanzwütiger Teen an, der sich als *Usnavi* vorstellte. Ich fasste mir ein Herz und fragte, woher dieser Name stamme, den ich nie zuvor gehört hatte. Seine Eltern lebten an der Pazifikküste, sagte mein Gegenüber. Dort hätten sie praktisch täglich amerikanische Kriegsschiffe gesehen. Und auf denen stand nun mal: »US Navy«.
Inzwischen ging es auf Mitternacht zu. Von der Band, die hier vor vier Stunden hätte spielen sollen, fehlte jede Spur. Just in dem Moment, in dem ich endgültig annahm, dass heute kein Konzert mehr stattfinden würde und wir stattdessen kollektiv in ein Wurmloch gefallen waren, das uns in eine Welt voller Ausgelassenheit und seltsamer Vornamen katapultiert hatte, fuhr der DJ den Regler des Mischpults herunter. Die »Voodoo Souljah's« hatten sich in einer Ecke des Raums versammelt; eine Bühne gab es nicht. Sie hätte auch keinen Platz gehabt.
Erst nach dem dritten Lied konnte ich einen Blick auf die Band werfen, weil das Publikum vom ersten Ton an mitgegangen war und ich kaum ausmachen konnte, ob der Funke von Anfang an von der Band auf die Zuhörer übergesprungen war, oder ob es sich vielleicht genau andersherum verhalten hatte. Bis halb drei ließen die »Voodoo Souljah's« eine Mischung aus Reggae, Ragga und Dub in den Raum regnen.

Müde und zufrieden ließen wir uns gegen vier in die Sitze eines Taxis fallen, dessen Fahrer wirkte, als habe er ein ähnliches Konzertereignis erlebt wie wir. Er musste die Fensterscheibe herunterkurbeln, um wach zu bleiben. Sein Zustand hinderte ihn nicht daran, uns mit achterbahnmäßiger Geschwindigkeit durch das nächtliche Bogotá zu katapultieren. Wir rauschten an einem Haufen zwielichtiger Gestalten vorbei, denen wir nicht zu Fuß begegnen wollten. Das Angebot im Rotlichtbereich war umfang- und variantenreich. Eine nachtaktive Ledermaus fuchtelte mit den Armen in unsere Richtung, als wir an einer roten Ampel stehen blieben. Ansonsten erfüllten Ampeln für unseren Fahrer lediglich einen dekorativen Zweck. Es sah einfach besser aus, wenn welche auf den Hauptstraßen herumstanden. Ansonsten ignorierte er sie souverän, ließ sich von querenden Fußgängern und streunenden Katzen nicht beeindrucken und versuchte nicht einmal, uns am Ende der Fahrt einen erhöhten Touristenpreis abzuverlangen.

Beim illegalen Hahnenkampf in Bogotá

Mein Aufenthalt in Südamerika neigte sich dem Ende zu. Er war herausfordernder und erfüllter als alles gewesen, was ich zuvor erlebt hatte. Doch ich wollte diese Region nicht verlassen, ohne an einem typisch südamerikanischen (Männer-)Vergnügen teilgenommen zu haben und einen weiteren Blick in die bunte, geschundene und lebensfrohe Seele dieses Subkontinents zu werfen.

»Du willst doch nicht etwa DORTHIN?«, fragte der Taxifahrer entgeistert, als ich ihm mein Ziel nannte.

Die Nacht saugte das letzte Licht aus den Pfützen, als wir durch die Straßen der Hauptstadt fuhren. Im Verlauf unserer Fahrt mussten wir immer öfter Bodenunebenheiten ausweichen. Mehr und mehr Müll türmte sich auf den Gehwegen. Putz bröckelte von den Häusern. Die Gesichter entgegenkommender Passanten sahen von Mal zu Mal finsterer aus. Unvermittelt hielten wir vor einem unscheinbaren Gebäude.

»Hier also ist es«, sagte der Fahrer wie zu sich selbst. Er zögerte, blickte prüfend an mir herab. Dann beugte er sich zu mir herüber, packte mich mit der rechten Hand am Arm und brachte sein Gesicht direkt neben meines.

»Wenn dir da drin was zustößt, dann rufst du mich an, *captas*? Auf die Polizei kannst du dich bei so etwas nicht verlassen!« Dann erst ließ er mich aus dem Taxi steigen.

Ort und Datum des Ereignisses hatte ich über mehrere Ecken erfahren. Ich wusste, dass es unklug wäre, das Bevorstehende beim Namen zu nennen. *Hay evento hoy?*, »Findet heute eine Veranstaltung statt?«, fragte ich darum einen bulldoggenähnlichen Pförtner, der das Testosteron aus jeder Pore seines Körpers schwitzte. Die Bulldogge ließ ein kehliges Grummeln hören und nickte mit dem Quadratschädel in Richtung einer Eingangstür. Ich betrat einen Raum, der wie ein Schnellrestaurant aussah. Ganz hinten, am anderen Ende des Raumes, war eine dunkelgrüne Tür angebracht. Wie selbstverständlich lief ich auf den eigentlichen Eingang zu, fand unterwegs noch Zeit, einer Vierergruppe Hähnchen essender Männer betont lässig zuzuwinken, dann wiederholte ich meine unverfängliche Frage vor einem weiteren Türsteher, der wie der Zwillingsbruder des vorherigen aussah. Die beiden mussten lange Zeit ihres Lebens mit dem Stemmen von Eisengewichten verbracht haben. Ihre Muskeln reichten ihnen bis unters Kinn. Einen Hals, der normalerweise für den nötigen Abstand zwischen Kopf und Rumpf sorgte, suchte ich bei den beiden vergeblich. Auf meine Frage hin ließ der Muskelhaufen vor mir ein Brummen vernehmen, das dem seines Kumpans nicht unähnlich war. Vermutlich war er der Stärkere der beiden; darum durfte er hier drinnen stehen, während sein Kumpel in der abendlichen Kälte Wache schieben musste. Der Halslose nickte einem Schild zu, das hinter ihm stand. Ich bezahlte zehntausend Pesos Eintritt, was umgerechnet etwa vier Euro entsprach und für hiesige Verhältnisse viel Geld war. Zwei im Vergleich zu den vermeintlichen Zwillingsbrüdern geradezu grazil wirkende Männer sprangen auf mich zu, durchsuchten mich grob nach Waffen und klebten mir einen Aufkleber auf den Pullover. Dann huschte ich durch eine dritte Tür, die sich hinter mir sofort wieder schloss.

In dem Raum, der durch die drei Türen von der Außenwelt getrennt war, liefen grob geschätzt zehn Frauen und zweihundertfünfzig Männer umher. Viele hatten krähende Hähne unter den Armen. Es roch penetrant nach Schweiß, Bier und ranzigem Fett. Eine Bar zu meiner Linken bot gegrilltes Hähnchen an. Die Männer waren in trinkfreudiger Stimmung; sie fieberten dem nahenden Ereignis entgegen, während sich die wenigen Frauen an die Arme ihrer zumeist jungen, breitschultrigen Begleitung klammerten und sich hier nicht ganz wohl zu fühlen schienen. Alle Anwesenden waren braunhäutig, schwarzhaarig, dunkeläugig – alle, außer mir.

Mein Plan hatte eigentlich darin bestanden, nicht aufzufallen. Doch hier, im Vorraum einer Hahnenkampfarena, in einem unscheinbaren Haus inmitten des berüchtigsten und erbärmlichsten Viertels von Bogotá, war das keine leichte Aufgabe. Ebenso gut hätte eine Gazelle versuchen können, unbemerkt durch eine Löwenherde zu gehen. Mein Blondschopf leuchtete aus dem Durcheinander trinkender Männer und aufgeplusterter Hähne heraus wie ein Signalfeuer. Ich wurde angestarrt, angerempelt, angemacht. Ein fetter Typ mit Brille deutete mit einem seiner Wurstfinger auf mich und rief etwas in einer Sprache, die er für Englisch hielt. Sein Kumpel, der direkt neben ihm stand, krümmte sich daraufhin vor Lachen. Das Wort *dólares* schien mir anzuhaften wie die Pechwolke, die über Donald Duck schwebt. Es gelang mir nicht, es abzuschütteln. *Mono, mono*!, zischelte, rief, lachte man mir von allen Seiten zu. Im Gegensatz zu den Nachbarländern bezeichnete man mich in Kolumbien nicht als *gringo.* Stattdessen hielt man ein kaum schmeichelhafteres Wort für mich parat: *Mono* heißt übersetzt so viel wie »Affe« und bezeichnet einen zufällig zu Geld gekommenen Lebemann, der sich zu fein vorkommt, um sich die Finger mit harter Arbeit schmutzig zu machen. Offensichtlich wurden sämtliche Weiße automatisch dieser Kategorie zugerechnet.

In einer Situation wie der meinigen benötigt ein *mono* etwas wie eine günstige Fügung, die ihn aus dem Fokus der allgemeinen Aufmerksamkeit reißt und ihn zu einem fast normalen Besucher macht. In meinem Fall drehte sich die günstige Fügung zwei Meter vor mir um, stemmte die Hände in die Hüften und fragte: *Veniste de lejos, verdad?*, »Du kommst von weit her, oder?«

Marleny war eine der knapp zehn anwesenden Frauen und vermutlich die Einzige, die regelmäßig hierherkam. Ihr Mann besaß eine Farm mit siebzig Hähnen, die er eigens für die Kämpfe züchtete, droben in den Bergen um Bogotá. Marleny zog mich wie eine Trophäe hinter sich her. Sie führte mich zu einem Tisch, an dem ihr Mann Pedro mit einem Hahn saß. Sie nahm ihm das Tier ab, damit Pedro mir seine riesige Pranke hinhalten und mir unter den buschigen Augenbrauen einen freundlichen Blick zuwerfen konnte. Daraufhin hob er ein Klappmesser vom Tisch, bedeutete seiner Frau, den Hahn festzuhalten und trennte dem Tier mit einem sauberen Schnitt die Hinterkralle ab. Der Hahn zuckte zusammen und schlug wie wild mit den Flügeln, während sein Blut auf den Tisch und den Fußboden tropfte.

Pobrecito, »der Arme«, kommentierte Marleny völlig teilnahmslos, »das ist, als wüde man dir einen Finger abschneiden.« Sie schlug mit der Handkante auf meinen Daumen und ließ ein kehliges, wenig damenhaftes Lachen hören. Unterdessen hatte ihr Mann eine Kerze angezündet und tropfte heißes Wachs direkt in die Wunde des Hahns, um den Blutfluss zu stillen. Beim ersten Tropfen zischte das Blut, ab dem fünften begann sich eine dünne Wachsschicht auf die Wunde zu legen. Jetzt zog Pedro zwei lange, aufwärts gebogene Nadeln hervor, die er dem Tier mit Klebeband auf die Wunden band.

»Normalerweise kämpfen Hähne nur, um ihre Rangordnung zu klären. Sie haben kein Interesse daran, sich gegenseitig zu töten«, erklärte mir Marleny. »Darum kleben wir ihnen Rasierklingen oder Nadeln an die Beine, mit denen sie ihren Gegner durchbohren oder zumindest so lange bearbeiten können, bis er verblutet. Wenn sie aufgebracht sind, zielen Hähne mit den Krallen auf den Körper ihres Gegners, während sie mit den Schnäbeln auf Kopf und Hals einpicken. Es geht hier um viel Geld, *hombre,* da brauchen wir eindeutige Sieger. Sonst säßen wir ja in zwei Tagen noch hier!«

Kaum war Pedros Hahn präpariert, ertönte eine Durchsage, die ich nicht verstand. Marleny sprang so abrupt auf, dass der Hahn in ihren Händen vor Schreck auf den Tisch machte.

»Es geht los!«, übersetzte sie die Durchsage frei. In ihre Augen trat ein Glanz. »Mann, das ist immer wieder spannend, egal wie oft du es schon erlebt hast!«

Ab diesem Moment stand ich nicht länger im Mittelpunkt des Interesses. Alles drängte zur Kampfarena, einem kreisrunden Platz aus Sand. Wie eine Überschwemmung ergoss sich die Menge in die Arena. Jeder versuchte, einen der besten Plätze ganz vorne zu erwischen. Bier und Schnaps machten die Runde, heizten die Stimmung kräftig an.

An einer Schnur wurden jetzt zwei Käfige mit präparierten Hähnen in die Arena gelassen, deren Eigner daneben traten. Ein überernährter Glatzkopf, ebenso breit wie hoch, mit Verachtung in den Augen und derart tätowierten Armen, dass man kaum noch einen Rest Haut sah, spielte den Ansager.

»Macht sie heiß!«, rief er den beiden Besitzern zu, die daraufhin mit dunkelroten Wolldecken auf die Käfige einschlugen. Zwischen den Schlägen konnte man erkennen, wie die eingepferchten Hähne unruhig wurden. Sie sprangen hin und her, ihre Kämme schwollen an. Dann nahmen die beiden Züchter ihre Hähne in die Hände und gingen aggressiv aufeinander zu, um einen Angriff des jeweils anderen Hahns zu simulieren. Immer abwechselnd streckte einer seinen Hahn von sich und bewegte ihn von oben auf den Gegner zu. Die Tiere wurden aufgekratzt. Sie pickten nach den Köpfen ihres Gegenübers, plusterten sich auf und krähten um die Wette. Auf ein Zeichen des grobschlächtigen Glatzkopfs setzten die Eigner ihre Tiere einander gegenüber in den Sand und verließen die Arena. Die beiden Hähne, ein weißer und ein dunkelbrauner, stürmten aufeinander zu.

Um mich herum wirbelte ein unfassbarer Tumult auf. Heißere Stimmen riefen Leuten Zahlen zu, die atemlos durch die Reihen hetzten. Die Wetten begannen bei zehntausend Pesos und konnten schnell auf das Zwanzigfache steigen. Auch Marleny hatte das Fieber ergriffen. »Zwanzigtausend auf Weiß!«, brüllte sie einen Geldeinsammler an, der sich unter Großeinsatz seiner Ellbogen durch unsere Reihe kämpfte, »nein, dreißigtausend!«.

Es war ein entsetzliches Durcheinander, das die beiden Hähne noch wilder machte. Plötzlich ging ein Raunen durch die Menge. Der weiße Hahn hatte den dunkelbraunen an die Wand der Arena gedrängt. Ohne Verstand pickte er mit dem Schnabel auf den Kopf seines Opfers ein. Dreimal wurde der Dunkelbraune vom Weißen in den Sand gedrückt, dreimal gelang es ihm, wieder aufzustehen. Seine Federn verteilten sich um den Kampfplatz. Die ersten Blutstropfen fielen in den Sand, vom Publikum mit triumphierendem Grölen kommentiert.

Während das Getöse um mich herum brodelte, kam mir unvermittelt in den Sinn, wie Francisco Pizarro und seine Gefährten im Jahr 1532 das Gefolge des Inkakaisers Atahualpa niedergemetzelt hatten. Auf der Suche nach Ruhm und dem sagenhaften Reichtum von *Eldorado* räumten die Eindringlinge aus Europa jeden beiseite, der ihrem Vorhaben im Weg stand. Vermutlich hatten sie dabei ebenso blind auf die eigentlichen Einwohner Lateinamerikas eingedroschen wie jetzt der weiße Hahn auf den dunkelbraunen.

»Neeiiinn!«, schrie Marleny neben mir und presste beide Hände vor ihren Mund. Der auf dem Boden liegende dunkelbraune Hahn hatte mit dem rechten Bein ausgeholt und dem weißen einen Schlag mit der aufwärts gebogenen Nadel versetzt. Für den Bruchteil einer Sekunde hielten beide Streithähne inne, und ich bemerkte, dass Hähne einen überraschten Gesichtsausdruck haben können. Einen Augenblick lang wussten beide nicht, was soeben geschehen war. Dann taumelte der Weiße einen, zwei, drei Schritte nach hinten, neigte sich weit nach rechts und machte einen Schritt zur Seite, um sich abzustützen. Auf der linken Seite färbte sich sein Gefieder rot. Da sah der dunkelbraune Hahn seine Chance gekommen. Abrupt richtete er sich auf, nahm Anlauf und flatterte kurz vor dem weißen auf, um ihn mit ganzer Kraft zu attackieren.

Simón Bolívar hieß der Mann, der zum Schreckgespenst der spanischen Eroberer werden sollte. 1812 vertrieb er die Besatzer aus Venezuela, kurz darauf eroberte er Kolumbien zurück. Die entscheidende Schlacht fand in Peru statt, wo einst auch das Ende des Inkareichs besiegelt worden war. 1824 wurde die spanische Armee in der Schlacht bei Ayacucho vernichtend geschlagen. Die Konquistadoren mussten Südamerika verlassen. Die mit der Befreiung einhergehenden Hoffnungen würden sich jedoch nicht erfüllen.

Der Testosteronspiegel in der Arena erreichte Rekordwerte, als der Dunkelbraune sein Opfer frontal anflog und den Weißen rücklings in den Sand warf. Marleny schrie dem Unterlegenen die übelsten Flüche zu. Sie nannte ihn einen Feigling, einen Totalversager und schwor, nach dem Kampf seine kross gebratenen Flügel zu essen. Um mich herum schrie, hämmerte und fauchte es. Bier spritzte aus Plastikbechern, mischte sich in den Gestank nach Schweiß und Gier.

»Zehn zu eins!«, brüllten die Geldeintreiber aus Leibeskräften. Mit dunkelroten Köpfen rannten sie durch die Reihen. Wer jetzt noch auf den Weißen setzte, bekam, falls dieser siegen sollte, die zehnfache Summe ausbezahlt. Doch darauf ging niemand mehr ein. Jeder hatte den Ausgang des Kampfes vor Augen. Der Dunkelbraune hatte sich mit dem Schnabel im Hals des Weißen verhakt. Immer wieder schlug er mit den Krallen auf den Hahn ein, dem bei jedem Schlag ein Zucken durch den Körper fuhr. Aufstehen konnte er nicht mehr. Sein Hals hatte sich dunkelrot verfärbt. Aus mehreren Wunden tropfte Blut auf den Boden. Langsam beruhigte sich die Menge um mich herum. Marleny setzte sich wieder neben mich.

»Fast immer entscheidet sich der Kampf in den ersten fünf Minuten«, erklärte sie sachlich. »Die restliche Viertelstunde ist dann eher etwas wie ein rituelles Abschlachten.«

Unvermittelt fiel der weiße Hahn auf den Rücken und streckte beide Beine in die Höhe. Der dunkelbraune hatte ihn tödlich getroffen. Einige Zuschauer ließen ein zufriedenes Lächeln sehen; viele andere blickten betreten zu Boden. Der dunkelbraune Hahn stakste jetzt, da die Aufmerksamkeit so plötzlich von ihm abgezogen worden war, verloren in der Arena herum. Er wirkte beinahe erstaunt, dass der Kampf schon vorbei war. Der tätowierte Ansager trat in die Arena, stupste den weißen Hahn mit dem Fuß an und machte ein übertriebenes Handzeichen. Mit der flachen Hand fuhr er an seinem Hals vorbei, als wolle er sich die Kehle aufschlitzen, um allen klarzumachen, dass der Kampf entschieden war.

»Verloren«, bemerkte Marleny trocken, und ich wusste im selben Augenblick, dass sie nicht den Hahn meinte, sondern ihr Geld. Beim nächsten Kampf würde sie doppelt so viel setzen.

»Den Sieger braten wir nachher natürlich auch«, teilte sie mir wenig später mit. »Das Fleisch von Hähnen schmeckt am besten, wenn sie sich kurz vor ihrem Tod sehr angestrengt haben.«

Schon hatte der tätowierte Glatzkopf zwei neue Käfige mit Hähnen darin in die Arena gesenkt. Bis halb vier Uhr nachts würden über zwanzig Kämpfe ausgefochten werden. Jedes Mal tobte, johlte, grölte die Menge und feuerte ihren Favoriten mit aller Kraft an. Und ich tobte, johlte, grölte ab dem dritten Kampf mit, kreischte mit Marleny um die Wette und schrie den Hähnen Tipps zu – was, im Nachhinein betrachtet, an Dämlichkeit kaum zu überbieten war. In jenen Momenten jedoch kam mir das Leben selbst wie ein Kampf vor. Ob man wollte oder nicht, man musste kämpfen. Man musste seine Gegner niedermachen, um zu verhindern, dass man selbst von ihnen niedergemacht wurde. Und gleichzeitig war das alles ein Spiel, ein packendes, extremes, bei dem man ständig neue Einsätze machte und trotzig höher schraubte, wenn man einmal verloren hatte, vorangetrieben von der Hoffnung, dass es beim nächsten Mal besser klappen würde. Ich war mitten in einer hitzigen, männlichen, von Adrenalin und Lust erfüllten Welt, in der ich permanent versuchen musste, die Umstände zu meinen Gunsten zu verändern. Alle Mittel waren erlaubt, um gegen das Schicksal zu kämpfen, das ebenfalls mit allen Mitteln versuchte, mich zu vernichten. Am Ende blieben zwei Möglichkeiten übrig: Entweder würde ich zugrunde gegangen sein, oder ich war der strahlende Gewinner des Spiels.

Obwohl ich ebenso wie Marleny und alle anderen in der Arena außer Rand und Band war und Dinge von mir gab, für die ich mich schämen würde, sobald ich diesen Raum verlassen hatte, entging mir nicht, dass sich die Stimmung ab dem fünften Kampf zu ändern begann. Ein breitschultriger Typ im Unterhemd, dessen rechte Schulter eine enorme Narbe aufwies, rempelte mich an, nahm, statt sich zu entschuldigen, seinen krähenden Gockel fester unter den linken Arm und sah mich herausfordernd an. Sein Blick flackerte vor meinem Gesicht. Anscheinend hatte er schon einiges über den Durst getrunken. Wahrscheinlich suchte er nach einer englischen Bemerkung, die er für originell hielt. Bevor er jedoch etwas sagen konnte, wurde er von einer Gruppe Jugendlicher an mir vorbeigeschoben, die mir spöttisch ins Gesicht schauten.

»Männer«, rief mir Marleny von links ins Ohr, und es klang, als spräche sie von einer Krankheit. »Wenn sie gewinnen, trinken sie aus Freude. Wenn sie verlieren, trinken sie aus Frust.« Sie verdrehte die Augen und machte eine wegwerfende Handbewegung.

Unterdessen nahmen die Wetteinsätze absurde Höhen an. Es ging nicht mehr um umgerechnet vier oder fünf Euro, sondern um vierzig oder fünfzig, was dem Monatsgehalt vieler Anwesender gefährlich nahe kam. Die Wetteintreiber rieben sich die Hände. Es würde eine gute Nacht für einige wenige werden, und für viele andere eine unfassbare Katastrophe. Manche würden sich innerhalb von Minuten um einen Schreibtisch, einen Fernseher oder um das Gehalt des kommenden Monats gebracht haben.

»Das Problem bei den Leuten hier ist, dass sie ihre Grenzen nicht kennen«, analysierte Marleny, wiederum völlig emotionslos. Sie gäbe eine miserable Sportreporterin ab; ihre Zuhörer würden vor Langeweile einschlafen. Vielleicht war es auch einfach die Routine. Sie kannte all dies bereits und wusste, wie die Sache weitergehen würde.

»Gegen Mitternacht beginnen erste kleine Raufereien. Wenn ich dir in aller Freundschaft einen Tipp geben darf: Um ein Uhr, wenn die Schlägereien sich ausbreiten, solltest du nicht mehr in diesem Raum sein. Dein Aussehen ist einfach zu markant.«

Ich hatte bereits bemerkt, dass ich wieder in den Mittelpunkt des Interesses zu rutschen begann. In mir sahen die Anwesenden einen reichen Lackaffen, der kaum einen Finger rühren muss, um an Geld zu kommen, und dessen Bankkonto mehr Dollar oder Euro aufwies, als sie jemals in ihrem Leben sehen würden. Bislang rettete mich einzig und allein die Tatsache, dass sich jemand wie ich überhaupt alleine an einen Platz traute, der voll mit Leuten wie ihnen war.

»Das ist Betrug!«, zeterte ein kaum Zwanzigjähriger links von mir, und plötzlich lösten sich zwei breitschultrige Ordner aus der Menge und stürzten auf ihn zu. Einer der beiden drehte dem Jungen mit einer fließenden Bewegung den Arm auf den Rücken und führte ihn gekonnt durch die Reihen hindurch auf den Ausgang zu. Man sah, dass er Derartiges nicht zum ersten Mal erledigte. Mit Sicherheit gehörten die beiden Ordner einer paramilitärischen Vereinigung an und erledigten den Job hier nebenbei.

Mono, mono!, ertönte plötzlich eine raue Stimme rechts von mir. Ein verwahrloster Fünfzigjähriger mit Vollbart warf mir seine Alkoholfahne entgegen. Drei junge Männer in der Reihe vor mir, die gerade ein Wochengehalt verloren hatten, weil sie auf rostrot statt auf weiß gesetzt hatten, drehten sich genervt zu mir um.

»You like this place?«, fragte einer der drei in herausforderndem Tonfall. Das brachte einen Vierten dazu, sich ebenfalls zu mir umzudrehen.

»What YOU do here!«, brüllte er und zeigte, als er das »you« aussprach, mit dem Zeigefinger der rechten Hand auf meine Brust.

Marleny warf mir einen besorgten Blick zu, was mich überraschte. Offensichtlich konnte sie doch Anteil am Schicksal anderer nehmen.

Es wurde Zeit für mich, die Arena zu verlassen. Die Aggressivität der Streithähne hatte sich mit jedem Kampf mehr und mehr auf die Menge übertragen. Als ich an der ersten halslosen Bulldogge vorbeikam, die noch immer dafür sorgte, dass keine ungebetenen Gäste in die Arena kamen, bemerkte ich, dass jemand ein neues Schild neben die Eintrittspreise gehängt hatte. *No se admiten armas*, stand dort mit krakeligen Buchstaben auf einem Stück Pappe. »Waffen verboten« – inzwischen wusste ich, dass es sich dabei um eine sinnvolle Forderung handelte.

Die Gesichter Südamerikas

Ein Vierteljahr war ich durch Südamerika gereist. Und obwohl die drei zurückliegenden Monate ereignisreicher gewesen waren als jeder vergleichbare Zeitraum bisher, hatte sich unterwegs immer deutlicher die Einsicht durchgesetzt, dass mein eigentliches Unterfangen von Anfang an zum Scheitern verurteilt gewesen war.

Ich war ausgezogen, das Porträt eines Subkontinents zu malen. Als ich die Vorhalle von *El Dorado*, dem Flughafen Bogotás, durchschritt, war mir klar, dass ich bestenfalls eine Skizze mit nach Hause nahm. Zu vielschichtig, zu abwechslungsreich, zu widersprüchlich waren die Länder gewesen, die ich besucht hatte. Gerade die Uneindeutigkeit, das Pendeln zwischen verschiedenen Stimmungen hatte dafür gesorgt, dass Südamerika mir mehr mitgegeben hatte, als ich zu Beginn erhofft hatte.

Eine vage Sehnsucht nach Freiheit, Abenteuer und Weite hatte mich hierhergetrieben, ebenso wie die Frage nach grundlegenden Alternativen zu unserer Alltagsroutine. Unterwegs hatte ich gefunden, was ich gesucht hatte. Beinahe nebenher hatte ich Geschichten aufgesammelt. Hochgewachsene Argentinier hatten sie mir erzählt, lächelnde Chileninnen, klein gewachsene Indianer und tanzende Kolumbianer. Pedro, unser Bergführer, hatte mir ebenso einige Geheimnisse offenbart wie Daniela und Sebastian in Cachi und Marleny in einer kolumbianischen Hahnenkampfarena. Das Altiplano hatte mir die Unerbittlichkeit der Anden vor Augen geführt, und die Atacama hätte mich am liebsten gleich bei sich behalten. Die »Todesstraße« bei La Paz hätte mich beinahe zu Fall gebracht. Die Colcaschlucht in Südperu hatte Hannah und mich ihren gigantischen Abgrund hinab- und wieder hinaufgeführt. Ein peruanischer Bettler hatte es geschafft, mir ein Bild einzubrennen. Das Bild eines Menschen, der sich gegen die Umstände erhebt und dabei gegen Widrigkeiten kämpft, die wir in Europa nicht mehr kennen. In Südamerika tat er dies mit einem Lächeln.

Mit jedem Schritt durch diese Weltregion war meine vage Sehnsucht konkreter geworden. Sie hatte sich in Erlebnissen und Begegnungen manifestiert und war von Landschaften aufgenommen worden, die unterschiedlicher nicht sein konnten. Von den staubtrockenen Höhen der Anden reichten sie über die endlosen Regenwälder im Osten bis zu den Megastädten Buenos Aires, Santiago, Lima, Bogotá.

Sie hatte sich auch in den Gesichtern gespiegelt, die mir unterwegs begegnet waren: Hunderte, Tausende, Abertausende Gesichter. Vollmondgesichter von kleinen Indianerkindern. Eckige Gesichter drahtiger Jugendlicher auf der Suche nach Perspektiven. Von Falten durchzogene Gesichter von Bauersfrauen, die die Hälfte ihres Lebens gebückt verbracht hatten. Gesichter, aus denen heraus zwei lebenshungrige Augen wie glühende Kohlen geleuchtet hatten. Frauengesichter, die ihre Augen mit einem schnellen Lidschlag verdeckten, als mein Blick sie traf. Männergesichter, deren Augen mich herausfordernd fixierten. Flehende Augen eines Bettlers, kalte Augen einer Ledermaus zur Hauptarbeitszeit, lachende Augen einer entgegenkommenden Passantin auf irgendeinem Dschungelpfad, heiße Augen eines jungen Mannes, wenn er von Liebe und Musik und Revolution sprach.

Drei Monate hatte ich in die lebenshungrigen, verzweifelten, glückseligen, flehenden, herausfordernden und immer wieder überraschenden Augen Südamerikas geblickt.

Ich schaute die Collage an, die ich aus dieser Region mitnehmen würde, und die aus Abertausenden von Gesichtern bestand, die sich ständig veränderten – lebendiger und spannender als jedes Porträt.

»Ist doch ganz nett geworden«, murmelte ich vor mich hin.

»Papiere und Flugticket, *señor*!«, riss mich eine rasselnde Stimme aus meinen Gedanken. Ein schneidiger Polizist war mir in den Weg getreten. Seine Worte waren scharfkantig wie Dolche. Sie zerschnitten die Luft zwischen uns und drangen ohne zu fragen in meine Privatsphäre ein. Seine Stimme gab jedem Wort eine Unterstellung mit. In derselben Art würde ein Sondereinsatzkommandochef etwas wie »Geben Sie auf, Sie sind umzingelt!« durch ein Megafon rufen. Widerwillig übergab ich dem Dolchwerfer meine Papiere.

»Check-in rrraitt doorrr«, machte mein Gegenüber klar, schlug die Hacken zusammen und deutete nervös auf eine Eingangstür.

Ursprünglich hatte ich mich gewundert, dass ich volle fünf Stunden vor meinem Abflug auf dem Flughafen von Bogotá erscheinen musste. Als ich die Sicherheitskontrollen kennenlernte, wunderte ich mich nicht mehr. Hinter dem »rrraitt doorrr« wartete ein »Pre-Check-In-Schalter« auf mich, eine Vorstufe zum eigentlichen »Check-In-Schalter«. Hier musste ich die Flughafensteuer anmelden, an einem weiteren Schalter bezahlen und mich anschließend zurück in die

Schlange vor den »Pre-Check-In-Schalter« einreihen, um mein Gepäck aufzugeben.
Eine Stunde nach Betreten des Gebäudes stand ich in einer weiteren Schlange, um den Ausreisestempel in meinen Reisepass gedrückt zu bekommen. Ein bulliger Ordnungshüter wühlte ausgiebig in meinem Handgepäck. Ich hielt mich zurück, ihn zu fragen, ob er vielleicht zwei Brüder hatte, die nachts eine Hahnenkampfarena vor unbefugten Besuchern schützten. Kaum hatte ich die Migrationsbehörde hinter mir, sprang mir abermals ein Uniformierter in den Weg und durchwühlte mein Handgepäck ein zweites Mal. Meine Toilettentasche wurde ausgeleert. Der Uniformierte kleckste sich ein Stück Zahnpasta auf den Zeigefinger der rechten Hand und führte es vorsichtig zum Mund. Dasselbe machte er mit meinen Kaffeesouvenirs. Man muss zwangsläufig seltsam werden, wenn man diesen Job jeden Tag macht, dachte ich bei mir. Dann endlich durfte ich durch den richtigen »Check-In-Schalter« gehen und vor einem Schild mit der Abflugzeit warten. Allerdings nur eine Viertelstunde lang. Dann nämlich betraten zwei Polizisten den Raum, scheuchten alle Anwesenden hinaus auf den Gang und kontrollierten, nur zur Sicherheit, nicht nur erneut das Handgepäck – es war wirklich nur Zahnpasta –, sondern auch die Gesinnung der Fluggäste.
Ob ich mit mehr als zehntausend Dollar ausreise, eröffnete der Erste einen Reigen von Fragen, als wir uns gegenüberstanden. Ich verneinte lachend und betonte, eine solche Summe weder bei der Ein- und Abreise, noch zu irgendeinem anderen Zeitpunkt meiner Reise besessen zu haben, was ich im Übrigen bedauere. Daraufhin befand der Zweite, dass ich mein Portemonnaie öffnen solle. Fünf Dollar, wie könne das denn sein, bei einem Europäer, fragte er misstrauisch. Ich zählte die Vorzüge einer Kreditkarte auf. Das stellte ihn nicht zufrieden. Was genau ich beruflich mache, hakte er nach. Nein, das Goethe-Institut kenne er nicht. Ich machte ihm mit dem Leitbild dieser Institution vertraut und schilderte deren Geschichte in groben Zügen. Alles schön und gut, fasste der Zweite zusammen, aber warum gäbe ich vor, nach Deutschland zu fliegen, wenn auf meinem Ticket doch Madrid stand? Er nämlich wisse sehr wohl, dass diese Stadt in Spanien liege. Ich beglückwünschte ihn zu diesem Befund, zählte die Sehenswürdigkeiten der spanischen Hauptstadt auf, die ich in der Tat sehr mochte und erklärte ihm nicht ganz ohne Hintergedanken, dass man in Europa ganz

unbürokratisch und ohne einen Papierausdruck Flüge buchen konnte. Ein solcher würde mich zurück nach Deutschland bringen. Und dann arbeiten Sie wieder bei diesem Goethe-Institut, fragte der Erste, noch immer misstrauisch. Wiederum bejahte ich, auch wenn, wie ich anfügte, die Höhe meines Gehalts streng genommen einer Aufforderung zum Bankraub gleichkam.

Eine Viertelstunde plauderten wir miteinander, während sich hinter mir eine Schlange aus Passagieren durch den Gang zog. Ich war kurz davor, meinen beiden aufmerksamen Zuhörern Einzelheiten meiner Geburt zu schildern, ihnen die Parteienlandschaft Deutschlands zu erklären und durch eine umfassende Analyse zu belegen, warum ich argentinisches Rindfleisch lieber mochte als peruanisches Meerschweinchen. Irgendwann jedoch lächelten die beiden gewissenhaften Zöllner zum ersten Mal, seit wir uns kennengelernt hatten, und winkten mich zur Abflughalle durch, bevor sie sich einem neuen Opfer zuwandten.

Vielleicht legten sie dicke Ordner an, in denen sie die gesammelten Eigenheiten der Passagiere festhielten, um auf diese Weise ihr Gedächtnis zu schulen. Vielleicht entwickelten sie eine Art Persönliche-Kennzeichen-Memory für Zöllner.

Das letzte Bild, das ich von Südamerika mitnahm, war das von Bogotá, das sich in Tausenden akkurater Rechtecke unter unserem Flugzeug ausbreitete. Geordnet und gepflegt sah es von oben aus. Ich wusste, dass der Schein trog. Auch heute würden dort unten Streithähne aufeinander losgehen, angefeuert von einer alkoholisierten Menge, von der einige Mitglieder anschließend über andere herfallen würden.

Buchstäblich in letzter Minute gab mir der Subkontinent eine weitere Erinnerung mit, als wolle er seinen Ruf als Chaosregion noch einmal eindrucksvoll unter Beweis stellen. Unser Flugzeug hatte zum Landeanflug auf die kolumbianische Küstenstadt Cartagena angesetzt. Als die Räder unserer Boeing die Landebahn bereits berührten, dämmerte es dem Pilot, dass eine Landung an diesem Ort überhaupt nicht vorgesehen war. Er ließ den Motor des Flugzeugs aufheulen wie ein hungriges Raubtier. Unser Flieger schnellte mit voller Schubkraft über die Landebahn. Der Motor saugte ein paar Hundert Liter Benzin aus dem Tank, als wir erneut abhoben und das nächtliche Lichtermeer zurückließen.

Bereits in Madrid würde mich der Kulturschock überraschen. Wie ein alter Bekannter, den man noch nie leiden konnte, sollte er mir unvermittelt von hinten auf die Schulter klopfen und mir wochenlang nicht von der Seite weichen. In der McDonald's-Filiale würde ich sehen, wie sich junge Menschen einzeln an kleine Tische setzten und sich mit versteinerter Miene Bic-Mac-Stücke in den Mund schoben. Erst dort sollte ich merken, dass ich ein Vierteljahr ohne Einsamkeit verbracht hatte. Immer wenn mir danach gewesen war, hatte ich in Südamerika Gesellschaft gehabt. Die Einfachheit der Menschen, die sich nicht den Luxus erlauben konnten, sich selbst im Weg zu stehen, hatte erfrischend auf mich gewirkt. Von Südamerika könnten wir lernen, vermutlich noch mehr als von den USA, weil die Lebensart, verglichen mit unserer, so viel fremder ist. Das galt besonders für Exemplare wie die knapp sechzigjährige Deutsche, die im Flugzeug Richtung Stuttgart neben einem Chilenen saß. Zunächst behauptete sie, die Welt zu kennen, immerhin sei sie schon in New York und Paris gewesen. Eine Minute später fragte sie, wie die Hauptstadt Chiles heiße und brachte ihr Bedauern zum Ausdruck, weil dort alle so schrecklich arm seien. Wäre er ebenso von seinen Ansichten überzeugt wie seine Sitznachbarin, hätte der Chilene antworten können, dass auch er sich bestens in der Welt auskenne, denn er sei schon mal in Mexiko gewesen. Anschließend würde er der alten Dame gegenüber sein Mitleid ausdrücken, weil in Deutschland doch Bürgerkrieg herrsche.

Immer neue Verwandlungen hatte mir der Charakter Südamerikas während meiner vierteljährigen Reise präsentiert. Immer neue Gesichter hatten mich gestreift. Schöne Gesichter, abstoßende Gesichter, eindringliche Gesichter. Verzweifelte und glückliche Gesichter, *malegria*-Gesichter, markante, vom Leben gezeichnete Gesichter, die nicht festzuhalten waren. Sie trugen ihre Geheimnisse mit sich. Immer waren sie in Bewegung gewesen. Zusammen ergeben sie die Gesichter Südamerikas.

Keines dieser Gesichter konnte ich von den anderen lösen und als Erinnerung in ein Fotoalbum kleben. Das hervorstechendste Merkmal Südamerikas, so viel hatte ich gelernt, war seine Uneindeutigkeit. Und ich wurde den Eindruck nicht los, dass dieser Subkontinent gerade in der ständigen Veränderung, in den zuckenden Wandlungen seiner Geschichte, in seiner Weite, seinem erfrischenden Chaos und mit all seinen Zerwürfnissen und Ungerechtigkeiten besser als alle anderen Regionen der Erde zusammenfasst, was unser Leben ist.

Als die Maschine zum Landeanflug auf Stuttgart ansetzte und meine Sitznachbarin definitiv schwäbisch ausrief, sie sei tatsächlich den ganzen langen Weg von Madrid bis hierher geflogen, während sich zwei junge, Anzug tragende Männer vor mir in einem Deutsch, das längst zu einem verkappten Englisch mutiert war, über ein »gecanceltes meeting« ärgerten, was »echt heavy« für sie sei, wurde mir klar, dass ich zurück in Deutschland war.

Ich hatte mich aus den Armen der jungen südamerikanischen Tänzerin mit den traurigen Augen gelöst und war an den Schreibtisch des europäischen Wissenschaftlers zurückgekehrt.

Ein bisschen mag ich ihn ja doch.

Thomas Bauer
im
Wiesenburg Verlag

www.literaturnest.de

Thomas Bauer
Ostwärts –
Zweitausend Kilometer Donau
Mit dem Paddelboot
zum Schwarzen Meer

ISBN: 978-3-940756-00-8
18,90 Euro · 2. Aufl. 2009

»Reisen und Schreiben« · 204 S.,
inkl. Donaukarte und Farbfotos

Per Paddelboot zum Schwarzen Meer: Zwischen Regensburg und Passau wird Thomas Bauer um ein Haar von einem Passagierschiff versenkt. Im serbischen Bogojevo wird ihm Schweinefett und Höllenschnaps zum Mittagessen angeboten. In Bulgarien fragt man, ob er sein Hotelzimmer mit oder ohne Frau möchte. Mit genauem Blick für die Kleinigkeiten am Wegrand und einer Vorliebe für abstruse Begebenheiten erzählt Thomas Bauer die packende Geschichte seiner dreißigtägigen Kajakfahrt, die ihn durch acht Länder Europas führt.

Abenteuerreisen und darüber schreiben – das ist sein Ding

Süddeutsche Zeitung

Ein ebenso ungewöhnliches wie empfehlenswertes Buch

Donaukurier

Thomas Bauer zeigt, wie spannend und unterhaltsam Reiseliteratur auch heutzutage noch sein kann

Literaturmagazin GOON

Thomas Bauer

2500 Kilometer zu Fuß durch Europa
Auf Jakobswegen vom Bodensee zum »Ende der Welt«

ISBN: 978-3-937101-86-6
15,60 Euro · 4. Aufl. 2008
168 S., inkl. Karten, Farbfotos und Pilgerstempel

Ausgerüstet mit Ranzen, Schlafsack und zwei Skistöcken ist Thomas Bauer von einer Studienstadt Konstanz aufgebrochen, um den Jakobswegen 69 Tage lang durch die Schweiz, Südfrankreich, das Baskenland und Nordspanien bis nach Santiago de Compostela und an die galizische Westküste zu folgen. Unterwegs gerät er in militärisches Sperrgebiet, hilft in Südfrankreich, ein Schwimmbad zu bauen und findet Freunde, die er unter anderem »Komet« und »Kleber« nennt. Bauers pfiffiger, aus dem Leben gegriffener Humor sorgt für höchsten Lesegenuss. Stilsicher baut er immer wieder die Geschichten und Legenden der Jakobswege in seine persönlichen Erlebnisse ein und führt den Leser so die alten Pilgerstraßen entlang, die für den polyglotten Reisebuchautor das bisher einprägendste Erlebnis waren.

»Bauer ist ein neugieriger Pilger, der wissen will, wie weit ihn seine Füße tragen und was der Pilgerweg einem bringt, wenn man als Weitgereister praktisch alles Spektakuläre schon gesehen hat. Die Antwort: Begeisterung, viele persönliche Geschichten, neue Freunde und prägende Erlebnisse, Anstrengungen und Endorphine. Der Pilgerweg ist nichts, was man ›konsumiert‹, schreibt Bauer, ›es ist das Leben‹.«

tageszeitung

»Blasen und Muskelkater, Bekanntschaft mit interessanten Menschen und der Blick für viele schöne Dinge entlang des manchmal sehr beschwerlichen Weges (...) Am Ende stand eine Erkenntnis, die der 30-jährige gebürtige Stuttgarter mit vielen Pilgern teilt: ›Man hat sich selbst viel besser kennen gelernt‹.«

Badische Neueste Nachrichten

»Getreu dem Wallfahrer-Motto ›Der Jakobsweg beginnt gerade dort, wo Du jetzt stehst!‹ machte sich der Reisebuchautor Thomas Bauer von Konstanz an der schweizerischen Grenze auf, zu Fuß, nur mit einem Rucksack und Schistöcken ausgerüstet, zum Jakobusgrab zu pilgern. In seinem Buch beschreibt er seine Eindrücke, erzählt von witzigen und bewegenden Bekanntschaften und berichtet von alten Erzählungen und Legenden, die sich um die geschichtsträchtigen Jakobswege ranken. Seine Schilderungen und beeindruckenden Farbfotos dokumentieren eine ungewöhnliche Reise, jenseits des Komforts unserer Zivilisation und dafür umso verbundener mit Land und Leuten.«

Europolitan

»Der Autor wechselt klug zwischen Notizen über Wege, Landschaften und Orte und Aufzeichnungen über Begegnungen mit interessanten Menschen. (...) Dies alles mit flotter, hin und wieder auch spitzer Feder geschrieben, was das Buch vorteilhaft von vielen anderen Reiseberichten über den Jakobsweg unterscheidet. (...) Filmreif sein Dialog mit einem Soldaten, der ihm den Weg versperrt und im breitesten Deutschfreiburger Dialekt erklärt, warum er nicht passieren könne. (...) Thomas Bauer legt mit einem neuen Buch weder einen praktischen Reiseführer mit Marschtabellen noch die Nabelschau eines Träumers vor, sondern die lebendigen Eindrücke eines wachen Zeitgenossen, der die Menschen liebt und genau beobachtet.«

Katholische Internationale Presseagentur

»Eine lehrreiche und kurzweilige Reisebeschreibung, bestens geeignet, um für einige den Anstoß zu eigenen Weitwanderungen zu geben.«

www.lesekost.de

Thomas Bauer (Hg.)
Zwischen den Orten

15 Autoren schreiben über das Reisen. 210 S., Hardcover mit Schutzumschlag, 15 Illustrationen

ISBN: 3-932497-88-0
17,00 Euro
2. Auflage

»Jawohl, ein Reisender bin ich, der, einmal angekommen, meist nur eins will: schnell wieder weg. Unterwegs sein. Nirgendwo ankommen müssen.«
- Stefan Beuse -

Stefan Beuse trifft den neuen Wirtschaftsminister
Juli Zeh verliebt sich in Krakau
Dieter P. Meier-Lenz ärgert einen Zugschaffner
Bernhard Lassahn findet die Insel der Geheimnisse
Yoko Tawada stolpert in Sofia über die Vergangenheit
Gerd Berghofer trifft einen spanischen Flötenspieler
Reimer Eilers nimmt Kurs auf Sansibar
Roman Graf fliegt mit den Winden
Ulrike Rauh besucht einen Tiermarkt in Marokko
Norman Ohler wird in Johannesburg nicht ermordet
Thomas Bauer erlebt einen Vulkanausbruch in Ecuador
Ansgar Walk reist kreuz und quer durch die Arktis
Ewart Reder träumt von Frankreich
Alexander Gruber fährt durch Griechenland
Michael Krüger sucht das Weite in Gedichten

»Die Beatniks der Gegenwart: »Zwischen den Orten«, das ist der Titel von Bauers Sammlung von Reisegeschichten, die sich zu einer Botschaft formen: Das Glück liegt auf der Straße. Es überrascht uns meistens, lange bevor wir an irgendeinem Ziel ankommen. Es liegt irgendwo, eben zwischen den Orten.«

Augsburger Allgemeine Zeitung

»Thomas Bauer hat einige ganz unterschiedliche ›Berichte‹ gesammelt, humoristische Anwandlungen von Bernhard Lassahn, Reiseerfahrungen von Yoko Tawada oder Gedichte von Michael Krüger. 15 Autoren schreiben so über das Reisen, über Spanien, Sansibar, Marokko und Johannesburg. Und da möchte man gleich mit weg.«

Stuttgarter Zeitung

»Thomas Bauer hat eine Sammlung von Reisegeschichten herausgegeben - Geschichten mit viel Selbsterfahrung und nicht in jenem blumigen Stil vieler Reiseberichte, die oft an Werbung grenzen. In dem Buch berichten teils namhafte Autoren von ihren Erlebnissen unterwegs: in der tropischen Hitze Ecuadors, im ewigen Eis der Arktis. Sie erzählen vom hektischen Leben in Großstädten und von der Einsamkeit auf hoher See.«

Deutsche Welle

»eine bemerkenswerte literarische Anthologie über das Reisen«

Nürnberger Nachrichten

»Der klassische Reisebericht begegnet dem sich auf Lesereise Befindlichen ebenso wie Kurzgeschichten und Gedichte, gar nahezu expressionistische Skizzen. Ein Buch für Reisende. Und Daheimgebliebene.«

Süddeutsche Zeitung

»Thomas Bauer, der Herausgeber, lässt seine Autoren im Vorwort ›das Weite suchen‹. Von unterwegs mitgebracht haben die 15 Autorinnen und Autoren Gedichte, Short Stories, Essays, Geschichten mit viel Selbsterfahrung, klassische Reiseberichte. Die ganze Palette, ein Kessel Buntes von der Reise, bei der jeder Leser und jede Leserin sich etwas Passendes herausfischen kann.«

tageszeitung

»Jetzt hat Thomas Bauer ein Buch herausgegeben mit Reportagen von 15 Autoren über das Reisen. Es sind keine Karl-May-Geschichten und keine Rosamunde-Pilcher-Romanzen. Sie zeigen die Welt nicht im Hochglanz der Veranstalterkataloge. Aber schillernd und bunt, wie das wirkliche Leben ist.«

tz / Münchner Merkur

Thomas Bauer (Hg.)
Zwischen Estland und Malta

12 Autoren erkunden das ›neue Europa‹.
220 S., Hardcover mit Schutzumschlag, Feinleinen,16 Farbfotos

ISBN: 3-937101-09-8
22,80 Euro

»Zwischen Estland und Malta liegt ein Gebiet, das Europa dauerhaft und unwiderruflich verändern wird.«
- Thomas Bauer -

Juli Zeh schickt Theo nach Lodsch
Jochen Kelter besucht den litauischen Staatspräsidenten
Tanja Dückers kauft Lakritz in Warschau
Stefan Sprenger durchbricht die Mauer nach Osten
Thomas Bauer reist von Nord nach Süd durch Osteuropa
Julia Schoch sucht Pelikane im rumänischen Donaudelta
Andreas Noga ist auf der Pirsch nach Regen
Christine Gradl streift auf Schatzsuche durch die Türkei
Jan Decker besucht eine rumänische Zigeunerhochzeit
Ewart Reder fährt an die polnische Ostseeküste
Alexander Gruber betrachtet ein Kriegsfoto aus dem Kosovo
Thomas Hürlimann ist Georg Trakl auf den Fersen

»Eine Anthologie reist von Estland nach Malta (...) Ein spannendes, interessantes Projekt (...) Lyrik und Prosa, traditionelle Erzählweise und experimentelle Gehversuche, Reisebeschreibungen und Kurzgeschichten wechseln einander ab.«

Pester Lloyd (Die deutschsprachige Zeitung Ungarns)

»Hier wird man nicht mit einem vorgefertigten und vorgeblich objektiven Bild von Osteuropa abgespeist, sondern bekommt individuelle Eindrücke angeboten.«

www.literature.de

»Wir werden auf eine Reise mitgenommen, und wie man auf einer Reise ab und zu verweilt, um die neuen Eindrücke zu vertiefen, so ist auch dieses Buch aufgebaut - eine Mischung aus Prosa und Lyrik, verschiedenen Stilen und Formen, aufgelockert durch Fotografien, jeder Beitrag eine Station auf der Fahrt durch bzw. die subjektiven Eindrücke der Autoren von Europa.«

Asphaltspuren

»Ein schönes Hardcover-Buch ist daraus geworden - schön auch, weil atmosphärische Farbfotos integriert wurden. Eine bemerkens-werte literarische Idee, die Autoren als Botschafter auszusenden (...) Ein Buch, das Lust macht, den Autoren nachzureisen.«

Kult, Ausgabe 20/04

»Ob als Reiselektüre oder als Elixier des Fernwehs, ein rundherum gelungenes Buch. Bedenkenlos empfehlenswert.«

Alternative Art

»Die Themen für Thomas Bauers Gedichte sind aus dem Leben gegriffen - und beim Erleben hilft ihm seine Reiselust.«

Cannstatter Rundschau

Bitte beachten Sie auch das folgende Reisebuch von Thomas Bauer

Thomas Bauer
Wo die Puszta den Himmel berührt

Auf Umwegen durch Ungarn

2007, Herbig Horizonte, München

ISBN: 3-937101-09-8
22,80 Euro
228 Seiten, mit 43 Fotos und Ungarnkarte

»Nach Budapest, Puszta und Plattensee ist für den Durchschnittstouristen Schluss. Thomas Bauer hat mehr vom Land der Magyaren gesehen und viele abgelegene Orte Ungarns wie das Marzipanmuseum von Szentendre oder den Stelenpark bei Mohács besucht. "Wo die Puszta den Himmel berührt" lautet der Titel des munter und doch nachdenklich geschriebenen Reisebuchs. Auf Umwegen durchstreift der Autor Geschichte und Politik, von den Raubzügen der Magyaren im 10. Jahrhundert bis zur Ankunft des Landes in der EU, er stellt Dichter und Erfinder vor und übt tapfer, ›Prost‹ zu sagen: ›Egészségédre‹!

Die ZEIT

»Ungarnkenner Thomas Bauer hat eine liebenswürdige Hommage an das Land der Magyaren, an seine Eigenheiten und an seine Bewohner geschrieben. Auf seinen ›Umwegen‹ entdeckt er abgelegene Gegenden, unbekannte Sehenswürdigkeitenund nicht zuletzt besondere Menschen.«

Pforzheimer Zetung

»In Ungarn gibt es Städte, die übersetzt ›Unterhose‹ heißen. In der ungarischen Tiefebene kann es zu einer ›déli-bab‹, einer Art Fata Morgana kommen. Und wenn es einen Ort gibt, wo Monumentaldenkmäler aus der kommunistischen Zeit überlebt haben, dann im Szoborpark. Thomas Bauers Streifzug ist erhellend. Er gibt dem Leser Geschichte(n) auf den Weg, die er bekömmlich verpackt und mit dem persönlichen Erleben verwebt.«

Die PRESSE, Wien